中國歷史一本通

翻開歷史的畫卷，拭去歲月的塵埃，閱讀有趣的故事，
尋找創世先祖們開闢中華民族生存與發展的歷史足跡！

在這五千年的歷史長河中，中華民族生生不息，
拚搏不止，一代接一代，湧現出了許許多多偉大的歷史人物，
也發生了許許多多偉大的歷史事件。
上起舊石器時代，下迄清朝滅亡，本書用流暢通俗的語言，
以時間為經，以人物和事件為緯，經緯交織，講述中國歷史特色的一面，
全面反映每一朝代治亂興衰的全過程。

雅瑟【編著】

前言

中國是世界四大文明古國之一，中華文化亦稱華夏文化，是世界上最古老的文明之一，也是世界上持續時間最長的文明。發現於雲南元謀的「元謀人」，距今約一百七十萬年，是中國境內已知最早的原始人類；距今四、五十萬年前居住在北京周口店一帶的「北京人」，能直立行走，能夠製造且使用簡單的工具，並懂得使用火，已具備人的基本特徵。近代考古發現西元前一三五〇年商朝的甲骨文、約四千年前至五千年前的陶文、約五千年前至七千年前具有文字性質的龜骨契刻符號等等，這些都是華夏民族悠遠起源的見證。後來，大禹治水，平定九州，開啟了中國歷史王朝盛極必衰更替的序幕。

徜徉在歷史長河之中，有許多令人歎為觀止的精彩「場景」，或宏大壯麗，或荒誕不經，或驚心動魄，或哀婉淒惻……

中國歷史上英雄輩出，滅商伐紂的武王，雄才大略建周；千古一帝秦始皇併吞六國，一統天下；雄姿英發的漢高祖，豪邁唱著《大風歌》，創中國第一個強盛穩固的王朝……南征北戰的朱元璋，創大明王朝二七六年的基業；努爾哈赤雄霸遼東漠北；有勇有謀的康熙大帝，十六歲剷除權臣鼇拜，勵精圖治，開創「康乾盛世」……

中國歷史也不乏巾幗不讓鬚眉的女性，這裡有世界上第一位女將軍婦好；頗具政治手腕的漢高祖劉邦之妻呂雉；中國歷史上唯一的女皇帝武則天；端莊賢慧的明朝皇后馬大腳為朱元璋出謀劃策；大清第一賢后孝莊收服洪承疇，計定多爾袞，保大清江山傳至愛新覺羅・福臨之手；慈禧太后獨攬政權，垂簾聽政，執掌天下大權達半個世紀……

中國歷史同樣閃耀著智慧的文明科技。祖沖之的《綴術》、李時珍的《本草綱目》、宋應星的《天工開物》，卷卷都是中國科技的大成之作；《西遊記》、《水滸傳》、《紅樓夢》本本閃耀著中華文化的輝煌；《資治通鑒》、《永樂大典》、《四庫全書》字字浸透著風流學士的才智……

緩緩翻開眼前這本書，真實而有趣的歷史漸漸浮現在眼前，一個又一個歷史鏡頭不斷閃現，這裡閃耀著秦漢的輝煌，記錄著唐宋的盛況，描畫著明清隕落的軌跡……

封建帝國的腳步沉重而拖遝，而且陷入一個循環：從王朝初建的清明，到末期的腐朽，隨後被不堪壓迫的農民起義推翻，而新的王朝又重複這樣的輪迴。一個個封建帝國，猶如意氣風發的少年，在這樣的輪迴之下逐日變為垂垂老者，巨大的身軀轟然頹倒於煙塵之中……

有道是「興亡誰人定，盛衰豈無憑」，當一頁歷史風雲散去，也總是會變換時空。等到是非成敗轉頭空，卻只是「青山依舊在，幾度夕陽紅」。

於是乎，我們把歷史上重要的人物、事件，編輯成本書以供讀者品讀。從遠古時期的文明之光到秦漢興亡……隋唐五代十國、宋遼金元、大明王朝到大清興衰，我們以此為歷史分段，按時間順序，用比史書更輕鬆的語言風格，比戲說「上下五千年」規正的筆觸，娓娓道來，便於閱讀，便於記憶。這種獨特的寫作方法，既避免了內容的「虛構」，又較學術化的歷史研究生動有趣。完整再現中華悠遠的文化精髓，更利於讀者清晰感受中國歷史的演進過程，全面掌握中華文化的發展脈絡。

目錄

前言

第1章　很久很久以前……　15

－中華民族的起點／16－石頭打造的文明之路／18－四千五百年前最大戰役——黃帝大戰蚩尤／25
－傳賢不傳子的帝王智慧——堯、舜禪位／26－殷勤從公，治水有功的大禹／27

第2章　華夏之夏朝風雲錄……　31

－傳賢變成傳子——家天下的世襲制／32－失而復得的江山——少康中興／34－夏桀亡國／35

第3章　華夏之殷商興亡錄……　39

－燕子蛋傳奇——殷商的興起／40－百工競技的精美年代／43－世界第一位女戰神——婦好／44
－姜太公釣魚的命運交叉點／46－倒行逆施，難逃覆滅命運的殷商王朝／48

第4章 華夏之西周崛起實錄……53

- 干戈永息，天下太平——武王建周／54
- 層層分明，難逾越的周朝社會／55
- 一心為國、不思個人榮辱的周公／59
- 美人一笑值幾許？烽火諸侯引犬戎／61

第5章 東周列國之春秋爭霸錄……65

- 東周衰敗與諸侯坐大／66
- 斬寵姬練就女兵團——孫武練兵／72
- 一慢、二慢、三開打——曹劌論戰／74
- 太厲害反而沒舞台——孔子／77
- 越王句踐的心機／80

第6章 東周列國之戰國風雲錄……83

- 戰國時代的贏家排行榜——戰國七雄／84
- 謀士的重要性——隔岸觀火／89
- 鯨魚與蝦米對賭——藺相如完璧歸趙／91
- 敢開口就是你的——竊符救趙／93
- 失群的香草與美人——屈原投江／94
- 刺客的品格——荊軻刺秦王／96

第7章 華夏之大秦帝國始末……103

- 細細推究中國第一個皇帝——秦始皇的登峰之路／104
- 車同軌，奔馳道，通咸陽／111
- 萬里長城萬里長／114
- 焚詩書，坑方士／116
- 陳勝吳廣起義一百八十天／118
- 翻轉劉邦項羽命運的鴻門宴／

121—張良獻計奪驍關／123

第8章 大漢天威之西漢崛起……127

—英雄不論出身低，平民皇帝劉邦建漢／128—看漢帝國「重農抑商」政策如何奏效／133—伯樂變無常——蕭何誘殺韓信始末／137—明哲保身——陳平巧釋樊噲保人頭／139—驚心動魄九十六小時——呂后密不發喪始末／141—西漢第一個太平盛世——文景之治／142—對陣心理戰——李廣智退匈奴兵／144—盛極而衰的轉捩點——漢武大帝劉徹／146—中國歷史上最偉大的外交家與探險家——張騫／150—儒家大翻身——罷黜百家，獨尊儒術／152—王莽「新」朝／159

第9章 大漢天威之東漢謝幕……163

—劉家天下全靠光武中興扳回來／164—打通西域絲綢之路的班超／166—文明大躍進——蔡倫造紙術／167—建安七子群英一覽／168—文姬歸漢完整催淚版／171—黃巾賊來啦！／173

第10章 華夏之三國鼎立分天下……179

—豬羊變色——曹操挾天子以令諸侯／180—官渡之戰——主公與謀士的配對賽／181—三顧茅廬——諸葛亮為劉備轉運了！／184—赤壁之戰——東吳躋身三國第三咖／186—東漢謝幕——曹丕廢漢建魏

／188—樂不思蜀——劉阿斗因笨而得善終／189

第11章 華夏之兩晉天下一言難盡……191

—三國歸晉戰火熄／192—讓西晉亂了套的晉惠帝／194—誰也不服誰的鬩牆禍事——八王之亂／195—永嘉之禍——司馬睿南方建東晉／197—才、畫、癡三絕的畫聖顧愷之／199—慧眼、白鵝、蘭亭會——書聖王羲之／200—謀士崔浩真神——北魏征伐柔然始末／202—打破苻堅南北統一大夢的淝水之戰／204

第12章 華夏之南北朝對峙分天下……207

—翻轉的力量——劉裕廢晉建宋／208—魏國興起——文韜武略的拓跋珪／209—皇帝也會演戲——拓跋宏遷都／211—亂世新星的誕生——趁亂而起的齊國／214—慈悲裡的苦果——梁朝怪現象／216—亂到說不清的北朝——魏、齊、周的更迭走馬燈／217—伏兵奇襲，宇文泰以寡擊眾大勝高歡！／221—將門犬子——陳國興亡有夠唏噓／223—明主賢臣的千古遇合——太武帝與古弼／224—上知天文下算圓周率的數學大師——祖沖之／226—地理學家酈道元／227

第13章 隋唐盛世之隋朝起落……233

—岳父、外公、隋文帝——楊堅建隋／234—不堪一擊的陳朝——隋文帝一舉滅陳朝／235—最耐用的

官僚制度——三省六部制度完整成形／236
為讀書人戴上緊箍咒——科舉制度的濫觴是隋朝／239
好玩樂、拒臣諫的百分百暴君——隋煬帝／240
難以馴服的高麗——隋煬帝三征高麗的鬧劇／242
隋末天下大亂門記事簿／244
佛法的大護法現身——隋初的繁盛榮景／247
傳奇神醫——隋唐藥王孫思邈／248

第14章

大唐盛世之萬國來朝……251

李唐江山全靠李世民搞定／252
大唐盛世的血腥前奏曲——玄武門之變／254
唐太宗與他的貞觀之治／258
唐太宗最怕的活鏡子——魏徵／259
印第安那瓊斯也認輸的大探險家——玄奘／261
什麼叫空前絕後？武則天最懂／266
神探狄仁傑說了算／272
徹底撲滅韋后稱帝野心的李隆基／273
玄宗主政初期的成績單——開元盛世／275
起於不倫終於嘩變的——李楊戀／277
九十天安祿山叛賊變皇帝／279
真英雄不怕老——郭子儀平定安史之亂／281
李愬雪夜奇襲大破藩鎮叛軍／284
滿城盡帶黃金甲——黃巢之亂／287
讓唐帝國狼狽退場的藩鎮割據／289
初唐詩壇四大詩人——盧照鄰、駱賓王、王勃、楊炯／293
天上謫仙——李白駕到／296
直播人間疾苦的詩聖杜甫／300
白居易居易不難／302

第15章 五代更迭，梁唐晉漢周之世紀混戰錄……305

一 亂世的背叛教主——朱全忠建後梁／306 一 李克用三大遺願促成李存勖建後唐／307 一 後晉建國之屈辱始末——從兒皇帝石敬瑭說起／309 一 後漢建國心機史——步步為營的劉知遠／309 一 後周建國戲劇史——黃袍加身是郭威／310 一 是不倒翁還是吉祥物？五代宰相馮道／311

第16章 十國擾亂，據地稱王十國點將錄……313

一 大力士的崛起——楊行密建吳／314 一 養子孤兒成龍傳奇——徐知誥建南唐／317 一 私鹽販成吳越王傳奇——錢鏐建吳越／318 一 閩地百姓的曙光——王審知建閩／319 一 時勢造英雄之劉隱建南漢／321 一 眾駒爭槽醒世錄——馬殷建楚／323 一 識時務的攔路小國——高季興建荊南／325 一 天險護體十八年——王建建立前蜀／326 一 與天子位緣淺的開國天子——孟知祥建後蜀／327 一 稱侄稱兒的卑微政權——劉崇建北漢／328

第17章 天下歸宋，趙家稱帝一統南北全紀錄……333

一 黃袍加身擋不住——趙匡胤建宋／334 一 不殺功臣的帝王手腕——宋太祖杯酒釋兵權／336 一 愁似春水向東流的亡國之君——李後主／338 一 滅北漢——宋太宗意外收得楊令公／339 一 中國史上最著名清官——包拯／341 一 莫名其妙的呆呆凱子宋／343 一 改革變法的前浪——范仲淹的慶曆新政／344 一 改革

革變法的後浪——王安石變法／346─好友反目促成的歷史巨著——司馬光著《資治通鑑》／348─打開宋詞新境界的北宋第一大文豪——蘇東坡／350─「靖康之變」北宋亡／351

第18章 由北遷南，南宋偏安沉淪錄……353

─邊逃邊求和 趙構無奈催生的南宋政權／354─南宋與金國的和戰事件簿／355─民間經濟繁榮加上國家財政惡化導致貧富對立嚴重／358─精忠報國淚滿襟的岳飛／361─中外奸臣排行榜狀元——千古第一奸的秦檜／363─為臣子「氣節」立下典範的文天祥／365─婉約派宗主——女詞人李清照／367─無緣躋身抗金英雄榜的愛國詩人陸游／370─印刷術的關鍵字——膠泥活字 & 畢昇／371

第19章 鷹與契丹，遼的前世今生衰亡錄……373

─契丹立國——天皇帝耶律阿保機／374─偉大的女性政治家——蕭太后蕭綽／375─遼國滅亡全紀錄／376─中亞最強帝國現身——耶律大石建西遼／378

第20章 西夏王朝，三強環伺的塊肉餘生記……381

─志在稱帝，不甘對宋稱臣——李元昊建西夏／382─西夏倉頡——野利仁榮創制西夏文字／385─成吉思汗的遺憾——未能親見西夏滅亡／386

第21章 金國稱霸，短暫而絢爛的興亡錄……389
｜硬骨頭的完顏阿骨打建金稱帝／390｜金熙宗大刀闊斧往中央集權邁進／391｜「小堯舜」盛世——勤政的金世宗／392｜金國滅亡／393

第22章 大元帝國，草原部落崛起實錄……395
｜自苦中崛起 完成蒙古統一大業的成吉思汗／396｜蒙古大汗寶座之爭——忽必烈奪位成功／397｜一統中原 忽必烈建立大元接棒南宋／400｜橫跨歐亞的世界最大國家——元朝／401｜在威尼斯說中國傳奇爆紅的馬可．波羅／403｜不做傀儡倔成刀下魂——元英宗南坡之變／405｜燕鐵木兒一手導演的三帝紛爭／408｜中國戲劇鼻祖——雜劇大家關漢卿／411｜不負元曲狀元之名的馬致遠／412｜上知天文、下知地理的郭守敬／413｜獨眼石人的造反預言——紅巾軍揭竿而起／416｜上應天命，崛起於江淮的朱元璋／418｜巨艦失靈啟示錄——陳友諒飲恨鄱陽湖／420｜元朝滅亡／422

第23章 明朝崛起，漢人重回中原掌權實錄……427
｜天下統一稱「大明」——明太祖朱元璋／428｜胡惟庸加上藍玉，將淮西親貴株連殆盡／429｜恐怖啊恐怖——明朝嗚呼連天的文字獄／432｜政治風向正不正確大有關係——明初南北榜事件簿／435

- 四叔父與姪兒——朱棣奪下侄子的大明江山／437
- 且從南京遷北京——明成祖遷都北京城／439
- 沒有完成的超級尋人任務——鄭和下西洋／441
- 聚寶盆加持的明朝首富沈萬三／442
- 塵封一百五十年的曠世奇書——施耐庵《水滸傳》／444
- 穿越十九個世紀的永恆傳奇——羅貫中《三國演義》／449

第24章 由盛轉衰，從高樓拔地到樓塌塗地實錄……451

- 給明太祖打臉的專權宦官——王振／452
- 大明王朝盛衰一瞬間——土木堡之變／453
- 要留清白在人間的民族英雄——于謙／456
- 皇帝帶頭搞特務——明獻宗設西廠／462
- 暖男皇帝明孝宗的弘治中興／463

第25章 怪胎、怪咖、怪人當道的朱家天子們……469

- 多面難斷的荒唐天子——明武宗／470
- 四十五年帝王生涯如夢——迷信修道的世宗／472
- 表現不差卻受聲色拖累的六年皇帝——穆宗／475
- 殺死大明王朝的真正兇手——神宗／477
- 倭寇的剋星——戚繼光與戚家軍／480
- 強人首輔的榮耀與哀愁——萬曆首輔張居正／483
- 一百九十萬字的東方醫藥巨典——李時珍《本草綱目》／487
- 讓孫猴子永垂不朽的奇書——吳承恩《西遊記》／489

第26章 明末朱家天子瑜難掩瑕的亡國之歌……491

━ 史上最專權的宦官——閹黨龍頭魏忠賢／492━ 八方風雲盡在掌握的寧遠大捷／495━ 古典科技與哲學的完美演繹——宋應星《天工開物》／500━ 讓旅行不只是旅行——地理學家徐霞客／503━ 明末亂世大魔王出場——李自成／506━ 有心但缺乏智慧的末代皇帝——明思宗崇禎／507

第27章 明清交替時刻的各路英雄男女……513

━ 女真後金政權開創英雄——努爾哈赤／514━ 女真族高效率作戰的祕密——努爾哈赤獨創之八旗制度／516━ 由「金」到「清」的偉大帝國之路——皇太極建大清／518━ 大清國母——清朝第一賢后孝莊／519━ 滿清入關遷都北京城 完成統一中國大業／525━ 收復臺灣的民族英雄——「國姓爺」鄭成功／527

第28章 康乾盛世暗藏盛極而衰的不變道理……531

━ 名列中國最偉大的帝王金榜的清聖祖康熙大帝／532━ 計除鰲拜障礙——康熙親政迎盛世／534━ 承先啟後的盛世銜接關鍵——清世宗雍正皇帝／536━ 豪門賈家的流金歲月與衰敗末路——曹雪芹與《紅樓夢》／539━ 開盤走高終場跌停的清高宗乾隆帝／540━ 歷代文武官員貪污排行榜第一名——

和珅／542▎清朝的文化篩選計畫——四庫全書／547▎左右腦都很厲害的女數學家王貞儀／551

第29章 嘉慶道光從平庸到昏庸的衰世之路……555

▎亟思振興但帝國已傾的平庸皇帝——清仁宗嘉慶／556▎開高走低的昏庸皇帝——清宣宗道光／557▎打開中國半殖民地厄運的《南京條約》／559▎列強亂戰下的逃難天子——清文宗咸豐／561▎曾國藩也擋不住的太平天國之亂／563▎屢敗屢戰，愈挫愈勇的曾國藩／567▎晚清的經營之神——紅頂商人胡雪巖／569

第30章 大清帝國讓皇帝這一行走入歷史……575

▎大清國的非典型國母——迷戀垂簾聽政的慈禧太后／576▎小李子跟你想得有點不一樣——清末大太監李蓮英／577▎維新變法百日散攤的罪魁禍首——袁世凱／579▎李鴻章簽《馬關條約》／581▎中國第一所國立大學——京師大學堂／584▎義和團引爆八國聯軍打北京／585▎三次登基三次退位的末代皇帝——溥儀／586

第1章

很久很久以前……

世界各個民族的起源都充滿神話與傳奇色彩，中華民族也不例外。

從遠古洪荒到窺見文明曙光的石器時代，在這段漫長又沒有文字記載的演進時期，我們靠的是不斷出土的考古證據，以及古老壁畫與竹木甲骨留存的神話傳說，宛如歷史偵探般，一片一片拼湊出先祖的輪廓，還有他們在大地留下的吉光片羽……

一　中華民族的起點

中國人一向認為中華民族與中國歷史的起點就是——黃帝，所以很多象徵文明與農業生活起源的發明，都說是黃帝發明的。但是隨著考古學家不斷挖掘出新的證據、鑑識科技的日新月異，黃帝獨占中華民族起點的榮耀是否也將不保呢？確實，自從進化論崛起，人類由猿人演化而來的論點漸漸為普世所接受，再加上「北京人」出土，讓世人更加確信——人類是從猿人歷經漫長的演化、一點一滴向直立的人類之路緩慢邁進。

若按照考古發現的年代來說，最先出現也最震撼世人的是一九二九年於北平西南方周口店龍骨山一處石灰岩山洞裡發現的化石，這是有五十萬年歷史的猿人骨骸化石，包括頭骨、牙齒、下顎骨與軀幹骨，由於發現處就在北京附近，因此被命名為「北京人」。

從身體結構來看，儘管北京人基本上已然脫離動物行列，進入「人」的階段，但是外型特徵仍與現代人有點距離。比如說北京人有高凸的顴骨、低而平的額頭、粗大的眉骨、寬扁的鼻子、明顯突出的嘴巴、整個頭部略向前傾，而且腦容量只有一〇七五毫升，與現代人平均一四三三毫升的腦容量相比，相差達百分之二十五。此外，北京人的身高男性僅一五六公分，女性僅一四四公分，較現代人矮小粗短。

在生活型態上「北京人」已經懂得從河邊、山坡上的石頭裡，挑選出燧石、礫石、石英或砂岩，以堅硬的石塊加以敲擊，加工成有銳利稜角的石片，可當作刮削、鑽洞、斫砍、切割、雕刻的工具，達成取火、砍柴、挖掘、切割獵物等工作，可見北京人會使用火、吃熟食，山洞裡保存了數十萬年前的灰燼，足以說明一切。當然，這些尖銳的石器更可以權充武器，用在打獵與打架之用。

同樣在周口店，山頂的洞穴又有驚人發現，挖掘出約五萬年前的人骨化石、石器、骨器和裝飾品，這就是有名的「山頂洞人」。從出土的人類化石來看，山頂洞人應屬舊石器時代晚期的猿人，已經很接近現代人了。遺址出土的石器中，值得一提的是火石製、石英石核製的刮削器、尖端刮器等等，將之與西歐舊石器晚期的製作物比較，大致相似，應為同時期物件。出土的骨器中，有獸骨磨製之骨針，推測應已有簡單的縫紉技術；出土的裝飾品包括穿孔的獸齒、魚骨、介殼和海蚶殼，以及赤鐵礦染紅的石珠，推測山頂洞人已懂得裝扮。

北京人出土二十九年後，山西襄汾縣於一九五四年也有重大的考古發現——三顆人類牙齒化石與大量石器出土。三顆牙齒的主人遂被命名為「丁村人」。考古學家把丁村人的牙齒化石，與內蒙古自治區薩拉烏蘇河、寧夏回族自治區水洞溝等地出土的二十萬年前人類門牙相比較，兩者極為類似，應該是同一時期，比北京人更接近現代人。

再將兩地出土的石器相比較，所出現的尖狀器、長刮器和各種刮削器，明顯較北京人進步許多，可以判定是屬於舊石器時代中期，考古學家把這一帶出土的文明證據命名為「河套文化」。

丁村人出土十一年後，雲南省元謀盆地於一九六五年出土的兩顆一百七十萬年前的門齒化石，考古學家將之定名為「元謀人」。元謀人比北京人更為古老，足足把中國有人類的歷史往前推進一百萬年，再次震撼中國考古人類學的研究。

令世人震驚的不只是元謀人的牙齒化石，更重要的是挖出化石的原生層裡，蘊含更令人驚喜的發現。光是石器先後就出土七件，其中大量炭屑證明元謀人已有用火的可能。此外，同一原生層裡還出土哺乳類動物的化石，包括泥河灣劍齒虎（Megaterium nihowanensin）、雲南馬（Equus yunnanensis）、爪蹄獸（Nestoritherium sp）、中國犀（Rhinoceros sinensis）、山西軸鹿（Axis shansius）等二十九種現今幾乎絕種的動物，推估當年是與元謀人共生的哺乳類動物。

目前中國大陸境內的古人類遺址，主要集中在華北地區、長江中下游地區和西南山區。細數幾處最早的古人類遺址，像安徽繁昌人字洞、重慶巫山龍骨坡，以及雲南元謀等等，均分布在長江流域和西南一帶的亞熱帶地區，並由此向北、向西方隨年代遞減，顯示古人類生活出沒的場域逐漸循此軌跡，逐步擴大至暖溫帶和寒溫帶地區。

北方內蒙古的笴賚諾爾（呼倫池附近）、東北黑龍江的顧鄉屯（哈爾濱附近）等地，都曾經出土過中石器時代器物。這兩地出土的器物中，包括石器、骨器、角器、牙器、火燒骨和人骨化石，據估計約為二萬到四、五萬年前的器物。而笴賚諾爾出土的石器有的已有研磨過的痕跡，顧鄉屯的骨器其器體整齊可觀，製作之技術水準儼然超越山頂洞人的文化。

此外，在西北、華北、東北、西南等地亦有舊石器、中石器，以及演進歷程中的各種遺跡出土，顯示中國大陸這片古老的大地，自五十萬年以來已是有人居住的土地，儘管生活在四面八方，各自創造出精彩的族群文化。

一　石頭打造的文明之路

中國大陸位在亞洲大陸東緣，腹地廣袤，有大河流貫，兼之氣候宜人，自遠古以來便是人類活動的重要區塊，自然留下無數遺址，為文明初始的舊石器時代（距今約二百六十萬年或二百五十萬年至一・二萬年前）留下緣起。而延續下來的新石器文化（距今七千四百多年至二千二百多年不等），呈現開枝散葉的姿態，在大陸更廣闊的區域裡留下無數的遺址，說明先人在各地各自努力進化，在遠古便為後世中華民族引燃文化火苗。

河姆渡文化

年代：距今約七千年前

分布區域：浙江杭州灣南岸平原地區至舟山群島

西元一九七三年發掘的河姆渡文化，在年代劃分上為新石器時代文化，屬於母系氏族公社型態。從出土文物中發現，這一區域是截至目前，世界上所發現的最古老、最重要、出土文物最豐厚的稻作遺址，說明河姆渡文化已出現大量人工栽培的稻穀，不僅推翻傳統上認定中國稻作是從印度引進的說法，更可能的推定是——長江流域可能是世界稻作文化最早的發源地。

當時田裡不只有水稻的栽培，其他像薏仁米、菱角、藻類，以及橡子、桃子、酸棗、葫蘆等作物，也都有出土。儘管農業開始發展，但為了填飽肚子，先民還是會豢養家畜、從事漁獵與採集工作，讓食物的來源更豐富。在器巨使用上，先民已能用生漆製作粗糙的漆器，證明人類在七千年以前已經會使用生漆製作器物，此一發現足以改寫生漆的歷史。在技術上，遺址出現史上最早木構水井、木製的水上交通工具，這些都說明河姆渡文化在文明之路的關鍵地位。

河姆渡文化的生活器具主要為陶器，出土陶片多達四十萬件，可說是中土新石器時代考古遺址中，陶器出土量最多、復原率最高的遺址之一。當時已有不錯的製陶工藝水準，懂得在陶土中加入炭末，大大提高陶器燒製的成功率，技術突破後遂發展出功能各不相同的器具，包括炊煮器、飲食器、儲存器、汲水器等種類，出土器物則有陶釜、陶罐、陶盆、陶盤、陶缽、陶豆、陶盉、陶甑、陶鼎等。

陶釜是主要的炊煮器，但是古代沒有瓦斯爐，陶釜該如何炊煮呢？直到陶灶出土，大家才豁然明白。陶灶和後世南方居民沿用到近代的缸灶頗為類似，其形如畚箕，內有三個乳丁足突起，可供安置陶釜，其下生火即可炊煮，就算在屋子裡生火造飯也不怕祝融來亂。盉是一種酒器，大家大多看到的是商朝的青銅盉，直到河姆渡文化出土的陶盉，才知道盉早在七千年前就已經肩負起調和酒水的重責大任了。

陶器之外，河姆渡遺址還出土不少木製文物。包括一尾「木雕魚」，堪稱中國史上最早的木製飾品，另有木柄骨製的耕田用具耜、刀鏟等切割器具，以及數量不少的紡織器具，都說明河姆渡人已懂耕織之道。

知道河姆渡人的經濟生活面貌之後，那他們的居住狀況又如何？

從考古遺址中出土大量杆欄式建築遺跡，推測河姆渡人住的房舍，主要是以一排排樁木當作支架，其上架設大小樑承托地板，構成高於地面的架空基座，然後在地板上立柱、架樑、蓋頂。先人已懂得在兩兩垂直相交的構件接點上，使用榫卯結構技術。此一發現，將中國榫卯木作技術往前推進三千多年。

骨器是河姆渡文化出土文物中，製作技術較為進步的品項，包括骨耜、魚鏢、骨鏃、骨哨、骨笄、骨匕、骨錐與骨製鋸形器等等。其中不乏製作精良，甚至雕刻裝飾精堪稱美的有柄骨匕、骨笄，以今日審美眼光觀之，其上的雙頭連體鳥紋圖案仍是絕佳的工藝。河姆渡的出土文物中，有為數可觀的骨哨，是在狩獵時模擬動物聲音的工具，也是一種樂器。就像現代人也會以竹管製作竹哨子，模擬小鳥嗚叫聲，意思是一樣的。

說到出土樂器，河姆渡時期的原始陶塤，外觀呈鴨蛋形但中空有一小吹孔，酷似今日的陶笛，差別只在於陶塤沒有按音階的孔而已。

綜觀河姆渡文化遺址，顯示新石器時代中期長江流域已發展出如此豐富多姿的文化，與其他文明發源地相較毫不遜色！

仰韶文化

年代：距今約七千至五千年前

分布區域：以渭、汾、洛等黃河支流彙集的中原地區為中心，北達今長城沿線和河套地區，南達鄂西北，東至豫東一帶，西至甘、青接壤地帶

近代考古挖掘的遺址，以仰韶文化的遺址數量堪稱最多，主要分布於西北地區包括新疆維吾爾自治區、甘肅省、青海省、陝西省，還有華北、中原等地區，中心場域為陝西省大部分、河南省西部和山西省之西南等區域構成的狹長地帶，向東延伸至河北省中部，往南抵達漢水中上游，朝西觸及甘肅省洮河流域，向北可抵內蒙古的河套地區。仰韶文化屬於中國新石器時代的一種彩陶文化，被視為原始時代文明曙光乍現之際，中土大地最為重要的一支文化脈絡，透露出當時的人類已經以農業為主要生活型態了。

從大歷史軸線來看，新石器時代早期的文化沿著時間長流慢慢發展，到距今約七千年前出現的仰韶文化為承繼，經歷了原始農業初期階段，往更成熟的農業經濟邁進，各氏族擁有陶器、石器的生產能力，其他與生活相關的手工業技術也都十分進步，甚至已往外傳播了，對長江流域和東北、西南地區產生影響。仰韶文化兩千年，不僅使得農業與經濟有了長足的發展，中華民族也在生活日益穩定的基礎上逐漸成形。

新石器時代晚期的人類生活是何面貌？仰韶文化遺址出土的器物依材質可分為三大項：石器、骨器與陶器。石器方面，有石刀、石斧、石杵、石鏃和石紡輪（紡織用）；骨器方面，有骨針（縫紉用）、魚鉤、魚叉等；陶器方面，有陶缽、陶鼎等器物。從出土的文物品項來看，人類在仰韶文化時期已是居有定處，並已達到一定規模的村落，過著定居生活，或許早期的農業還不足以支持一整年的生活，因此在農業耕作之外還需搭配畜牧、漁獵和採集，才能維持一家溫飽。當時耕作、狩獵、紡織都要靠磨製的石器來操作、營生，而日常生活的器具則靠陶器的運用。

根據遺址出土的證據顯示，當時已初步形成埋葬制度，而且從墓葬習俗發現——社會地位以女性為尊，證明仰韶文化屬於母系氏族公社階段。

馬家窯文化

年代：距今五千七百千年至四千一百年前

分布區域：甘肅西部、青海東部

馬家窯文化距今六千年左右，是仰韶文化向西傳播，逐漸形成富有西北地域性特色之新石器時代文化。

馬家窯文化的村落，主要是構築在河流兩岸台地之上，人們以氏族為單位，採取定居的生活型態，村落屋舍以圓或方的地穴式建築為主流，房內設有爐灶以供炊煮，堪稱中國土木結構古典建築之濫觴。

此一時期定居的人們已進入原始農耕經濟型態，採行「火燎杖種」——先以火燒野地開荒，再以木棒翻土播種。使用的生產工具主要是以獸骨加工的工具，當然還有石斧、石刀、石鑿、石錛、石鏟、石鐮等石器。

主要源流的仰韶文化步向衰落，而分支的馬家窯文化卻繼續蓬勃發展，創造出世界遠古彩陶文化的頂峰盛世，其特色可歸納為下列四大類型：

1.石嶺下類型：腹部直徑最大，並且經常飾二方連續變體魚紋；口沿則以平唇為主流。其中石嶺下類型，其器身喜以變體鳥紋裝飾是其特色。

2.馬家窯類型：出土陶器以黑色線條為主的彩陶，間或出現白彩或紅彩（較晚期）點綴，筆法相當工整流暢。彩陶器型包括瓶、盆、罐、碟、缽等，器身較高的瓶、壺，以靠近肩部的直徑為最大，而口部細高且口沿向翻轉，使得整體線條優美，收放之間流麗自在。裝飾紋樣方面，呼應器身的流暢線條，喜歡以精美流動的水波與漩渦為紋飾，更顯動感。

3.半山類型彩陶：出土彩陶包括壺、罐、碗、瓶等，體型較大的壺、罐在靠近腰部處直徑最大。半山的彩陶主要以黑、紅為主，黑彩部分鋸齒紋明顯，畫風華麗，馬家窯特色的水波紋進化成大漩渦紋，更具裝飾效果。到了後期，漩渦紋愈變愈大，演繹成具有農田象徵的四大圈紋。此刻人們也悄悄地由水文化慢慢遞嬗至土地文化。

4.馬廠類型：出土彩陶造型偏圓，喜以紅色為底，彩繪黑色線條圖案，表現手法豪邁不羈。器物種類包括壺、瓶、罐、碗、盆、杯等等，其中又以瓶、罐數量最多。馬廠的裝飾紋樣繼承半山彩陶四大圈紋，但鋸齒紋不見了！而且四個圈減半，替換上兩個蛙神紋（側面形），畫法不走具象寫實風格，而是走抽象變形和解構路線，使得裝飾效果更為強烈。

齊家文化

年代：距今四千五百年至三千五百年前

分布區域：甘肅省蘭州一帶為中心，東至陝西的渭水上游、西至青海湟水流域，北至寧夏和內蒙古

繼馬家窯文化之後，出土距今四千年左右的齊家文化，堪稱重要的考古文化發現，是新石器時代晚期到青銅時代早期的古早前鋒遺址。發掘區域在黃河上游一帶，大約以甘肅省為核心，正是狩獵放牧與農業兩大生活型態交接之處，此一時期人們應已漸漸脫離原始的蒙昧，往初期的社會型態緩慢接近。

齊家文化時期已經懂得冶煉金屬——銅，雖然技術還處在萌芽階段，但比起敲擊磨製的原始石器，其文明已經是飛躍式的進步，為即將到來的青銅盛世揭開序幕。

儘管已懂得冶銅技術，但陶器製作仍不斷進化，出現輪製技術，陶器的品質與產量都邁向新境界。陶器精美細緻的本體，彷彿優質畫布，讓裝飾紋樣有了更好的發揮。齊家文化偏好鳥類紋樣，包括長嘴、長頸和短尾的水鳥，還有肥壯圓滿的鴿子，還有神話裡太陽中的三足烏等，在姿態上有展翅、有遨翔、有高棲，莫不翎羽畢現，栩栩如生，優美生動的表現手法，都讓陶器成了說故事的舞台。除了鳥類大展魅力之外，人類最忠實的朋友——狗，也曾出現在陶器上，有的放在器頂，有的取狗頭紋樣雕刻裝飾，展現活躍的寫實轉化抽象功力。

青銅與陶器之外，此一時期玉器也開始盛行，因為齊家文化的核心區域在甘肅省，與產玉石的祁連山、崑崙山屬同一地理範疇，因此考古出土玉器甚多，且做工精美成熟，品項豐富，堪稱齊家文化的一大特色。

農業文明也在齊家文化更為進化，農作已有粟等作物，農耕器具有骨鏟、穿孔石刀、石鐮等農具，也懂得豢養豬、羊、狗等，以及體型較大的牛、馬等牲畜。此時半地穴式建築仍是居住主流，格局多為方形、長方形，並且已懂得在屋內以白灰敷地，形成平整結實的光潔地面，使住居更顯清爽。齊家文化的墓地與村莊在一起，亡者的墓葬多以長方形土坑墓為主流，陪葬品多以陶器、豬下頜骨為好。從考古發現大多數墓葬為單人，但亦有成年男女合葬，男女合葬墓裡，有一男一女、一男兩女的組合，男性為仰身直肢，女性則呈蜷曲姿態，顯示當時母系社會已成遠古神話，男性顯然已取得優勢，將人們帶進父系氏族社會，開啟後世婚姻一夫一妻、一夫多妻制度之濫觴。

一 四千五百年前最大戰役——黃帝大戰蚩尤

遠古時期，亦即距今四千五百餘年以前，當時中原大地和長江流域，散居著無數氏族、部落，尚未出現大一統的政治實體。經過歲月淘洗，星羅棋布在中原大地的部落漸漸開化，終於在姬水一帶出現眾望的姬姓領袖黃帝，號為軒轅氏，又號為有熊氏，後來部落遷到涿鹿（今河北省境內），過著農耕與畜牧並行的生活。

部落社會少不了恃強凌弱的征戰，軒轅氏部落在涿鹿安居樂業的同時，民風剽悍的九黎族部落，在蚩尤的領導下興風作浪。蚩尤當時已懂得聯合其他部族像是巨人、夸父、三苗等一起搗亂，占領炎帝部落還不滿足，更北往涿鹿向黃帝部落挑釁。戰爭一打就是三年，前後正面交鋒達七十二次，重要戰役包括：阪泉之戰、冀州之戰、涿鹿之戰等。雙方最後在涿鹿決一死戰，黃帝大敗蚩尤贏得勝利。

黃帝和蚩尤的戰爭在中國歷史上非常有名，是遠古以來最早留下紀錄的部族戰爭，之後黃帝將黃河流域部族一一收編，成為部落共主，帶領大家墾荒耕種並於中原定居，不僅促成部族與區域間的文化交流、融合，更開啟中華民族的先聲，為後世華夏文化的萌發整備了安穩的溫床。黃帝，注定成為中華民族的始祖，當之無愧。

一 傳賢不傳子的帝王智慧──堯、舜禪位

中國歷史上著名的賢君首推堯。堯是黃帝的第五世孫，部族在其治理之下，君臣有禮，百姓相親，各方一片和諧敦睦，天下太平昌盛。堯還著令專人觀測天象變化，制定曆法作為民眾四時耕作的依據，讓農事與天地自然節奏相契合，五穀與牲畜皆豐盛滿盈。

堯如此賢能英明，偏偏他的兒子丹朱頑劣不堪，一張嘴更是不饒人，將來若是把治理部族的大位交給丹朱，天下必定大亂。為此堯傷透腦筋，一直發愁，直到舜出現，難題終於有解了。

舜是冀州人，天性純孝，在堯當了七十年天子的關鍵時刻現身，歷經二十年的觀察，高齡的堯將天子位禪位給賢明能幹的舜。果然舜不負堯之所託，積極任事且事事周到，尤其對於農業社會賴以耕作的曆法加以修訂，並時時觀測日月星辰天象，調校季節、月份、時刻等等，確保一切正常運行。在眾人生活常用到的度量衡、音律均加以制定，以利民生流通交易；禮儀則標舉吉、凶、賓、軍、嘉五

種禮儀，依諸侯、卿大夫、士等不同的身分地位加以分級，確立禮儀之規矩方圓、禮法與器用；對於諸侯臣子則依考績論功行賞，並將天下分為十二州以便管理，且致力疏濬河流水道，以利民耕與交通；對於庶民則制定刑罰，有刺字、割鼻、斷足、閹割、殺頭等五刑，刻於器物上昭告之，另輔以流放、官府執行之鞭刑、學堂之戒尺打手心，甚至罰金等方式作為緩衝。

舜居天子位期間，天下大治從南方的交趾，西方的戎、羌、氐，北方的山戎、息慎，東方的鳥夷等，均臣服於舜的德政之下。舜能有這麼棒的政績，得力於麾下二十二位股肱大臣，他們各有所司，功績斐然，其中又以專司治水的大禹，通九山、治九湖、浚九河、劃九州，功勞最大。禹還創作了名垂千古的九韶之樂歌頌大舜。

綜觀舜的一生，二十歲以孝順得令名美譽，三十歲得天子堯的賞識，五十歲代天子堯視事，五十八歲天子堯崩殂至六十一歲舜才即天子位，執政達三十九年。舜之子商均不若其父賢能，而為庸碌之材，所以舜也學習先帝堯的典範，將天子位禪讓給才華洋溢的禹。堯禪位給舜，舜禪位給禹，兩位賢能的統治者拋棄家天下的私心，為中華大地與子民找到最適任的管理者，禪讓之治的美名得以千古流傳。

殷勤從公，治水有功的大禹

遠古的君主大多有親戚關係，禹也不例外，據悉他是黃帝的玄孫、昌意的曾孫、顓頊的孫子、鯀的兒子，這樣譜系就比較清楚了。

帝舜時洪水成災，遍尋治水良臣以解黎民於滾滾洪水之中。第一個被群臣推薦上陣的是鯀，他以防堵之法來治洪，結果治水不成遭受懲罰。鯀的兒子禹接下爸爸未竟之志，一肩扛起治水大任，毫不畏懼。禹吸取父親圍堵治水的失敗經驗，先劍及履及到水患所及的地區，勘察山川地理形勢，弄清楚河川水流的來龍去脈及位置，訂出以疏導之法來治洪水的大方向。大禹治水一忙就是十三年，總計修建九座大堤、開通九座大山、劃分九州並開闢道路，都是艱鉅備至的大工程。期間大禹甚至屢過家門而不入，不敢稍有懈怠，唯恐蒼生黎民之苦不能早日解除。

治水的同時，大禹請后稷發放糧食給饑民，請伯益發稻種指導百姓水田裡種莊稼，還請有餘糧的豐收地區支援歉收者，讓天下百姓都能填飽肚子。大禹努力治水，一時之間四海昇平。讓帝舜在位期間，全國土地皆有評等，且依土壤等級向天子進貢繳稅；帝舜分封諸侯，不僅賜予土地還賜予姓氏，並要求諸侯凡事皆以天子為尊，不得違抗。

大禹開通之九條山脈道路

山脈名	開通方式
汧山、岐山荊山	從汧山、岐山開到荊山，過黃河
壺口山、雷首山、太岳山	從壺口山、雷首山開到太岳山
砥柱山、析城山、王屋山	從砥柱山、析城山開到王屋山

太行山、常山、碣石山	從太行山、常山開到碣石山，入海與水路通
西傾山、朱圉山、鳥鼠山、太華山	從西傾山、朱圉山、鳥鼠山開到太華山
熊耳山、外方山、桐柏山、負尾山	從熊耳山、外方山、桐柏山開到負尾山
嶓冢山、荊山	從嶓冢山開到荊山
內方山、大別山	從內方山開到大別山
汶山、衡山、廬山	從汶山南開到衡山，經九江通廬山

大禹疏導之九條大河

河名	疏導方式
弱水、流沙河	弱水疏導至合黎，使弱水下游注入流沙河
黑水	疏導黑水經三危山入南海
黃河、洛水、逆河	疏導黃河自積石山開始至龍門山，往南至華陰東折經砥柱山續往東到孟津，再往東經洛水入河口直至大邳；轉往北經降水至大陸澤，再往北分流為九條河。這九條河至下游又再匯為逆河入海
漾水、漢水、蒼浪水、長江、北江	自嶓冢山開始疏導漾水，往東流乃漢水，再向東即蒼浪水，經三澨水至大別山，南折注長江，再往東與彭蠡澤之水相會，續往東乃北江，入大海

長江、沱水、中江	自汶山始疏導長江，往東分出支流乃沱水，再往東到醴水過九江達東陵，往東斜行北流會彭蠡澤之水，續往東乃中江，入大海
沇水、濟水、汶水	疏導沇水往東流乃濟水，注入黃河，兩水相會溢成滎澤，往東經陶丘北，續往東抵菏澤，往東北與汶水合，再往北入海
淮水、泗水、沂水	自桐柏山開始疏導淮水，往東與泗水、沂水合，再往東流入大海
渭水、灃水、涇水、漆水、沮水、黃河	疏導渭水，自鳥鼠山始，往東與灃水會，再往東與涇水會，再往東經漆水、沮水入黃河
落水、澗水、瀍水、伊水、黃河	疏導洛水，自熊耳山始，往東北與澗水、瀍水會，再往東與伊水會合，再往東北入黃河

第2章

華夏之夏朝風雲錄……

西元前二〇七〇年，華夏大地出現第一個世襲的王朝—夏朝，天下歸於一家的概念於焉成形，亦為「家天下」的濫觴。

夏朝統治華夏長達五個世紀，歷經十七位帝王主政，終究難逃衰敗命運，於西元前一六〇〇年壽終正寢，史記皆有記載。這五百年間正是新石器時代晚期過渡到青銅器時代的重要時刻，近代出土的青銅器與玉製的禮器，足堪見證文化蛻變的軌跡。

一 傳賢變成傳子——家天下的世襲制

禹從舜的手中接過天下，勤勤懇懇，執守正道，不敢懈怠，成為族人眼中的模範領袖。當時，民眾生活以農耕、漁獵為主，一切取自大自然，食糧與物用皆彼此共享，就連身為氏族領袖的禹也不例外。至於接班人，由於之前堯、舜都是禪位給賢能之士，禹也並未宣告廢棄禪位制度，只是現在談這個問題還早。

時光飛逝，當年的治水英雄終究來到人生謝幕的一刻，由於自己的兒子啟相當優秀傑出，禹遂打破公天下的禪讓傳統，把王位傳給啟。此舉開啟了父死子繼的「世襲」制度，這也讓臣服於禹的各部落首領十分震驚，引起極大爭議。其中又以和禹同樣姓姒的有扈氏部落反對最力，初掌大權的啟為鞏固王位，也為了殺雞儆猴，揮軍攻打有扈氏，打敗後將其部落發做牧奴。從此天下噤口，不再妄議。

啟為了讓世人心服口服，遷都山西安邑，在新都開展夏朝新氣象。首先他從自身做起，飲食、居室莫不節儉，不做笙歌享樂，嚴謹自己的私生活，以爭取人民歸心支持；對外他敬老護幼，重賢任能，把政務治理的井井有條。當初對世襲抱有遲疑的部落首領與族人，看到啟的優質表現，漸漸接受夏朝世襲家天下的定局。這時夏朝統領的疆域，主要在山西以南之汾水流域、河南西部與中部，東部邊境達商丘一帶，西部疆界至陝西渭水下游一帶。

夏朝從禹開始到最後一任天子桀，總計歷經十四代十七王，譜系清晰，是華夏第一個出現的王朝，讓世襲制度益發鞏固。不過世襲制度也有其缺點，王族子弟未必個個資質優秀，生性仁孝，也會出現桀驁不馴，乃至野心勃勃的奪位者，造成兄弟相殘的悲劇。啟作夢也沒想到，自己的兒子會為了爭奪王位繼承權彼此相殘，幼子武觀還為此放逐到黃河西岸，他心有不甘竟然起兵反叛，啟派彭伯壽領兵平定武觀之亂。既然王位都可以傳給子孫，所有物資、器用也必須先變成個人所有，才能傳給自家子孫，因而促成財產私有制的形成。

啟將王位傳給兒子太康，沒想到他是位超級玩咖，腦袋空空，好打獵不愛辦公。夏王愛玩，其他部族領袖可不想陪君王打獵，於是位在黃河下游的夷族首領后羿，趁太康到洛水打獵樂不思歸的機會，出兵占領夏都安邑，大肆劫掠之後便擁立太康之弟仲康當王——當然是傀儡，聽命於后羿。仲康一死，后羿也懶得演戲，打發仲康兒子相走人，自己登上王位奪了夏朝天下。

可是后羿也不是當國王的材料，善騎射的他也是成天打獵，國事交給武羅、伯因、熊髡等能臣處理，國家還算穩妥。可惜小人早已按捺不住，其中尤以寒浞最為可惡，主動出擊，討好后羿，逼走良臣，讒言奸計，搶奪權力，連《春秋左傳》都忍不住在襄公四年記上一筆：「浞行媚於內，而施賂於外，愚弄其民，而虞羿於田。」

那困在洛水打獵、進退兩難的太康後來又如何呢？

后羿當時和寒浞聯手，兵分多路，一路由后羿帶領打安邑，一路就直奔洛水攔截太康，當然是要置其於死地。太康打獵盡興而返，途中仍是左擁右抱與美人嬉戲，突然車隊緊急煞車，樹林裡冒出好多拿刀拿劍的兵卒，想也知道不是來接駕的！太康趕緊指派護衛擋著先，自己趁隙駕車逃跑。想要回安邑已是不可能，天地之大竟無太康容身之處，終於落得流落異鄉，抑鬱以終！

一失而復得的江山——少康中興

后羿把太康趕走之後，在夏王朝各部落首領的爭議聲中，只得讓太康之弟仲康為王，自己當幕後掌實權的黑手。仲康雖然渴望復國，但終究未能擺脫后羿的操控，含恨以終。仲康之子相雖然繼位，但與后羿為一丘之貉的寒浞擔心他日後崛起，於是派自己的兒子澆去弒殺相。可憐的相遇害時，妻子緡正大著肚子，為了活命拚死從牆洞裡鑽出來逃命，在澆的奪命追殺下，回到娘家有仍氏部落，生下夏王相之遺腹子——少康。

少康自小從母親緡口中聽到夏王一門遭逢的悲劇，聰明的他年紀輕輕便立下志願，要洗刷后羿與寒浞加諸於家族的恥辱，更要復興夏王朝，重現夏王朝的榮耀。在外祖父的嚴格訓練下，少康日漸成長茁壯，年僅二十歲已掌管家裡畜牧事業，並且學著帶兵打仗，為復興夏王室做準備。

人算不如天算，相留有遺腹子少康的情報竟然傳到寒浞耳中，本以為可以穩坐大位的寒浞立刻派兒子澆再次帶兵掃蕩夏王餘脈。少康也不是省油的燈，得到情報立刻潛往有虞氏部落，逃過一劫。有虞氏的君王虞思素來厭惡后羿、寒浞一幫人，而身為夏王血脈傳人的少康，舉止修養頗有先祖禹、啟之風範，深得有虞氏欣賞，不僅聘他任「庖正」（掌廚）學著管理錢糧事務，更將掌上明珠嫁予他，還把方圓僅十里、人口五百的富庶之地——綸，交給他治理，也算是送他作為光復夏室的根據地。有虞氏可謂全力支持與栽培少康，成為精明幹練、忠誠可靠的準夏王。

少康果然不負岳父大人的期許，把綸地治理得極好，賢德之名遠播，許多遭受后羿、寒浞迫害的賢良方正之士與百姓，紛紛來綸地投靠少康。另一端當年曾在后羿手下供職的夏朝臣子伯靡，當后羿一死，為躲避寒浞追殺，遂出亡有鬲氏（今山東德州東南），在當地養精蓄銳，等待時機反抗寒浞。

寒浞的大位坐得並不安穩，不時有部落反抗須派兵平亂，搞得兵疲馬困，人民怨聲載道。這時少康已與伯靡取得聯繫，兩軍聯手發起討伐寒浞、復興夏室之戰。少康擬定的作戰策略是——先剪去寒浞羽翼，再攻其頭領。當即率有虞氏大軍突襲過地殲滅寒浞之子澆的部隊；再指派兒子季杼領兵攻打戈地，擊潰豷軍殺豷；最後由伯靡帶領有鬲氏大軍，一舉攻破寒浞老巢，有窮氏軍兵敗如山倒，朝野人人拍手稱快，無人同情。

寒浞殺后羿篡登大位，施行惡政，人神共憤。就連當初幫后羿滅夏的人，以及後來被寒浞消滅的斟尋、斟灌舊部，此刻也都站在少康這邊，反過來幫忙復興夏室。寒浞大勢已去，難逃一死，少康憑藉實力奪回夏家天下，再次振興夏朝。

曾經失去才懂珍惜，少康登基王位之後，不再重蹈太康耽於逸樂的覆轍，普施德政，與民同甘共苦，與各部落氏族和諧相處，華夏大地政局穩定，生活和樂，綻放祥和魅力，連環伺的敵國也受到吸引，願意放下干戈，歸服夏朝。這段黃金般的太平歲月，史書稱譽為「少康中興」。

夏桀亡國

天下沒有不散的筵席，夏朝再好，歷經十六位君王終於到了下台一鞠躬的時候，而負責謝幕的第十七位君王，就是史上赫赫有名的夏桀——不但是位惡名昭彰的暴君，更是歷史上抽到第一張號碼牌的亡國之君。

若論夏桀這個人，其實文武雙全，孔武有力，空手便可以把一個又粗又厚重的金鉤扳直。然而夏桀雖有一身才華又有好武藝，偏偏他對治理國家一點興趣也沒有，壓根沒想過讓百姓過好日子。

就在西元前一八一八年左右，夏桀登基為王，頓時覺得宮殿太寒酸，不如把都城遷到洛陽、蓋新的宮殿，於是他毫不留情地逼迫臣子為他的享樂大業而壓榨百姓，整整鬧了七年才把美輪美奐的新宮殿搞定，但早已搞得民不聊生，國庫也為之捉襟見肘。

宮殿蓋好，空有奢華宮殿沒有美人怎麼可以呢？性好女色的他很快便增添無數妃嬪，沉溺在美人堆裡。妃嬪中最得寵的首推妺喜，他對這位美人伏首貼耳寵上天。妺喜有個怪癖，不喜絲竹笙歌，卻偏偏愛聽撕裂布帛的聲音，一聽就發出銀鈴般的笑聲。為此夏桀大手筆向百姓徵收一大堆布帛，指派專人負責撕布帛逗樂妺喜。殊不知布帛都是百姓血汗織造的家產，如今只為搏美人一笑便如此糟蹋，真是孰不可忍。

除了愛女色之外，夏桀也超愛美食，對吃相當講究，吃什麼都要最好的——蔬菜要吃西北地區種的、魚鮮要東海撈的、烹調用的生薑要南方種的、食鹽要北方大海製的，光是張羅夏桀用餐那一桌子料理，臣民就忙得人仰馬翻了。這還不打緊，有了飯菜魚鮮還不夠，沒有美酒就開不了筵席，而且夏桀對酒還特別講究，一定要「清清如水」，稍有一絲渾濁就有廚師的腦袋要落地啦！不過最糟的還在後面，夏桀的酒品不好，一喝醉就抓人來當馬騎，不給騎就打一頓，運氣不好還會掉腦袋。

由此看來愛打獵的太康實在算不了什麼，夏桀才是有史以來天字第一號的暴君。

既然是暴君，自然愛聽小人吹捧，不愛那些規勸進諫的忠臣。尤其大臣關龍逄更是不會看夏桀臉色，勸諫他要苦民所苦，夏桀一看到他的臉就自動把耳朵關起來，後來乾脆把關龍逄給宰了，圖個耳根清淨。其實關龍逄之死就是夏桀王朝的轉捩點，從此良臣死心走人，身邊盡是小人佞臣，夏王朝就在奸臣的甜言蜜語中，一步步駛向萬劫不復的深淵。

當夏桀正在酒池肉林中醉生夢死之際，黃河下游有一支「商」部落悄悄崛起，首領商湯看準夏桀多行不義必遭人民唾棄，於是他反向操作——修德修武，迎取民心歸向，一步步向夏王朝這輛翻覆的老車迫近。

一聽說有部落起兵謀反，夏桀難得清醒過來，立刻三軍統帥上身，指揮從屬夏朝的韋國、昆吾國和顧國三個蕞爾小國的軍隊上前線，和氣勢最旺的商湯軍隊作戰。果然，戰爭無情，商湯不手軟先派兵亡了韋國、顧國，再擊潰昆吾國，收拾得乾淨溜溜，然後向夏朝的一線城市挺進。儘管夏桀決定御駕親征，準備親自出兵攻打搞叛亂的商湯，但是麾下兵丁不是舉白旗降了商湯，就是丟下主子落跑，搞得夏桀狼狽不堪，仗還沒打就改變作戰計畫，轉進昆吾國再做商議。商湯也不是笨蛋，夏桀跑去昆吾國，那就一併處理吧！最後昆吾國被夏桀拖下水，被商湯給滅了。夏朝五百年基業在兵慌馬亂中，由夏桀親自示範亡國之君的身影，來不及好好下台一鞠躬便匆促畫下史上第一個亡國的感傷句點。

第3章

華夏之殷商興亡錄……

西元前一六〇〇年，史上第一個世襲的王朝—夏朝，下台一鞠躬，接棒的商朝（稱「殷」或「殷商」）躍上舞台，開啟了長達數千年封建制度的先河。

商朝統治華夏總計六百年，歷十七世出三十一位王，期間曾五次遷都，都城大多在河南省境，國土疆域最東至大海、最南至湖北、最西抵陝西、最北抵遼寧，不僅涵蓋前朝—夏的領域，更加之擴大，強盛看得見。

一　燕子蛋傳奇——殷商的興起

古老民族都有神奇的祖先傳說，殷商也不例外。相傳有娀氏的女兒簡狄許配給帝嚳當次妃。某日簡狄與兩名姊妹淘到河邊沐浴，瞧見有隻燕子下蛋，簡狄一時興起便把那枚燕子蛋吃了，沒想到因此有了身孕還生下兒子，取名為「契」——便是日後殷商的先祖。

儘管契的身世奇特，長大後幫著大禹治水，還頗有建樹，功勞不小，當時的天子舜對契信賴有加，讓其擔任「司徒」的要職，委以教化庶民重視「五倫」的重任，亦即透過寬厚的教化教育，讓父子、君臣、夫婦、長幼、朋友的五倫關係重歸和順。舜還將「商」地分封予契，並賜姓「子」氏。契十分認真地執行舜所託付的五倫教化工作，而且功績斐然。

契死後由其子昭明繼承其位，昭明死後傳其子相土繼承其位，相土死後傳其子昌若繼承其位，昌若死後傳其子曹繼承其位，曹圉死後傳其子冥繼承其位，冥死後由其子振繼承其位，振死後傳其子微繼承其位，微死後由其子報丁繼承其位，報丁死後由其子報乙繼承其位，報乙死後由其子報丙繼承其位，報丙死後由其子主壬繼承其位，主壬死後由其子主癸繼承其位，主癸死後由其子天乙繼承其位——這麼一長串父死子繼，看到這裡頭都暈了吧？還好男主角已經出現，主癸的兒子天乙就是大家耳熟能詳的成湯。

夏王朝時，成湯是為方伯——有權征討鄰近諸侯，位階不低，權勢不小。細數從契到成湯這段漫長的歲月裡，曾遷都多次，直到成湯才在「亳」定下來，頗有追隨先王帝嚳重返故地的深刻用意，為此成湯還撰寫《帝誥》一篇，翔實記錄遷都於「亳」的情景。

成湯最為人津津樂道的就是「網開三面」的故事，最能展現他寬厚仁德的特質。成湯某天到郊外，看見野地裡四面架起網子，獵人祈禱著：飛禽走獸快入我網吧！成湯一聽這還了得？驚呼：這樣豈不趕盡殺絕！趕緊讓獵人把網子去掉三面，僅一面張開羅網，請獵人向天禱告：大家想往左就往左，想往右就往右，不聽話的就朝羅網去吧！消息傳開之後，各個諸侯都對成湯的仁德大大感佩，竟連大地的親鳥野獸都能沐浴其中，真是難得啊！

反觀夏朝的國王——桀，耽於逸樂，施行暴政，諸侯昆吾氏正在興風作浪。成湯看機不可失，立刻高舉正義之師的旗幟出兵討伐夏桀，輔佐成湯的伊尹也隨他一起率諸侯出征，先討昆吾，再伐夏桀。

成湯還為此次出兵做了公開說明，表示自己並非刻意作亂，實在是夏桀德行敗壞，天所不容，自己是敬畏上天之故，所以順天意而前來討伐夏桀。夏桀不理政事，只顧揮霍享樂，把夏國百姓的血汗都搾乾了。百姓無心耕作，對未來一片茫然，期盼夏桀早日滅亡。是的，夏桀已經失去夏國的民心，連上天都怨怒於他，所以成湯希望自己的子民能夠看清現實，與他一起討伐夏桀，幫老天懲罰惡人，解救天下蒼生於倒懸。一旦完成天命，我成湯必大大獎賞諸位，而且一定會遵守承諾，不失信於百姓。同樣地，若是大家違抗我今天立下的誓言，也一定會降罪懲罰，絕無寬貸。以上這篇慷慨立誓的宣誓，由伊尹記錄並收錄在《尚書》卷八的《湯誓》裡。由於成湯以「勇武」自詡，遂以「武王」為稱號。

成湯來勢洶洶，大敗夏桀於夏朝起家的有娀氏故地，夏桀倉皇敗逃到鳴條，至此徹底崩盤再也無力回天。光是打趴夏桀還不夠，湯還要翦除支持夏王國的勢力，於是轉而攻打夏桀的死黨三䬼，不僅打了勝仗還收編了三䬼國寶等級的玉器珠寶，遂命義伯與仲伯兩位臣子製作了《典寶》文件歸檔入庫。

夏朝被湯取而代之之後，本來想乾脆連夏朝的神社也一起退了吧！可是湯考慮到夏朝先祖是禹，以治水大功流芳千古，而夏朝敬奉的社神則是與平定水土大有神能的共工氏之子句龍，思前想後還是倚天下蒼生利益為重，不要亂換為宜，於是照例撰寫了《夏社》，為這次社神要換又不換的思維脈絡留下說明原委的文件。至此戰爭落幕之後，宰相伊尹正式向各個諸侯宣布討伐夏桀大功告成，意氣風發的湯登上天子位，自此天下歸服，重獲和平。

班師回朝的湯在經過泰卷時，命令中壘為新誕生的朝廷撰寫誥命。內容主要是宣布新取得天命的天子湯，下令廢除夏朝之制度法令云云。大軍凱旋回到國都「亳」，中壘不辱使命寫成《湯誥》，並由殷商王湯於三月在東郊親自向諸侯宣讀，主要是鼓勵諸侯要好好照顧，讓百姓好好做事，如果不能讓百姓功業成就就要加以懲罰。並且舉了賢能功高的禹和皋陶，讚賞他們治理長江、濟河、黃河、淮河等四大主要河流的成果，讓百姓得以安居樂業，同時還讚譽教百姓種五穀的后稷，讓莊稼布滿大地，五穀豐登。正因為這三位先賢先祖的偉大功績他們的後代才能創建立國大業。如果先祖像蚩尤之流讓百姓陷於水深火熱，上天必會降禍使其受到教訓，這樣的例子自古多有啊！所以先聖先王的典範與教誨，怎能不戮力奉行呢！所以如果各位諸侯，若有人膽敢悖道義而行，我將不准其再位列諸侯，有言在此，怨不得我無情。

新科天子成湯諄諄告誡眾諸侯，宰相伊尹特撰寫《古文尚書・咸有一德》文件，詳細闡述君臣均應具備的品德，以廣為教誨與學習；咎單還撰寫《明居》一文，教導民眾在新時代應該遵守的各項法則。

新朝代新氣象新天子，商湯執政之後，首先修改曆法，將原來以寅月為歲首的夏朝曆法，修訂為以丑月為歲首的殷商新曆法。此外，還變更了王朝器物所崇尚的顏色，由於殷商崇尚白色，所以商朝的朝會依新規制都要於白晝行之。

稱號武王的商湯，國都在「亳」，傳位十代而至盤庚，期間總計遷都達五次之多。十代之間亦非代代賢能，因為從第六代中丁至第十代陽甲皆非善類，兄弟鬩牆，爭奪天子大位，搞得朝廷雞飛狗跳，敗象已現。更糟的是這些搶到大位的傢伙不但不思勵精圖治，反而大肆營建宮室，與貴族競相比拚奢華，整個商朝已經腐爛不可聞問。亂七八糟的陽甲人生終於謝幕，其弟盤庚繼位成為天子，從他以後商又稱為殷，也稱為殷商，不過正史上仍稱作商。

自盤庚傳至紂歷經八代十二王，家族中明君有限，僅武丁與祖甲較賢明。前者在位長達五十九年，後者在位也有三十三年，政治算是比較清明、百姓的日子比較太平。至於其他君王也只能搖搖頭，昏的昏、亂的亂，不知民間疾苦，只知道一位享樂，說也奇怪，每位天子在位時間都匆匆促促，長則八、九年，短則三、四年，歷史上又出現一個惡名昭彰的亡國之君紂，之後就由新崛起的周朝取而代之了。

百工競技的精美年代

隨著時代演進，商朝的農業與畜牧業都比夏朝更上一層樓。牛已經登場並套上牛犁耕地，木製耒耜為農夫最常用的農具。百姓豢養的家畜，大致上已與今日一般無二，當時華夏大地還有體型碩大的大象，雄偉的身形常出現於戰爭與需要巨大勞動力的工作場所。

農牧發展良好，百姓基本生活不成問題，手工業開始蓬勃發展而且種類繁多，分工日見精細。考古學者從商朝遺址，發掘出各種手工業的工作場所遺跡，包括石工、玉工、骨工、銅工等四種商朝主要的手工業。石工主要是製作富有藝術質感的玩賞石器；玉工則是以珍貴的玉石製造珍寶等級的藝術品，供貴族王室賞玩、收藏；銅工係以兵器、禮器製造為主；骨工主要製造骨鏃等骨器。商朝還有各色興盛的手工產業，舉凡皮革、釀酒、織帛、製裘、縫紉等，還有農桑飼蠶、營造與舟車，甲骨文均有記載，可見商朝手工產業已相當成熟。

興旺的手工業主要來自民間百姓的巧手製造，所以商朝習慣將百姓稱為「百工」，生產的精美器用不僅對日常生活大有裨益，其製作精美者供王室貴族使用、玩賞，甚至一起陪葬，後人才得以從殷墟出土文物中，窺見商朝如此精彩的手工美器。

近年考古遺址發現商朝已有製陶場、製骨場、煉銅場等，出土器物顯示製作的器具種類繁多，包括青銅製的禮器與工具，還有陶器、釉陶、陶塤，以及玉器、骨器、蚌器和象牙梳、編織物等等。精美的器物也出現在墓葬中，貴族的殉葬品有金飾、青銅器、玉石、瑪瑙、貝殼等，甚至有人和狗、豬等一起殉葬。遺址中還發現商朝的卜甲卜骨數百片，僅一片有文字。這些卜甲卜骨是供卜筮之用，骨上鑽孔的工具是為青銅製作的鑽，在其他商朝遺址也曾出現，因此可以近一步推斷高度的青銅器文化在商朝早期便已出現。

從殷墟發掘的銅器包括矢鏃、勾兵、矛、刀、削、斧、錛、觚、爵，以及專門製作銅器的範。我們可以肯定商朝的生產工具，已經由石器進化到金屬工具，青銅文化正在商朝散發璀璨金光。

世界第一位女戰神——婦好

長達數千年的封建制度讓女性社會地位低落，愈到晚期愈是嚴厲。與後代相比，商朝的女子地位雖然也不算太高，但不至於終生淪為男性的附屬品，貴族女子仍然可以有限度地擁有財產，甚至可自己管營田地——不過也只限於貴族女性喔！

商朝在武丁時期王朝達到鼎盛，在當時的甲骨文資料中，頻頻提到在武丁的妻妾中有位傑出的女性——婦好，不僅在軍事上有成就，曾率領大軍攻打羌方與巴方，在政治上婦好的表現亦相當傑出，甚至可以奉武丁之命代為主持重要的祭祀活動，可見武丁對婦好之倚重與信任，十分難能可貴。

婦好最廣為頌揚的就是她善於率軍打仗，其實歷史上沒告訴你的是——婦好更善於徵兵！在古早的冷兵器時代若要發動戰爭，必須先募集到足夠的勇丁，交戰雙方哪一方投入兵力多，哪一方取勝的把握就大，勝券在握。若是大將軍連兵都募不齊，大軍連影子都沒有，這仗還怎麼開打呢？婦好，最厲害的就是只要她出馬，不但商朝自己百姓買單，她還踏出國門到臣服於商的交好部落、邦國去招兵買馬，每次都能完美動員，成績斐然，讓武丁很開心。

兵馬完成召集，婦好率領大軍風光出征，浩浩蕩蕩，好不威風！如此強勢的陣仗，應該還沒開打就讓對手望風而逃了吧。根據婦好墓出土的文物顯示，有兩大兩小均刻有「婦好」銘文的銅鉞四把，其中大者單一把就重達八、九公斤，象徵商王朝之王權，「婦好」銘文則代表婦好在軍事上享有的崇高地位與無可睥睨的權威。有如此厲害的女將軍當家，四鄰俯首，武丁可說是高枕無憂。可惜婦好先武丁而死，北方日見強大的吾方部落開始蠢蠢欲動，終於成為武丁的心腹大患。可憐的武丁在與吾方部落的爭戰中一直怕打輸，常常占卜希望婦好能夠在冥冥中保佑他打勝仗，可見婦好真的是女戰神，武丁對其念念不忘、倚賴之深可想而知。

女戰神婦好威名在商朝始終獲得子孫的崇拜，甚至武丁崩殂之後，婦好並沒有以妻妾之名與之合葬，反而讓婦好始終擁有獨立的墓穴。商朝在祭祀先祖時，也有特別為婦好舉行之祭祀儀式，藉以表達對世界上第一位女戰神的尊崇之意。

一 姜太公釣魚的命運交叉點

大家常常講：「姜太公釣魚，願者上鉤！」姜太公就是生在商朝末年的姜子牙，又名姜尚、姜飛熊，為東海上人（今莒縣東呂鄉），也是《封神演義》裡登封神台大封諸神的姜太公原形。

姜子牙在商朝也曾做過芝麻綠豆大的官，無奈商紂沉湎酒色，無心國政，奸臣當權，誣陷忠臣，多行殘暴，民不聊生。面對紂王一手造成的末世景象，姜子牙心生不滿，憤而辭官，離開商都朝歌，躲到當時周文王管轄的渭河邊隱居。

周文王姬昌生逢商朝末世，對自己充滿期許，對未來懷有大志，深知成大事的關鍵在於人才，所以不僅愛護自家培育的菁英，更到外面招攬賢才，希望能做出一番大事業。姜子牙就是聽到周文王求才若渴的消息，想想自己這一生懷才不遇，時運不濟時曾在朝歌宰牛、孟津賣麵，直到垂垂老矣才混個芝麻小官，偏又碰上不世出的暴君紂王，如今雖已白髮皤皤但仍心存一絲希望，才會來到渭河之濱一邊釣魚一邊觀察周文王的虛實，看有沒有辦法在人生最後一回合大翻盤，得到明主賞識，讓自己可以施展抱負。

姜子牙很會故弄玄虛，在渭河畔釣魚的姿態也很奇特：一位白髮老翁手持釣竿，掛著沒有勾起來的魚鉤，沒有鉤自然就沒置魚餌，詭異的直釣鉤懸在離水面三尺處，就這副模樣說是在釣魚。老翁嘴裡還會唸到：魚兒魚兒快上鉤吧！路過河邊的人看到這景象莫不傻眼，不知這是演哪一齣？摸不清老人家是真釣魚還是假釣魚，忍不住從旁提點一下。沒想到老翁的回答更妙：沒事的，魚兒自己會上鉤！我寧可直中取也不向曲中求，這直鉤釣的不是水中麟，而是要釣王與侯。明眼人一聽，就知道這直鉤釣魚是姜子牙行銷自己的宣傳手法，想讓周文王從茫茫人海中發現他，給他施展長才的機會；但路人聽姜子牙這番應答，只覺得這老翁口氣不小，該是老糊塗了。面對路人你一句我一句的訕笑譏諷，姜子牙仍是一派淡定。

總之，沒多久姜太公釣魚就成了渭河邊的景點，消息終於傳到周文王的耳裡，果然切中文王的求賢罩門，立刻派出士兵去請這位奇人前來會面。姜子牙一看來的是一群小兵，嘴裡便唱道：釣魚釣魚，魚兒不出，蝦兵亂亂衝。連正眼都不瞧他們一眼，兵丁對這位老翁的奇特行徑也無法理解，只好無功而返，據實向文王回報。文王聽了之後苦思良久，好不容易領悟了姜子牙的啞謎：老翁看穿了我的心思與志向，所以是在指點我——他就是我到處尋訪、可以助我完成大業的奇人謀士，所以要我放下身段，以謙卑恭順的態度去渭河邊拜訪他！

沒錯，文王確實看明白姜子牙的心思，於是放下身段、恭敬地來到渭河邊向姜子牙行禮，姜子牙看「魚兒」果然來了，便道：「我很早就聽聞文王的賢良，我也很願意放棄隱居來幫助您。只是不知文王是否真心信任我這個老頭，發自內心希望我為您效力？」文王一聽，趕緊說：「我們真的求賢若渴！」一說罷立刻向姜子牙請教當前情勢，與如何讓周更強盛的方法，對談之下雙方投契異常，文王佩服姜子牙天天在河邊釣魚，卻對當前天下局勢與治國興邦之道了解得如此透徹，還能提出獨到的觀點，更對五行數術與兵法有極深造詣，果然是不可多得的曠世奇才，遂以最隆重的禮儀將姜子牙迎上自己的馬車，歡喜地將周的未來寄望於這位淵博、睿智又機敏的白髮老翁身上。

姜子牙於八十三歲高齡，在文王力邀之下重出江湖，成為西周國師。周文王姬昌在國師的戮力輔佐下，國勢日漸昌盛，百姓安居樂業，文王感念國師的輔佐之功，尊姜子牙為「尚父」，對他的治國興國之策百依百順。姜子牙為周文王效力是商朝與周勢力消長的死亡交叉點，就從這一刻開始，伐紂已成天命所歸，儘管流血漂櫓的戰爭在所難免，但商紂必敗的結局已成定局，而周朝八百年基業的前奏已經響起。

一 倒行逆施，難逃覆滅命運的殷商王朝

商朝最後一位君主紂王，登上帝位的過程小有曲折。話說帝乙長子是微子啟，但啟的母親身分卑賤，所以啟無法繼承大統；帝乙幼子名為辛，是帝乙的正宮娘娘所生，所以辛順理成章被立為繼承人。帝乙崩殂，辛繼承帝位為商王受，其子武庚諡他為帝辛，但大家對於他的惡諡之名「紂」更為熟悉。

其實紂的本質極佳，聰明敏捷又有口才，而且學習力很強，還是個勇猛無比的大力士。可惜紂就是太過聰明、太過自信、太愛炫耀，又太好面子，所以特別不愛聽臣子的勸諫，認為自己高人一等，一定可以把一切都搞定，就算搞不定也可以憑著伶俐的口才把錯的說成對的，讓大臣啞口無言。他以為這樣能讓他天威更盛，普天之下再沒有人比他更行了。紂王還有一個罩門，就是他超愛喝酒，每天飲酒作樂，喝再多都不夠；紂王另一個罩門就是女人，他特別寵愛妲己——比前朝的亡國美人妹喜有過之而無不及，不但對美人言聽計從，甚至還讓樂師涓做了一首性感墮落的靡靡之音，搭配姿態撩人魅惑舞蹈，與亡國美人堪稱絕配。

紂王為了讓他的金庫鹿台與鉅橋糧倉更加充實，不惜向百姓加重賦稅、收集更多錢財與糧食；為了讓宮殿更有趣，從天下搜集來狗馬與新奇好玩的物件，供他玩樂；為了庭園更迷人，不僅擴建沙丘

的園林樓臺，還捕捉大量的飛鳥與野獸，使其在園林間遊走，並找來很多賓客追逐禽鳥走獸，供其欣賞逗樂；紂很愛飲宴，特別修築酒池、肉林，讓男女在其間裸身追逐、飲酒吃肉，陪紂王徹夜尋歡作樂。

商紂搞得民不聊生，怨聲載道，諸侯一個接一個離開商朝，沒想到紂不但不檢討懺悔，反而變本加厲，設計了嶄新的炮烙酷刑，對付那些膽敢和他作對的討厭鬼。

紂暴虐行徑不只對付百姓，諸侯也人人自危。儘管紂王將西伯侯、九侯、鄂侯三人封為三公，但是悲劇已經等在前面。九侯將自己美麗的女兒獻給紂王，沒想到這位端莊的閨秀不愛荒淫逸樂，此舉惹惱了紂王，不但招來殺身之禍，連父親九侯也被施以醢刑，被剁成肉醬。看到紂王把位列三公的九侯給剁了，鄂侯覺得不可思議，直言力諫紂王，甚至發生激烈的辯論，結果紂王懶得再辯，乾脆賞鄂侯施以脯刑，也就是把他做成肉乾了。西伯侯姬昌看到位列三公的同僚一個變成肉醬、一個變成肉乾，忍不住暗自嘆了一口氣，被崇侯虎給抓到小辮子，立刻向紂王報告，西伯侯運氣好沒被做成肉鬆，只是囚禁在羑里察看。這時西伯的僚臣閎夭等人密謀搭救，針對紂王的喜好出招，將美女、良駒、新奇玩物等禮物獻給紂王，紂王一高興就把西伯侯給放了。

大難不死的西伯侯，一出來就很上道地將洛水以西的土地獻給紂王，請求廢除殘酷的炮烙酷刑，沒想到紂王竟然爽快地答應廢除炮烙，甚至還賞賜西伯侯弓箭大斧，並令他征伐其他諸侯，此舉等於將西伯侯拱上西部地區諸侯之長的大位。在內政上紂王也不太有智慧，重用精於阿諛，擅長圖利的費仲來管理國事，百姓與官員莫不恨之。雪上加霜的是紂王又任用最愛進讒言、毀謗人的惡來，幾乎把各路諸侯都惹惱了，對紂王更加失望，紛紛跑得遠遠的。

回到周的西伯侯，低調地推善政、修德行，吸引無數背叛商紂的諸侯都跑來跟隨他。漸漸地西伯侯的實力愈來愈強大，但紂王對於自己的處境卻渾然不知。此時王叔比干不怕死地勸諫紂王，但紂王怎麼聽得進去？才德兼備、深受百姓愛戴的能臣商容，紂王卻不按牌理出牌地黜免他。

勢頭正強的西伯侯揮軍滅掉飢國，大臣祖伊聞之色變，又驚又怕，立刻向商王受報告：「上天已經放棄我們商朝的天命了，從人的觀察和龜策的占卜來看，沒有吉兆，非先王不幫助我們後人，實在是大王淫虐而自絕於天，所以上天放棄了我們。如今我們的民眾都想讓你滅亡，說：『上天為什麼不降威，更換國君，天命為什麼呼不到來？』現在大王打算怎麼辦？」紂王不聽，說：「我生下來作為君主不就是有天命嗎？」

不知大難臨頭的商王受還大剌剌地說：「我是天子，我的所有言行想法不就是源自天命嗎？」聽到紂王的回覆，祖伊知道大勢已去，只能無奈地說：「商王受已經規勸無效！」

西伯侯（即周文王）姬昌死後，由其子周武王繼續率軍東征。當大軍來到盟津時，背叛紂王來和武王會師的諸侯多達八百多位，他們都說：「是討伐商王受的時候了！」周武王感慨地說：「你們不了解天命啊！」於是大軍調頭轉回封地繼續生聚練兵。

周武王緊鑼密鼓地練兵，紂王卻更見荒淫，完全不認為自己有任何過錯。大臣微子盡責地勸諫紂王多次，但紂死也不聽。失望的微子與太師、少師商量之後決定逃離殷國，遠離即將發生的亡國悲劇。王叔比干卻表示：「為人臣子就算拚了命也要勸諫君上。」比干堅持的態度，果然惹惱了紂王，冷笑道：「聽說聖賢之人的心不同於常人是有七竅！」比干早已做好心理準備，接受紂王剖開他胸膛的命運，當紂王還在研究比干的心有幾竅時，另一位良臣箕子早已徹底心寒，嚇得裝瘋賣傻跑去予人為奴，希望能逃過紂王的魔手。但是紂王也不是省油的燈，得到消息就把箕子給關起來，事已至此，連殷國太師、少師都拿著祭器、樂器，匆匆逃到周國。直到這時候，周武王才拍板時機已成熟，於是率領大軍偕同諸侯齊力討伐暴虐無道的殷紂。

紂王派兵在牧野迎戰周武王。就在周曆二月初五甲子這天，商紂之軍大敗，紂王倉皇逃命，奔進內城，登上鹿台，換上寶玉縫製的貴重服飾跑進火裡自焚。從後面追上來的周武王上前砍下紂王的腦袋，將之掛上太白旗竿示眾。紂王已死，周武王將紂王愛妃妲己處死，被關押的箕子馬上釋放、重築忠臣比干之墓、被紂王罷黜的能臣商容也獲得表彰。紂王已死，周武王並未趕盡殺絕，而是將紂王之子武庚封為祿父，承續殷商的祭祀，等於受封為周的諸侯，隸屬於周。周武王期許武庚以先祖盤庚的德政為榜樣，殷商百姓鬆了一口氣，對周武王感恩戴德。

周武王至此登天子位，然而後世史家咸認其功績德行遠不及五帝，於是僅以王稱之。殷的後代被周武王封為諸侯，隸屬於周。

第4章

華夏之西周崛起實錄……

西元前一〇四六年，中國歷史上第三個王朝—商朝下台一鞠躬，接棒的西周躍上舞台，封建制度從此更為完整縝密。

西周自武王伐紂後，分封諸侯。周等於是大侯國，收服的小國臣服其下，遵行周的體制，向周王朝貢。西周將爵位分成五等：公、侯、伯、子、男五等。其中屬於外服亦即正式國家者為侯、甸、男、衛；內服者則為卿大夫食邑。

干戈永息，天下太平——武王建周

暴虐無道的商紂，在周武王討伐成功後，坐實亡國之君無誤。武王宅心仁厚，將殷商遺民封給紂的兒子武庚，封號為祿父，由於爭霸戰才剛落幕，武王為求安定民心，特別派自己的弟弟管叔鮮、蔡叔度，輔佐祿父好好治理殷。之後，武王下了一連串命令，釋放受紂王暴虐苛待的臣民——令召公釋放囚禁的箕子、令畢公釋放囚禁的百姓，還褒揚商容而旌表其里門，並且命閎夭將忠臣比干的墓加高以表尊崇。此外，命南宮适把紂王斂藏在鹿台的金銀財寶發回民間，將紂王由民間搜刮到鉅橋糧倉的米粟，拿來賑濟飽受苛政與兵禍的百姓；再派南宮适、史佚視察國家重寶——九鼎和寶玉；最後命宗祝於軍中祭祀，之後才大軍調頭西歸周國。

武王於歸途中，順道巡行諸國，悉心記錄所見所察之各國政事，寫成《武成》一篇傳世。進行分封諸侯之禮時，賜予祭祀宗廟之彝器，據此撰寫《分殷之器物》文件留予後世。

周既已接下商朝天下，武王以天子之姿感念先聖先王功德，遂褒揚神農氏並將其後人封於焦，黃帝後人封於祝，帝堯後人封於薊，帝舜後人封於陳，大禹後人封於杞。協助周得天下的大功臣個個要封賞：功勞最大的國師尚父自然封賞最高，封營丘，國號齊；弟周公旦封曲阜，國號魯；召公奭封於燕，弟叔鮮封於管，弟叔度封於蔡。總之論功行賞，功不唐捐。封賞一干功臣之後，武王又召集九州州牧，一起登上豳之土山，遙望商都，江山依舊卻已易主周國，感慨之中更多了些許睥睨與惕勵。

回到周之後，武王思緒紛飛，輾轉難以成眠。弟周公旦前來探視，問兄長何以夜不成眠？武王對弟弟說出心中話：「我告訴你吧，從我還沒出生上天就不眷顧商朝，算算都已經六十年了。這段漫長的歲月裡，朝廷裡讒佞小人當家，君子被排擠在外，就像麋鹿不待在山野而聚在近郊，而鴻鳥卻往山野盤旋。也因此我們今日才有機會取而代之，有所成就。其實天命在殷朝時，曾有名賢三百六十人為殷王所用，但殷王未能給予禮遇與顯揚，終於走到亡國這一步。如今檢討我自己，對於上天眷顧尚未全部完成，實在擔心上天是否對周國繼續庇佑？想到這裡我怎能成眠呢？」

武王接著說：「我一定要達成上天交付的天命，不負上天的眷望，要在最靠近天聽之處落腳！我要四處探尋不順應天道者，給予商紂同級的貶責；我要隨時撫慰民心，發揮周國相傳的德行，讓西方領土長治久安。從洛水濱直到伊水畔，地形平易無險阻，我已經看好可當作周的都城——我曾去南邊看了三塗山，北邊瞧過太行山麓之都邑，也看了黃河、洛水、伊水，確定這裡和上天居處最接近，足以定為都城。」

周的國都在武王的擘劃下，定於雒邑。此時此刻，天下已是周的天下，戰馬卸鞍放到華山南面吃草奔馳，拉車牛隻從此於桃林丘墟上放牧，兵器收到倉庫，軍人兵丁解散返鄉，就從現在起，周天子宣示干戈永息，天下太平。

層層分明，難逾越的周朝社會

歷史文明演進到周朝，社會的階級與階層已經演化得非常分明，各有安頓，不可輕易逾越。

統治者——百姓

根據尚書《盤庚篇》，記載盤庚說服百姓遷都於殷，這裡所指的百姓明顯地指的是貴族的通稱，是與萬民相對的一種身分；而在詩經小雅的《天保篇》中寫道：群黎百姓，遍為爾德。詩中的百姓是與群黎相對而不相通的。殷商時代的百姓是指主子，可以蓄奴；到了周朝的百姓，就是所謂的地主、領主。光是百姓這一階層，還可以根據名位、土地大小再細分出貴賤層次。

1.最高階——王族：周朝王室為姬姓，所以是統治階層的最高階，亦即金字塔頂端那一群，百姓中最高貴的那一家姓氏。周朝初領天下，姬家男子基本上大多獲得分封為大大小小的諸侯，其中周王與諸侯的爵位由嫡長子繼承，其餘子嗣就分給采邑，作為卿大夫。所以周代有頭銜的領主階級，以姬姓為大宗。

2.殷商貴族與周國非姬姓者——諸舊姓：姬姓取得天下改朝換代，新舊貴族大洗牌。之前殷商天下就已存在的貴族、諸侯、舊國，如徐夷、淮夷等視為諸舊姓——前朝貴族的勢力大不如前，但在自己的地盤上仍然是可以呼風喚雨。另一種就是周朝得天下之後，姬姓成為天子一脈，周國非姬姓的諸舊姓，有的被分封在王畿之內受采邑、做王官；有的論功行賞封為諸侯，例如姜姓封為齊國、子姓封為宋國等。

3.統治階層的墊底者——百工：百工，顧名思義就是各種擁有手工技藝的工匠，為統治階層的墊底者。由於當時尚處於農牧社會，手工技藝便是最初萌發的工業，工匠手下有奴隸為其打工，受其管制。西周對百工極為重視，是王官的重要區塊，即使犯了酒禁大忌，周公仍會網開一面不殺之。西周的社會與生活正因為官方重視百工，使得文化得以快速起飛。

爾後當王室日漸衰微，百工失卻了王室當靠山，為了生活遂不得不流浪到各大諸侯國去找機會。像楚器銘文上的鑄客，就是一種周遊各國的百工，而工藝演繹造就的璀璨文化，就隨著百工從王室擴散到地方，促成各侯國文化表現的大幅躍進。

所以百姓最初是具有貴族的意涵，直到後來宗族漸形崩壞，坐擁土地的領主階級興起，百姓高人一等的血統與身分不再靈光，江河日下，當消長到地平線時，百姓的意涵便與庶民畫上等號，於是兩個原本各有所表的稱呼從此合流通用。

被統治者——庶民

相信嗎？民的本意其實是指奴隸。古書、古詩中所稱的民或稱黎民、群黎、苗民、眾人、庶人、庶民、眾、庶，說穿了通通都是指庶民，就是一般普羅大眾。由於社會階級會不斷演化與分化，「民」可以指廣大的勞工朋友，也可能被上流人士借去當作自謙之詞。在西周時期，庶民的層級就像三明治，最上層是自由人，中間層是幫人耕田的農奴，第三層則是沒有自由的奴隸，其中農奴在數量上與職能中堪稱民之中堅。

1.自由民——上層庶民：現代人常把在背後惡搞自己的人稱為小人，其實在商朝真有一種人的身分就是小人。小人是打哪兒來？殷商亡國後，有一群不是貴族也不是奴隸，就是很單純的自然人，可以自由生活的自由民，稱之為小人。周公對這批小人頗為關切，特別教他們種田務農之道，或是牽牛車出外學習商賈之道，使這批人有能力養活自己、奉養父母。此外，還有一小群遷至成周卻未歸順的殷商後裔，周天子允許其擁有私人房舍、田地、做喜歡的行業，這群人歸順周之後亦為自由民。周代的社會階層是可以流動的，比方說為土地繼承制度形成非嫡子的釋出、諸侯國之間吞併造成貴族的身份變遷。在周代主要採宗子（嫡長子繼承土地）的制度，因此非宗子者向宗族領得土地後，就出去當農夫成為自由民。諸侯國之間征戰，戰敗的一方豬羊變色（原來的貴族最不幸的就是變成戰勝國的皂隸），大部分變成對方的庶民，基本上也是自由民身分。

2.不算奴隸的農奴——中層庶民：武王伐商紂、周公伐武庚，都得力於殷商部隊的倒戈相助，周得天下之後，這群士兵得到轉換為農奴的機會。周天子分封諸侯，各諸侯國除晉國是分配放牧之地外，其餘皆採周國方法劃分田地，發給農奴耕作。周初第一次分封，冒出無數姬姓新貴族成為新的領主，許多奴隸在這一波浪頭上轉換成農奴身分。

3.主人的財產——下層庶民：金字塔的最底層就是奴隸，舉凡戰爭中擄獲的敵軍、罪犯的家屬等等，只要一人為奴，這可怕的身分就會世襲子孫，永無翻身之日。周武王伐紂時，細數紂王罪行，其中就有招誘人家的奴隸，這一點頗能激起諸侯國的公憤，可見得商與西周對於奴隸的依賴與需求量相當大，一旦有人要招誘自家奴隸就會氣得要出兵。

《左傳》昭公七年記載，楚國大夫申無字曾提出人分有十個等級：王臣公，公臣大夫，大夫臣士，士臣皂，皂臣輿，輿臣隸，隸臣僚，僚臣僕，僕臣台。馬有圉，牛有牧。其中由皂至台這六級屬於奴隸，之後的管馬的圉、放牛的牧，比奴隸中的台還不如，就不列等級。以上這十級從王到台都屬於公務員，其中由王到大夫這三個等級擁有土地所有權。而庶民中的自由民與農奴，主要是靠自己的能力，或耕作或做買賣或做手藝來養活自己，所以不跟公務員混合評等。若自由民為士，跑去吃公家飯，就列入第四等級。務農維生的自由民、農奴，所分得的土地為私田，僅供其耕作，不得也無權買賣。

一心為國、不思個人榮辱的周公

大家打瞌睡都戲稱是「夢周公」，典故出於《論語》的述而篇，孔子感慨：「甚矣吾衰也！久矣吾不復夢見周公。」周公制禮作樂是孔子的偶像，難怪夢不到周公會如此哀怨。

在西周取得天下初期，周公的角色可說是非常關鍵。周公是周文王的四子，名為旦，是周武王與管叔的弟弟、蔡叔的哥哥，亦是武王之子周成王的叔叔，因其采邑封在周（今陝西岐山東北），爵位是上公，所以後世稱其為周公。周公是一位孝順的兒子，而且行事規矩磊落，充滿智慧，敬重兄長，凡事盡心盡力，深得武王信賴，是中國古代傑出的政治家之一。周武王先後兩次東伐紂王皆由周公輔佐，取得天下之後，周公雖封於魯，但並沒有前往魯做國王，反而留在都城繼續輔佐兄長武王，安定剛取得的天下。周公對後世最有影響力的功業，就是制禮作樂，讓臣民有所依循，天下從此大治。

武王駕崩，由才十餘歲的嫡長子繼位為成王，此際天下才剛歸於周，不久又失去掌舵者，朝野形勢之嚴峻可想而知。面對千頭萬緒、錯綜複雜的天下政事，年輕的成王一籌莫展，迫切需要一位老成持重、熟稔天下事務的可靠長輩在旁輔佐，於是忠誠又能幹的周公出線，順理成章地由周公攝政。

可是這個安排有人不滿！當時在東方負責監督殷商遺族武庚的三哥管叔，覺得要攝政也該按輩份來，怎麼會是周公呢？五弟蔡叔也贊成應該由三哥管叔攝政。於是管叔、蔡叔就號稱：周公其實是想對成王不利，要篡奪王位！

謠言一出，便鬧得沸沸揚揚，不可收拾。就在殷商覆滅後的第三年，管叔、蔡叔聯合武庚等殷商舊部，準備反西周復殷商。旗幟一經展開，東方的徐、奄、淮夷等幾十個與殷商親善的大小方國紛紛加入，聲勢驚人，震動京師。周公知道一切都是衝著他而來，如果處理不好，不等管、蔡聯軍到來，自己就先被一干臣子給轟下台，武王辛苦打下來的西周王國可能會瞬間垮台。

周公冷靜思考之後，首先他面對內部，尋求大老重臣的支持與認同，務必讓內部團結，都城內部穩定下來，才能進一步談及對付管、蔡、武庚。於是請來太公望和召公，親自說明自己的心意：「我之所以會一肩扛起攝政之責，就是擔心天下會趁王國初定、成王年輕而叛亂。三王努力這麼久才打下的基業，若在此刻斷送，我將來有何顏面去見太王、季王、文王？若不是武王過世太早，成王年幼登基，又怎麼會冒著被誤解的風險擔此重任？一切還不都是為了讓周王朝維繫下去才這麼做。」

當周王得到太公望和召公的認同之後，周王朝內部有共識，翌年大舉東征，討伐叛亂。大軍出征前，特別舉行占卜，周公為此還發表了談話，指出殷人才稍稍恢復元氣，就想趁周王朝幼主即位時奪回天下，妄想讓周王朝打回原形，成為殷商的屬國。別做夢了！大家相信我，他們裡面有我們的內應，這場叛亂注定失敗，文王與武王辛苦打下的天下一定可以保住。

關於占卜的結果，周邦原本並非大國，若非上天賦予天命，哪有可能伐紂成功！現在殷商舊部再次挑釁，我軍出征在即。占卜結果顯示，這次老天將再次給力，我們只要順天意而戰即可馬到成功！將士們一聽到占卜的吉兆，士氣大振，信心滿滿地隨周公東征。這場戰爭足足打了三年，艱辛備至，終於將亂事平定，周王朝的勢力也隨之擴展到東部濱海一帶。

周王朝東都雒邑建成，周公亦將禮樂制度訂定完成，治國治民的禮法大功告成。此刻成王也已長成，周公毫不遲疑地還政成王，恭敬退居輔佐之位，過程平順祥和，堪稱典範。周公擔心年輕的成王耽於逸樂，特別寫了一篇《無逸》，諄諄告誡成王要學習前朝的賢主與文王的榜樣，勤政愛民，勵精圖治，禮賢下士，才能成為一位好國王，周王朝才能長治久安。爾後，周公便召集天下諸侯，舉行正式冊封天下諸侯的盛大典禮，同時頒布周王朝推行的禮樂制度。

成王謹遵叔叔的教誨，依周公制定的典章制度治理國家，重視農業、手工產業的發展，鼓勵商業與貿易活動，周王朝因此農民安樂，百業昌盛，欣欣向榮。周王朝由成王執政三十七年，康王繼位執政二十六年，天下太平豐足，綻放盛世風華，史家稱這段周王朝的鼎盛時期為成康之治。

美人一笑值幾許？烽火諸侯引犬戎

西元前七八一年，西周王朝的周宣王去世，由周幽王即位。周幽王是個只愛吃喝玩樂，貪戀女色又昏庸無才的國君，算是抽了準亡國之君的號碼牌。大臣褒響看不過去，進諫幽王，請他專注朝政，好好治理國家。沒想到踩著幽王的痛腳，一怒之下把褒響關進大牢蹲三年。褒響之子為營救父親，想出美人計——獻上美女褒姒，果然幽王大樂，放了褒響。

褒姒是歷史上出了名的大美女，周幽王被他迷得神魂顛倒，寵愛異常，整天膩在一起飲酒作樂，徹底荒廢朝政。但美女都有迷死人不償命的小毛病，褒姒集三千寵愛於一身，榮寵至極但她就是不愛笑，甚至還常常蹙著眉頭，搞得幽王心悶，甚至懸賞：誰能讓美人嫣然一笑就重重有賞。這時奸臣的戲份來了，虢石父這傢伙就向幽王獻計，我國為防西戎進犯都城，在驪山一帶特別設置有二十餘座烽火臺，以備西戎功打過來時傳遞訊息，向沿線諸侯示警出兵勤王之用。反正天下太平已久，這些烽火臺閒著也是閒著，不如把烽火點起來測試一下各路諸侯，讓他們運動運動，當他們大軍趕來發現京師太平無事，又匆匆撤回的狼狽模樣，一定很有趣！

有趣？這簡直是奸臣中的天才！周幽王一聽，正合朕意，就這麼辦。

翌日周幽王就帶著美人褒姒赴驪山遊玩。當著美人的面請兵丁點燃烽火臺，臨近諸侯驚呼不得了——西戎來犯，京師有危機！各路諸侯立刻率兵前來救駕，但一到驪山卻半個西戎兵都沒看見？只見周幽王的美人褒姒在驪山玩樂，傳說中這位不會笑的冰山美人，正看著大軍一臉疑惑狼狽、不知該進該退的模樣，露出美如花朵的笑顏。美人一笑周幽王樂上了天，根本不理會欺騙勤王諸侯的後果，反而大大獎賞虢石父。

從此點烽火耍諸侯成為幽王和褒姒最愛的餘興節目，可惜「狼來了」的戲碼玩久了，沒有諸侯願意再被耍，後來即使烽火點得再多次，諸侯也當是美人看猴戲，不再前往。

點烽火耍諸侯來取悅褒姒，幽王應該夠了吧？還不夠，幽王為她廢掉申后、太子，改以褒姒為后，立其子伯服做太子。

因點烽火的創意而成為幽王愛卿的虢石父，讒佞巧詐，逢迎好利，掌權之後惡評如潮，人民都恨之入骨。幽王廢申后、太子的後遺症，就是惹惱岳家申侯，遂串連繒國與西夷犬戎進攻幽王。這時幽王想起烽火臺的真正效用，趕緊燃烽火搬救兵，結果各路諸侯想當然爾不再上當！結果犬戎長驅直入，幽王被殺於驪山之下，漂亮的王后褒姒被擄走，都城財貨被劫掠一空。

幽王已死，妖后已杳，周王朝不能一日無君！申侯遂與各路諸侯合力擁立被幽王趕走的太子宜臼，登基為周平王。

周王朝於西元前七七〇年，由於鎬京在戰後已殘破不堪，宜臼為避犬戎，在晉國和鄭國的支持下遷都雒邑。於是遷都成為周王朝前後期的分水嶺：定都鎬京的稱為西周，定都雒邑的稱為東周。

中國大事紀

年代	事件
約一七〇萬年前	雲南元謀一帶生活著元謀人
約八〇萬年前	陝西藍田一帶生活著藍田人
約二十萬～七〇萬年前	北京周口店一帶生活著北京人
約一萬八千年前	山頂洞人已過著氏族公社型生活
約五千～七千年前	河姆渡半坡出現母系氏族公社
約四千～五千年前	大汶口文化中晚期出現父系氏族公社
約四千多年前	黃帝、堯、舜、禹等傳說時期帝王現身
約前二十一世紀	夏朝誕生
約前十六世紀	商湯滅夏，商朝誕生
約前十四世紀	盤庚遷都於殷
約前十一世紀	武王滅殷，周朝之西周時期登場
前八四一年	中國歷史開始有確切之紀年
前七七一年	鎬京被犬戎攻破，周幽王被殺，周朝之西周時祺到此結束

第5章

東周列國之春秋爭霸錄……

西元前七七〇年，西周由周幽王劃下句點，其子登基為周平王，遷都雒邑，東周正式展開。

西周時期周王是天下共主，但進入東周之後，王室已經實力大不如前了，周王只是虛名，反而各諸侯國實力看漲，開始互相征戰、兼併，搶著坐上區域霸主寶座。周邊的蠻夷異族，趁中土爭霸正烈之時悄悄崛起。儘管此際中原征戰不斷，卻直接促進彼此經濟與文化的積極接觸和融合。

一 東周衰敗與諸侯坐大

西周，周天子是大宗長，不論國力或武力都非常強勢，各諸侯國在其麾下，不得互相征戰攻伐，諸侯國也都畏於周天子之威，不敢造次。因此許多小諸侯國得以在周天子的天威之下，免於征戰之苦，也不用擔心被大國所滅。天下百姓得以休養生息，農業得以連年豐收，百工得以平穩發展，經濟亦隨之興盛，各諸侯國的國力均有所躍進，各方面也都強大壯盛。

享太平福報甚久的西周漸漸腐敗，完全未察覺周王朝與諸侯間的勢力消長，直到昏庸的周幽王因女色亡國，西周終於覆滅。幽王之子平王即位，遷都於東都雒邑，以東周名號延續周王朝香火。但周王朝的衰弱已然無法扭轉，對於兵強馬壯的諸侯國已無控制之力，真正的歷史舵輪已轉由各大諸侯國操控，周王室不再坐擁獨尊大位。

東周的天子既然控不了場子，各大諸侯國也就不客氣了，一時間諸侯國之間兼併、征戰不休。既然周天子沒了權威，王室貴族、侯國與庶民的大家長也漸漸壓不住場面，嫡長子世襲制開始崩壞，被有實力者強取而代之；經濟上原屬宗族的土地所有權，也受到私人的強取豪奪，變成在家族與私人間互相交易，往日向心力強大的宗族，遂從繼承面與財產面土崩瓦解，造成了東周政治與社會動盪的根本變數，庶民的夢魘——永無止境的戰爭又回來了。

到底東周天子有多不受重視？魯國是周公的封國，應該和周天子最親、最忠心吧！根據《春秋》記載，在東周二百多年裡，魯君僅僅朝王三次，魯國的大夫聘周也僅僅四次。由此可知其他諸侯國應該更沒有把周天子放在眼裡。雖說東周的天子看來挺窩囊的，不過名義上終究是「天下宗主」，大諸侯國還是要對周天子展現尊崇，以顯示自己的身分。尤其要出兵攻打蠻族時——比方齊、晉兩大國聯手阻止楚國往北進，就要打出周天子名號，喊「尊王」、「勤王」的口號，才算師出有名，其他諸侯才會支持。

東周王朝春秋時代的文化重鎮在東周、宋與魯，仍尊奉周王朝文化為主軸。由於東周王室積弱財困，以致許多握有專業與技術的王官百工，不得不另謀出路。為了生活，百工中有的人前往諸侯國尋求做官機會，有的人就專心做匠師，以前為王室服務的精緻工藝技術，就這樣走向民間，融入生活，形成文化傳播出去。期間也發生文化傳播的大遷徙——西元前五二〇年（相當於魯昭公二十二年），周景王崩殂，沒想到王子朝竟夥同失業的舊官、百工，發動搶奪王位的戰爭。歷經四年鏖戰，子朝無以為繼，兵敗如山倒，只得率同夥的召氏、毛氏、尹氏、南宮氏等舊宗族與百工，攜帶周王朝王室所有典籍，倉皇出奔楚國。此一奔逃，將東周王朝最高端文化，連官員、百工與典籍一次帶走，楚國頓時吸收了周王朝文化的百年精華，儼然成為境外的周文化之都。

東周文化的熟成落在諸侯國——魯、宋、楚，這三大文化大國於焉出列——魯之孔丘創立了儒家學派，宋之大夫墨翟創墨家學派，下一階段戰國時期，楚之李耳則創立道家學派。

經過西周的休養生息，各諸侯國的國力不可同日而語，開始蠢蠢欲動。在強大的野心驅策之下，諸侯國莫不想擴張領土、坐上前段班大位，於是諸侯國之間不斷爆發戰爭。幾經吞併與汰弱，楚、齊、秦、晉、吳、越等六大諸侯國，躋身東周春秋時代的六強。

楚國

楚國先祖可以追溯到大禹時代的有苗氏，兩國交戰，大禹勝出，將有苗氏逐出黃河流域。戰敗的有苗氏來到長江流域，在此整合諸多部落，以荊楚為主力，在長江中游結合成一大國。至商朝，殷高宗武丁曾出兵荊楚，戰勝並俘虜大批蠻夷；到周文王，楚國的國勢強盛直達漢水流域，遂有部分有苗氏族人歸附於周，周武王伐紂之時，歸附之有苗氏亦投入作戰，周成王封賞功臣後嗣，有苗氏後裔熊繹便獲封子爵，封地在丹陽（今湖北秭歸縣）。熊繹子孫相當爭氣，於西周時期國力不斷茁壯，國土隨之擴張，並立「楚」為國號。

在東周初期，楚國的國力已相當雄厚，雖然楚仍自稱蠻夷，以攻伐華夏諸侯為職志，只要五年不出兵，就渾身不對勁，視為奇恥大辱。因此楚國幾乎戰無不勝，先後生吞活剝了四十五個小國，國土可說是「一暝大一寸」，日日擴大，堪稱春秋諸侯國中領土最廣。

齊國

輔佐周武王滅掉商紂的第一功臣——姜尚（姜太公）封於齊國，女兒邑姜許配給武王當原配，生下了嫡長子為周成王及唐叔虞（封於唐國）。成王封賞功臣時，封外公為齊侯，還許他討伐有罪諸侯的特權，可說待之甚為優厚。

齊國的齊獻公遷都臨淄，大約是在西周厲王時。傳到齊桓公時，因為重用賢能的管仲當家，這位響噹噹的大政治家可說是把齊國整個重新架構！首先將齊劃分為二十一鄉，包括專攻工商本業的工商六鄉（免服兵役），以及士十五鄉——平時農民就專心耕作，士就食田，戰時農夫變小兵，士變身甲士和小軍官。士鄉肩負後備軍人之責，因此地方編制非常嚴謹：每五家為一軌，每十軌為一里，每四里為一連，每十連為一鄉，宛如軍隊般隊伍井然。

士鄉規定：每家出一人，五人為伍，伍有軌長；五十人為小戎，小戎由里司率領；兩百人為卒，卒有連長；二千人為鄉，旅有鄉良人；五鄉一萬人為一軍。齊國備有三軍（概念和現在的陸海空三軍不同），齊國主君自己率領一軍，而國之上卿國子、高子則各率一軍。

舉國七成以上皆為如此，有效率編制後備軍人，因此齊國的戰力可想而知，領土的擴張自然也是極為快速。再加上齊國有山又有海，物產礦藏俱豐，富有鹽鐵之利，管仲便設有鹽官專司煮鹽，設有鐵官專製農具，並有經濟實力鑄錢以調節物價，國家內政、軍政與經濟經過管仲悉心調理，齊國很快就成為春秋諸侯國中最富強。

秦國

位於中原西邊的秦國，原本只是一個小諸侯國，因地處邊陲，經濟與文化都不若中原諸國昌盛進步，即使後來熬出一點慓悍兵力，也難脫戎狄的落後野蠻之名，諸侯會盟連邀請函也不發給秦國，真的稱不上是個角色。不過秦國也沉得住氣，不因遭到排擠而生氣，反而積極操兵練馬在西方戎族大地開疆拓土，同時也和文化相對前衛的中原通婚、通商，拚命吸收中原的精華，讓自己逐漸脫離戎狄，改頭換面以強國之姿往中原霸氣靠攏。

周平王東遷後，封秦君襄公為諸侯，也就是說秦國直到東周才被中原宗主——周王朝認可。有了名分，秦國彷彿立刻和中原的高度文化接通：秦文公於西元前七五三年開始設立史官，把秦國發生的大小事記錄下來；西元前七四六年採用西戎嚴厲、野蠻而血腥的法律，於是滅三族法（父族、母族、妻族）進入中土；秦國傳至秦穆公時，重用足智多謀的百里奚打勝晉國，從此秦國的疆域正式擴展到黃河邊；爾後秦穆公又重用膽識謀略出眾的謀臣由余，出兵一舉攻滅諸戎、緄戎、翟戎、義渠等十二戎國，睥睨西戎，春秋五霸的入場券已經穩穩入袋，因此秦國很快成為春秋諸侯國的西方的霸強。

晉國

周成王繼位時，唐國發生內亂，周公旦滅唐國。成王年幼時與叔虞玩耍，將一片梧桐樹葉剪成玉圭形送給叔虞，說：「用這個當作你的封地。」史佚因此請求成王冊封叔虞為諸侯。成王說：「我只是開玩笑罷了。」史佚說：「天子無戲言，你說了就要履行。」於是周成王封叔虞於唐國舊地，範圍主要在今日山西省南部一帶，這就是成語「桐葉封弟」的典故。唐叔虞死後，其子晉侯燮繼位，改國名為晉。晉國的國祚很長，從受封建立到敗亡，前後長達七百餘年，是相當長壽的國家。

東周初期，周王室的實力大不如前，晉獻公建都於絳，看準趨勢所在，毫不猶豫地開始出手兼併大業，逐步滅了霍、耿、魏、虞、虢等小國，一統汾河流域並且跨到黃河南岸，晉國不只變成強國、大國，更是一個地形險要之國。

晉獻公在政治上也非手軟之輩，為了集權在手，不僅消滅國內同姓宗族，更毫不留情地將兒子夷吾（晉惠公）、重耳（晉文公）放逐，但也敢於封異姓賢能之人為卿大夫，讓晉國變得更為強壯，成為一個真正的集權國家。

放逐在外十九年、美其名為周遊列國的重耳，歷經艱辛流離，終於在西元前六三六年回國即位，成為史上有名的晉文公。因為飽嚐人艱苦難，看盡中原諸國的風土，身邊隨他放逐的臣子，一路忠心相隨，不離不棄，回到晉國都得到重用。頓時晉國上下一心，氣象大大翻新。西元前六三二年，楚國大軍北進，晉文公登高一呼，高舉勤王的大旗，率領晉、宋、齊、秦四國聯軍，與楚、陳、蔡三國聯軍於衛地城濮短兵相接，展開浴血大戰。四國聯軍在晉文公的帶領之下士氣高昂，銳不可當，風光擊敗楚軍，晉國從此成為春秋五霸的霸主。

吳越二國

因為姬亶父第三子姬歷的兒子姬昌有「聖瑞」，所以太王希望以姬歷為繼承人，然後傳位給姬昌。於是作為姬歷的兄弟泰伯與仲雍不忍發生王位爭奪而同避居今無錫東南六十里之梅里隱姓埋名過著隱居的日子，竟有蠻夷千餘家特別搬來歸附於泰伯，並且奉立泰伯為當地的君主，入境隨俗斷髮紋身，建立了吳國。泰伯死後無子，仲雍繼立。

吳國後來成為楚國之屬國，但傳到吳君壽夢之時，國勢日益強大，不容小覷。這時由楚國出亡到晉國的大夫巫臣，建議晉國應該聯吳攻楚，就能壓制楚國北進之勢。西元前五八四年，晉國派巫臣出使吳國，主要任務是帶一隊戰車到那兒當軍事家教，對吳國軍隊展開特訓，教導射箭、御戰車之法與戰車陣法。吳國也很爭氣，吳軍學會打車戰之後，於淮南江北從陸上攻打楚國側面，發揮牽制的力量，完全達到巫臣聯吳攻楚的目的。從此吳楚連年征戰，有時甚至一年要開打七次，吳國成了楚國揮之不去的惡夢。

壽夢過世之後，由嫡長子諸樊繼位為吳王。當吳國傳到闔閭之時，內有伍子胥當家，對外則有史上最知名的大軍事家齊人孫武為將軍，國勢之盛，無出其右。西元前五〇六年，吳國勢盛，大舉發兵攻楚，五戰皆勝，所向披靡。吳軍勢如破竹，一路攻進楚國建都約兩百年的郢都，當年王子朝由東周帶來的大批文物，以及楚國的金銀財寶，隨著吳國大軍班師回朝被帶到長江下游。從此吳國文化得以飛速躍進，就是得力於這場讓楚國元氣大傷的勝仗。

越國建都於會稽，是東周春秋時期的後起之秀，相較之下其經濟與文化落後吳國甚多。吳國闔閭率兵攻越國，竟嚐敗績且連命都送掉，從此吳越兩國心結難解，征戰不休。後來闔閭之子夫差即吳王位，為父報仇，攻陷越國，勾踐被迫稱臣。後來夫差將勾踐放回，無疑縱虎歸山。勾踐回到越國之後生聚教訓，蓄積國力，待國勢強盛鼎沸之際，越國便卯起來攻打吳國，終於把吳國滅掉，甚至進一步揮軍北上，贏得宋、鄭、魯、衛等國歸附，越國因此躋身春秋末期的霸主之列。

斬寵姬練就女兵團——孫武練兵

春秋時期最有名的兵法家，首推齊人孫武。當年他帶著千古不朽的《兵法》來到吳國，敬呈予吳王闔閭。闔閭認真細看之後，予身旁的伍子胥表示：孫武這十三篇兵法寫得太好了，真奇才也！立刻請伍子胥去邀請孫武入宮晉見。

闔閭與孫武相談甚歡，但不免慨嘆吳國兵少將寡，遂請教孫武如何才能讓軍隊擴張以充實國力？孫武建議闔閭不妨動員婦女同胞，孫武之兵法非僅部隊可用，百姓婦女一樣可以施以訓練。闔閭一聽不覺笑了出來，因為訓練女兵當真聞所未聞。既然建議提出來了，不試試怎麼知道成不成？於是孫武便向吳王請命，還承諾若是女兵訓練不成，願意扛下欺君之罪。吳王對此頗感興趣，正好也親眼瞧瞧孫武練兵的本事，馬上從後宮挑出一百八十名宮女讓孫武一試。

練兵經驗深厚的孫武，迅即將宮女分成左右兩隊，由吳王兩大寵姬分別擔任隊長，再命兵士發給一百八十名宮女一人一支戟。然後長官訓話：軍中紀律森嚴，賞罰分明，一個口令一個動作，諸位務必絕對服從。遊戲規則講清楚了，授命擔任左右兩隊隊長的左姬與右姬，穿戴好裝備，孫武指示軍中嚴格遵守的三條軍法——隊伍不可混亂、彼此不可交談喧嘩、任何人不可私自行動。

翌晨，兩位美女隊長率領麾下女兵全副武裝於教場集合，當然闔閭也早早坐上觀禮台，準備欣賞兵法家的美女部隊操演秀。女兵們穿上戎裝，右手握劍，左手拿盾，分列兩隊，英姿颯爽，別有一番風韻，吳王被這新鮮的場景給吸引了。

孫武升帳，一切比照正規軍演練——傳令佈陣，授予兩位隊長黃旗兩面，作為前導，隊伍以五人為伍，十人為總的編制，前後緊密相連，跟隨隊長行進，不得脫離分散。兩隊人馬必須聽鼓聲進退，腳步齊整不可混亂。傳諭完畢，孫武令兩支隊伍跪下聽命。截至目前看來都還井然有序，狀況不錯。下一步孫武要正式演練，現場宣布演練規則：鼓聲一響，兩隊一齊起立；鼓聲再響，左隊向右轉，右隊向左轉；鼓起三通，兩隊人馬挺劍互鬥。鑼聲鳴起，停止動作，兩隊收兵。

正式演練時，擊鼓聲一響，宮女馬上現出原形，個個笑得花枝亂顫，現場亂成一片。負責擊鼓的軍官看場面有點尷尬，馬上向孫武秉告：擊過第一次鼓，但女兵動作不一，隊伍凌亂。孫武立刻站上司令台，神情嚴肅地再把演練規則說一遍：諸位初次演練，難免對軍中規矩不清，對演練的號令不熟，這是將領的錯。現在再為諸位講解一遍。於是麾下軍吏將演練的鼓聲指令內容再次大聲布達，接著馬上開始正式演練。結果這批女兵仍是嬉鬧一片，無人聽令動作。

此刻，孫武臉色驟變，厲聲發令：適才已說明，第一次演練不佳是將領之過，沒有把演練規則與號令說明白；但經過二次說明，諸位並無異議或表達有不明之處，卻仍演練成果不佳，這就是軍官與兵士的錯。執法吏請出列。執法吏看老闆震怒，趕緊上前接令，立刻把兩隊隊長綁起來，接受軍法發落。

吳王一看大事不妙，孫武是玩真的，眼看愛姬的項上人頭即將不保，趕緊派人向孫武傳話：吳王已經知道您的用兵大能，還請您放兩位隊長一馬，吳王沒有這兩位陪伴會寢食難安！還請高抬貴手，手下留人吧！

吳王身段已經放這麼軟，沒想到孫武一口回絕：「軍中無戲言，而且孫武已受吳王之命為將，孰不知將在軍中君命有所不受，若君命一到便有所寬貸或責罰，將來如何帶兵服眾人之口？所以只能對吳王說抱歉了。斬！」

當左右兩隊隊長的頭顱高高掛起時，一百八十名宮女嚇得魂不附體，雙膝一軟都跪在帳前，誠惶誠恐地等候聽令。現在他們已經不再是宮女，而是不折不扣的軍人了。

眾宮女立即變得嚴肅起來，迅速整好隊伍，聽鼓聲進行演練。果然再擊鼓發令，女兵不論前、後、左、右、跪、起，無一差池，動作標準整齊，安靜肅穆。吳王見愛妃被殺，非常生氣，當下欲斬孫武，但為伍子胥所勸阻，吳王拜孫武為最高統帥。吳軍在孫武的帶領下西破楚國，北對齊晉，毫無懼色，捷報不斷，吳國正式崛起，終於稱霸一方！

一慢、二慢、三開打——曹劌論戰

齊國在齊桓公即位後，因著大政治家管仲的輔佐，國勢富強，最具爭取霸主地位的實力。然而在西元前六八四年，齊桓公即位甫兩年之際，派兵攻打魯國卻踢到大鐵板。

齊國來犯，魯國上下一致憤慨，國君莊公下定決心要和齊國拚了。這時有位名不見經傳的公民——曹劌，打算求見魯莊公，表達參加抗齊之戰的意願。大家一聽都覺得曹劌的腦袋進水了，齊國打過來有大官擋著，輪得到你這根蔥來出頭嗎？曹劌可不這麼想，當上大官未必有前瞻的眼光，強敵當前也未必拿得出好法子。國難當頭，必定要有所作為！於是他大大方方地來到王宮，直接求見魯莊公。

此刻發下對抗齊國豪語的魯莊公正在發愁，因為身邊沒有足智多謀之士為其剖析情勢、運籌帷幄，曹劌的出現正是時候，立刻傳他晉見。兩人一見面，曹劌便針對抗齊大事單刀直入地問魯莊公：「主公憑什麼抵抗強大的齊軍？」

魯莊公答道：「平日只要有好吃、好穿的，都會與人分享，絕不一人獨享。憑這一點就知道我對臣民很大方的，大家必定會支持我。」曹劌搖搖頭嘆道：「不過略施小惠，且受惠者範圍太小，僅及於身邊的人，一般大眾根本無感，又怎會因此支持您呢？」魯莊公想了想，又提出自己在祭祀時非常虔誠。曹劌仍是搖頭如波浪鼓，祭祀虔誠但老天、神明、先祖並不會拿起刀槍為您擊退齊兵。魯莊公只得再想，腦袋都快想破了，終於想到：「老百姓打官司時，不敢說每一件都查得一清二楚，但至少盡我所能地把事情處理到入情入理，問心無愧。」曹劌這才露出微笑，認同地點了點頭。確實，這事做得好，得民心。有民心，主公當然就有跟齊國打仗的籌碼。看到曹劌終於點頭，魯莊公才放下心中的大石頭，與齊對戰的信心油然而生。

講到這裡，曹劌提出不情之請，希望能和主公一起上戰場。魯莊公沒想到曹劌會提出此一要求，一個文士為什麼會想上前線？不過曹劌應該有他的道理，無妨，就讓他隨軍出征吧！魯莊公特別讓曹劌和他坐同一輛兵車，倚重之情不言可喻。

兩軍在長勺（今山東萊蕪東北）對陣，一場大戰一觸即發。兵強馬壯的齊軍，仗恃人多想速戰速決，雙方一擺好陣勢便擂起戰鼓，搶得戰場主導權，積極搶攻。魯莊公一看這麼快就開打，正要下令眾將官出兵還擊，身邊的曹劌卻出言阻止：「慢，時機未到。」

齊軍先發卻碰到軟綿綿的棉花堆無功而返，立刻擂起第二通戰鼓，重整隊伍再度進擊。這回魯莊公要發號施令之前，先轉頭看曹劌，曹劌仍是搖搖頭：「慢，時機未到！請主公稍安勿躁。」這時魯國軍對看齊軍勇猛衝殺過來的氣勢，每個都好想衝出去迎戰，殺他個落花流水，可是主公不下令，誰也不敢輕舉妄動，只能忍著胸口那股惡氣，憋著等吧！

眼看第二波進擊又無功而返，齊軍主帥不甘心，立即下令第三度擊鼓進擊。這時齊軍都笑魯軍是縮頭烏龜，沒人把魯軍放在心上，把衝鋒陷陣當成嚇唬膽小鬼的把戲，隨隨便便就衝向魯軍。此刻，曹劌觀看齊軍狀態，向魯莊公微微頷首：「主公，下令反攻吧！」

一聽到主公下令進擊的鼓聲，魯軍猶如猛虎出閘，要把適才在陣前耀武揚威的齊軍殺個落花流水，才能消心頭鬱結之氣！本來還嘲笑魯軍畏戰的齊軍，這會兒自亂陣腳，被魯軍打得落花流水，狼狽撤兵。

魯莊公看齊軍敗退，機不可失，正要下令追。「別急！」曹劌硬是把號令擋下來，快速跳下戰車勘查地上車痕足跡，再跳上戰車橫槊觀察前方地形，之後向魯莊公稟報：「請主公下令追擊齊軍！」追擊令一下，魯軍奮勇向前，一鼓作氣把齊軍趕出邊界，贏得勝利。

打敗齊國是何等大事，魯莊公開心不已，更對曹劌的臨場表現佩服不已。班師回朝後，魯莊公向曹劌請益：為什麼齊軍第一次、二次擊鼓進攻時，不讓魯軍迎戰？曹劌表示，打仗全憑士氣，第一次擊鼓時士氣最旺盛，第二次擊鼓時氣勢就弱了一半，第三次擊鼓時將士們早就洩氣了。所以忍第一波、第二波的回擊，待三波予以迎頭痛擊，乃是以我方士氣最盛之時迎擊已經洩氣的齊軍，當然會打勝仗囉！

可是齊軍敗逃，為何你要先攔阻追擊，後來又根據什麼來判斷可以追擊？魯莊公又拋出這個問題。曹劌表示，齊為大國，看似敗逃但難保不是欺敵之計，設下埋伏誘使我軍追擊，再回頭殺個措手不及。後來觀察撤軍車轍痕跡凌亂，隊伍也陣勢全亂，軍旗更是東歪西倒，因此斷定齊軍是真的倉皇敗逃，趕緊追擊必能將之逐出邊界。

魯莊公聽了曹劌的解說，茅塞頓開，對曹劌的智謀更加佩服。

一 太厲害反而沒舞台——孔子

有華人的地方就有孔子的教誨，至聖先師對華夏的影響深遠，迄今孔子所倡導的儒家思想，仍深植在華人政治家的基因裡。孔子名孔丘，是魯國陬邑人，其父為品位較低的武官，於其三歲時便過世，從此孔子便跟著母親遷至曲阜過活。

孔子幼年玩家家酒時，就很喜歡學大人祭天祭祖的模樣，正經地擺上碗盤，有模有樣地行禮。從小看大，就知道孔子這個孩子做事必然認真規矩。成人後，孔子除了讀書很厲害之外，亦精通「六藝」——禮、樂、射、御（駕車）、書、數（數學），做事一絲不苟，認真負責。出社會，孔子曾當過倉庫管理員，只要有他在，倉庫的物品必不會短少半分；孔子也當過牧場管理員，只要有他在，牛羊數目只會多不會少。

孔子博學又認真能幹的名聲，不到而立之年便已頗負聲望，很多人不遠千里而來希望拜他為師成為門生。由於名氣愈來愈大，想拜在門下的學生愈來愈多，孔子遂開辦私塾正式展開教育事業。當時魯國大夫孟僖子，在臨終時還叮嚀兩子——孟懿子、南宮敬叔，要去孔子的私塾學禮。爾後魯昭公就是透過南宮敬叔推薦，讓孔子前往東周王朝都城雒邑，考察周朝之禮樂制度。

孔子三十五歲那年，沒想到魯昭公竟被魯國當權的三家大夫——季孫氏、孟孫氏、叔孫氏給趕下台。賞識孔子的魯昭公垮台，孔子只得另覓舞台，於是他到齊國求見齊景公，並與其暢談自己的政治理念。對孔子頗有好感的齊景公，原打算重用這位難得的幹才，但相國晏嬰進言：「孔子的政治理念不切實際，難以奏效。」齊景公遂打消主意，孔子只好默默回到魯國，繼續投入教育事業。

西元前五〇一年，魯定公派給孔子一份官職，任中都（今山東汶上縣）宰；翌年又擔任管理工程的司空；爾後更成為掌管司法的司寇。孔子最露臉的一次任務，是在齊魯夾谷之會負責相禮，但也從此成為有心人杯葛的目標。

先說說夾谷之會的背景。晉國策略性聯吳攻楚的策略奏效，幫助吳國增強戰力，後來吳王闔閭得大兵法家孫武為將軍，大敗楚國，使得吳國成為中原地區忌憚的狠角色，尤其此時國力已漸走下坡的齊國，此時備感威脅。儘管在位的齊景公，任用才能出眾的晏嬰為相國，讓齊國氣象一新，但身處時局錯綜複雜的春秋時期，光靠自己的力量很難長治久安，必須有盟友支持才是王道。西元前五〇〇年，齊景公出面邀約魯定公，準備在齊魯交界的夾谷召開會盟。齊景公打的如意算盤是拉攏鄰居魯國，再和中原諸侯結成聯盟，大家同氣連枝由齊國當盟主，此會必可將齊國再次推向巔峰，重現齊桓公當年的霸主風采。

諸侯開會非同小可，必須安排懂禮大臣擔任會晤時的「相禮」。魯國的「相禮」當然就由職掌魯國司法、又非常懂「禮」的孔子出任。

魯定公將齊景公邀約夾谷之會的事由和孔子說明，孔子表示一直以來齊國屢屢犯我邊境，如今要找我們會盟，為保險起見，主公最好由左右司馬陪同前往，自然也要帶著兵馬以為防備。魯定公覺得孔子說得有理，便帶上兩員大將與兵馬前往夾谷會盟。

夾谷之會，由於孔子相禮讓魯國進退合宜，表現出色。會後齊景公甚至敲定將汶陽等三處侵占魯國的土地歸還，以示善意。為此齊國大夫黎鉏警覺到，孔子這人不簡單，如果魯國重用孔子的話，對齊國相當不利。於是心生一計，讓齊景公準備一支由八十名歌女組成的盛大女樂團送給魯定公。魯定公歡喜收下，從此夜夜笙歌，不理朝政。孔子發覺情況不妙，想要跟主公諫言時，魯定公知道他要來說教，偏偏躲著不肯接見。孔子失望至極，落寞地帶著學生離開魯國，開始周遊列國希望遇上明君，施展政治抱負。

然而當時大國都忙著東打西打，擴張領土；小國東忙西忙，忙著到處搬救兵。天下一片動盪，孔子周遊列國七、八年，造訪衛、曹、宋、鄭、陳、蔡和楚等七國，竟沒有一處可以讓孔子安身立命、實踐禮樂制度的治國機會。期間最慘澹的一次，是楚昭王請孔子過去，陳、蔡兩國的大夫，怕孔子此去助長了楚國、倒楣了陳蔡，於是百般攔阻，竟致孔子一行絕糧於陳蔡之間，處境堪憐。還好楚昭王救兵及時趕到，不然至聖先師就此一命嗚呼。

最後年邁的孔子累了，回到家鄉魯國著書立說，總計整理了充滿周代情感與生活滋味的詩歌集成《詩經》、紀錄上古歷史資料的《尚書》，以及以魯國歷史為主軸、記載西元前七二二年至前四八一年大事的史書《春秋》，這些重要的經典流傳數千年，迄今仍深具影響力。

孔子於西元前四七九年去世，其弟子門生秉持孔子精神與理念繼續授業，成就中國歷史上歷久彌新的主流思想——儒家學派，孔子順理成章的坐上儒家學派創始人。時至今日，華人世界仍將孔子視為思想家、教育家，奉為「至聖先師」，每年九月二十八日孔子誕辰，都會在孔廟舉行祭孔大典，以表達對孔子的尊崇。

一 越王句踐的心機

吳越兩國的糾葛其來有自，互相撻伐，很難善了。西元前四九六年吳王闔閭出兵攻打越國，不幸落敗，闔閭還因傷重送命，其子夫差即位為吳王。從此吳越的樑子算是結大了。

話說越王句踐打探到吳國要設水軍，遂處心積慮搞破壞，身邊要臣范蠡等都勸他小心，別掉入夫差的陷阱！句踐哪裡肯聽？任性出兵攻打吳國滅水軍，果然這是夫差設下的請君入甕之計，越國大敗，句踐被俘。可是夫差也是個不聽群臣勸諫的固執之人，儘管伍子胥等人極力主張把句踐殺掉以絕後患，結果夫差還是留句踐一個活口，還讓他夫妻倆在吳宮為奴，讓吳王盡情使喚，享受戰勝越國的驕傲。

句踐要為吳王駕車兼養馬，夫人要為吳王打掃宮室房間，夜裡住在又濕又冷的監牢，日子真是難熬至極。還好越國動用關係收買了吳國寵臣伯嚭，伯嚭竭力勸說夫差受降，使得句踐免於一死。歷經三年奴僕歲月的折騰，夫差不知是大發慈悲還是腦袋有洞，竟赦免句踐夫婦讓其返國。

句踐回到越國那能忘記三年來所受的奇恥大辱？報仇之心與日遽增，在國內偷偷練兵，晚上不睡舒適的床而是睡在柴薪之上，房樑上還垂掛一枚苦膽，每當自己稍有安逸的念頭就舔一下苦膽，讓自己莫忘三年為奴的恥辱。但是國家要復仇，光靠個人奮發還嫌不足，句踐積極鼓勵王后、貴族和百姓一起耕作、織布，辛勤勞作，撙節開支以積聚錢糧。

喊出「十年生聚，十年教養」口號，目的是增加人口，增加國家的生產力，更下令十年不收賦稅，讓百姓家家戶戶都有三年存糧。增加人口方面，首要是適齡男女通通要結婚生子——凡女子十七歲不嫁、男子二十歲不娶，父母均有罪！此外，還不准壯丁娶老妻、老翁娶壯女為妻，以免影響人口繁衍。

獎勵生育方面，婦女臨盆時官府派員協助接生，若生男孩則獎勵兩壺酒、一隻狗；若生女孩則獎勵兩壺酒、一隻小豬；若生雙胞胎則由官府供給衣食，補助育兒；若生三胞胎則由官府聘請奶媽幫忙撫育。獎勵增產的同時，於鰥寡孤獨的國民也沒忘記照顧。

國家要強，首先要安定民心，句踐實施緩刑薄罰，藉此安定民心。在政治上，大力整飭內政之餘更重用文種、范蠡、計然等賢能之人以振朝綱。句踐廣招賢士也是有方法的：國內挑達士提供上等住宅、衣食，使其為國盡忠效力；若有從其他諸侯國的游士來越國，句踐必定親自在宗廟隆重接待，並依其專長特予聘用。

在外交結盟上，大夫扶同給了極厲害的建議——親近齊國，交好晉國，私下和楚國做好朋友，檯面上把吳國伺候好。伺候吳國包括文種策劃的送金銀珍寶討好吳國上下；謊稱越國天災向吳國借糧一萬石，翌年越國精選上好的收成，特別蒸熟送還吳國，結果吳國想要以此為種子種植時卻什麼也種不出來，糧食顆粒無收，超慘；最廣人知的就是越國的美人計，由西施、鄭旦擔綱，魅惑夫差荒廢朝政；心機深重的句踐為了讓夫差沉溺更深，特別派出三千名木工至深山老林砍伐上好的棟樑之材，刻意雕刻精美華麗的花紋圖案獻給吳國，誘使夫差大興土木，廣修宮殿，大大掏空吳國國庫；最狠毒的還是暗中挑撥夫差、伯嚭與伍子胥的猜忌與不滿，終於逼得對句踐始終懷有戒心的伍子胥自殺。夫差沉溺女色享樂、國庫掏空、米糧無收、盟友也串通好了、吳國上下都收買了、收買不了的伍子胥也解決了——越國對吳國用盡一切絕招，終於紛紛奏效，而自家實力也日益壯大，一切只等最佳復仇時機的到來。

越國心機深重，積極慫恿夫差北上同齊、晉等大國爭霸，卻又暗中與齊、晉、楚等大國互通聲息。為了讓吳國不生懷疑，越國每年還要演一齣攻打楚國的大戲，楚國和吳國是世仇，自然樂意配合演出，假裝出兵追擊越國，讓吳國愈看愈放心。

越國經過多年生聚教訓與策縱連橫的外交功夫，早已兵強馬壯，靜候時機對吳國發動致命的一擊。機會來了——夫差率吳軍主力部隊赴會，還把句踐當作死忠奴僕，要句踐帶兵一起去，以助聲勢。句踐知道機會來了，帶了三千精兵看似要去赴會，其實直取吳國主城，不但殺了吳國太子，還生擒夫差，滅了吳國——吳越世仇至此結清。

第6章

東周列國之戰國風雲錄……

西元前四七五年，進入東周王朝後期的戰國時代，歷經春秋時代各諸侯國的勢力消長，以及政治上的爾虞我詐、權謀比劃，霸主陸續出列，強弱已見端倪。進入戰國時代，強盛的諸侯國各自據地稱雄，互相攻打、兼併、滅亡，此一分裂的亂象直到西元前二二一年秦始皇統一中國才宣告終止。

戰國時代是青銅器的最後出演，因為鐵器已經光鮮亮相，農業也因為牛隻投入勞動，產能大增，農業社會型態漸趨穩定。

戰國時代的贏家排行榜──戰國七雄

歷經春秋時期的熱身，戰國時期各諸侯國間的戰爭更加白熱化，漸漸形成所謂「戰國七雄」稱霸局面，反觀東周王朝早已失去天子領導天下的氣勢，反而更像弱不禁打的小國，毫無存在感地存在著。戰國七雄互相打來打去，打勝就奪一點疆土，打輸就割地，各國莫不卯足全力應戰、攻防，深恐一旦落敗便被戰勝國生吞活剝推向亡國地獄。

戰國七雄於中土布局形勢：

東：齊國。

西：秦國。

南：楚國。

北：燕國。

中：韓、趙、魏三國，趙居北，魏在中，韓位於南，其中以韓、魏最靠近西方的秦國。

秦國──變法大腕

直到東周，秦國還只是一個邊陲蠻荒不文之國，入不了中原諸侯國的眼，是個文化落後的國家。西元前三六一年國君秦孝公力圖振作，第一招就是大力招攬天下賢士為秦效力，衛國人商鞅看到徵才令，前來秦國尋找發展機會，其才幹立刻贏得秦孝公的信任，推動「變法」，從此秦國脫胎換骨，國力鼎盛不可一世，一變而為戰國七雄之首。

其實變法不是新招，戰國初年在魏國有李悝、在楚國有吳起都主張推行新法，可惜這些國家的舊勢力太強悍、舊包袱太沉重，新法施展不開，無法收到預期的效果。反觀一直都被視為粗野無文的秦國，一切秦孝公說了算，無所謂舊勢力作梗的問題，商鞅新法因而得以徹底施行，效果自然又快又好。

商鞅西元前三五九年於秦國變法，也並非全無阻礙，秦國的太子帶頭領著一幫貴族唱反調，反對者達到千人之眾。但是商鞅有秦孝公撐腰，有恃無恐，直接把話挑明了與太子黨對著做：「新法頒布的法令不能順暢施行，若是由於皇親貴戚帶頭犯法，則守法的觀念必須從太子開始，以起帶頭作用。」話講這麼明，但不可能真的懲罰太子，只能拿太子的老師——公子虔與公孫賈開刀，於是兩大貴族被商鞅處以黥刑（在臉上刺字）。這招果然夠狠，馬上新法一路順暢，收立竿見影之效。新法十年有成，秦國不但變富變強，民風不變，治安大好，路不拾遺，盜賊匿跡，人民勇於為國家而戰，怯於為私利私怨爭鬥。守法衛國的觀念深植民心，使得秦國成為戰國七雄的第一強棒，贏得天府雄國的封號。

商鞅推行兩次新法，成功的代價就是周王朝以來以領主為主的宗族制度崩壞，而地主的家族制度發展也受限，一切權柄都歸於國家機器所有，一切依法辦事。儘管商鞅變法對秦國功勞甚大，但賞識他、挺他的秦孝公一駕崩，當年反對新法的太子即位，即使享受新法帶來的富國強兵，卻嚥不下當年的舊恩怨，立刻下令將商鞅送上刑場車裂而死，還株連家人，無一倖免，算是報了當年之仇。

韓國——苛政膨風

韓國是戰國七雄中最弱小的角色，其疆域北自成皐（河南滎陽縣西北）過黃河到上黨（治設山西長治縣），南為陘山（在河南郾城縣），東瀕洧水（源出河南密縣流至新鄭東南入穎水），雖有山、河天險為屏障，但國內山多平原少，農礦產有限，人丁單薄，國力自然強不起來。再加上東有強鄰魏國，西有霸鄰秦國，夾在兩強之間，輪番騷擾，日子過得相當不安穩。

韓哀侯於西元前三七五年滅鄭，把都城從平陽（山西臨汾縣）遷至鄭都新鄭（河南新鄭縣），爾後又遷都陽翟。傳至韓昭侯更走偏鋒，拜法家申不害為相，施行苛政，國力雖然瞬間增強，但無異飲鴆止渴，當中不害一死，一切打回原形，韓國仍舊是被強國侵伐的弱勢。

魏國——儒術養望

秦孝公變法之前，戰國七雄中最強的國家是魏國。當時魏國疆域：南有鴻溝（汴河）與楚國相接；東有淮穎與宋、齊兩國為鄰；西邊較為複雜，自函谷關內的黃河西岸，從鄭（陝西華縣）之西北過渭河，再沿洛水（北洛河）的東岸到上郡，構築長城與強鄰秦國為界（至西元前三二八年，魏之河西地鐘就全部併入秦國）；北以卷（河南新鄉陽原一帶）、酸棗（河南延津縣），和趙國為鄰。

魏斯西元前四四五年繼魏桓子位，西元前四二四年稱侯改元，飽學儒術並著書六篇，在正史《漢書・藝文志》中，躋身儒家之列。當時賢能之士如田子方、段干木等人才皆深得魏文侯之敬重，魏文侯並重用西門豹、李悝、樂羊及大軍事家吳起等幹才，將國家實力推向顛峰，堪稱戰國七雄中聲望最佳者。

魏國握有肥沃的平原，稠密的人口，國庫要富並不難；但國土平疇沃野的缺點是無天險可依恃，容易陷入四面受敵的困境，即使兵力再強再多也疲於防守。西元前三四〇年，魏惠王就因為太過畏懼強盛的秦國，還將都城由安邑（山西安邑縣）遷至大梁（河南開封市），與贏弱但安份的韓國為鄰，感覺上國家安穩多了。

趙國——向北發展

趙國的疆域：西為黃河，南為漳河，與魏國相接；東為清河係與齊國相接；北為易水是與燕國相接；西北依傍陰山修築長城，藉此與匈奴、樓煩、林胡等異族為界。趙國疆域在中原偏北，至趙武靈王大力改革，全民胡服騎射，面向北方極力開疆拓土，積極鞏固北方邊界，站穩趙國特立獨行的腳步。

燕國——東北先鋒

西周初召公奭的後裔封於燕，進入東周時燕國還是常遭山戎掠奪的小弱雞，直到燕昭王力圖振作，最快的途徑就是廣招賢士，果然募得善戰的樂毅，出兵大破齊軍，從此弱雞翻身變成北方之霸。燕國之疆域：東北握遼東與朝鮮為鄰；北方構築長城與東胡、林胡、樓煩為界；西以雲中、九原與趙相接；南境構築長城作為齊界。

燕國遠在北方，離強秦遠遠的，算是比較晚受其威脅，得以利用空間換取時間，前往遼河流域拓墾，為古代中國東北方疆界奠定基準線。

齊國——養士興盛

在周朝不論是西周還是東周，齊國都是無可取代的大國、強國。分封在齊的姜太公後裔於西元前三八六年被世卿田和所取代，從此齊國便由田氏當家，國勢在新主子雄心壯志下更加強盛。齊國的疆域：南以泰山與楚、魯、宋為鄰；北瀕渤海，隔海灣與燕對望；西以清河與趙國為界；東邊濱臨浩浩湯湯的東海。綜觀齊之山河形勢，富有山海之勝及鹽鐵之利，富國強兵理所當然，再加上與強秦相遠很隔，少了這道威脅，國家自然能夠安穩發展。

傳至齊宣王時，廣招天下文人學士赴齊，以優厚待遇鼓勵其自由講學，學人經常聚於都城臨淄的西門外，大家都以稷下先生稱這批帶動齊國文化躍升的飽學之士。宣王之後，稷下先生的傳統進化為養士之風，在齊國盛行不衰，帶動各種學派的人才紛紛往齊國匯集，臨淄儼然已是戰國時代的文化中心。

楚國——多元融合

楚國疆域：北接中原，與韓、魏、宋、齊四國為鄰；西接黔中、巫郡，與巴國、強秦為鄰；南接蒼梧與百粵為鄰；東至遼闊的東海之濱。領土如此之大，肇因於楚國自西周以來便熱衷於併吞周邊小國，一直到戰國時仍樂此不疲。儘管楚國在農業、軍隊的表現上，較其他六國顯得落後，但絕對是七國中國土最廣的大國，也是種族最多元的一國，舉凡苗族、華族和許多其他少數民族，都因緣際會成為楚國人民，促成南方巫文化與中原華夏文化融會成為楚文化的神髓。

戰國七雄中，領土以楚最廣，秦、趙居次，齊、魏、燕居三，韓墊底；人口上，楚、魏拔得頭籌。據史載，楚兵一百萬，魏兵七十萬，秦兵六十萬，趙兵五十萬。若按當時五人出一兵約略計算，楚之人口當有五百萬之數，而魏國人口也在三百五十萬左右，秦國則約為三百萬，趙國則在二百五十萬之數。韓兵三十萬，燕與韓兵力相當，因此兩國總計有三百萬人，一路算下來，戰國七雄的人口總數約在二千萬人之譜。

一 謀士的重要性——隔岸觀火

戰國時期，中原諸侯國互相爭戰，東周王室無力仲裁，諸侯國紛紛據地稱王。最後天下由秦、楚、齊、趙、燕、韓、魏七國各霸一方，就是所謂的戰國七雄。秦國地處西境邊陲，必須跟北方少數民族不斷作戰才能存活，因此軍力強盛，軍人驍勇善戰，儼然是七雄中數一數二的強權，頗有問鼎七雄霸主之勢。中原各國此刻唯有寄望雄踞北方的趙國，成為抗拮強秦南下的中流砥柱。

秦國圖霸中原之心日益迫切，終於揮軍南下攻趙，雙方在長平一戰，大戰一場。秦國雖是蠻夷之邦，但打起仗來不只兵強馬壯，還詭計多端，讓趙國犯下兵家大忌在陣前換將，將穩健善戰的老將廉頗換下，換上擅長紙上談兵的趙括帶領趙國四十萬精銳，與秦國名將白起作戰。結果當然慘不忍睹，趙軍四十萬在長平之戰被白起全數殲滅，白起趁勢一鼓作氣連下趙國十七座城池，揮軍直逼趙國都城邯鄲，眼看趙國亡國近在眼前。

此時春秋四公子趙國平原君之門客——蘇代，向平原君表示有計策可救趙國燃眉之急，願請纓冒險赴秦一試。趙王聽取平原君簡報，與群臣緊急商議之後決定死馬當活馬醫，就依蘇代之計搏一把吧！

身負重任並攜帶豐厚禮品的蘇代，一到秦都咸陽就去拜見應侯范雎。兩人會面時，蘇代鼓動如簧之舌在范雎耳邊分析當前秦趙之局，「鋒頭全在武安君長平一戰，如今兵臨邯鄲，武安君穩坐秦國統一天下的第一把交椅！應侯您的前程可能都要屈居武安君白起的之下。聽說武安君這人挺不好相處的，屆時大人就辛苦了。」范雎凝重不語良久，才開口詢問蘇代有何良策？這一問正中蘇代下懷，立刻獻計道：「趙國現在已如囊中之物，唾手可得，不妨勸秦王先休兵議和，大可不必急於一時把功勞全讓武安君拿下。一旦武安君的兵權卸除，應侯您的地位就得以重新穩固。」范睢覺得蘇代講得很有道哩，當下進宮向秦王面奏。

范睢面奏秦王的說法是：「軍隊征戰久矣，勞苦不堪，何不暫時息兵，讓趙國割地予秦換取和平。」秦王果然對范睢言聽計從，依其所奏，同意息兵議和。趙國順勢提出獻六城給秦國的求和條件，兩國一拍即合，和議搞定。趙國因此得以暫解亡國危機。

臨陣突然被召回的武安君白起覺得事有蹊蹺，眼看就要到手的鴨子就這樣飛了，心有不甘。可是與趙議和是秦王寵臣范睢的提議，白起再不爽也不至於白目到和范睢撕破臉，只得硬生生吞下這口氣。

事隔兩年，當秦王再次發兵攻趙之時，不巧武安君白起生病中，只好由王陵出馬率領十萬秦軍出征。有了前次經驗，趙國知道厲害，這回牢牢鎖定老將廉頗，嚴陣以待，秦軍一點便宜也佔不到，久攻之不下，情勢對秦軍大大不利，惱火的秦王當下立刻決定讓武安君白起取代王陵上陣。但是白起也不是笨蛋，上次吃了大虧，這次哪會那麼傻？遂向秦王分析道，這次趙軍是由精通戰略的廉頗領軍，比起當年那個繡花枕頭趙括難搞多了！而且秦趙已然議和，如今再啟戰端，必會予人失信於諸侯的口實。綜合這兩點，此番出兵恐怕難以取勝。

秦王不死心，卻派了白起的死對頭范睢去當說客，儘管范睢好言相勸，要白起以國家利益與發展為重，重新披上戰袍、掛上帥印去攻打趙國。范睢話說得好聽，但白起吃了秤砣鐵了心，篤定不吃他那套，硬是裝病到底不鬆口。范睢一看事已至此也就不囉嗦，向秦王直言白起裝病不願掛帥云云。秦王果然大怒，氣白起以為沒有他這場仗就打不贏，立刻再派王陵出兵直攻邯鄲。唉，沒想到王陵打了五個月就是攻不下邯鄲。秦王只好拉下臉再請白起掛帥，可是白起依然裝病，說甚麼就是不願受命。

面對白起的一再裝病推辭，秦王的忍耐到了極限，范睢也不遺餘力的搧風點火，遇縫插針，終於秦王將白起的官職全部削除，將之趕出都城咸陽。心機深重的范睢再補一槍：「現在白起對君上一定心懷怨懟，搞不好會跑到別國去，幫他們打秦國以消心頭之恨！」秦王頓時冒出一身冷汗，火速派人給白起送去賜劍，意思就是要他自刎謝罪。於是秦國名將白起的人生就這樣蒼涼的謝幕了。

這場長平大戰餘波盪漾，趙國因蘇代的獻計不僅報了大仇，還除去可怕的敵手秦將白起！而秦國則因之內鬥，損失一員大將，堪稱內傷慘重。

一 鯨魚與蝦米對賭——藺相如完璧歸趙

戰國時期各國不僅熱戰，更常在會議和談等外交戰場上爾虞我詐，暗中較勁，有時這種無聲的戰爭，其輸贏比打仗還大。像前文所述的蘇代便是顯例，本篇故事也是謀士嶄露頭角與膽識的經典故事。

話說西元前二八三年，趙惠文王因緣際會得到傳說中的和氏璧。相傳和氏璧為楚國人卞和所發現的珍寶，卻因寶玉蘊藏於岩中而連續被兩位楚國君王視為欺君騙徒，各砍去其左、右腳，直到第三位楚王才剖開岩石始見蘊於其中的美玉，遂以卞和之名將璧玉命名為和氏璧。

國力正強的秦王，聽聞趙王得到和氏璧，遂打起如意算盤，擬以詭計不費分文把寶玉弄到手。秦王特別派使者前去見趙惠文王，大方地表示秦國願意以十五座城池交換和氏璧。

趙惠文王君臣一致認定：秦國拿到和氏璧，未必肯守信交出十五座城池；但秦國若未能如願得到和氏璧，趙國肯定難逃秦國報復。貓的意圖昭然若揭，當老鼠的始終推不出給貓掛鈴鐺的人選時，宦官繆賢推薦了自家門客藺相如上場。

藺相如奉召晉見趙惠文王，直陳己見：「大王信任我願派我前往秦國，相如必當領命。抵達秦國若秦王信守承諾當真把城池交給我國，自然和氏璧要留予秦王；若秦王必無誠意交割城池，相如已胸有成竹擬妥腹案，必定將和氏玉璧帶回趙國，保證完整無任何缺損。」趙文惠王此刻當然將籌碼都押在藺相如身上，算是孤注一擲。

藺相如抵達秦國，立刻被秦王召見入宮。秦王一見和氏璧愛不釋手，卻對城池之事隻字不提。藺相如心裡有數，秦王果然是晃點趙國，此行有詐！

「大王！這和氏璧溫潤完美當真天下無雙！」秦王聽聞此語直頷首稱是。「但是小的不敢欺瞞大王，和氏璧白璧有瑕，請讓小的指給您看，以免日後大王埋怨趙國有所欺瞞。」秦王一聽立刻將和氏璧遞給藺相如，瞪大眼睛要看是哪裡有瑕疵？

誰知藺相如一接過和氏璧立刻後退到大殿的柱子邊，秦王臉色大變，藺相如翻臉怒道：「大王！和氏璧為稀世珍寶，您愛，趙王也愛，要不是您說要以十五座城池交換，趙王怎捨得割愛？可是今天從呈上和氏璧到現在，大王眼中只有美玉，看來您是想要和氏璧卻一點也不想拿十五座城池交換，毫無誠意可言。現在和氏璧在我手中，如果您想逼我交出來，我馬上就抱著和氏璧一起撞柱子，來個玉石俱焚。」立刻緊抱玉璧作勢要撞。

秦王連忙阻止，出言按捺：「先生誤會啦，我堂堂秦王怎會說話不算話？」立刻吩咐左右把地圖拿上來，馬上指出要給趙國的是哪十五座城池。藺相如也不是笨蛋，看秦王東比劃西比劃的演戲，到頭來一座城池都不會給。於是緊緊抱著和氏璧向秦王報告：「大王！為了送和氏璧來秦國，趙王特別齋戒五日，以清淨之身舉行隆重的歡送典禮。現在若要將這稀世美玉送交大王，也請大王齋戒五日，以清淨之身舉行受璧大典，接受這舉世無雙的珍寶！」

秦王一心想得和氏璧，料想藺相如在咸陽也逃不掉，眼下順著他無妨，就爽快答應。藺相如知道秦王的盤算，回到驛館後立刻讓心腹偽裝成老百姓，把和氏璧悄悄帶回趙國。五天齋戒期很快過去，秦王興高采烈的召藺相如帶和氏璧覲見，參加盛大的受璧儀式。藺相如當著各國賓客，對秦王朗言說道：「大王！秦自穆公以降，歷任君主無一信守承諾，我擔心您也不例外，為免趙國送上和氏璧卻換不到秦國十五座城池，所以我已派人先將和氏璧送回趙國。如果大王真的如此鍾愛和氏璧，只要如實將十五座城池先行交付與趙國，我趙國自然不會玩把戲欺騙您，一定會將和氏璧雙手奉上！」

秦王一聽，心計被當眾戳穿，既羞且怒，恨不得把藺相如給殺了，但又顧及在場各國來賓的觀感，只得讓藺相如平安返回趙國。藺相如圓滿達成任務，趙王封他為上大夫。「完璧歸趙」的故事從此成為經典，自戰國時期流傳數千年，成為知名度與引用率最高的典故之一。

一 敢開口就是你的——竊符救趙

戰國時期七雄互有爭戰，也互有救援，但有時表面是出手相救，骨子裡卻是觀望不前。話說強大的秦國，在秦昭王時破了趙國頗富盛名的長平軍，大軍長驅直入，包圍趙都邯鄲。戰國四公子之一的趙國平原君（趙惠文王之弟），娶魏國信陵君的姊姊為妻，值此危急之時，平原君之妻頻頻送信回魏國，給國君，也給弟弟信陵君，希望趕緊搬救兵以解趙國燃眉之急。

魏安僖王收到趙國的求救信，雖然派了將軍晉鄙率十萬人馬前往救趙，可忌憚秦國報復，因此只敢屯兵於鄴城作壁上觀，急煞趙國。

信陵君擔心姊姊處境，心中十分著急，此刻侯嬴出現。侯嬴平時擔任大樑夷門之守門人，卻是位深藏不漏的高人。侯嬴向信陵君獻上計策：「曾聽人說晉鄙的兵符是放在魏王的寢宮內，眼前宮中最得寵者當推如姬，要偷虎符可不費吹灰之力。據說當年如姬之父遭人殺害，懸賞三年找不到兇手，結果是您派門客幫如姬了結了殺父仇人。殺父之仇不共戴天，您幫如姬報了殺父之仇，只要您開口要求，如姬一定會幫您的忙，以報答恩情。一旦拿到虎符，奪晉鄙兵權，您就可北上救趙、西退秦國了。」

果然如侯嬴所料，如姬幫信陵君盜得虎符，帶著侯嬴力薦的幫手朱亥（隱居屠市中之屠夫）一同前往鄴城。晉鄙看信陵君帶著虎符過來，說是奉魏王命要取代他，心中狐疑，質問信陵君：「十萬兵權的大事，何以您單車簡從就來接替？」晉鄙還沒等到答覆，朱亥一鐵錐，他就一命嗚呼了。晉鄙一死，信陵君馬上接管大軍，派出八萬精兵直奔邯鄲救趙，秦軍乃退。

一 失群的香草與美人——屈原投江

大詩人屈原開創了南方新型詩歌文體「楚辭」，創作了膾炙人口的《離騷》、《九歌》等經典作品，擅長之比興手法以「香草美人」為象徵，堪稱典範。

屈原為楚武王熊通之子屈瑕之後代，雖有王室貴族血統，也忠心敬事楚懷王，官至左徒官，卻老是遭受同儕排擠，到底為什麼呢？青年時代的屈原目睹七雄互相爭伐，連年征戰，民不聊生，因此一直規諫楚懷王要愛民，更要重視賢才。

楚國在七雄中並非弱者，無奈一碰到強悍的秦國就敗下陣來，讓楚懷王一直想聯合齊國抗秦。話說秦昭襄王即位後，來函欲與楚國結盟，相約在秦之武關一會。楚懷王捧著這封發燙的書信，真的是去武關怕會被秦國吃了，不去又怕惹秦國不快，招來兵戎相見，真是痛苦兩難。屈原建議懷王，這肯定是圈套，不去為上策。但公子子蘭卻力諫懷王前往，要懷王不要老把秦國當成敵人，搞得兵禍連年，沒得到半點好處。現在人家釋出善意，何苦推辭呢？

懷王最後聽了子蘭的話，出發去和秦國會盟。誰知前腳才踏進武關，後腳就被攔截包圍，現場逼懷王割黔中土地給秦，懷王不給就被抓去咸陽，秦昭襄王要求楚國割地來贖。楚國上下很有默契，馬上擁立新王，因此楚頃襄王即位，絕不割地予秦。公子子蘭隨即坐上楚國的令尹之位。

楚懷王被扣押秦國一年多，備嘗艱辛冷暖，好不容易逮到機會逃出咸陽，可憐很快又被抓回去，病氣攻心，沒多久就客死咸陽。消息傳來，楚國上下同聲哀悼，同感委屈。尤其此刻已是大夫的屈原更是感受深刻，力請楚頃襄王任賢能、遠小人、強兵馬、激士氣，一定要替楚懷王討公道。

雖然屈原講得都對，但聽在令尹子蘭和靳尚的耳中，卻像是嚴厲控訴他們對楚懷王不忠、楚頃襄王對楚懷王不孝的數落，還說楚國君臣都是不忠不孝之徒，亡國只是遲早的事。楚頃襄王對於這些詆毀屈原的讒言照單全收，不僅拿掉屈原所有的官職，還將他流放到湘南去。

忠心為國的屈原遭此變故，十分傷心。終日徘徊汨羅江邊，把自己對家國的憂思與委屈編成詩歌吟唱不絕，百姓對這位愛國忠臣也寄予無限的同情。這天江邊有位漁父看到屈原，忍不住說了兩句：「您不是楚國大夫嗎？怎會落到這步田地？」屈原感慨的說：「這世上骯髒的人多，只有我一人乾淨；

這世上喝醉的人多，只有我一人清醒。所以我才被趕到這水邊來。」老漁夫一聽搖搖頭，對屈原說：「既然世人都骯髒，你就不該自命清高；既然世人都醉了，你又何必獨自清醒呢？」屈原不認同地答道：「剛洗乾淨頭髮的人，戴帽子前都會先幫帽子彈掉灰塵；剛洗完澡的人，穿衣前也會先把衣服上的灰塵撣一撣。若世間果真如此，我寧可跳入江中葬身魚腹，也不願讓自己一身乾淨縱身於汙泥之中。」

西元前二七八年的五月初五，南方正是入夏的炎炎之日，不願隨世俗同流合汙的大詩人屈原，抱著一塊大石投入汨羅江。以悲壯的水花了結憂國憂民卻又憂思難平的一生。

消息傳出，百姓全都把小船划出來，希望還來得及救屈原一命。可惜滾滾江水，早已隨順了詩人的求死之心，將之吞沒。最難過地當屬對屈原說了重話的漁父，特別對著江水灑米，以免魚兒啃食屈原的身體，同時也是聊表對一代詩人的哀悼之意。

翌年五月初五屈原投江滿一周年，百姓划著小船以竹筒盛米撒於江中祭奠屈原。數千年過去，划船祭奠屈原的傳統，演變成划龍船的習俗，而裝在竹筒裡的米也改用竹葉包裹。五月初五紀念屈原的傳統，就成為今日的端午節。

刺客的品格——荊軻刺秦王

秦國到了秦王政，急欲統一中原，不斷對各國施展凌厲攻勢，燕國儘管與趙國聯盟，最後仍不敵強秦，丟失好幾座城池。此時燕太子丹正留在秦國當人質，看秦國奪了燕國的土地，秦王兼併列國的野心恐怕很快就會實現，一想到這兒就擔心不已。於是便悄悄地逃回燕國，決定以自己的方式，找刺客來抗秦，拿出個人所有身家求普天之下能刺殺秦王政的能人。

重賞之下必有勇夫，太子丹找到了有本領、有膽識的荊軻。太子丹把荊軻奉若上賓，所有待遇比照自己，毫不吝惜。

秦國一統中原的大業不斷向前推進，西元前二三〇年滅韓國，過兩年大將王翦攻占趙都邯鄲，揮軍北向，直逼燕國而來。太子丹看情勢緊迫，當是用人之際了，便把荊軻找來，告知各諸侯國雖想盡辦法抗秦，但只要是在戰場上幾乎絕無勝算。儘管也有謀士說客高唱合縱連橫，但各國只圖私利，很難發揮效用。所以太子丹打算以刺客假扮使者，帶著假意割讓的城池地圖接近秦王，伺機逼其歸還燕國失土，秦王若敢拒絕就將之刺殺。說完之後，燕太子丹望著荊軻，鄭重問道：「壯士您覺得可行不可行？」

荊軻痛快答道：「可行。但是要得到秦王接見，必須讓他相信我們求和的誠意，聽聞秦王對燕國最富庶的督亢垂涎已久，而且急著要將秦國流亡在外的將軍桓齮捉拿回秦。倘若燕國能送上督亢地圖與樊將軍人頭兩項大禮，秦王一定樂於接見，一旦進到大殿，就看我如何對付他了。」

太子丹一聽且喜且憂：要督亢地圖那簡單，但是樊將軍是投奔我而來，怎麼可以拿他的人頭當敲門磚呢？

荊軻見太子丹心軟，便私下拜會桓齮並曉以大義，果然樊將軍一點即懂，立刻抽出寶劍自刎。桓齮人頭成為接近秦王的大禮！

太子丹也沒閒著，忙著幫荊軻準備見血封喉的淬毒匕首，同時還幫荊軻找了一位小助手——秦開將軍之孫、年方十三的勇士秦舞陽。這是因為荊軻原來擬找另一位勇士蓋聶來助陣，但遲遲未見人影，眼看出發在即，只好換秦舞陽上陣。

西元前二二七年，荊軻與秦舞陽出發當天，太子丹帶領少數幾位賓客全都一身縞素，來到易水河邊（河北易縣）為視死如歸的二位勇士送別。其中包括一位荊軻的摯友音樂家高漸離，特別擊筑為樂，荊軻引吭唱道：「風蕭蕭兮易水寒，壯士一去兮不復返！」悲壯之情迴盪易水邊，現場聞之者無不拭淚。荊軻一曲歌畢，餘音猶未散盡便拉起秦舞陽登車絕塵而去，頭也不回。

二人一入咸陽，帶來的兩項大禮便讓秦王政大喜過望，下令接見荊軻一行。朝見當日，荊軻一派淡定，莊重地捧著裝有樊將軍頭顱的寶匣，督亢地圖則由助手秦舞陽捧著，兩人一步一步地踏上覲見秦王的臺階。

秦王對宮殿朝堂的規定森嚴，氣氛肅穆，秦舞陽頓時心生膽怯，忍不住全身發抖。秦王近侍察覺秦舞陽神情有異，立刻問道：使者臉色大變，是有甚麼事嗎？眼看就要露餡了，荊軻淡定地回過頭來對近侍說：山野匹夫從未見過如此莊嚴的君王儀仗，難免嚇到，還請見諒。秦王政懶得計較，便命令秦舞陽把地圖交給荊軻，讓荊軻一個人上前即可。

荊軻手捧寶匣與地圖，來到秦王面前獻上。秦王政當然先打開寶匣，確認桓齮人頭無誤，之後才命荊軻呈上督亢地圖。荊軻謹慎地將地圖手卷緩緩展開，讓秦王慢慢欣賞燕國最肥美豐潤的土地，當地圖完整展開時，預先藏在卷軸中的匕首躍然眼前。秦王政頓時一驚，立刻跳起身來。說時遲，那時快，荊軻馬上伸手扯住秦王衣袖，不讓他躲開，右手抄起匕首就往秦王胸口刺去。

秦王立刻掙脫拉扯，往屏風處飛竄，直往殿外衝去。矯健的荊軻已拿著匕首追上來，秦王政一急就繞著朝堂的大銅柱子兜圈圈，荊軻緊盯不放，兩人像走馬燈似地繞著柱子轉。朝堂上的文官一時都嚇傻了，衛士礙於規定只能在殿外待命。現場有位御醫急中生智，拿起藥袋就往荊軻身上砸，秦王抓住這幾秒鐘的時機，拔劍砍斷荊軻左腿。荊軻在摔落地面前硬是將匕首往秦王身上射去，可惜偏了，直接打在銅柱上，迸出一串火花，掉落地面。

　　秦王政抓住機會，猛砍手無寸鐵的荊軻，荊軻仰天苦笑，不怪老天不站在燕國這邊，只怪我未能把握先機及早出手，徒然錯過逼你還我燕國失土的機會。此刻，衛兵已衝到大殿殺了荊軻。至於臉色大變、呆立階下的秦舞陽呢？早就在荊軻刺秦的當下一命嗚呼了。

中國大事紀

年代	事件
前七七〇年	周平王遷都雒邑，東周之春秋時期於焉展開
前六八五年	齊桓公即位，管仲登相位
前六八四年	齊魯長勺之戰
前六五六年	齊桓公率魯、宋等七國聯軍伐楚
前六三八年	宋、楚泓水之戰，宋襄公敗陣
前六三二年	晉、楚城濮之戰，晉大敗楚軍，成就晉文公霸業
前六二三年	秦穆公於西戎稱霸
前五九七年	晉、楚邲之戰，楚大敗晉軍，成就楚莊王霸業
前五五一年	孔子誕生
前五〇六年	吳王闔閭伐楚
前四九六年	越王勾踐大敗吳軍，闔閭死。夫差即吳王位
前四七五年	東周之戰國時期開始，進入封建時代
前四七三年	越王勾踐滅吳國
前四〇三年	韓、趙、魏三家立為諸侯
前三五九年	秦國商鞅變法

前三四一年	孫臏於馬陵之戰大敗魏軍
前三〇七年	趙武靈王實行胡服騎射
前二八四年	樂毅率領五國聯軍伐齊
前二八三年	藺相如完璧歸趙
前二七九年	田單以火牛陣攻燕，復齊
前二七八年	詩人屈原投汨羅江
前二七〇年	范雎入秦，秦實行遠交近攻之計
前二六〇年	長平之戰，秦將白起大破趙括
前二五七年	魏信陵君救趙，大破秦軍
前二五六年	秦滅周
前二三八年	秦王政親政
前二二七年	荊軻刺秦王失敗
前二三〇～前二二一年	秦滅六國

第7章

華夏之大秦帝國始末……

西元前二二一至二〇七年，第一個大一統的王朝一大秦帝國，在中國歷史現身。

歷經東周諸侯國的戰國亂世，秦朝以超強武力逐一收拾乾淨，建立了空前絕後的大帝國。這回秦始皇不再分封諸侯，改行中央集權制，在全國各地設立郡縣，郡守縣令全由官派，讓中央的統治力道徹底貫徹到地方，牢牢控制。既然割據的諸侯國已消滅，大家都變成一國，秦始皇制定：疆域、書同文、車同軌、行同輪，你來我往都寫同樣的文字，你家我家的車軌都一樣寬，這樣才像一家人不是嗎？

要管理中國第一個大一統的國家並非易事，千頭萬緒，耗費民力至鉅，當傳到秦二世時更是變本加厲，終於官逼民反，各地起義的烽火前仆後繼。大秦帝國的命運宛如璀璨的煙火，閃亮炫目而短促地匆匆謝幕，大帝國的偉大基業成為中國各朝代奠定基業規格。

一細細推究中國第一個皇帝——秦始皇的登峰之路

在秦始皇出現之前，世界上並沒有「皇帝」這個名詞，只有三皇的「皇」與五帝的「帝」，直到西元前二二一年秦王嬴政統一六國，遂發揮創意將之二合一成為「皇帝」，前面還加個「始」，以彰顯自己是有史以來第一位皇帝的偉大功績。是年為秦始皇二十六年，自此中國開始成為統一的大國。

秦始皇其實並非人生勝利組，雖說是秦國莊襄王之子，但父親被祖父（秦昭王）送去趙國當人質，處境十分窘困。沒想到在趙國碰到貴人——大商人呂不韋，看出他的價值不可限量，正所謂「奇貨可居」遂盡力結交，即使自己的愛妾被這方「奇貨」相中也二話不說地獻上，還於秦昭王四十八年在邯鄲誕下一子，十三歲繼承莊襄王大位成為秦王，他便是後來大秦帝國的「秦始皇」。

秦王政剛繼位，秦國收拾六國的大業正如火如荼地進行：南下吞掉巴郡、蜀郡、漢中，並跨過宛縣占領楚之郢都，設南郡；往北則收上郡以東，占河東、太原、上黨郡；往東至滎陽，滅西周、東周兩國，設三川郡。

身為秦國相國的呂不韋，已是受封十萬戶的文信侯，野心勃勃，門下賓客人才濟濟，秦國雄霸天下只是時間問題。此時秦王政剛登基，還是十三歲的小朋友，國家大事就託付給相國呂不韋，當時李斯為其舍人，蒙驁、王齮、麃公等是為將軍。

始皇從一登基開始，平亂戰事就沒停過，天災也不時報到！

始皇元年即西元前二四六年，晉陽發生亂事，派將軍蒙驁前往討伐，一舉將之平定；始皇二年（西元前二四五年），由麃公率領秦兵攻打卷邑，竟殺死三萬人；始皇三年（西元前二四四年）蒙驁率兵攻打韓國，銳不可當，攻下十三座城邑，而將軍蒙驁亦率兵攻打魏國暘邑與有詭，是年勇猛的將軍王齮死亡，秦國還發生大饑荒；始皇四年（西元前二四三年），暘邑、有詭終於被將軍蒙驁攻下，三月進軍暫停，趙國釋放秦國人質返國，趙國太子也得以從秦國歸趙，十月庚寅日秦國發生蝗災，大批蝗蟲自東方飛來秦國，聲勢浩大竟至遮天蔽日，全國流行瘟疫，由於天災接踵而至，秦國頒布獻糧食一千石的老百姓，即可授予爵位一級，以鼓勵老百姓踴躍獻糧。

始皇五年（西元前二四二年），將軍蒙驁再攻打魏國，一口氣將酸棗、燕邑、虛邑、長平、雍丘、山陽城等二十個城邑全部攻下，是年秦國開始設置東郡。老天則是出現冬雷異象，未知吉凶；始皇六年（西元前二四一年），韓、趙、魏、衛、楚等五國聯手進攻秦國，士氣高昂，一舉攻占壽陵邑！秦國派軍抵禦，五國聯合軍隊的攻勢暫停，讓秦國有機會攻下衛國，直逼近東郡，魏君角不得不率其宗族遷居到野王，想憑藉險峻的山勢得以保住魏國河內；始皇七年（西元前二四〇年），有彗星先於東方出現，又於北方出現，五月時又在西方出現，甚至連續出現達十六天，相當詭異的天象。果然是年將軍蒙驁於攻打龍、孤、慶都時竟至戰死，秦軍被迫回師去進攻汲縣；始皇八年（西元前二三九年），秦王弟長安君成蟜率軍攻打趙國，沒想到趁機在屯留就地造反，結果整批軍官都被殺，連當地百姓都被牽連必須遷往臨洮，離開故土。亂事還有續集，話說來討伐成蟜造反的將軍壁死亡，以致屯留人士兵蒲鶮又生叛心起來造反，不僅戰死還被鞭屍，以示懲戒。

始皇八年還有哪些事情發生呢？這一年黃河的魚不知何故大批湧上了岸，老百姓奔相走告紛紛趕馬車往東尋覓食糧。而秦國歷史上赫赫有名的嫪毐，是年受封長信侯，獲賜山陽土地為居處，不論是造宮室、駕車馬、裁製新衣、修建園林、圍場打獵都行。後來乾脆又把河西太原郡給嫪毐做封國，榮寵可謂到了極點。

始皇九年（西元前二三八年），四月秦王留宿雍地，己酉日秦王舉行成年加冠禮、佩帶寶劍。沒想到備受榮寵的長信侯嫪毐竟生叛逆之心，意欲作亂，並發覺嫪毐不但盜用秦王大印，更大膽盜用了太后之印璽，已然調動京城的部隊、侍衛、官騎、戎狄族首領、家臣，準備發動叛亂攻打蘄年宮。此事一經揭發，始皇立刻命令相國昌平君、昌文君出兵攻打叛逆。兩軍交戰於咸陽，激戰中殺死數百人，秦王對討逆有軍功的將士均大方授予爵位，連參戰宦官也被授予爵位一級。

叛亂失敗的嫪毐逃之夭夭，但秦始皇豈能善罷甘休！立馬發出通緝令：活捉嫪毐者賞錢一百萬；殺死嫪毐者賞錢五十萬。果然重賞必有勇夫，嫪毐及其黨羽都被活逮。秦始皇為了殺雞儆猴祭出重手：衛尉竭、內史肆、佐弋竭、中大夫令齊等二十人處梟刑，就是把腦袋砍下來掛在木竿上示眾；叛亂頭子嫪毐自然不能輕饒，特別以五馬分屍的車裂之刑伺候，其死無全屍的慘狀足以昭世人炯戒，除了他個人不得善終，其家族也難逃罪責而滅族；跟著嫪毐造反的死忠家臣，罪責不重者處鬼薪之刑，也就是罰他們為宗廟打柴三年；其餘尚有四千餘家因牽涉此案剝奪其官爵，強迫遷徙蜀郡於房陵縣落戶。太后因為與嫪毐有私情也難逃懲罰，被囚禁在雍地。同樣與太后有私情的相國呂不韋，也因為嫪毐的牽連被迫罷官，儘管檯面上是下台一鞠躬，但影響力還在，讓秦始皇恨得牙癢癢的。

秦國處理嫪毐叛亂之際仍持續出兵，不僅派兵攻打魏國垣邑與蒲陽邑，還派出楊端和進攻衍氏邑。嫪毐叛亂讓人間帝王秦始皇忙了好一陣子，一舉懲罰無數罪臣；老天爺也沒閒著，天文異象頻頻放閃，難以捉摸的彗星又出現天際，不時劃過整個夜空，吉凶難明。竟在孟夏時分演出低溫戲碼，甚至還凍死人！這時西方彗星又現蹤跡，不久又出現在北方，就這樣從北斗往南總計連續出現達八十天之久，令人嘖嘖稱奇。

始皇十年（西元前二三七年），齊和趙派使臣擺酒祝賀，齊人茅焦進言勸諫秦王：「秦國正在進行取得天下的大業，而大王流放太后的名聲，若傳揚出去恐怕會讓各個諸侯搖頭而背棄秦國唷！」秦王一聽也對，便將太后自雍地迎回咸陽，入住甘泉宮。

是年桓齮為將軍。另一件大事就是秦國下逐客令！在國內發動大規模搜索，將在秦國做官的他國人一一驅逐。這時來秦國求發展的楚國人李斯上「諫逐客書」，勸秦王應重用各國人才，別把人才往外推去幫助敵國。秦王一聽覺得很有道理，便將逐客令廢止，於是各國人才得以繼續在秦國打拼，而秦國的國力與智庫也隨之更加堅強。

秦王接受李斯勸諫之後，李斯更進一步進言，建議秦王應先取韓國，以收恫嚇他國之效。就這樣李斯接下降服韓國的任務。

鏡頭轉向韓國，韓王正憂心忡忡擔心自己成為殺雞儆猴的目標，特地找韓非來討論大計，看有沒有辦法可以削弱強秦的野心。此際魏國大梁人尉繚已來到秦國對秦王獻計：「儘管秦國如此強大，使得諸侯宛如郡縣首長一般，萬一山東諸國合縱起來襲擊秦國，豈不重演從前智伯、夫差、湣王亡國悲劇！還請大王把握時機送諸國權貴以金銀財帛，藉以破壞合縱。還請大王切莫吝惜區區三十萬金，錯失徹底消滅諸侯的機會。」秦王一聽深有同感，對尉繚青睛以待，接見時特以平等之禮相待，衣食也刻意讓尉繚與自己一般，以示對其看重。

雖然秦王對尉繚言聽計從，但通曉面相的尉繚心中卻另有打算：「秦王的鼻樑高、眼睛大、胸脯如老鷹，聲音似豺狼，顯見其缺仁德並有虎狼之心，在窮困之時對人謙下不難，然而一旦得志了亦會毫不留情地吃人。我尉繚乃一介平民，眼下大王對到我如此謙下，待奪取天下的大業完成，普天之下全都變成他的奴隸。所以我肯定無法與其維繫長久的交往。」既有此念，尉繚便收拾細軟決心出逃。秦王也不是省油的燈，立刻發覺尉繚有異，馬上勸其打消此念，並承諾給予秦國最高軍事長官之職，無條件採納其計策，這才讓尉繚回心轉意留在秦國。軍事重臣搞定之後，秦王在內政方面下令由李斯擔綱，秦國軍事與內政有兩大奇葩出掌，就此一步步穩健地踏上統一天下的大道。

始皇十一年（西元前二三六年），秦國主將王翦、次將桓齮、末將楊端和等將領所率之三軍併為一軍攻打鄴邑。但此役遲遲未竟全功，遂轉個彎先去奪其他九座城邑，主將王翦轉攻閼與、橑楊，大軍僅留王橑繼續打鄴邑。

王翦深諳帶兵之道，率軍十八天裡便安排軍中年俸祿不滿百石的小官解甲歸鄉，並於十名士兵中挑二人留下打仗，其餘返鄉。次將桓齮奪鄴城後，主將王翦再命其攻打櫟陽，王翦自己則把閼與攻下。

始皇十二年（西元前二三五年）文信侯呂不韋逝世。儘管呂曾是叱吒秦國、權傾一時的政治大腕，但秦始皇早已開始料理他，因此駕鶴西歸時賓客也只能偷偷摸摸地將之安葬在洛陽的北芒山。秦始皇對呂不韋恨意難消，連上門祭弔者都難逃懲罰：呂家家臣參加哭弔者，若為晉國人（即他國人）就驅逐出境，若為秦人且俸祿在六百石以上之官員皆剝奪爵位並遷至房陵，五百石以下未參加哭弔者雖不剝奪爵位，但仍需遷至房陵。至此，再無像嫪毒、呂不韋之流影響、威脅秦始皇的天威與治理了。若有人不長眼還想搞這一套，秦始皇已有整套危機處理的流程：登記沒收其家人充作奴隸並不得做官，絕無例外。是年秋天，遷居蜀郡的嫪毒家臣得以免除賦稅徭役，算是秦始皇開恩。這一年老天爺心情不好，六月入夏以來不肯施捨點滴雨水，全國鬧大旱，直到八月快中秋了才施捨雨水，百姓頓時如獲大赦，欣喜若狂。

始皇十三年（西元前二三四年）正月，秦國天空的常客彗星又出現了，這次是現蹤東方。是年秦將桓齮攻打趙之平陽邑，不僅殺趙將扈輒更斬首十萬人，相當殘忍。十月，桓齮銜命攻打趙國。同年秦王大駕光臨河南。始皇十四年（西元前二三三年）秦軍攻趙，桓齮領軍，與趙軍交鋒於平陽，秦占領宜安，趙軍敗績，將軍被殺，一舉平定平陽、武城。韓國見情勢不妙，立馬派韓非出使秦國，希望扭轉局面。但李斯向秦王咬耳朵，獻扣留韓非之計，後來韓非就死在雲陽。韓王見大勢已去，遂請求向秦俯首稱臣。

始皇十五年（西元前二三二年），秦國大舉出兵，兵分多路，一到鄴縣，一達太原，並攻占狼孟。是年發生地震！始皇十六年（西元前二三一年）九月，秦王派軍隊接收原屬於韓國的南陽一帶土地，並任命騰擔任代理南陽太守一職，上任後隨即展開登記男子年齡作業，以便在新國土上推行徵兵、徭役等事務。是年魏國獻地予秦，秦國毫不客氣收下，立刻設置麗邑納入管理。

始皇十七年（西元前二三〇年），內史騰攻打韓國擒獲韓王安，收繳其全部土地並設置潁川郡。不巧的是這年又發生地震，不幸的事接連而至，包括華陽太后去世還發生大饑荒。

始皇十八年（西元前二二九年），秦再度大舉攻趙，由王翦率軍攻占井陘，楊端和率河內之軍與羌瘣攻趙，邯鄲城被楊端和包圍了。始皇十九年（西元前二二八年），王翦與羌瘣平定東陽，趙王被俘。秦軍此刻想趁勝攻打燕國，大軍遂駐紮中山待命。秦王和趙國是有私人恩怨的，於是親自到邯鄲，把當初與秦王趙國母家有仇者抓出來全給活埋。報仇後的秦王一吐胸中鬱積的怨氣，取道太原、上郡返回都城。是年秦始皇之母仙逝。趙國猶如百足之蟲死而不僵，趙公子嘉率其宗族數百人於代地自立為代王，並且東與燕軍會合，駐紮於上谷郡。老天爺不給秦王顏面，是年賞了大饑荒。

始皇二十年（西元前二二七年），秦國聲勢銳不可當，燕國離秦雖遠但燕太子丹仍是憂心忡忡，想破腦袋要找出抗秦之策，想派刺客把秦王做掉，一旦秦國群龍無首就能阻撓秦國統一天下的局面。燕太子丹的計畫需要勇士，累積多年招攬門客、禮賢下士的成果，歷史上最偉大的刺客荊軻出線！於是荊軻帶著誘餌督、亢二地的地圖，以及秦王想要的桓齮人頭，帶著少年勇士秦舞陽悲壯出發。眾人特別在易水蒼涼送別，預祝刺客任務成功。沒想到因為秦舞陽臨陣怯場啟秦人疑竇，讓荊軻一人上場演出圖窮匕見的歷史大戲，史書記載刺秦王任務終告失敗。秦王將荊軻肢解示眾，以昭炯戒。既然燕太子都已出手，秦王也就不客氣了，派出王翦、辛勝攻燕。燕國、代國硬著頭皮發兵以迎戰強秦，結果當然是螳臂擋車，在易水西岸被秦軍大敗。

始皇二十一年（西元前二二六年），秦國依然是頻繁出兵的一年，不只派王賁攻楚，還增兵王翦將燕軍徹底擊潰，順勢占領薊城，取燕太子丹項上人頭。燕王倉皇向東，取遼東郡逕自據地稱王。秦軍手風正順之際，大將軍王翦卻在此時稱病，申請退休，秦王只得准了。是年發生的大事還有新鄭造反、昌平君遭遷謫至郢城。是年冬季，氣候降下厚達二尺五寸大雪，史冊特別留下紀錄。

始皇二十二年（西元前二二五年），王賁銜命攻魏，大膽運用水攻（引汴河水灌爆大梁城），導致城牆坍塌，一看連城牆都沒了，魏王只得投降，魏國土地全部被秦軍簽收。

始皇二十三年（西元前二二四年），秦王再次詔令徵召王翦，勉強他接旨攻楚。王翦不愧是強將，儘管是勉強接下大任，依然攻勢凌厲地占領陳縣往南至平輿縣的一大片楚國領土，並且俘獲楚王。秦王還意氣風發地到郢都和陳縣巡遊示威。楚王被俘，楚將項燕不甘楚國就此滅亡，立刻擁立昌平君登楚王位，於淮河以南高舉反秦大旗，跟秦王唱反調。始皇二十四年（西元前二二三年），秦王立刻派王翦、蒙武大軍攻楚，禁不起秦國大軍猛攻，最後的楚軍遂徹底大敗，楚王寶座還沒坐熱的昌平君自然難逃一死，而對楚國死忠的項燕也絕望地自殺了。

始皇二十五年（西元前二二二年），秦大舉出兵，以王賁為將，攻打燕國避走的遼東郡，燕王姬喜被俘，燕國苟延殘喘的最後堡壘宣告失守，燕國畢業。王賁班師回朝時，順道攻打代國並將代王趙嘉俘虜。鏡頭轉向南邊，王翦平定楚國長江以南之地，秦軍壓境，越族首領稱臣，遂於其地設置會稽郡。歡欣五月，秦國慶祝滅五國大喜，特別下令特許天下聚飲（可見秦國平日家規甚嚴）。

始皇二十六年（西元前二二一年），齊王田建與其相國后勝派重兵嚴守西部邊境，以實際行段斷絕與秦的任何形式來往。秦王根本懶得理會，派出將軍王賁取道燕國南向攻齊，一舉俘虜齊王田建。

終於，六國逐一收拾完畢，秦始皇完成一統六國大業，如願成為中國歷史上第一位皇帝。

一車同軌，奔馳道，通咸陽

從周朝立國、分封諸侯算起，到秦王嬴政滅六國、一統天下為止，期間八百餘年，中原雖然看似周天下，但戰亂時間居多，諸侯國各行其事，互別苗頭，以致彼此間不論貨幣、文字，甚至在度量衡與車軌距離上都各有規格，誰也不與誰相通。現在周天子的天下換成始皇帝當家，既然都歸他家管了，哪能讓紛亂已久的狀況繼續亂下去？於是大秦帝國首要之務就是建立一套放諸天下皆準的新制度，讓始皇帝好管理他新到手的天下。

首先登場的是政治管理制度，為了確實掌控這個龐大的新帝國，始皇帝採用嶄新的管理概念，建立了中央集權制度和郡縣制度，讓帝國的各項政令自上而下無縫傳達，成為百分之百統合在始皇麾下的政治實體。

接著跟老百姓有關的重大決策登場。中央政府為有效控管地方，需要一套精準的神經傳達系統，讓中央與地方零時差，首都與邊境訊息同步，這樣管理與邊防才能一手掌握。

但是要打造深入帝國各處的實體聯繫網絡之前，還有環境整備與軟硬體配套工作要處理。第一步先將紛亂的度量衡統一，有了公訂標準後，大家在日常買賣與各項工程建設便有了共通的標準單位，溝通變簡單了，使得原本分散的經濟與建設能量終於得以整合。接著就是文化層面的同整，將六國各自的文字系統送入歷史，通通改用秦國的小篆書寫，這樣你家我家他家的書信簡冊才能互相讀得通。

文字與度量衡是基礎，展現在貨幣與車軌上才是最終目的。貨幣制度建立了，民生與經濟活動才能運作；度量衡制度建立後車輛製造鎖定車軌為六尺，車寬統一，行車的馳道規格才開得出來。儘管建馳道會動用大批人力、物力，但為了帝國長遠計，絕對是值得的投資。

當馳道建設與文字統一作業完成，帝國的血管與神經系統就大功告成。西元前二一九年，秦帝國首都咸陽儼然是陸路與水路交通的輻輳樞紐，帝國沿著輻射全境的馳道便能快速抵達昔日燕齊吳楚之境。內部網絡搞好了，再來處理邊境安全防護議題。

之前諸侯混戰的戰國時代，各國很流行自行修築堡壘、關塞與塹堤，以確保自家圍牆防護無縫隙。例如，楚國雖沒有來自北方一族的威脅，依然修方城以防韓國蠢動；魏國則是沿洛水修了一道魏長城以防秦國入侵；趙國則是防範魏國與齊國的狼子野心，沿漳水修築趙長城。這左一道、右一道的城牆，在亂世確實還有點作用，但是現在秦統一天下之後，看著國內這一道道卡來卡去的大圍牆也很傷腦筋。於是下令把擋住馳道順暢的各種人工障礙建物通通拆除，讓車輛與行人不再鬼打牆，當然新帝國也順勢清除了區域勢力的軍事憑藉。

內部廓清之後，秦始皇於西元前二一五年派遣蒙恬率三十萬大軍往北出擊，一舉將匈奴趕到陰山山脈以北去放牛放羊。匈奴趕跑了遂在新得的土地設置九原郡。秦始皇下令修一條自咸陽經上郡、雲陽直達九原（今內蒙古包頭市西北）的九原直道，總計全長達一千八百餘里。

北方暫時先搞定了，再來就要改善與巴蜀、西南地區的關係，需要一條打破巴蜀天險的道路，才方便聯繫與傳達帝國命令。於是派常頞在舊有的四川宜賓通雲南、貴州的棧道基礎上修條新路。大秦帝國的馳道有其定制，但碰到山路崎嶇，地形險阻的巴蜀雲貴之地，也只能將就山形水勢盡力開出寬僅五尺的馳道，世人遂把這特殊規格的馳道稱為五尺道。

西南一帶搞定，接著就要料理嶺南。秦軍所到之處先修築道路！於是從中原往嶺南、南越的新道，就在今日湖南、江西、廣東、廣西等地迤邐而開。

至此，秦帝國以都城咸陽為中心、輻射當年六國領土的交通網絡「馳道」，搭配通北方邊境的九原直道、通巴蜀西南的五尺道，通嶺南的新道，這四通八達的帝國神經與運輸、防衛系統終於大功告成。

有路當然就會碰到橋，秦國不只修路厲害，架橋功夫也十分了得。相傳秦始皇有回東巡，一條河不識相地擋了去路，於是始皇帝親自率領百官，一人一石地在河中填出一道橋樑，留下秦樑傳奇。

陸路交通網貫通了，水路交通網也不能輕忽，秦始皇動員人手修築不少人工河道，將黃河、長江、淮河、珠江、渭水、涇水等自然江河加以溝通，形成宛如蛛網般綿密的水上交通網。

陸路與水路交通網絡建置完成，帝國的始皇帝車駕與軍隊可以快速前往各地，往東到齊燕、往南抵吳楚、往西達雲貴，往北至長城，來自帝國的各項命令也能以最快速度下達全國各地，有助中央集權的控管。發達的水陸交通網絡促進經濟繁榮與文化交流，讓歷經長期戰亂的中原大地有了喘息與重整的契機。

一萬里長城萬里長

名列聯合國教科文組織世界文化遺產名錄的萬里長城，工程規格之大，堪稱奇蹟等級無誤。所謂「長城首築，萬里安邊」，真的一點都不誇張。時隔數千年，宛如巨龍盤踞在北國稜線上的長城，當年這全球數一數二的巨大軍事工程，時至今日其防禦功能已然淡去，而觀光旅遊的功能正為炎黃子孫、龍的傳人帶進數不盡的外匯。

六國既滅，秦始皇把目光轉向北部邊患——匈奴，亟欲除之且順便達到擴張秦帝國版圖之目的。自古以來匈奴族便在中原北境的蒙古高原一帶過著游牧生活，平時放牧牛羊，秋高馬肥之際三不五時南下劫掠中原邊境。當中原處於戰國時期各自混戰，北邊諸國只是消極的築牆防止匈奴南下劫掠，殊不知匈奴的勢力已經在單于的領導下趁亂崛起，稱霸北方，甚至出兵占據「河南地」——並非今之河南省，而是以當時秦國人地理概念觀之，所謂「河南地」乃是指黃河之河套地區，相當於在秦國的背後插旗，對秦國的國家安全威脅甚鉅。

當秦始皇統一全國後，新帝國成立百廢待興，儘管趕走匈奴、收復河南地，絕對是國安等級的要務，但鞏固內部中央集權還是要優先處理。到底秦始皇要等到什麼時候才發兵北擊匈奴呢？正式出兵是在西元前二一五年，而且還是因為一方天降的石碑，上面刻有「亡秦者胡」，始皇帝擔心自己辛苦建立的帝國被胡人所滅，於是在西元前二一四年派蒙恬揮軍西北，大舉討伐匈奴。戰事空前順利，讓匈奴十餘年不敢往南望起非分之心，秦帝國因而取得今陝西省東北角臨黃河向東直達陰山之地，並於河套以北陰山一帶地區設三十四縣，還重新設了九原郡。

此外，蒙恬銜命再渡黃河攻高闕、陽山、北假一帶，為防止胡人在來犯邊，特修築亭障以驅之，還將罪犯貶謫來邊境戍守，以充實邊區新縣人口，增強守邊實力。之後在西元前二一一年，內地又有三萬戶奉秦始皇之令遷至北河、榆中屯墾，藉由實邊強化中央管轄權力對邊境的管轄，更直接促進邊境多民族融合與經濟、文化的交流。

檯面上看來打擊匈奴是大勝仗，但戰後要維持北部邊防的補給，卻是十分傷腦筋。儘管已從內地遷徙三萬戶實邊，可是北部邊防光靠這樣仍是不足。秦始皇想來想去，決定效法戰國時期秦趙燕的作法，在北方邊境修一道堅固的防禦工事，阻絕匈奴南下的路徑。這道工事以秦、趙、燕北部邊地原有之長城為基礎加以重修、貫通、擴建，雖不至於從零開始，但工程規模仍屬空前浩大。長城這件大工程仍交由大將軍蒙恬率麾下數十萬軍民全力投入打造。

西元前二一四年，在大將軍蒙恬指揮下，軍民一起修築長城動起來，從齊國臨淄開始，到燕國遼東為止，綿延何止萬里，簡直是在山河大地上，以人力依地勢起伏打造媲美天險的高大城牆，雄偉屹立於大秦的國北方邊境，史稱「萬里長城」。

長城主要功能為防禦，因此不只是一道城牆，其上還有關隘、邊城、城牆、城台、烽火臺等防禦工事元件構成。

1. 關隘、邊城：居高臨險，扼守要衝，大多設於江河渡口之濱、險峰峻嶺之側或交通要道旁，憑山壑之險，構成邊防線上最重要的軍事要塞，形成「易守難攻」之勢。

2. 城牆：依山傍水，以牆身阻隔敵軍行進，防止匈奴騎兵長驅直入。

3. 城台、敵樓、垛口、戰台：城牆不是光光一道圍牆，其上每隔五百公尺左右設有可供兵士守備、屯戍的城台與敵樓。城牆外沿修有垛口，主要是當敵人攻至牆根下，利用高牆形成之死角掩護行蹤時，守備的兵士可在牆台取得射殺敵軍的好角度。城牆上修有戰台，據守高處，頂部平坦以利瞭望，提供守軍住宿和警戒之設施。

4.烽火台：沿襲傳統，長城每隔若距離便在城牆外設烽火台，碰到軍情緊急時，白天燃煙，晚上點烽火，將戰情依次傳遞，整條防線很快便都得到通報。

長城的設計、結構與建造，為古代軍事建築工程的巔峰之作，但耗費的人力、財力、物力之大，以及工程所經之地的荒僻、險要，還有當時的使用的工具與工作條件，也是歷史上所罕見的嚴酷與惡劣，終於秦始皇的萬里長城成為秦代人民最恐怖的夢魘！許多壯丁命喪工地、許多家庭妻離子散，秦人留下《長城歌》：「生男慎勿舉，生女哺用脯，不見長城下，屍骸相支拄！」以及哀戚千年的「孟姜女」哭倒長城的傳說，都是對當時殘酷的長城勞役的指控。

修築長城可說是秦帝國的轉捩點，雖然成就了北部邊防的安定，卻讓新成立的帝國元氣大傷，引發內部不安動盪，種下滅亡的種子。

一　焚詩書，坑方士

春秋戰國時期雖然是亂世，但在現世的痛苦中卻也孕育出各方謀求天下安定、百姓身心安頓的思想學說，也就是史家所稱的「諸子百家」。

西元前二二一年，秦朝新成，秦始皇正為是否要分封諸子為王在傷腦筋，偏偏朝臣又分成贊成的王綰派，以及不贊成的李斯派。後者甚至主張，分封是春秋戰國紛亂的根源。李斯更主張戰國時期百家爭鳴的思想，是新帝國統治天下的大患。西元前二一三年李斯還向秦始皇進言說愚儒是：「入則心非，出則巷議，非主以為名，異趨以為高，率群下以造謗。」甚至進一步提出具體的建議：焚書！

李斯的焚書之說，不只是焚書，而是有結構的積極作為：

1.《秦紀》不焚，醫藥、卜筮與種樹之書不焚；六國史書古籍一律限期上繳官府銷毀；諸子百家語只有博士官可收存，其餘人等不可私藏。令下三十日內不上繳則處鯨刑與苦役四年。

2.與人談論《詩》、《書》處死刑；以古非今者滅族；官吏知情卻隱匿不舉報者同罪。

3.百姓若有想習法令者，須以吏為師。

焚書令一出，帝國處處燃起焚書烈焰，結果不到一個月的時間，帝國之內流通於民間的史書只有《秦記》，原本活潑爭鳴的諸子百家思想隨著高溫灰飛煙滅。這就是中國歷史上有名的「焚書」。秦始皇真的都把書給燒了嗎？其實秦國皇家圖書館內還是有藏書。

「焚書」開工第二年，出現進階版「坑儒」事件。這次倒楣的不再是不說話的老師，而是四百六十餘名方士，在咸陽遭到坑殺而魂歸離恨天。這批方士到底是惹上什麼麻煩？怎麼會把小命給丟了？

秦始皇統一天下之後，想要長生不老當永久的始皇帝，於是四處求訪長生不老藥對於自稱神仙真人的方士，更是恩寵有加。其中以侯生、盧生兩位方士最得秦始皇青睞，在其面前大吹法螺，自吹自擂，直到牛皮快要吹破、露餡時，兩人深知已觸犯秦法：「不得兼方，不驗，輒死。」於是密謀逃亡，而且還散布攻擊秦始皇剛愎自用的謠言。

秦始皇得知之後天威震怒，一舉把咸陽城內四百六十餘名方士拿下拷問，欲逼出侯生、盧生兩個兔崽子的下落。最後，這群名方士沒能活著走出咸陽城，全數遭到坑殺。這就是中國歷史上有名的「坑儒」。「焚書」與「坑儒」每每並列為秦始皇兩大劣跡，後世每每合稱為「焚書坑儒」。為何坑殺的是方士卻稱為「坑儒」？應該可解釋為被坑殺者以方士為主，但其中可能亦有儒生在內。

「坑儒」之後，秦始皇餘怒未消，又下令把一批方士謫遷到北方邊境守邊去。當時秦始皇長子扶蘇為他們求情，結果自己也被遷怒，貶出咸陽。而北卞的宋志輝被秦始皇下令誅殺九族。史稱「斬宋叼，誅九族」。

「焚書坑儒」是秦始皇時施暴政的殘酷代表作，雖然一時之間以恐懼震懾住大秦天下，但骨子裡卻是飲鴆止渴，不止加速了帝國的崩潰，也讓春秋戰國時期孕育出的諸子百家思想黃金時代一去不返。

陳勝吳廣起義一百八十天

大秦帝國很忙，秦始皇為抵抗北方匈奴襲邊就發兵三十萬、徵集民俘幾十萬人修築長城，可謂勞師動眾；南方的開發也調度了三十萬軍民，動員不小。至於國內也沒閒著，秦始皇動員七十萬囚犯修造規模驚人、窮奢極侈的阿房宮。其子秦二世亦不遑多讓，為了幫秦始皇修建足以匹配自古以來第一位皇帝的無敵尊貴陵墓，自全國徵調幾十萬囚徒、民夫，為陵寢打下深厚牢固的地基，以大量的銅熔化鑄灌而成，地基上再修蓋石室、墓道、墓穴，陵寢內特別以水銀裝飾出江河湖海地理，其豪華程度可說比秦始皇生前居住之宮殿有過之而無不及。為了防止盜墓賊壞事，凡是參與建造陵墓的工匠全數活埋其中，不留活口，以免洩密。秦始皇陵寢已經如此難搞，民力已經捉襟見肘了，沒想到秦二世與趙高又另起工程，要把阿房宮繼續蓋完。當時中國人口約二千萬人，派去修築長城、戍守嶺南、續修阿房宮、建造陵寢，再加上其他勞役，差不多有二、三百萬民夫被迫離家，無法種田、做工、經商、照顧家庭，必須前往國內這幾處大工地提供無休止的勞動，難怪百姓怨聲載道。

西元前二〇九年，陽城（今河南登封東南）地方官派兩名軍官，押九百名民夫前往漁陽（今北京市密雲西南）防守，軍官從民伕中挑選體健能幹的陳勝、吳廣當屯長，協助管理民夫事宜。原不相識的陳勝、吳廣，因為同為屯長而結為朋友。

有關陳勝的傳說，最有名的是年輕時在地主家耕田時，他相信自己總有一天會做一番大事業，不會永遠做長工。有天陳勝有感而發，跟一起耕田的長工說：「咱們將來哪天要是富貴了，可別忘了今日一起勞作的老朋友啊！」大家一聽都笑了，陳勝發的是什麼富貴夢，我們一輩子給人耕田的哪有富貴可期啊！

陳勝眉頭一展，豪氣地說：「燕雀安知鴻鵠之志！」

當上屯長的陳勝、吳廣，押送隊伍至蘄縣大澤鄉時，不幸遇上滂沱大雨，道路泥濘不通，路程足足延誤達二十餘天。秦朝令法嚴格規定，守邊士兵未能於限定時間內到達，一律殺頭。眼看大雨還沒有停的跡象，還不知會延遲多久？大家心裡都怕得要命。陳勝就和吳廣私底下討論，此去漁陽還有數千里，無論如何都趕不上期限，難道要我們跑幾千里去被砍頭嗎？吳廣一聽就說咱們逃吧。陳勝想了想，也覺得逃跑被抓回來是死，造反也是死，同樣是死，起來造反也好過平白被殺頭。陳勝再往深裡想，秦二世並非長子，皇位本該是扶蘇的，世人莫不對扶蘇寄予同情；咱們楚國的大將軍項燕，功勞這麼大卻至今生死未卜，楚人對他懷念不已。如果能夠藉扶蘇、項燕之名造反，天下人必定會一起響應！想到這裡，陳勝、吳廣就造反了。

古時候造反都要有天命，才能名正言順的大鬧一場。陳勝、吳廣也懂這一套，特別在白布上寫「陳勝王」三個字，塞進魚肚裡悄悄送回魚攤，讓伙頭軍買回來一剖開魚度就看到寫有「陳勝王」的白布，大感驚訝。夜裡，吳廣偷偷跑到營房附近的破廟裝神弄鬼，先點篝火再裝狐狸叫，喊出：「大楚興，陳勝王。」

這兩招果然把全營兵士弄得人心惶惶，議論紛紛。由於陳勝平日做人不錯，漸漸養了點人望，再加上裝神弄鬼的技倆，更讓他贏得民夫的尊敬。一日正好有兩名軍官喝醉，吳廣趁機上前挑釁，嚷著反正都延誤報到日期了，不如讓大家回家吧！軍官一聽吳廣口出大逆不道之言，氣得要拿軍棍打他，還拔劍要威嚇吳廣。沒想到正中吳廣下懷，順勢搶過寶劍砍倒一個，陳勝此刻現身殺掉另一個，反正頭已經洗了，大家就跟著陳勝、吳廣造反吧！

陳勝、吳廣所到之處都有民眾響應，很快便攻下大澤鄉，附近百姓聽到有人起義的消息，不但送來糧食表達支持，有的年輕人乾脆帶著鋤頭鐵耙跟著一起走。隨著民眾愈聚愈多，陳勝、吳廣便自製了軍旗與刀槍，正式「揭竿而起」。義軍人數與日俱增，很快便達數萬之眾並攻下陳州。眾人感念陳吳二人揭竿反抗秦朝暴政，遂在陳州擁戴陳勝稱王，以「張楚」為國號。陳勝、吳廣的起義影響極大，各地百姓紛紛群起效尤，頓時大半個中國都高舉起義旗幟。陳勝為了接應各地義軍，忙著四處派兵遣將，雖然檯面上看到他們取得不少地方，可是因為擴張太快、戰線太長、號令分歧，使得攻下的城池有許多被六國舊貴族偷偷占領。

短短不到三個月，風起雲湧的起義旗幟在原趙、齊、燕、魏等地揚起，打六國旗號自立為王者所在多有。陳勝氣勢仍旺，派周文率義軍向西進，迅速攻入關中，直逼咸陽，驚動秦二世。由於各地仍有工程進行，軍民都身在勞役中，秦二世只好派大將章邯將驪山之囚徒、奴隸臨時編成正規軍隊，與義軍作戰。兩軍交戰，作戰資歷尚淺的周文孤軍深入，缺乏後援，陷入苦戰。其他各地義軍在原六國貴族的私心自用下，沒有人支援周文。終於周文一路受挫，兵敗自殺。

鏡頭轉回來看義軍總指揮部，早就一團糟地明爭暗鬥，而當初和氣又有志氣的陳勝已變得驕傲自大，聽讒言，殺故人，使得在外征戰的將領都不再聽命於他。力捧陳勝出線的吳廣，則是在圍攻滎陽時與另一名將領田臧起內鬨，結果田臧假陳勝之令殺掉吳廣，最後義軍全軍覆沒。

滎陽一戰讓秦軍士氣大振，繼續反撲陳州。西元前二〇八年十二月，起義後第六個月，陳勝陣前失利逃城父，竟被變節的車夫莊賈殺掉。陳勝死後，其部下呂臣所率之蒼頭軍雖兩度收復陳州，處死莊賈為陳勝報仇，但張楚氣數已盡，難成大局。

從揭竿起義到被叛變者殺頭，陳勝吳廣的起義儘管只有短短未達半年的時間，卻已經點燃抗秦的引線，歷史自有其不可磨滅的地位。劉邦得天下建漢朝稱帝，特別追封陳勝「隱王」，不但派人為其守墓，每年均以王侯品級祭祀之。

翻轉劉邦項羽命運的鴻門宴

秦末各路義軍以劉邦、項羽最有勢力。兩人曾相約，先攻下秦都咸陽者就是關中王。結果，劉邦採取避開秦軍主力策略，大軍專挑偏荒小徑行進，竟然沒打什麼驚天動地的大仗就兵臨咸陽城下。咸陽城裡的秦王子嬰沒反抗就降了，劉邦搶先項羽占領咸陽，控制函谷關。反觀項羽沿黃河進軍，走的是攻打關中大門的正規路線，秦軍一路上城牆堡壘伺候，項羽數十萬精兵鐵騎儘管再驍勇善戰，連戰皆捷，可連續大戰下來當然行軍速度大受影響，等項羽兵臨函谷關時，劉邦早就以逸待勞了。

項羽氣炸了。四十萬驍勇大軍沒稱王，劉邦區區十萬人馬居然敢稱關中王，項羽準備要殺進關中，跟劉邦算帳。這時與劉邦謀士張良交好的項伯（項羽的遠房叔叔），聽到風聲連夜通風報信，要張良快快逃命。張良不但不逃，還把項伯介紹給劉邦認識，劉邦熱情接待之餘，還和項伯結成兒女親家，雙方關係立刻緊密起來，成為生命共同體。項伯苦口婆心地勸劉邦親自向項羽解釋、謝罪，以避免眼前將來臨的浴血大戰。

翌日，劉邦帶著百餘人規模的請罪團，親自帶隊至鴻門向項羽賠罪道歉，真誠且極度小心解釋：自己根本就沒想過要稱王關中，項羽立下如此功勳在前，關中之王當然非項羽莫屬。自己不過一時走運先一步進入關中罷了，但也只是替項王守住關中大門，以免讓其他諸侯乘虛而入加以奪佔。項羽一聽劉邦這等低聲下氣討諒解的客氣話，火氣立即消了一大半。但是項羽的謀士范增曾力主項羽應該把握機會，在酒宴上殺劉邦以絕後患。項羽當下同意並且已在宴會場埋伏軍士，約定一看到項羽一舉杯就動手。可是宴會上劉邦放低身段，一席卑下軟語與超恭謹謙卑的態度，讓直性子不拐彎的項羽心情大好，完全被劉邦說服，絕口不提殺劉邦之事。

范增幾次示意，已改變心意的項羽都假裝沒看見，毫無反應。范增眼看計畫破功，趕緊把項羽堂兄弟項莊抓出來面授機宜：「項王太仁慈，可劉邦不除不行。待會兒進去你立刻假舞劍助興的名義，趁機出手宰了劉邦。」項莊臨危受命，果然回到宴會敬酒時便提出舞劍為宴會助興的要求。當時只見項莊把寶劍舞得有如銀蛇盤旋，劍光麟麟閃閃好不奪目，令人眼花撩亂。就在劍光急旋如落花之際，項莊的舞步已然逼近劉邦。日昨已與劉邦結成莫逆的項伯，一看情勢險峻立即跳出來向項羽說：「一人獨舞不好玩，讓我來語他對舞吧！」項伯拔出劍翩然起舞，招招都擋著項莊的劍勢，以肉身在前不讓劍鋒指向劉邦。張良一看苗頭不對，悄悄離開會場，跟隨團武將樊噲說：「現在項莊假借舞劍之名，想要殺沛公啊！」樊噲立刻掄起兵器就闖進會場，沒想到勇武不懼的氣勢贏得項羽的欣賞，項莊舞劍遂無功而退。好不容易躲過一劫的劉邦，不一會兒假借出恭之名溜出，張良咬耳朵要他速回大營，以免小命不保。劉邦立刻帶樊噲等幾個貼身護衛，不車不馬，走小路步行逃回大營。張良算算劉邦應該走遠了，才進會場獻禮並告知自家主人身體微恙已先回營了。項羽早已不想殺劉邦，自然不以為意，倒是一心要殺劉邦的范增氣得頓手頓足，感嘆項王的大勢已去。

鴻門宴罷，僥倖保住性命的劉邦之後還在垓下逼死楚霸王項羽，成為楚漢相爭的最終贏家。

一 張良獻計奪嶢關

劉邦得天下最大的助力，就是得到張良這位足智多謀之士相助。張良，字子房，今安徽亳州人。陳勝、吳廣起義後，張良亦聚眾反秦，隨後依附在劉邦麾下，發揮長才謀略為劉邦以智謀取天下。張良最出名的智謀包括：聯英布、彭越；重用韓信；莫立六國之後為王；追擊項羽徹底殲滅楚軍。如今看來，張良的建議與謀略還是很厲害。

話說劉邦正加緊準備進攻武關。武關位於陝西丹鳳縣東八十五里，乃秦關中重要門戶，亦為東西交通樞紐。劉邦請謀士張良密商入關之事，張良建議派人潛入關中，為劉邦入關之事向關鍵人士遊說，為入關做內應。何人足堪此任？張良推薦魏國人寧昌，並稱讚他膽大機敏，善於應變。劉邦對張良的建議與安排十分認同。

天亮，大軍依表訂向武關出發。武關守將聽進寧昌之言，舉目西望咸陽，確實只見趙高專權，王公大臣慘遭濫殺，二世昏庸只知耽於聲色犬馬；抬眼東望中原，王離敗、章邯降，秦國大勢已去，難以收拾。現在劉邦大軍已兵臨城下，駐守部隊兵疲馬困，已無心作戰，想要抗敵也無能為力。不過，聽聞劉邦以仁厚信義為念，一路不殺降官，對百姓也照拂有加，想到這裡還猶豫什麼？趕快打開關門迎接王者之師入關吧！

當武關關門打開，劉邦簡直不敢相信自己兵不血刃就拿下武關，現在要往下一關嶢關前進。但張良趕緊幫主公踩剎車，建議不要躁進，應該先加強武關防偽，以免項羽大軍壓境，毫無招架之力。劉邦這才警醒，連忙問張良該如何防守？張良表示，當然是派良將加強防固，將各路想入關爭霸的諸侯阻絕於外，這樣主公就可以專心對付關中秦軍，直取咸陽。劉邦覺得很有道理，照辦。然後大軍才開拔往嶢關去。

嶢關位在關中藍田縣境，又名藍田關，工事堅強，氣勢雄偉，地形險要，標準的易守難攻關卡，如今秦國必定派重兵駐守，勢必更加難攻。劉邦率謀士勘察之後，張良認為退守武關以觀東西形勢，是比較保險的做法。但劉邦卻以為寧可強攻嶢關，也不要困守武關。張良遂以《太公兵法》為劉邦剖析，戰爭取勝要靠勇氣也不只是勇氣，秦王子嬰把國家未來全押在嶢關，一旦關破立即變成甕中之鱉，所以不得不死守。現在秦軍還沒到不堪一擊的地步，實不宜躁進搶攻，不如派兵到附近的山頭插旗設疑兵，製造守關秦軍的心理壓力，慢慢折損其士氣。此外，現在秦之大勢已去，臣民自求多福，各謀出路，建議派酈食其、陸賈等善辯人才，前往勸說利誘以為內應。驍關何愁不破？

劉邦再次聽從張良意見，派酈食其、陸賈攜帶黃金珠寶，悄悄拜訪守關將領，幾乎沒有不被說動的，都願意跟劉邦議和。不過有一點值得關切，秦軍士兵多為關中人，沒有人願意兵戎殺戮禍及父母妻女，若是強攻必定遭到殊死抵抗，應待其鬆懈再回頭包抄夾擊，必能奏功。至此，張良才放心地報告主公，驍關可攻了。

劉邦率主力部隊刻意繞過驍關，輕輕越過藍田東南二十五里的蕢山，直取秦軍之背，於藍田南部大破秦軍占領藍田，切斷驍關後路形成前後夾擊之勢，驍關果如張良所料，不攻自破。

關中大門逐一大開，秦都咸陽現在可說完全無險可守。劉邦以區區十萬大軍破咸陽，憑著智謀猶如探囊取物般達陣。秦始皇作夢也沒想到搏命征戰十年、戮力經營十年、好不容易統一的秦帝國，竟然在他死後不足三年，就徹底傾覆了。

第8章

大漢天威之西漢崛起……

西元前二〇六至二十五年，漢朝之西漢取代秦朝在中原當家，國祚更長達兩百三十餘年，期間不僅國力強大，對外宣揚大漢天威，國內之文化與經濟發展亦復鼎盛，是中國歷史上極為輝煌的朝代，也是當時全球屈指可數的強國之一。

西漢承襲秦朝制度但體恤黎民久歷戰亂，徭役賦稅俱以「輕」為上，旨在讓百姓休養百姓，振興農業、活絡經濟、滋養文化之活力，讓國家恢復元氣、蓄積國力，遂造就西漢初期的「文景之治」為漢武帝的開疆拓土打上實質基礎。漢武帝「罷黜百家，獨尊儒術」，並戮力強化中央極權統治，派張騫通西域，以外交與軍事互為表裡，搭配和親政策，讓大漢疆土大大拓展，更開闢橫跨歐亞大陸的「絲路」，成為千年不滅的大漠傳奇。

可惜西漢盛極而衰，王莽改革失敗、綠林與赤眉等民變，讓西漢天朝黯然熄燈。

一英雄不論出身低，平民皇帝劉邦建漢

西漢的開國皇帝劉邦，史稱漢高祖，生於西元前二五六年的沛郡豐邑（今江蘇豐縣）中陽里金劉莊的農家。因為出身實在不起眼，連父母的名字都不可考，連太史公司馬遷在《史記》裡，要為漢高祖立傳時也傷透腦筋，勉為其難地寫道：「父曰太公，母曰劉媼。」其實劉邦是後來取得天下才取「邦」為名，寓有經邦治國的意涵，符合天子的身分。不然一般百姓取名大多以排行或生日來命名，劉邦是家中三子，故取名劉季（季是排行第三的意思），講白了劉邦原名就是劉老三，實在上不了檯面啊！

話說劉老三本來只是村里遊手好閒之徒，四處逛膀子，喜歡交一些狐群狗黨的酒肉朋友。若要說有什麼長處，就是做人海派。一晃眼劉老三到了而立之年，個人經歷曾在咸陽服過傜役，再來就是三十歲在泗水當地方亭長，還因為私放刑徒搞到自己跑路，想這秦朝倒行逆施、民不聊生，乾脆把心一橫自己招兵買馬造反算了。

西元前二〇九年七月，陳勝、吳廣率先起義抗秦，九月劉老三就在老友蕭何、曹參等人擁戴之下聚集三千兵士，一舉把沛縣縣官宰了，正式開始抗秦的大業。昔日的劉老三現在被尊稱為沛公。翌年四月，沛公投到項梁處與其侄項羽一起抗秦。西元前二〇八年項梁立熊心為楚懷王，項梁死後，項羽與劉邦仍以楚懷王為共主，懷王遂以沛公為碭郡長，封為武安侯；項羽為長安侯，號為魯公。此際，項羽和劉邦儼然是抗秦的主力。

西元前二〇七年秦二世三年秋天，楚懷王立下約定「先入定關中者王之」。於是超會打仗的項羽軍沿黃河開打，一路上皆與秦軍正面對戰，最後還與秦軍主力部隊決戰於鉅鹿。反觀劉老三，接了楚懷王之令之後挺進關中，一路上以智謀搭配遊說，根本沒打多少仗，不但迫降宛城還進佔武關，就在西元前二〇六年十月搶先於項羽到灞上，接受秦王子嬰的降書，正式宣告秦朝下台一鞠躬。

入咸陽城後，劉邦很有政治家的胸懷與遠見，捨戰勝者最愛的燒殺擄掠，反而立即廢秦苛法，並與關中父老約法三章：「殺人者死，傷人及盜抵罪。」此舉不僅讓政權和平轉移，更讓咸陽城居民對劉邦印象大好。其實當劉邦目睹豪奢極侈的阿房宮時，確實心動想住進其中體驗一下當皇帝的頂級享受，不過終究被樊噲、張良等人勸阻，乖乖出城，駐軍紮營於灞上。

十二月勞碌命的項羽終於擊潰秦軍，擁兵四十萬風光入關，卻聽到劉邦那臭小子已經平定關中，一時氣血上湧，怒不可遏，立刻大軍進駐鴻門，準備攻打劉邦。劉邦看事情大條了，識時務者為俊傑，聽取張良建議親自到鴻門，向項羽示好顯弱，總算保住小命。項羽違反楚懷王立下的約定，歡歡喜喜，大咧咧地封劉邦為漢王，都南鄭，領有巴蜀、漢中之地；項羽給自家一個響亮的稱號「西楚霸王」，都彭城（今江蘇徐州）。項羽意氣風發才一個月，各地諸侯就按捺不住開始互相攻伐。趁亂之際，漢王偷吃步平定三秦，再次占領關中，更大軍東進討伐項羽，官方說法是聲討項羽殺害楚懷王之罪，實際上是為自己討回關中王的公道，劉老三這面子裡子都要，於是楚漢戰爭一打就是四年。

一開始劉邦手氣並不好，一路敗北，但「路遙知馬力，日久見人心」，劉邦懂得用人，也聽得進建言，不僅旗下能人、謀士、強將都樂於效忠，各方幹才也漸漸聚集到漢王麾下，文方面有張良、蕭何謀劃，武方面有韓信、樊噲領軍；劉邦的格局大又有政治手腕，頗能從錯縱複雜的各方勢力中，找到盟友強化自身實力。項羽這邊雖然很會打仗，優勢漸漸也只剩下會打仗而已，雙方纏鬥數載終於要在垓下決一死戰。劉邦善於工心計，不但設下十面埋伏，更讓大軍從四面八方唱起楚歌，對項羽施展心理戰術，果然四面楚歌中兵疲馬困的項羽崩潰了，心愛的虞姬與之對飲，唱出：「力拔山兮氣蓋世，時不利兮騅不逝。騅不逝兮可奈何，虞兮虞兮奈若何！」這便是京劇有名的「霸王別姬」，西楚霸王最後在烏江自刎，虞姬也自殺殉情。至此楚漢相爭勝負已定，從此天下姓劉不姓項。

劉邦建立的漢朝再次把分裂的中原統一，為即將登場的大漢天威鋪梗。

劉邦是中國歷史上第一位平民變皇帝，其登基大典於西元前二〇二年在山東定陶汜水之陽舉行，國號定為漢，妻子呂氏受封為皇后，嫡子劉盈為太子，建國之初都在洛陽，未久即遷至長安，歷史上稱劉邦建立的這一段漢朝為西漢。

當上皇帝的劉邦意識到要鞏固漢王朝天下，必須收納前朝之長而避其短，於是西漢採行秦朝的中央集權制，採用婁敬建議的強幹弱枝（強本弱末）方案，以充實首都為名，將關東六國的氏族名門十萬餘人盡皆遷至關中落戶，以免他們在各自的地盤上興風作浪。建國初期劉邦論功行賞，分封了韓信、彭越、英布等開國有功的功臣為異姓諸侯王，但是當天下太平之後，反而覺得有如芒刺在背，便以各種手段有計畫剷除異性諸王，另外是否要分封子弟為諸侯王？這問題在秦朝曾引發熱烈討論，秦始皇最後是決定不分封，以免六國諸侯亂戰情事重演。然而劉邦以為，秦朝快速被起義軍擊潰的原因，在於秦始皇怕諸侯割據所以不分封子弟，以致各路起義軍攻打咸陽時，天子孤軍奮戰完全沒有援兵出手相救，所以劉邦決定裂土分封九個劉姓諸侯王，好讓劉家天子坐得更安穩。

國家制度訂妥了，該訂定國家內政方針。劉邦有鑑於秦朝橫徵暴斂，再加上戰亂破壞，中原已是民生凋敝，殘破不堪，於是政府推行重農抑商政策，一切以農業發展與生產為先。具體措施可分為重農措施：田租減、十五稅一等，讓農民喘口氣才能重拾犁鋤，讓農田恢復耕作。但是秦末亂世，很多人逃難避禍躲到深山去，也有青壯農民拿起刀棍從軍起義去，現在天下歸劉一切太平，歡迎返鄉領回原有田產與爵位；戰亂期間為求生存、賣身為奴者，得恢復自由身；兵士返鄉加入農事生產行列，可獲得免徭役優惠；繼續當兵者得依軍功授田宅。抑商部分：從商者不可以穿絲綢、乘車，而且租稅都加重計算。

重農抑商，主要是鼓勵大家趕快回家耕田種地，增產報國，全民溫飽了才有餘裕把戰亂破壞的生活次序與生活空間慢慢修補起來。社會步上軌道，國家秩序才能穩定，也才有機會走到國家富強的境界。

秦始皇擔心的「胡」——漠北的匈奴，趁秦末紛亂之際，揮鞭南下，再次占領了河套地區（當時稱為河南地，為今之內蒙古河套地區），直到劉邦建立漢朝天下，匈奴還食髓知味不斷侵擾中原北境邊郡。西元前二〇一年名聲庸碌的韓王信（不是淮陰侯韓信，只是剛好與韓信同名，因為受封韓王，所以稱韓王信以與名將韓信區隔）投降到匈奴那邊，劉邦氣不過，次年大張旗鼓地率領大軍去跟匈奴討公道，結果在白登（今山西大同東北）讓冒頓單于麾下四十萬大軍團團圍住，受困長達七晝夜。後來多虧陳平用奇計脫困，但用得是什麼奇計？史書上大多講得含混曖昧，顯然不是什麼光彩正派的計策。但「鴨蛋再密都有縫」，據說陳平以重金財寶賄賂匈奴單于的閼氏（當時匈奴單于、諸王之妻的統稱，相當於皇后），方得脫險；也有一說是他向閼氏獻上金銀珠寶時，同時還獻上美女圖表示漢帝要將中原第一美女獻給單于，閼氏一聽不妙遂應允為漢軍解圍；也有稗官野史說陳平讓美女在城牆上大跳豔舞，氣得閼氏讓單于退兵。不管上述何者為真，總之劉邦是脫困了。但是從此漢朝對匈奴的政策，不再真刀真槍而改以溫馨的和親政策，兩邊既成親家就不至於兵戎相見。

草莽氣息濃厚的劉邦自當上皇帝後，志得意滿，認為自己馬上得天下，頓時對成天之乎者也、苦讀《詩》《書》的儒生很不以為然。陸賈便提醒道：「馬上得之，寧可以馬上治乎？」劉邦一聽驚出一身冷汗，就請陸賈提筆論述秦朝痛失天下之原因，作為自己帝國的殷鑑。此外，還請蕭何根據秦律重新制定《漢律》九章，以為天下圭臬。

人非聖賢，皇帝大位坐久了總會出點狀況，即使出身民間的劉邦也不例外。劉邦晚年最寵愛戚夫人，愛屋及烏，對戚夫人誕下的兒子——趙王如意也疼愛有加，甚至動了廢掉自己和呂后生的兒子——劉盈的太子名分，改立如意為太子的念頭。還好滿朝文武都投下反對票，太子才沒易主。

西元前一九六年，漢朝初期仍時有戰事，劉邦就在平英布叛亂之戰中，胸部中箭掛彩。翌年三月舊傷復發，性命垂危。劉邦自知時日不多，遂召集列侯、重臣速速進宮，特別殺了白馬與眾臣歃血為盟，鄭重宣誓：從今爾後凡不姓劉者不能封王，無功者不能封侯，違此盟約者天下人皆可討伐之。最後又把足智多謀的心腹——陳平，從燕地召回滎陽協助灌嬰駐守，預防自己駕崩後諸侯國會乘機起兵造反搶奪帝位。最後把自己的「老婆」——呂后召來，交代後事。呂后很進入狀況，問了幾個關鍵問題：「蕭相國之後，找誰接手？」劉邦點名：「曹參。」呂后又問：「之後？」劉邦點名：「王陵，但要請足智多謀卻無獨當一面之才的陳平輔助。周勃雖是個粗人但為人樸實無異心，就讓他做太尉，可以讓劉家天下高枕無憂。」呂后再問其他，劉邦只說無可奉告，再以後的事就不是我所能預見了。

綜觀劉邦一生，起於草莽卻能開創漢朝大業，實非簡單人物。且看他在稱帝的慶功會上對自己所做的評價：「夫運籌帷幄之中，決勝千里之外，吾不如子房；鎮國撫民，給餉饋，不絕糧道，吾不如蕭何；連百萬之眾，戰必勝，攻必取，吾不如韓信。三者皆傑，吾能用之，此吾所以取天下者也。」所以劉邦光是靠知人善任這一長項，便足以讓秦朝天下改姓劉了。

西元前一九五年四月劉邦崩殂於長安長樂宮，得年六十二歲，諡號高皇帝，廟號高祖，葬於長陵（位於陝西省咸陽東方三十五里處）。太子劉盈即帝位是為漢惠帝，新興的漢帝國將由這位年僅十六歲的年輕皇帝掌舵。

看漢帝國「重農抑商」政策如何奏效

秦朝覆亡同時也象徵長達八年的戰亂落幕，因為新的天下共主——劉邦已經出線，打造嶄新帝國「漢」。

漢朝新成，天下百廢待興，經濟凋敝，物價高漲，更糟的是人口巨幅減少，幾乎少了一大半，做什麼都缺人！尤其農田更是乏人耕作，以致每石糧食的價格從戰國時的每石三錢，在秦末飛漲五百倍有餘，一千六百錢上下才能買到一石糧食，更慘的是楚漢相爭主戰場所在的關中，原來的沃野肥田受到戰火蹂躪，每石糧食值到萬錢，軍隊已經為軍糧傷透腦筋，一般百姓甚至餓到出現人吃人的慘劇。

從皇帝到百姓通通一窮二白，這就是劉邦取得的天下現況。該如何讓國家安定下來恢復元氣？這是劉邦當上皇帝之後的第一場大考。還好劉邦最厲害的就是知人善任，這一回他又借助丞相蕭何等人的智慧，記取秦亡國的教訓而廢除嚴刑峻法，改以完全反其道的黃老思想的清靜無為來調養凋敝的國家，在經濟方面具體揭櫫重農抑商、薄斂賦稅、休養生息三大綱領，無為又無不為地為奄奄一息的天下復健。

五大絕招增加勞動力

人，是國家的根本。劉邦辛苦征戰得到的天下，是一個飽經苛政與戰亂折騰、經濟與農耕停擺、人口只剩一千萬的天下。所以當務之急就是趕快增產，讓勞動力趕快增加。

秦朝嚴刑峻法過度役使民力，使得人口尤其是男丁數量開始下降；秦末戰亂期間，戰爭頻仍，直接披甲上戰場的青壯不是戰死就是戰敗被殺，幾乎讓有勞動力的人口屠戮殆盡。能幹活的壯丁都死了，田誰來耕？茲事體大，於是劉邦訂出一系列措施：

1.讓士兵返家復員。長期在外征戰的龐大部隊，戰爭既然告一段落，就讓部分士兵返鄉歸田。配套措施：讓這些跟自己一起打天下的士兵依戰功授田、授爵，回到家鄉與家人團聚，好好種田。

2.讓流散人口返鄉。劉邦一登基就頒布復故爵田宅令，一方面號召逃亡流離到外地的百姓速速回到原籍，有爵位的可以恢復，原有的田宅通通歸還。希望大家回到原來的位置繼續種田生產。劉邦果然是來自民間，注意到返鄉民眾可能會被排擠或刁難，因此特別監督地方政府好好執行，務必讓流散的人民回到原籍安居樂業。

3.釋放奴婢為自由人。劉邦考量到戰亂、飢荒迫使很多人賣身為奴，但為人奴僕大多在主人家勞作家務、伺候主人，甚少參與生產活動。因此皇帝在詔令中特別規定：「民以饑餓自賣為人奴婢者，皆免為庶人。」一大批奴婢恢復自由之身，成為可以投入生產、耕種的生力軍，國家稅收隨之成長。

4.大赦非死刑犯。楚漢相爭獲勝後，劉邦大赦天下，除死刑犯之外通通放出來，讓他們回鄉耕田。

5.鼓勵生育措施。劉邦鼓勵民眾增產報國，只要你家生了兒子就免兩年勞役。這招很管用，人口漸漸恢復，甚至達到歷史新高。

土地私有大放送

人口上來了，田地該如何增加？西漢實行土地私有制，於是劉邦開始著手一系列調整土地政策。其實在楚漢戰爭中，劉邦為了讓貧困的農民有田耕作，就把前秦強徵民地做的苑囿園池分給大家耕種。這是劉邦最早就處理土地問題的紀錄。劉邦做漢王時，開始在自己的轄地裡廣賜民爵一級，以提昇人民的社會地位。

前段人口政策中提及的復故爵田宅令，就是劉邦做皇帝之後鼓勵流散在外有民爵者快回鄉，領回自己的田宅。還有諸侯子弟及從軍歸者、凡有軍功與爵位者、有功的大小官吏與擁有軍功者，也都能分配到田地。至於無罪卻失爵位者、大赦的罪犯、爵位未及大夫一級者，皆賜給大夫爵位；原大夫爵位以上者再晉一級。劉邦爵位大放送，不僅提高百姓的社會地位，獲賜田地自然變多，種田自然更加賣力。

劉邦大方賜爵賜田，讓不少貧困的老百姓因軍功獲賜田地，但地方官吏往往不以為然，不肯如數落實，為此劉邦嚴密監督地方，對不照規定落實或拖延者處以重罪。

輕傜薄賦

自秦以來，重傜厚賦壓得百姓喘不過氣。劉邦聰明地反其道而行，採行輕傜薄賦，讓民眾休養生息喘口氣。

劉邦的政治智慧與愛民之心，早在楚漢戰爭期間便有所嶄露。當時先入關中的劉邦便規定：關中從軍者免除其全家傜役一年。稱帝後又規定：諸侯子弟留在關中者免除傜役十二年，回原籍者免除六年；軍吏士卒爵位六級以上者，免除本人和全家之傜役。繼之又規定：吏卒從軍到達平城以及守衛城邑者皆免除終身傜役。之後再頒布規定：士卒隨從進入蜀、漢、關中者皆免除終身傜役。翌年又規定：二千石官吏進入蜀、漢，平定三秦者世世代代免除傜役。一連串的免除傜役規定，讓一路死忠跟隨劉邦者獲得免除傜役的獎賞，也讓百姓相信忠於新皇帝就有好報。

蕭何是劉邦的智囊，有一回竟也踢到鐵板被劉邦罵。一天劉邦巡視長安，看到宮殿建得宏偉氣派，不禁火氣上來，罵蕭何把宮殿蓋成這樣，讓百姓忙於徭役而無暇耕種。

到底西漢初期標準的徭役制度為何？簡單說，男丁自二十三歲至五十六歲為役齡，每人每年要在本郡或本縣服役一個月，稱為「更卒」；每人一生必須至京師服役一年，稱為「正卒」；到邊疆戍守一年，稱為「屯戍」。所以男丁一生要外出服役兩年，每年要在居住郡縣服役一個月，與秦朝相比簡直是羽量級的徭役，但劉邦還是極力減輕百姓的徭役。

在賦稅方面，劉邦先讓中央財政有關的官吏依政府各項開支，制定徵收賦稅總額，而且額度不能超過百姓的承受力。西漢的賦稅有以下三種：

1.田租：原為十稅一，劉邦減為十五稅一。加碼賜田又大幅減租，劉邦真是好樣的。

2.人口稅：人口稅分為算賦和口賦。①算賦：人頭稅，男女自十五至五十六歲，每人每年繳納給政府一百二十錢，叫一算，故稱算賦。②口賦：兒童稅，兒童自七至十四歲，每人每年繳納二十錢。

3.更賦：代役稅。西漢的徭役制度規定，男子二十三至五十六歲，每人要到京師和邊疆服兵役兩年，每人每年要在本郡服役一個月，若不想服徭役可出二千錢，是為「踐更」。

西漢賦稅和秦朝相較真是輕很多，如果碰到天災歉收或打仗受災地區，皇帝還會臨時頒布租稅豁免之令。西漢初期以羽量級的徭役與賦稅雙管齊下，讓社會經濟慢慢蓄積復甦的能量。

劉邦為何要抑商？

在劉邦一系列復甦政策之中，有一項重要的措施就是「抑商」。這對重視經濟與工商發展的現代人而言，真的很不可思議。抑商措施包括對商人從事政治、生活待遇以及經濟等面向都有嚴格規範。這套辦法主要是避免民眾跑去經商、荒廢農事，藉由抑商、驅商達到復興農業的目的。具體規定如下：

1.工商業者戶籍另立，稱為「市籍」，凡在市籍者必須接受政治和經濟上之監督與限制。
2.商賈及其子孫一律不准從政，亦不准做官為吏。
3.商賈一律不得擁有私有土地
4.商賈依規定不得穿絲、葛、毛織品等名貴織物，亦不得乘車騎馬或攜帶兵器。
5.商賈不得購買饑民為奴婢
6.商賈要比一般民眾加倍繳納算賦，即丁稅。

比起秦朝懲治商人的作法，劉邦的抑商緩和多了。至於效果如何？顯然在劉邦多管齊下的配套措施之下，西漢的社會經濟終於漸漸復甦。

一 伯樂變無常——蕭何誘殺韓信始末

民間戲劇最愛演呂后殺韓信這段故事，把呂后的陰狠、劉邦翦除開國功臣、蕭何助呂后計誘韓信，總之韓信真是無語問蒼天。其實韓信會被呂后計殺，事出有因，命喪皇宮只是結果。

鏡頭先看到漢十年（前一九七年）九月，代王如意之代相陳稀自立為代王，在代地謀反。劉邦決定再披戰袍御駕親征，出發前劉邦將首都政事內委呂后，外委蕭何，以免後顧之憂。誰知道劉邦前腳出征，後腳就有人跑來向呂后密告：淮陰侯韓信暗通造反的陳稀，準備夜襲皇宮、放出囚犯、襲擊太子。

韓信不是開國功臣嗎？為什麼會生出異心？

現在鏡頭轉來到楚漢相爭之際，韓信因打敗齊國，劉邦迫於形勢以齊地歸於韓信名下；之後韓信又於垓下與漢王聯手擊敗項羽，劉邦稱帝之後封韓信為楚王；之後因有人密告韓信謀反，劉邦出兵偷襲之，韓信向劉邦說明自己並無謀反之心，並慨歎「狡兔死，良狗烹；高鳥盡，良弓」藏。劉邦後來赦免韓信，但削去楚王封號貶為淮陰侯，從此君臣種下心結。

終於進入正題，漢七年（西元前二〇〇年），劉邦立最寵愛的戚夫人之子如意為代王，並拜陳稀為代相，暫時調往代地協助代王鎮守。陳稀赴任之前，向好友韓信辭別，韓信神祕兮兮地退去下人，執起陳稀之手長嘆道：我們是換帖的兄弟，有些話不知你樂不樂意聽？陳稀表示直說無妨。韓信就說，你奉命前往代地，那兒是精兵、強馬之地，你又是深得主上信任的臣子，正是起兵的好時機。即使代地派人急報，主上必定不信，但回報兩次、三次之後，主上必定親征討逆，我就趁首都空虛之機起事與你呼應，這樣必可取得天下。於是這兩位軍事天才一拍即合，陳稀當下應允。

陳稀跟韓信果然是鐵桿兄弟，到代地真的起兵造反，果然驚動劉邦御駕親征。發生如此大事，善於打仗又人在首都的韓信卻假裝生病不出面，頗不尋常。韓信窩在家裡也沒閒著，忙著與陳稀祕密聯繫，還要與家臣商量夜襲皇宮事宜，計畫一舉擒下呂后與太子。沒想到侯府裡有一名家臣受罰將被砍頭，其弟為救兄長，遂向呂后密告韓信要謀反！

呂后也不是省油的燈，豈容韓信得逞？立刻請丞相蕭何進宮。蕭何果然厲害，既不能輕信密告者冤枉了韓信，也不能不信可能暗藏的狼子野心，於是設了一個局，第一步先判斷韓信是否真有謀反之心，於是先派軍吏假裝自前線回城傳捷報，說陛下已經消滅逆賊陳稀，群臣自當入朝道賀，韓信來則表示心懷坦蕩並無異心，若不來就進行下一步；第二步就由我出面，登門把韓信騙到宮裡，屆時就由呂后決定其生死。

韓信果然中計，依然稱病不入朝祝賀，蕭何就假探病名義前往侯府，寒暄兩句之後切入正題，蕭何表示，主上奏捷報，大夥兒都來恭賀，獨缺您這位大臣，實在說不過去，不如我陪你走一趟，露露臉兒吧！韓信一向敬重蕭何，只好乖乖隨他去。這一去就壞了！前腳才踏入宮殿，就被衛兵拿下，韓信大驚，質問現身在前的呂后自己所犯何罪？

呂后不假辭色厲聲指控韓信，勾結陳稀謀反，你已被自己的家臣揭發，還敢抵賴！韓信自知絕無活路，呂后立刻把韓信送到鐘室，斬了。臨死前這一代軍事奇才有留下什麼遺言？有，向老天怨悔——當初不聽謀士蒯通的建言，自立為王，並與劉邦成鼎立之勢，如今落在呂后這女人手裡，嘆天命啊！

明哲保身——陳平巧釋樊噲保人頭

在本章第一節，讀者已見識謀士陳平的足智多謀，以及不按牌理出牌的機巧應變。其實西漢初期多虧陳平的金頭腦，才能讓劉邦坐穩大位、鞏固政權。不過陳平最聰明的地方，應該是懂得明哲保身，在開國功臣人人自危的西漢初期能夠全身而退，腦袋沒搬家這才是真厲害。

話說西元前一九五年，弭平叛軍英布凱旋歸來的劉邦，因辛勞過度致創傷發作，臥床不起。沒想到此時燕王盧涫趁機造反，劉邦趕緊調派忠心耿耿一起打天下的弟兄樊噲，以相國名義前往討伐。

樊噲前腳才出發，馬上就有人跑來向劉邦密報，咬住他是呂后妹婿這點，說什麼他倆早有異心，意圖在陛下百年之後篡奪大漢天下云云。其實劉邦對呂后干政心裡早就有疙瘩，密告樊噲的人緊抓這一點加油添醋。劉邦知道樊噲一向忠心，但現在兵馬在握，難保不生妄念。於是劉邦找智多星陳平來商量。

劉邦不放心樊噲，又擔心陣前換將樊噲必會起疑，萬一真的反了就麻煩大了！陳平遂獻計——由陳平出面去前線傳詔樊噲，並將大將周勃悄悄藏在車駕裡，抵達軍營後立斬樊噲，宣布由周勃代之。

陳平、周勃出發時，劉邦的病況已不甚樂觀，拚命催陳平快把事辦妥。陳平也不是跟著主子瞎起鬨之徒，便跟搭檔周勃討論，砍樊噲腦袋不難，但整件事要搞定卻很難。樊將軍跟主上有革命情感又有功於大漢，主上一時起疑又是重病之際，敲定出此重手，萬一後悔了，咱倆不是裡外不是人？而且樊將軍是呂后的妹婿，今天我們遵旨料理了樊噲，她姊妹倆會放過咱們嗎？屆時在主上面前說個幾句，咱們吃不了兜著走！總之國事一纏上家事就有理說不清了，咱倆最好不要蹚混水。

周勃一聽，也覺得出這個任務真的是裡外不是人。光擔心沒有用，要拿出辦法來——陳平決定來個殺又不算殺、放也不算放的擦邊球妙計——將樊噲活捉帶回長安，他們夫妻倆要殺要放自己拿主意。

陳、周二人正經八百經地來到樊將軍的軍營，因為要接旨，所以先請人現場築起高台，再派人傳樊將軍前來接旨。樊噲不疑有他，一個人匆匆來到高台準備接旨，沒想到背後冒出周勃，以迅雷不及掩耳之勢將樊噲押入囚車，周勃立馬進入大帳，頂替樊噲將軍之位。陳平押解樊噲往長安之時，傳來劉邦崩殂的消息，又聽到上面傳令要他去屯戍滎陽，事情大條了！頓時慶幸自己沒傻傻地砍樊噲的腦袋，但呂后是個狠角色，到長安千萬要講清楚、說明白，不然丟腦袋的就是自己！

好戲上場了！陳平快馬加急，一到長安就直奔宮中哭倒劉邦靈前，嘴裡大喊著：「主上您要我就地砍樊噲腦袋，微臣實在不敢，只好把樊噲押回長安，讓您自己發落。現在您走了，樊將軍該如何處置才好？」呂后是個明白人，知道陳平話是說給活人聽的，而且講明了沒有照劉邦指令辦事，所以樊噲還活著，頓時氣消了一半，再加上陳平哭得真切，涕泗縱橫好不傷心，這事兒錯又不在他，那就別追究了。

陳平這一哭不僅免了自己屯戍滎陽的懲罰，還讓他做上郎中令輔佐新帝，算是因禍得福吧！

驚心動魄九十六小時——呂后密不發喪始末

劉邦的妻子呂雉，不是尋常女性，熱衷權勢，冷靜又有謀略，最重要的是她夠狠，所以劉邦在處置異性諸侯王時，呂后可是得力搭檔。

呂后干政不是一朝一夕，她的野心是一點一滴、日積月累地養大的。漢高祖十二年（西元前一九五年）四月，當她老公劉邦於長樂宮駕崩，呂后不像個傷心寡婦，反而像個亟欲一把攫取幼帝、緊抓朝政不放的禿鷹。為什麼這樣形容她？因為劉邦一死，呂后做的第一件事不是為老公發喪，而是把辟陽侯審時其這一位頭號心腹找來開祕密會議，計畫趁皇帝病重之名把群臣尤其是老臣都叫到宮裡，幹嘛呢？一次殺光，省事。這樣就沒有人反對呂后聽政管事了。

如果呂后的計畫成功，就輪不到武則天風風光光當中國第一個女皇帝了。這等謀逆大事想要保密，很難啦！終於還是風聲走漏，曲周侯酈商得到密報。他想來想去也不知這局該怎麼破？看來大漢江山要改姓了。最後酈商做了一個險之又險的決定——直接去找審時其。

酈商一見到審時其就直接挑明地說：「你完了！」審時其愣住了：「你為啥這樣說話？」酈商這

才娓娓道出：遽聞陛下駕崩已四日，呂后密不發喪，大家都在傳呂后準備大舉誅殺功臣。如果此事當真，好不容易安定的江山必定再次陷入大亂！我幫你算算，陳平、灌嬰領有十萬兵馬駐在滎陽；樊噲、周勃領二十萬兵馬到處征戰討逆。萬一陛下崩殂、眾臣被誅的消息傳到這四位將軍耳裡，你覺得會變成什麼局面？屆時誰會支持你？你一倒，呂后跟太子要靠誰？你一家老小恐怕性命難保。

審時其頸後一冷，但死鴨子仍是嘴硬，打死不認。待酈商前腳一走，審時其後腳就派人進宮跟呂后報告。

呂后得知事跡敗露，倒也佩服酈商比她看得透徹，是自己失算。既然事已至此，就為先帝發喪吧！官員將領皆可入宮弔祭。同時趕緊辦理太子的登基大典，先讓自己的兒子坐上大位，就算現在不能大喇喇地聽政，遲早還是會有機會的。

西漢第一個太平盛世──文景之治

西元前一八〇年劉恒被宗室大臣迎立為帝，這位好皇帝在位長達二十三年，死後諡曰文，依傳統諡法「道德博聞曰文」，可見文帝擔得起道德博文的推崇。其子劉啟於西元前一五七年即帝位，他也是位好皇帝在位達十六年，死後諡曰景，依傳統諡法「由義而濟曰景」，可見景帝亦是擔得起由義而濟的美譽。歷史如此稱美這兩位皇帝，到底他們做了些什麼？

話說漢朝得到天下後，好不容易把前秦的爛攤子收拾妥當，才真正開始經營自己的天下。當天子位傳到漢文帝劉恒和漢景帝劉啟時，文景父子檔施政主張：刑法減、賦稅減，親儒臣，求賢良。碰到歉收的荒年就下詔責己，總之讓百姓休養生息為上，皇室恭儉自持，雙手垂拱，無為而治。一時之間海內昇平，物阜民豐，這便是西漢第一個出現的太平盛世，史稱「文景之治」。

漢文帝劉恒依循高祖重農政策，曾多次下詔勉勵督促農業生產與種桑養蠶，並且按戶口比例設置三老、孝悌、力田等官員，教化百姓重視孝悌與農桑，並且三不五時賞賜大放送，鼓勵大家努力增產。文帝還下詔，將國家公有的山林川澤通通開放給百姓，讓農民可以經營漁獵豐富生產、改善生活，而且影響民生至鉅的鹽鐵生產事業也得到適度發展。

文帝為減輕百姓負擔，在租稅與徭役方面做了大調降：租稅方面，於西元前一七八年、一六七年兩度調降租稅為三十稅一，此後三十稅一成為漢代定制，百姓大大受惠；算賦部分，由每年一百二十錢減至每人每年四十錢；徭役部分，減為三而一事，即每三年服役一次，西元前一五五年景帝又把前秦規定十七歲服徭役制改為二十歲始服役，著於漢律則以二十三歲為服役年齡。儘管西漢整體施政以重農為主軸，但文帝廢除過關用「傳」之制（即過關要憑政府發給的憑證），對商業及貨物流通大有幫助，無形中也促進商業經濟的發展。

文帝在刑法上也有改革：

1.設刑期：秦朝對於罪大惡極、重罪之人不設刑期，就是無期徒刑，終生服勞役。文帝改革後，依犯罪情節輕重設定服刑期限，服刑期滿即可回鄉返家。

2.廢連坐：秦朝收孥相坐律令規定，犯罪之人，其父母、兄弟、姊妹、妻子和子女都要連坐，情節重大者可能處死，情節輕者就派去宮中當奴婢。文帝將殘酷的連坐法廢止。

3.廢肉刑：秦朝四大肉刑，包括黥、劓、刖、宮。文帝下詔廢除黥、劓、刖三種，改以笞刑取代，景帝時又將笞刑減輕。可惜宮刑並未廢止，所以太史公司馬遷還承受宮刑之荼毒。

文、景兩代對周邊少數民族也不輕易動兵，盡力維持相安的關係，以免煩擾百姓。

成就文景之治的關鍵，在於文帝的勵精圖治。在朝政上，文帝即位未久便廢止誹謗妖言之罪，鼓勵群臣大膽進言提意見；文帝還禁止祠官為他祝壽，明令禁止郡國貢獻奇珍異寶。在平日生活上，文帝超節儉，在位期間沒有增建宮室與添購車騎，雖然他曾經動念想建露台，但估價單一來要百金，等於中產階級家庭十人家戶的家產，他馬上打消念頭；受文帝寵愛的慎夫人所穿的衣服長度不曾拖地，連居家帷帳也沒有精巧華麗的文繡。有這麼節儉的皇帝，使得西漢政府支出大幅縮減，百姓的稅賦徭役自然就減輕了。

文、景二帝治國近四十年，不僅百姓生活富足，人口更是大幅增加，國庫倉庫錢糧堆滿。文景之治打造了錢多糧多的美好時代，其豐美的盛世為後繼者漢武帝北伐匈奴大業奠定了豐厚的基礎。

對陣心理戰——李廣智退匈奴兵

文景雖為海內昇平之盛世，但經過休養生息，北方匈奴也日漸強大，至景帝時開始蠢動，騷擾中原邊境。因此在西漢四大將軍——車騎將軍衛青、騎將軍公孫敖、輕車將軍公孫賀、驍騎將軍李廣之，當中的李廣是讓匈奴害怕的頭號狠角色。

歷史上出名的飛將軍李廣是陝西成紀人，非常驍勇善射，文帝時派他打擊匈奴，因殺敵超猛，官拜武騎常侍；景帝時將李廣調為上谷太守，後又調至上郡負責抵擋匈奴。

話說漢景帝中元六年（西元前一四四年）六月，匈奴再次大舉來犯，而且入雁門、進上郡，搶了大批朝廷飼養的馬群，損失不貲。景帝收到消息，馬上派親信宦官去邊關督陣。

一日，這位皇上派至上郡的親信宦官，帶著士兵去打獵，不幸碰上三位徒步的匈奴兵，冤家路窄，立刻開打，結果匈奴兵一彎弓就把宦官射傷，只得死命逃回軍營。李廣檢視眾人傷勢，判定匈奴兵必是善射之人。二話不說，李廣親率騎兵一百餘名火速追擊，追上後騎兵兩側包抄，李廣往中間一站，親自彎弓放箭，結果三人中箭掛點，一人活捉。

事情還沒完呢！

李廣率隊正要回營地時，偵察到有數千名匈奴騎兵正衝著他們過來。漢朝騎兵一看敵眾我寡，嚇得想往回跑，李廣趕緊發話：這兒離營地有幾十里遠，若我們調頭逃走，追來的匈奴騎兵個個都是騎射好手，我們定成為活靶，沒人能活著回去。大夥兒一聽頓時定住。李廣接著說，倘若我等氣定神閒，按兵不動，他們八成會懷疑我們其實設有伏兵或大軍隨後便到，必然不敢冒進。現在咱們繼續前進。

李廣一行一直前進到距離匈奴陣營僅二里處，全員下馬，解鞍休息。兵士一看匈奴數千人馬近在眼前，擔心對方萬一殺過來，擋都沒法擋！李廣胸有成竹地說，他們以為我們該逃，結果我們沒逃，反而解鞍休息，放馬吃草，一副沒有必要逃走的模樣。他們一定會更加懷疑，以致不敢輕舉妄動。

果然，匈奴的心思一如李廣估計，不但感到莫名其妙，甚至有點惶恐不知所措。最後研判李廣必定在附近設下伏兵，絕對不能中了李廣的計，於是按兵不動，以探漢軍虛實。就這樣雙方對峙達兩個時辰，還是匈奴憋不住了，派一位將軍到陣前觀察敵情。李廣毫不遲疑，馬上率領十餘騎精銳，將這位騎白馬的倒楣將軍一箭射死，然後大夥再回營地放空休息。

匈奴愈看愈糊塗，眼看天色已黑，李廣營地毫無動靜，他們會不會真的有伏兵準備夜襲大營？率隊的部將想到這兒不禁毛骨悚然，立刻連夜倉皇撤軍。翌日天亮，李廣掃視山上，果然匈奴撤得不剩一兵一卒，一行人這才安然回營。

飛將軍李廣一生都在跟匈奴對戰，歷經七十餘次大小戰役，不僅驍勇善戰，更精於騎射，難怪匈奴會將之列為頭號狠角色。

一盛極而衰的轉捩點——漢武大帝劉徹

漢武帝是中國歷史上最富雄才大略的皇帝，將大漢天威推向巔峰！

漢武帝是景帝的第十個兒子，於西元前一五六年七月七日晨，母親王美人在猗蘭殿所生。武帝雖然排行第十，但始終受到父親的關注，因為他出生前一天深夜景帝夢到滿天祥雲簇擁中降下紅豬入宮！漢高祖也現身指點王夫人所生之子應取名為彘。夢醒之後翌日午夜，王夫人就生下景帝第十個兒子。景帝想起昨夜之夢，心中認定此兒必有一番成就，依高祖叮囑為兒子取名劉彘，字通。

劉彘自幼聰穎過人，景帝對其十分疼愛，四歲便封為膠東王，長至七歲時已能徹底瞭解事理，景帝對這個充滿智慧、通透明理的兒子欣賞不已，決定將彘改為徹，期許他善用智慧、透徹事理，達到聖德要求之境界。正因為劉徹如此傑出，太子劉榮被廢，天降神豬投胎的劉徹注定成為大漢儲君。

年僅四十七歲的漢景帝劉啟，於西元前一四一年駕崩於未央宮，太子劉徹登基，就是中國歷史上有名的漢武帝。

西漢經過漢高祖、惠帝、文帝、景帝這四代君王六十餘年的休養生息，在「文景之治」其間更將整個漢王朝推向巔峰，不僅農業昌盛、人口增加、國庫的錢糧更多到裝不下吃不完，讓接棒的漢武帝有了創立不朽基業的最佳基礎。

漢武帝在治理國家方面表現相當出色！他將傳統的選官制度加以改革，打破世襲與世家把持政治的弊病，改以多元方式舉才，從民間發掘人才，讓對的人在對的位置上施展長才，因此人才都願意站出來為國效勞。此外還設立太學直接育才，作為選拔官僚的人才庫。此外，採用大臣父偃建議的推恩令，將諸侯王分封子弟為侯制度化，有效率地將諸侯王土地不斷分割縮小，自然無力謀反；漢武帝於國內設置十三部，每部設刺史（州刺史）一名，主要職務就是監督諸侯王、郡守等，當皇帝的神經傳達系統。漢武帝內控做得嚴密，才有餘裕向外開疆拓土，有機會為中國的版圖奠定歷史基礎。

漢武帝不同於先祖遵奉黃老思想走無為而治的路線，此刻漢帝國既富且強，蓄勢待發，所以他接受董仲舒建議罷黜百家，獨尊儒術。此舉影響後世深遠，不只讓當代之國家與人民從思想底蘊上變得積極、正面，同時對君主更加效忠，甚至之後的兩千餘年，中華民族的政治、文化、社會與百姓生活都深深受到儒家思想影響。

漢武帝在經濟政策方面，延續先祖重農抑商政策，強調重本輕末，重農、重本之具體措施，以政府力量保護個體小農，同時有效防止地主兼併土地等不法行為；抑商、輕末之具體措施，藉整頓財政之便，頒布算緡、告緡令，算緡是對商人開徵資產稅，告緡則是防止商人置產漏稅，總之就是要讓富商大賈多多繳稅收，既充實國庫又打壓富人，一舉兩得；鹽鐵官營之推行，桑弘羊的主張鹽、鐵是民生與工商的命脈，不能由民間商販操控，必須由政府官營才能宏觀調控，漢武帝採納桑弘羊的建議，設立鹽官和鐵官，將關乎經濟與民生命脈的鹽與鐵掌控在握；貨幣政策，漢武帝直接將鑄造與發行貨幣的權限收歸中央，明令禁止諸侯國鑄造錢幣，漢帝國統一使用中央鑄造的五銖錢；帝國內的貿易與運輸極其重要，漢武帝設置平準官、均輸官，由官方運營運輸和貿易，國家經濟自行掌握；各朝各代都極為重視的治水與水利工程，漢武帝也頗有作為，在航運與灌溉的兩大前提下，引渭入河、引汾入河、引斜入渭等的渠道，這樣既可通航又可灌溉田地；為發展農業、充實國庫，漢武帝下令移民西北屯田，還推廣代田法——將田地分區、隔年代換耕作的種田法，適合西北旱地的特性，讓西北地區農耕拓展順利，增加糧食與國庫收益。

開疆拓土、打擊匈奴是漢武帝最重要的成就，主要植基於朝廷實施徹底的中央集權，中央握有最強大的軍力，再加上雄厚的錢糧實力做後盾，使得漢武帝得以向將漢初迄今施行的和親政策說不，讓驍勇善戰的衛青、霍去病領軍，發動三次大規模的戰役（西元前一二七年、一二一年與一一九年），三戰皆捷，導致匈奴由盛而衰，漢帝國北部邊境得以太平十餘年，不僅邊境開墾的居民終於可以安心過活，影響所及包括黃河流域都太平無虞，提供經濟、生活與文化快速發展的環境。漢武帝的馬鞭不只在北方揮舞，南方也沒有漏失，他揮軍弭平割據南越之政權，於今之兩廣、雲貴等地區設置郡縣，將南方少數民族納入大漢版圖。

鞭子之外，漢武帝也懂得遠交近攻之道，外交方面主要是前後兩次派遣張騫出使西域，聯合西域諸國包括大月氏、烏孫、安息等國一起對抗匈奴。此一外交行動不僅在軍事上達到效果，更開通了著名的絲綢之路，成就千年駱駝商隊來往返中國與西域之間的重要通商路線。

漢武帝的雄才大略與文治武功，將西漢推上鼎盛的巔峰。但是盛極而衰是不變的宇宙演化，漢武帝為了抓權，任用了一批史上最惡名昭彰的酷吏——張湯、趙禹、周陽由、王溫舒、杜周等不及備載。

酷吏就是中央的打手，以嚴厲殘酷的手段，懲罰不依照中央要求辦事的公務員與百姓，使得漢武盛世漸漸蒙上陰影。

漢武帝文治武功成就輝煌，但打仗要士兵，也要錢糧，所以薄賦輕傜的美好時代已成往事，而漢武帝的彪炳戰功與歷史地位，是全國百姓以沉重的傜役換來的無限風光。尤其漢武帝晚年好大喜功，封禪、祀神、求仙樣樣都來，花銀子如流水，不只徵調民力頻繁，稅賦更是步步高升，曾經錢糧滿溢的漢帝國，如今竟然瀕臨農業破產，國內開始動盪不安，可是廟堂之上的權貴仍渾然不覺，忙著玩陰謀搞手段，終於出事了！西元前九九年，忍無可忍的百姓開始造反，而且是遍地開花，從齊楚燕趙到南陽都在作亂。這時漢武帝才驚覺自己搞砸了，於輪台頒下《輪台罪己詔》深自反省檢討以向天下百姓懺悔。

漢武帝因迷信方術、熱中長生不老之術，晚年性情變得多疑，以致釀成巫蠱之禍，衛皇后與太子都遭殃送命。後來漢武帝要立幼子劉弗陵為太子，但其母鉤弋夫人正值盛年，漢武帝擔心子幼母壯，遲早會演變成太后專權的局面，基於防患未然遂於西元前八八年將鉤弋夫人賜死。沒有準太后來照顧與輔助未來的新帝怎麼辦？漢武帝著人繪了《周公背成王朝諸侯圖》贈予霍光，希望霍光一如當年周公輔佐成王一般，輔佐劉弗陵坐穩帝位。

漢武帝駕崩於西元前八七年，得年七十歲，在位長達五十四年，身後葬於茂陵，廟號世宗，依據《諡法》威強睿德曰武，表示充滿威嚴、意志堅強且智慧仁德，故諡號孝武皇帝。

漢武帝雄才大略，功績彪炳，開創西漢最強盛世。然而漢武帝連年發動對外戰爭，雖是為了保衛南北邊境與百姓，但耗費之鉅影響國庫民生，以致原本富厚有餘的財政翻轉為捉襟見肘的窘困，而輝煌的大漢盛世也在武帝後期光環盡失，成為帝國由盛而衰的轉捩點。

中國歷史上最偉大的外交家與探險家——張騫

漢武帝與匈奴的長期對抗，不單單是騎兵刀劍的冷兵器熱戰，還有另一個隱密的戰場，由張騫耗費十餘年在西域穿針引線一舉開通西域，打了一場漂亮的外交戰，大大削弱匈奴實力。

張騫為漢中成固（今陝西城固張家村）人，《漢書・張騫傳》描述其為人強力，寬大信人。西元前一三八年漢武帝命張騫出使大月氏，於是一支百餘人的外交團從長安出發，往充滿凶險與未知的西域前進。要到達西域必須穿過河西走廊，這兒是匈奴的管轄範圍，結果外交團很快就被匈奴活逮。單于想招降張騫，軟硬兼施，利誘盡出，甚至還安排匈奴女子嫁他為妻，但張騫始終沒有被收編，匈奴對她的看守始終沒有半分放鬆。張騫身陷匈奴十年，好不容易逮到守衛戒備鬆懈的機會，領著團員頭也不回地逃出匈奴之地，向西飛奔數十天抵達位於中亞的大宛國。大宛國特別派人陪同張騫一行人前往康居，再由康居的人陪同前往大月市。

抵達大月之後，張騫發現情況有異。果然大月氏自從被匈奴打敗之後，只好讓出地盤移居嬀水（今阿姆河）流域，打敗原來統有此地的大夏國取而代之，重振大月氏雄風。由於此地環境優渥，大月氏無意再興戰事。張騫在大月氏住了一年，始終無法勸服大月氏與漢帝國合作打匈奴，只好動身返國。沒想到回程又被匈奴活逮，還好碰上他們內鬥方酣，張騫一行人趁亂逃跑，終於在闊別漢帝國十三年之後，在西元前一二六年回到長安，當年百餘人的外交團此刻僅有張騫與甘父二人全身而返。

失去音訊十三年的外交團突然返回，頓時成為頭條大新聞，漢武帝對於張騫與甘父二人的勇敢、堅持與忠誠深為動容，特予以加官晉爵，並認真聆聽張騫出使西域的詳細報告。漢武帝透過張騫十三年搏命取得之西域各國第一手情資，數年後派出最強將軍霍去病討伐匈奴，果然消滅匈奴騎兵三萬餘大獲全勝，取得西河（今河西走廊、甘肅等地）地區控制權，等於打通漢帝國往西域的直通道路，也促使漢武帝再度派張騫通西域。

奇怪，打敗匈奴、打通西域通道的任務已經完成，幹嘛還要讓張騫再玩命通西域？因為此行主要是為了拜訪烏孫，使節團規模達三百餘人，還攜帶大批牛羊與珍寶禮品，順便也派副使出使大宛、大月氏、康居、大夏等國拜會送禮。烏孫王對於張騫到訪大表歡迎，而且還帶了這麼財寶禮物更是開心，特地派使臣隨張騫前往長安回訪大漢帝國。漢武帝自然擺出最熱烈的場面歡迎烏孫使者，讓西域新朋友見識漢帝國的富庶與強盛，把漢朝訊息帶回去給烏孫王。

張騫二次出使西域，的成果豐碩無比，不僅西漢與烏孫從此變成好朋友，派出的副使也陸續帶回佳音，西域各國使者絡繹不絕前來長安致意，漢帝國與西域的關係越來越親密。漢武帝對張騫的外交成就十分看重，封為博望侯，世人遂尊稱張騫為張博望。

張騫通西域不只打通歐亞的經濟、文化交流的任督二脈，還為漢帝國帶來無限驚喜！

1.餐桌上的新菜色：來自西域的葡萄、苜蓿、石榴、胡麻（芝麻）、胡豆（蠶豆、豌豆、綠豆）、胡桃（核桃）、胡荽（香菜）、胡蒜（大蒜）、胡瓜（黃瓜）等農作物紛紛報到。現在大家常吃的蔬菜瓜果，凡是冠上胡字，很多都是那時候引進的喔！

2.苑囿裡的新寵兒：來自西域的珍奇動物——獅子、鴕鳥、犀牛、汗血寶馬等，形貌特別奇異，在漢帝國人氣破表。

3.娛樂圈的新玩意：來自西域的熱門把戲，像是吐火、自縛脫困等神奇的魔術表演，吸引觀眾目光；胡人特有的樂器，彈奏出與漢土截然不同的旋律，搭配胡人歡快熱烈的樂舞，在漢帝國蔚為風潮。

其實不只有西域單方面向漢帝國輸出驚喜，漢帝國也向西域輸出成熟又先進的農業技術，以及神奇的穿井、冶鐵技術，還有西域貴族最喜歡的華麗絲織品，漢帝國絲綢的美譽甚至穿透西域，一路向西傳到歐洲，掀起瘋狂的絲綢熱。於是通西域的交流之路，很快變成東西商業交流最著名的絲綢之路，影響深遠，千年不絕。自張騫打通西域通道之後，漢帝國與西域諸國每年都會互派使節，關係友好而密切。

儒家大翻身——罷黜百家，獨尊儒術

每一個朝代的施政方針都有其遵奉的理念與思想，相信抽到中國統一帝國第一號、第二號的秦漢，一切都在摸索之初，要從諸子百家的學說，選一個做為國家施政的最高指導原則與依據，秦漢帝王必定傷透腦筋。

第一號的秦始皇早在先祖時便尊奉法家，使秦國強大到足以統一天下，但是傳到秦二世變得分崩離析、義軍四起，可見法家之言可以強國強兵，但要長治久安恐怕不是好方法。有了秦帝國作為殷鑑，第二號的漢帝國自然會避開已知的地雷，所以漢惠帝時做了第一道拆解地雷的動作——廢除前朝的《挾書律》，讓諸子百家學說得以掙脫桎梏，快速甦醒，其中尤以道家黃老之術與孔子的儒家思想，對漢帝國影響最深。

漢初建立時，連年戰禍導致百姓流散，人口銳減，農業凋敝，百廢待興，漢高祖要穩住剛到手的天下，首要之務就是讓農民回家耕田，讓流民返鄉落戶，當百姓歸位，重新投入農業生產，帝國的糧食生產與社會秩序才能步上軌道，因此，清靜無為、與民休息的黃老之術最符合帝國初期的需要。從漢高祖、惠帝到文帝、景帝都尊奉黃老思想，採行輕徭薄賦，讓百姓恢復元氣，國家也隨之壯大，邁向富強之路。

四位先祖的休養蓄積，讓漢帝國達到錢糧飽滿、百姓安康的盛世，雄才大略的漢武帝於西元前一四一年登基，次年改元建元。御史大夫趙綰、郎中令王臧、魏其侯竇嬰、武安侯田蚡向躊躇滿志的漢武帝，建議請立明堂——明堂是古代帝王宣教之所，重要的朝會、祭祀、選士等典禮均在此舉行。明堂是儒家思想的具體展現，而配套措施就是請列侯至封國就任，以符合禮制。偏偏列侯多為實際掌權的竇太后親族，喜歡留在長安不想就任封國，因此向太后請願。太后素來信奉黃老之術，對儒家的明堂禮制頗為感冒，因此出重手將推動此事的趙綰、王臧下獄，為維護根基未穩的漢武帝，只好讓兩位大臣在獄中自殺以停損；背後出力的魏其侯竇嬰、武安侯田蚡則罷官，指導執行的太中大夫申培則被請回。建元六年（西元前一三五年）一向崇尚黃老治國的竇太后過世，漢武帝實質接掌這富強無雙的漢帝國，欲有所作為，立刻把尊重儒術的竇嬰、田蚡找回來，反正要人有人、要兵有兵、要馬有馬、要糧有糧、要錢有錢，想做什麼就放手去做吧！

這時因為漢武帝摩拳擦掌與躍躍欲試，使得整體國家氣氛已經不再是清靜無為了。積極進取、勇於任事、注重倫常、講求仁義的儒家思想，似乎更貼近漢武帝的思維，也有助於維繫帝國政權之穩定。於是田蚡便向漢武帝提出罷黜黃老、刑名百家之言，推薦百名儒生給漢武帝，他們個個都想在金殿對策時贏得漢武帝的青睞，其中一位幸運兒獲得漢武帝青睛以待，那就是董仲舒。

一時之間，儒術成為顯學，取代道家黃老思想，成為漢帝國的正統思想。西元前一三四年漢武帝再次下詔，令郡國舉孝廉、策賢良，延攬賢良方正之士至京師，武帝虛心請教治國之道，這些人才就是未來朝廷的智庫。

董仲舒到底是何方神聖？董先生自幼苦讀儒家經典，曾三年連自己家的花園都不曾踏進半步，就連平常騎的馬是公是母都不費心分辨，一顆心全放在讀書上。果然董先生苦讀有成，成為公羊派《春秋》學博士，除《春秋》之外，對其他儒家經典與思想更是深入精髓，徹底掌握，西漢人都尊稱董仲舒為漢代孔子。

董仲舒的金殿對策震懾了漢武帝，忍不住又召兩次董仲舒上殿去策問之，漢武帝對治國與社會問題深刻提問，讓董仲舒也深深嘆服，遂以醞釀多年的儒家治國理論為基礎，有條不紊地為漢武帝解惑。因為董仲舒有多年講學研究，心中早已形成一整套儒家治國的理論。於是後人將這三次的策問稱為天人三策。

為什麼說是天人三策？這跟董仲舒闡述的儒家思想內容有很大關係。天人三策之中董仲舒藉由五大關鍵問題，題題直指核心，贏得青年漢武帝的賞識，成為金殿策問儒生中公認的第一名。到底是哪五大關鍵問題？

新王改制

董仲舒主張新君登基就該改變整套制度，所謂「改正朔，易服色，以順天命而已」。「改正朔」就是改變曆法，其中「正」就是指一年之始的正月；「朔」是一月之首的初一。「易服色」就是指建立新王朝要改變服裝顏色，與前朝有別。此外，祭祀用的牲口、車馬顏色也都要變一變，在古代這些改變無異是向天下宣示，已經改朝換代，新王朝是合法取得天下，現代話叫做有其正當性。但是誰來決定合不合法、正不正當？是由天命。是的，董仲舒提出天人感應說，即要成為帝王必須領有天命，有如上天之子，故稱天子，代上天執行天命、天意，是為天意之所予，所以當朝帝王領有天下是合法又正當。如果有人不服，想要爭奪天子之位，但不符合天意、天命就不是上天屬意者，不論怎麼鬧，老天是不會站在他那邊。此一說法讓漢武帝覺得很有意思。

有天人感應做基礎，得到「德主刑輔，重德遠刑」的施政原則，所謂德乃為人倫綱常，即孔孟所言之五倫——君臣、父子、夫婦、兄弟和朋友。董仲舒從五倫中再提煉出三綱，所謂君為臣綱、父為子綱、夫為妻綱；儒家看重的仁、義、禮、智、信則合稱五常。三綱五常為上天屬意的倫理秩序，有其恆常性，非凡人所能改變。秦朝實施嚴刑峻法，董仲舒主張透過「春秋決獄」調校前朝過嚴的律令，並將上天與天子的關係放進三綱中的父為子綱，因此帝王要事天以孝道，愛民如子，施行仁政，便能保有與天感應的天命。

接下來就是比較玄的部分，天人感應的另一支演繹——性情論。人的慾望情感是情，生命的本質屬性是性，上天的指令是命，所以性情之仁或不仁，人壽命之長短，皆為天意與社會交相影響所致，人是無法改變天意，但社會環境卻是可以改變的。當天子把國家治理得亂七八糟時，老天就會降下天災以示薄懲；如果這樣還沒法讓天子覺醒，就再現異象提醒；若這位天子執迷不悟，老天就改變心意不要他了，當天命一改則國家氣數盡矣。由此可見，上天將天命給予人間天子，並非不聞不問任其作為，還是會時時觀察，做得不好給予災異暗示，若天子太過傲慢、不敬天、不愛民、好殺戮，則上天亦可收回天命，交付其他更適合的人選。當天命轉移至未來王天下者時，也會給予種種唯天可出的徵兆，這便是所謂受命之符。而天命所歸的天子，往往施行德政，民風歸於仁厚；失去天命的天子，往往作風乖戾，民風貪刁鄙薄。所以人民反應與社會環境，是會隨在位者的表現而變化。

一統天下

古代《春秋》之學有三大派別——左丘明《春秋左氏傳》、公羊高《春秋公羊傳》、穀梁喜《春秋穀梁傳》，合稱春秋三傳。其中董仲舒修習之公羊高《春秋》學派，把天下統一、定於一尊的大一統概念特別重視。

在大一統的理論框架裡，國君是唯一的主幹，臣子則是枝條末節，主幹要強，枝條要弱，故必須以中央集權來鞏固國君，當然國君也要以王道、正道治理國家，國家朝廷才能長治久安，維繫大一統的強盛狀態，讓四海來臣。

被諸侯王搞得焦頭爛額的漢武帝，一聽到董仲舒提出的大一統論點，深深契合於心，將之視為中央集權的理論根據。

興太學、舉賢良

董仲舒在第二道對策，彙整三代以降至秦朝的經驗教訓，得出以刑法治天下的秦朝，在秦始皇與秦二世的殘暴統治下，稅賦沉重，徭役浮濫，一般百姓動輒觸法被處以重刑，作奸犯科之惡人卻有增無減，可見以刑法治理天下反而更形混亂。那該以什麼方法來治天下比較好呢？董仲舒提出以德治天下，所以國家應該設立太學，培育擁有德治理念與實踐力的人才。

漢代的太學是在京師開辦的最高教育機構，也是教化的根源之地，專門為國家培育賢良官吏，有系統地教導他們儒家經典，灌輸忠君愛國思想，訓練治理百姓的方法與技巧，成為儒家以德治天下的重要幹部。

那誰可以進太學呢？董仲舒建議漢武帝，將推選天下賢良予以制度化，並且兩年推舉一次，讓有才之人盡為天子所用。具體的方案是請諸列侯、郡守在其轄地內貢舉兩位賢士供朝廷鑑別使用，如果此人才學充實、德性優良，則獎勵推薦者；若此人才學欠佳、德行不足，則處罰推薦者。董仲舒在這第二道對策裡總結，以考試、策問延攬天下賢才，聖上自可重現三代治世。

罷黜百家、獨尊儒術

天人三策之第三策，董仲舒建議將思想統一於孔子儒術。

春秋戰國百家爭鳴的思想熱潮，在秦帝國以法家刑名治國，諸子思想噤聲沉寂好一段時間，至漢帝國重新甦醒。西漢初期的四位君主遵奉黃老之術，讓飽經戰亂與暴政蹂躪的中原漸漸恢復元氣，諸子思想得以自由發展。當政者無為而治，放任百家爭鳴，使得執行政策的官吏無所依循，政策各自詮釋以致缺乏連續性。董仲舒提議思想應該統一，讓政府與百姓有所依循，建議以六藝之科、孔子之術將天下思想歸於一，其他各家思想不宜放任宜禁止，以免多頭馬車，莫衷一是。漢武帝覺得很有道理，對於治理國家很有幫助，立即採納。

漢武帝採行董仲舒罷黜百家、獨尊儒術的建議，不僅對教育產生影響，促成儒學大興，形成了中國特有的經學傳統與思維方式，儒學自此成為中華民族各朝代傳承的文化主流。

進行改革

漢朝自立國迄今雖然已有幾十年，但許多需要改革之處卻遲遲未落實，讓發展速度始終快不起來，因此唯有改革，才能讓國家快速發展。

董仲舒的改革重點，就是思想的統一。其實他所倡導的儒家學說，並非百分之百的儒家學說，而是以儒家學說為基礎，再加上陰陽五行理論，形成一套全新的思想體系。漢武帝在金殿聆聽董仲舒的天人三策，立刻知道這就是自己心中朦朧但明確的想法，董仲舒竟能如此完整而有系統地闡述出來，正合朕心啊！遂採用董仲舒的建議——罷黜百家，獨尊儒術。

儘管董仲舒提出的儒家學說以天人合一理論獲得漢武帝青睞，將西漢初期崇尚黃老無為的政治思想提除，獨尊儒術讓儒家學說成為主流，國家選士以儒學、儒行為標準，尊儒好學成為風氣；推舉賢良制度化，打開舉才的多元管道，也成為考核官吏績效的指標之一。

漢武帝獨尊儒術為漢帝國帶來甚麼改變？

西漢初期對百姓無為而治，有些農民為逃稅，寧可離開原籍成為亡人。漢武帝時加強對百姓的管理，積極推行儒家思想，灌輸百姓要重視君臣父子之倫理，恪盡本分，積極為國，讓百姓知道國家要你怎麼做就好好去做，才是皇帝的好子民。在政治上，同姓諸王勢力已經不足掛慮，但是權力從來不缺覬覦者，皇親國戚、官僚、地主、豪商，有朝一日都有可能威脅到皇帝的統治權威，不得不防患未然。這時儒家思想的君臣倫理、尊卑之別就是最好用的教材，讓這些傢伙安守本分，一切都是皇恩浩蕩。這套教材也適合在軍隊裡，忠君愛國思想在對抗匈奴的戰爭中，發揮同仇敵愾的鼓舞作用。

漢武帝獨尊儒術，讓儒家成為中國各朝帝王奉為圭臬的思想，各朝讀書人莫不苦讀儒家經典，以求鯉躍龍門，光耀門楣。而所謂罷黜百家也不像秦始皇那麼絕，只是以儒學為官方正統思想，其他諸子學派並未完全禁止，依然可以學習、授課、著書立說，甚至做官也沒問題喔！

王莽「新」朝

王莽，西漢劉家碰到的狠角色，因為太皇太后重用娘家之人而引「狼」入室，漢平帝劉衎（他是王莽的女婿）於元始五年（西元五年）慘遭王莽毒殺，整個王朝的控制權便落入王莽手中。對於新帝人選，王莽特別挑選宣帝玄孫、廣戚侯劉顯的兒子劉嬰，原因很簡單——劉嬰只有兩歲，這樣王莽可以做幕後的實質皇帝。這時他想起董仲舒曾說過的天人感應，所以王莽無天命卻弄個假天命，讓自己代替小皇帝行使職權能名正言順。部下揣摩到王莽的心意，就在小皇帝登基之月，傳來武功縣長孟通掘井時掘到一塊白色大石頭，其形狀為上圓下方，石頭上有丹書的七個大字——告安漢公為皇帝。

當這方真假令人懷疑的符命圖讖送到王莽手中，王莽雖然喜形於色，但仍有所忌憚，不敢貿然篡漢，假惺惺掰道：「這『為皇帝』應該是指攝行皇帝之事，絕不是要我當皇帝。」不過王莽還是喜孜孜地讓狗腿馬屁臣子們向太皇太后稟報。

垂垂老矣的太皇太后一聽十分震怒，也只能怪自己當初引狼入室，把政事託付給娘家人王莽，如今反倒危及婆家的江山，自己豈不成了千古罪人。當即痛罵王莽：「不可誣罔天下！休想攝政。」但是王氏一門把持朝政已非一朝一夕，老太后現在罵人為時已晚。沒辦法，老太后只好含淚下詔：「令安漢公居攝踐祚，如周公故事，以武功縣為安漢公采地，名曰漢光邑。」

王莽一派人馬立刻為王莽量身打造一套攝行皇帝用的居攝禮儀，說穿了跟真皇帝沒兩樣，王莽戴皇冠，朝南而坐，群臣朝見之禮與皇帝無異，都對王莽稱「臣」；出入皇宮車駕所行路線，侍衛夾道而立，道路上禁止行人走動。凡此種種均為帝王的規制，處處傳達他與真皇帝無二，但是城府極深的王莽朝見太皇太后、皇后時，仍乖乖地行臣子之禮，自家府邸則採用諸侯之制，也算給太皇太后留點顏面。

翌年（西元六年）正月，王莽正式成為「攝皇帝」，於長安南郊祭祀先皇、東郊迎春，對漢家天下毫無愧色。攝皇帝占這麼大版面，準皇帝劉嬰這位兩歲的小朋友在三月被王莽立為皇太子，號「孺子」；王莽還假惺惺地將漢平帝王皇后（就是王莽的女兒），尊為皇太后。看到這裡不糊塗也難——攝皇帝姓王，太子姓劉，攝皇帝的女兒是皇太后，簡單說就是岳父殺女婿，奪女婿家的天下，再找女婿家的遠親小兒來當太子，然後把女兒拱上皇太后的位子，所以漢朝的劉家譜系在此硬轉到王家，而且女兒變成比老爸高一輩。

局面搞得如此難看，攝皇帝跟篡位沒啥兩樣，引起從政的劉氏宗親不滿，集體請辭或退休。消極抵制完了，一個月後積極的宗親開始行動——漢宗室安眾侯劉崇與侯國國相張紹揮動反王莽的旗幟，起兵討逆。可惜小打小鬧很快就被弭平。但是王莽一派狗腿，卻趁機向太皇太后要求拉抬攝皇帝的地位，以免還有人不服要造反。怎麼拉抬呢？就是朝見太皇太后時不再稱臣而稱攝皇帝。沒多久覺得這樣還是不夠，又再要求太皇太后為攝皇帝加衛兵、加屬下，宅邸也異名——居住地稱攝省，府為攝殿，邸為攝宮，只差沒把「攝」字也省省略！

王莽逐步竊取大漢天下的行為，引起漢室官員與百姓的不齒，西元七年陸續發難。九月東郡（今河南濮陽南）太守翟義發難，還擁立宗室嚴鄉侯劉信為天子，向全國各地發出討伐王莽的公告，各郡國熱烈響應，義軍的規模快速膨脹。王莽一看不得了，事情鬧大了，趕緊抱緊孺子嬰四處求神明保佑，還承諾等孺子嬰成人，攝皇帝就還鄉歸隱。可惜義軍人雖多但戰力貧弱，很快便被王莽的軍隊鎮壓下去。不過，從此起來反抗王莽的義軍，幾乎都會抬出一位劉姓宗室子弟（如劉玄、劉盆子等）當頭以增加號召力。

平息劉信、翟義之後，王莽認為天命果真在他，自信高漲，一把扯下帶了許久的謙恭儒雅面具，顯露睥睨群臣的高踐姿態，加快變身真皇帝的腳步。那就再玩一把「符命圖讖」的把戲，立刻全國各地都出現了符命，而且都是說王莽當為皇帝。王莽厚顏告知太皇太后，攝皇帝的攝自當依天命去之，居攝三年順勢改為初始元年。王莽這王皇帝已是初步達陣。

可是要成為真命天子，還是要有個像樣的天命才行。初始元年（西元八年）梓潼（今屬四川）地方的無賴哀章，打造一只銅匱，裡面塞進兩條書簡，一個寫著「天帝行璽金匱圖」，一個寫著「赤帝行璽某傳予黃帝金策書」，暗示上天與高祖劉邦都要傳位給王莽。兩個簡冊上都寫有「王莽應做真天子」，順便也把王莽最倚仗的貼身狗腿一併寫上，說他們應當為王莽之輔佐大臣。哀章的銅櫃獻的正是時候，猴急的王莽馬上接下發表感言，願意承接天命，勉為其難地接受禪位。王莽高坐未央宮前殿，登上嚮往已久、真正的天子寶座，從此劉家的「漢」國號撤下，換上王家新國號——「新」，同時以十二月初一為始建國元年之正月初一。劉邦辛苦建立的西漢王朝至此壽終正寢，國祚二百一十四年。

第9章

大漢天威之東漢謝幕……

西漢熄燈，歷經一番折騰，劉家子弟終於重新拿回政權，史稱「光武中興」，是為東漢，西元二五年至二二〇年。

王莽篡漢，改國號為「新」並實施改革，偏又失敗，惹得民怨沸騰，綠林與赤眉等民變四起，舉國動盪。各路人馬以漢朝宗室劉縯、劉秀藉綠林軍之勢，終於推翻新朝，天下又回到漢室手中，史稱「東漢」，定都洛陽。東漢國力依然強盛，有知名的班超鎮守西域，把匈奴打到歐洲去，還有蔡倫發明造紙術與佛法東來，都是中國歷史上的關鍵大事。

一 劉家天下全靠光武中興扳回來

推翻新莽為漢朝續命、開啟東漢的正是劉秀。

西元前陸年（一說西元前五年）出生的劉秀，字文叔，是濟陽縣（今河南蘭考東北）縣令劉欽之子，為南陽蔡陽（今湖北棗陽西南）人，血液中流淌著漢高祖劉邦的基因。二十八歲以前，劉秀是個平凡的農夫，因為腦袋聰明靈光進入長安的太學讀書，所以不是個大老粗！王莽新政惹怒百姓，民亂四起，劉秀也沒閒著，西元二二年就跟兄長劉縯在春陵（今湖北棗陽南）起事，所組的春陵軍銳不可當，與另一支反抗勢力綠林軍結合，在綠林軍大旗下所向披靡。

儘管劉氏兄弟在沙場上表現出色，大夥卻擁立另一位劉先生——劉玄為帝，史稱「更始帝」。劉玄雖然坐上大位，但是對賢才能人不愛反而大大顧忌，劉縯功高震主，很快就被更始帝處置。在昆陽劉秀以寡擊眾——八千人打掛四十二萬人，王莽兵敗如山倒——是為「昆陽大捷」。即使如此，劉秀還要放低姿態，向更始帝為兄謝罪，避禍以保全自身，藉以蓄積能量等待機會。

西元二三年王莽被殺，更始帝自南陽進駐洛陽，預備在長安稱帝，拜能征善戰的劉秀為代理大司馬，將他派到河北地區去鎮撫州郡。

劉秀接旨便渡河北上，隨行僅馮異、王霸、銚期、朱佑等大將與少數隨從，這怎麼打仗？莫要驚，莫要慌，劉秀自有其魅力，果然一路上許多地方豪強勢力欽佩他的仁厚，一掛一掛地歸附於他，很快就形成嶄新的精銳部隊，於館陶（今河北館陶）對戰銅馬起義軍一舉得勝，迅即收編其幾十萬人馬，勢力瞬間壯大，成為劉秀的起家軍。所以也有人稱劉秀為銅馬帝，典故便是從這兒來的。重新在北方出發的劉秀，歷經幾番征戰把北方穩固了，直到西元二五年才稱帝，國號仍稱漢，為與西漢區隔史稱後漢、東漢。後漢顧名思義乃相對於先祖劉邦創建的漢朝，而東漢則是因其建都在洛陽之故。

儘管劉秀已然稱帝，但江山仍是烽煙亂竄，之前稱為義軍的各路起義軍，現在都變成要弭平的亂軍。歷經十餘年征戰，終於在西元三六年把據有蜀地的公孫述攻滅，劉秀主導的中興大業才算搞定，中原再次重回劉家手中。

亂了這麼多年的天下，彷彿當年先祖劉邦取得的中原一般，百廢待興。生性仁厚的劉秀在民生施政上，以民生安定為前提，為了增加生產力，光是釋放奴婢的命令就發布多達九次，更多次赦免罪人為庶民，讓私人奴婢與罪徒恢復自由身，回到生產行列，把生產力找回來歸隊的同時，劉秀配套施行減賦稅、輕徭役、興水利、普賑濟，讓百姓休養生息，恢復元氣。在統治上，加強中央集權，以台閣為皇帝的決策核心，架空宰相，並強化對地方行政的監察；在行政上，劉秀裁併四百多個縣，精簡公務員，減少政府人事開支，讓百姓賦稅負擔大幅減輕；在國安上，戰亂多年的國家需要和平，因此對邊境的多元民族採行安撫政策。

上過太學的劉秀果然聰明，懂得向先祖學經驗、借智慧，一系列措施落實下來，百姓很快就安頓，生產與經濟也上軌道，國力迅速恢復。也因此劉秀特別重視教育，戮力興學，甚至還客串太學講師賣力推廣教育，讓東漢文風大盛。

劉秀在位達三三年，將東漢從戰後廢墟帶到安和太平之世，西元五七年劉秀中興大漢的志業達成，駕崩於洛陽南宮，享年六三歲，陵寢在原陵（今河南孟津）。劉秀之廟號為世祖，謚號為光武皇帝，表其光復漢室，平禍亂，安天下。史家對劉秀的評價極高，推崇其為中興之主，把沒落的大漢命脈再次推上歷史高峰，讓百姓重拾安居樂業的美好生活。

打通西域絲綢之路的班超

匈奴和漢朝始終不對盤，雙方難分勝負，除非西域表態，否則誰都不能贏誰。所以漢朝要戰勝匈奴，跟西域聯手絕對是關鍵。

西漢有張騫通西域，名留青史。東漢有班超出使西域，功績毫不遜色！西元七三年東漢派班超出使西域，除了搞外交，當然還負有重大的戰略任務。匈奴也不是笨蛋，你漢朝來西域拔匈奴的樁，匈奴當然要積極固樁。話說班超來到地處西域南道的鄯善（原樓蘭，今新疆若羌縣治卡克里克），剛抵達時鄯善王熱烈歡迎東漢來的使節，後來突然變臉怠慢，班超不用掐指便知道情況有變，八成是匈奴使節也到了。經查證屬實之後，班超代表團一行三十七人馬上密會，決定先發制人而不受制於人，於是夜襲匈奴使節團。光是班超一人就手刃三名匈奴，三十六位團員也宰了三十餘名匈奴使者，再一把火燒死百餘名，成績不輸海豹部隊。翌日班超邀請鄯善王一起欣賞昨夜的戰果，鄯善王驚嚇之餘，立刻拋棄匈奴，跟漢家和好。

班超在鄯善一戰成名，繼續前進到于闐（今新疆和田一帶），于闐王主動把匈奴派來控制他們的監護使者給殺了，跟漢家做好朋友。之後來到疏勒（今新疆喀什一帶），探知龜茲王仗著有匈奴當靠山，把真正的疏勒王殺了，派自己人兜題當疏勒王，疏勒人對這位非疏勒人的疏勒王十分感冒，卻忌憚龜茲王背後的匈奴勢力只得隱忍。班超看出疏勒、龜茲與匈奴的三角關係，決定突圍戰略——見兜題時趁其不備出手擒拿，隨即宣讀其罪狀，疏勒全國人民拍手叫好，馬上推舉己的國王。班超留兜題一命讓他回龜茲傳話，要龜茲王不要以大欺小，好自為之。

班超出使西域第三年（西元七五年），已順利打通西域南道，但北道仍是匈奴勢力範圍。偏偏此刻朝廷傳令要班超回朝，消息傳出，疏勒拚命要留住班超，因為他們超害怕被龜茲、匈奴報復！于闐對班超的回國也是百般不捨，甚至抱住他的馬腿不讓他走！班超眼見西域小國對漢朝的仰賴，若此時離開無疑聯手西域之功半途而廢，更會讓疏勒、于闐暴露在匈奴報復的恐懼中。於是班超上書給朝廷，請朝廷准予繼續留在西域以竟全功，朝廷也從善如流，讓他留在西域。

班超留在西域為弱小民族出頭，料理了欺負他們的莎車（今新疆莎車一帶）、龜茲、焉耆（今新疆焉耆一帶）等國，等於將其靠山——西域北道的匈奴北單于勢力驅離，使得西域五十餘國不再受匈奴欺壓，安心與東漢王朝結為盟友。

班超前前後後在西域整整經營了三十年，班超二字跟絲綢之路幾乎是畫上等號！直到西元一〇二年，班超才以七十一歲高齡自西域第一線退下，返回長安，結果才回家一個月後，便駕鶴西歸，結束了精采傳奇的一生。

文明大躍進——蔡倫造紙術

造紙術的發明是中國人的驕傲。東漢時期書寫工具有竹簡、絹帛、絲棉紙與麻紙，但是竹簡重、絹帛與絲綿紙貴、麻紙粗，都不是理想的工具。直到蔡倫出現，一切有了轉機。

漢章帝劉炟駕崩，和帝劉肇即位，他身邊有位自幼便跟隨的太監蔡倫，得到提拔成為中常侍兼任少府尚方令。這個職位是專門負責監製御用軍械、用具與各式器皿。為什麼安排蔡倫做這個職位？和帝知道蔡倫喜歡搞發明、愛動手製造，非常適合監製宮中用具、器皿，正所謂適才適用。

當時通用的竹簡、絹帛、絲綿紙與麻紙，不是太重就是太粗，要不就是太貴。最初蔡倫先弄懂麻紙的製造技術，發現做法很簡單，把麻搗爛壓成一張張薄片就行了。只是麻的纖維太過粗糙，字寫上去很難辨識閱讀。他就想：何不改良麻紙做成較為細緻的紙張？麻是以其纖維壓成紙，所以凡是有纖維者皆可比照製作，那就找些纖維細膩的材料試試。他便搜集破布、樹皮、漁網等材料浸泡、水煮、搗爛，做成紙漿，再以清水漂洗，將已經變細膩的漿料以刷子刷在細目簾子上，展成一片薄而均勻的紙漿後，將其晾乾，再從簾子上輕輕揭下來，一張白而細膩的紙便誕生了。

蔡倫改良的造紙技術，不僅成本大幅降低，紙張的品質輕薄而強韌，非常好書寫，堪稱一大突破。西元一〇五年蔡倫便把研發成果上奏和帝，得到極大鼓勵，要他繼續精進改良。以新法製造的紙張質優價廉，很快流行開來，加速了文化的傳播與傳承。和帝為表彰蔡倫的功績，特封他為龍廷侯，所以後世便稱蔡倫造的紙為蔡侯紙。

中國的造紙術先往東傳到朝鮮、日本，大約在唐朝往西經西域傳至歐洲。造紙術的發明促成人類文明極其重大的躍進，成為人類文化交流與傳承的最佳媒介。

建安七子群英一覽

東漢獻帝的第五個年號是建安，總計有二十五年，期間三國方酣而文壇也沒閒著，出了七位學識廣博、文章華彩的才子，分別是魯國孔融、廣陵陳琳、山陽王粲、北海徐幹、陳留阮瑀、汝南應瑒、東平劉楨等，史稱「建安七子」。

先聊聊王粲。出生山陽郡高平縣的王粲，字仲宣，十七歲便被司徒徵召，任命為黃門侍郎。漢獻帝遷都長安，少年王粲亦搬遷至長安，其文采在此間深獲左中郎將蔡邕賞識。但當時長安局勢太混亂，王粲決心投奔荊州劉表，沒想到劉表是「外貌協會」，嫌王粲儀表不優不看在眼裡；劉表之子劉琮繼位，王粲剖析時勢，建議歸附已取得荊州的曹操，識時務者為俊傑，劉琮聽進去了。王粲因勸降有功，得到曹操重用，一路由丞相掾賜關內侯，之後還高升到軍謀祭酒、侍中，更在禮制混亂的末世為曹魏掌管新訂的禮制制度。可惜天妒英才，他隨曹操東征孫吳時，病歿於途中，得年四十一歲。

快速瀏覽了王粲的履歷，現在看他的專長——文章與算術。前者是他名列建安七子的原因。王粲文采好且文思敏捷，往往揮筆立就，一字都不用改（這應該跟他精於算術、思慮縝密，邏輯清晰頗有關係）。傳世各類型作品約六十篇，其中包括膾炙人口的登樓賦、槐賦與七哀詩等。

再來看他的加分項目。王粲在歷史上是以超強記憶力出名，相關的故事很多。朋友都知道王粲過目不忘，有次出遊看到道旁一方碑文，王粲駐足讀之，朋友就起鬨激他：你背得出方才朗讀的那方碑文嗎？王粲豪不猶豫，立刻背誦出來，而且一字不差。鏡頭轉到圍棋棋局現場，王粲與友人圍觀，忽然棋局被打亂！王粲二話不說立刻把剛才的棋局重新擺上。眾人大驚卻又不信邪，馬上擺出一盤新棋局，讓王粲瞄一眼就蓋上布巾，王粲竟然又一子不差的擺出來，太神了。

接著談談陳琳吧！當年陳琳的老闆是響噹噹的外戚——大將軍何進，在其麾下擔任主簿。當時宦官勢力強大，何進處心積慮要除掉宦官，不惜召前將軍董卓入京助陣，陳琳曾諫言勸阻老闆，可惜未被採納。偏偏何太后立場搖擺，夜長夢多，走漏風聲，何進被宦官假太后旨意召入宮中斬殺，董卓正好以此為由入京殺盡宦官，接掌中央，劉家天下從此敗落，為三國亂世揭開序幕。諫主失敗的陳琳逃出颱風眼來到冀州投奔袁紹，做專責撰寫文章，袁氏敗落再轉投曹操。曹操知道陳琳來到自己陣營，打趣地問他：你幫袁紹寫檄文，罵我就算了，幹嘛連我的父祖都拖下水？陳琳一聽趕緊認罪，還好曹操還算是個愛才之人，不追究過往。建安七子的命運幾乎都和曹操脫不了關係。

阮瑀，就是「竹林七賢」阮籍的老爸，年少時受學於蔡邕，文筆精煉且精通音律，都尉曹洪曾要聘他當掌書記卻遭到拒絕；曹操也想用他，阮瑀就躲上山，結果使得曹操撂狠話要火燒山，這才把阮瑀逼進丞相府。從此阮瑀與陳琳成了同事，一起擔任司空軍謀祭酒，當時曹操發出的書信、檄文等均出自二人手筆。後來陳琳投筆率軍去也，阮瑀則被派去管倉曹（倉庫）。

建安七子中的應瑒與劉楨也被召進丞相府為曹操工作，但兩人命運大不同。應瑒調任平原侯庶子，之後擔任五官將義學之職；劉楨因不敬之罪被判刑，服完刑仍回單位任職。此外，七子中有文才又高風亮節的徐幹，是司空府軍謀祭酒之僚屬，其所著《中論》堪稱傳世鉅著。

建安七子還有一位是來自知名家族——孔子二十代孫孔融，從小就聰穎有才。話說孔融十餘歲時，河南尹李膺是響噹噹的名人，有名到必須讓門房嚴格篩選訪客，不是當代名人士家則不見，孔融雖然年幼也想見識李膺的架子是否真如傳言，於是來到李府請門房通報：通家子孫拜訪。

李膺一聽，這是哪位？好奇心讓他想會會這位奇妙的客人，聽聽甚麼叫做通家子孫。孔融有備而來，當李膺一問便答道：您的先祖李老君與我的先祖互為師友，不是代代世交是甚麼？不是通家子孫又是甚麼？果然語驚四座。這時太中大夫陳煒進門，大夥兒連忙把剛才神童的話轉述給他聽，陳煒不置可否的丟出一句：「小時了了、大未必佳。」孔融也不是省油的燈，立刻回敬：「先生您必定小時了了囉！」由此可見孔融的聰穎機智。

一 文姬歸漢完整催淚版

「文姬歸漢」是很有名的戲曲故事，但歸漢只是蔡文姬災難人生的一小段插曲而已。

蔡文姬是文學家蔡邕的女兒，自幼聰慧又精通音律，相傳其父在隔壁房間彈琴時斷了一根弦，女兒便指出斷的是第一根弦，蔡邕不信女兒音感如此厲害，又故意弄斷第四根弦，女兒馬上回應斷的是第四根弦。沒錯，蔡文姬應該有絕對音感。

正值二八年華的蔡文姬，遠嫁河東世族衛家的衛仲道為妻。一位是大學士子，一位是博學又通音律的才女，堪稱才子佳人，琴瑟和鳴，恩愛異常。誰知佳偶天成卻遭天忌，婚後一年老公便病死，婆家嫌她剋夫，話講得讓文姬冒火，再加上未生下一子半女，欲打發她回娘家。心高氣傲的文姬氣得奔回娘家，儘管父親勸說也沒用。這年她才十七歲。這是蔡文姬人生的第一段變故。

此時正值漢末亂世，曹操殺董卓並曝屍於市，蔡邕與曹操、董卓都有交情，不忍見董卓落得如此下場，竟無視於曹操禁令伏屍痛哭，氣得曹操下令賜死蔡邕，蔡府上下通通發配邊疆。蔡文姬一聽父親去哭董卓，便知大禍臨頭。可憐蔡文姬才回到娘家，就趕上這場禍事，只能跟著家人離家前往北疆。這是蔡文姬人生的第二段變故，緊接著更淒慘的命運已在北方等著她。

東漢末年北方邊境極為不安，胡人不時入侵騷擾，掠奪錢糧之餘，還殺男子奪女人，行徑非常囂張。蔡家人一路北行，看到邊境的慘況不寒而慄！但更糟糕的是在路上就遇到胡人兵馬，結果蔡文姬直接被擄走。年輕貌美、知書達禮、精通音律又會寫文章的蔡文姬，很快被送到匈奴王帳下，成為匈奴王夫人。

蔡文姬在胡地一待就是十二年，育有兩子，看似落地生根卻總是吹奏傷心的胡笳，流露濃濃的思鄉之情。蔡文姬流落匈奴成為匈奴王夫人的消息，傳到曹操耳裡，不禁想起當年與蔡邕的情誼，怎好讓世姪女流落番邦？於是建安十三年（西元二〇八年），曹操派使者周近帶著千兩黃金、一雙白璧，前往胡地贖蔡文姬回家。匈奴王收下禮物，便放行蔡文姬。臨別時刻，她抱著兩個兒子三人哭成一團，肝腸寸斷，只恨匈奴王當初強行擄她當夫人，現在也是他要將她送回中原，完全由不得蔡文姬自身作主，她的萬般苦楚又能向誰傾吐？

回到中原時蔡文姬已是三十五歲的婦人，孤身在長安頗為淒涼，遂在曹操安排之下嫁給田都尉董祀。這董祀也算是瀟灑才子，精通文史與音律，對於曹丞相把滿面愁容的蔡文姬硬塞給自己，實在不爽至極。因此兩人琴瑟不調，相敬如冰。蔡文姬此刻仍沉浸在與骨肉生別離的痛苦，寫下了《悲憤詩》——中國詩歌史上第一首自傳體五言長篇敘事詩，以及感人至深的《胡笳十八拍》——寫自身被胡騎俘虜、忍辱偷生、思念故土，一直別兒歸鄉、思兒入夢的人生故事。奠定其在文學史上的歷史地位。終其一生，蔡文姬始終與兩個兒子魚雁往返，終究未能母子團圓。

好死不死成婚翌年，董祀就不慎犯下死罪，眼看就要處死，蔡文姬挺身而出，跪在曹丞相面前，為嫌棄他的夫君求情。曹操被她的真情致意感動，再加上對其父的歉疚，以及她坎坷身世的憐惜，曹操在蔡文姬的勸說下，批准赦免令，快馬送至刑場——刀下留人，董祀的命算是撿回來了。

正事處理完畢，曹丞相這才發現蔡文姬在嚴寒冬日竟穿得異常單薄，心生悲憫，當即賜她頭巾鞋履，並且立馬穿戴。兩人話舊時，丞相不禁溢流露出對蔡家藏書的欣羨之情。可惜當時四千卷藏書，早已在戰火中散失焚燬。丞相一聽頓時滿臉失望。聰慧的蔡文姬立刻表示自己還能背誦藏書中的四百篇，丞相一聽馬上轉憂為喜，應允派十個人去董家幫忙聽寫。沒想到蔡文姬大器的說：不用！請丞相提供紙筆，我寫下來呈給丞相。才女蔡文姬果然名不虛傳，她盡己所能將記得的幾百篇文章通通寫下來，曹操逐一檢視竟無一貽誤，深感佩服。

險死的董祀非常感謝妻子的不離不棄，勇敢救夫的情義，從此珍視文姬之好，也看透世事無常，董氏伉儷遂溯洛水而上，尋一世外桃源隱居去也。後來兩人生下一兒一女，女兒嫁與司馬懿之子司馬師。命運坎坷的蔡文姬終於在亂世裡找到真愛，有了美好恬淡的歸宿，而「文姬歸漢」與《胡笳十八拍》也隨之永傳後世。

黃巾賊來啦！

東漢末年（西元一八四年）爆發的黃巾賊之亂，規模之大，足以動搖國本。追究引爆亂事的起因，可以分為民間與政府兩大面向。

就民間而言，由於地主不斷兼併土地成為大地主，相對於農民向下沉淪不得不依附地主，不但要繳昂貴地租、服徭役，甚至成為大地主的護院警衛，苦不堪言。

就政府方面，自和帝以後，東漢的皇帝幾乎都是小皇帝，由於年齡幼小，政權自然被外戚或宦官把持，更糟的是這兩方還常常鬥法互槓，搞得朝政一塌糊塗。這些皇帝也頗不爭氣，像靈帝劉宏竟然公開在西園幹起賣官鬻爵的勾當，由於是熱門商品，排隊者眾，所以搶手的州郡官職往往一個月就換好幾批人上任，由於時間有限，所以一上任就要抓緊時間搜刮地方，才能快速回本。這樣的政府官吏怎麼可能把地方治理好？

此外，東漢自安帝以後邊境的羌族就不安分，長期跟羌族周旋纏鬥，軍費花費之龐大可想而知，但老百姓也好不到哪裡——仗是人打的，所以肯定要抓人當兵，根本沒法好好耕田！再加上老天爺也來湊熱鬧，發點天災，百姓生活更是雪上加霜，災民、流民與餓殍，成為東漢老百姓三大寫照。若照董仲舒的說法，這是老天在警告東漢王室，若讀懂天命還有救，若魯鈍讀不懂，天命就要轉換啦！

其實不等天命轉換他人，老百姓早已透過大大小小的揭竿舉事，加快新天命的降臨！東漢末年八十餘載，舉事農民就有安帝時的青州張伯路、順帝時廣陵張嬰、桓帝時泰山公孫舉，以上這些都還是在華北與華東沿海一帶活動，更棘手的是西北與南方的異族也跟東漢百姓串連造反，搞得東漢王室焦頭爛額。鬧到後來，這些造反者開始給自己起封號，什麼皇帝、黑帝、真人、無上將軍等嚇死人的名號紛紛出籠，甚至還有人開始建年號、封百官，還滿像一回事的。

中原沸如滾鍋，各方勢力紛起，其中鉅鹿人張角利用宗教旗幟做號召，以道教為源，創太平道一支，奉皇帝、老子為教祖，並以「大賢良師」自稱。太平道最初以符籙咒術為百姓治病藉此宣教，進而鼓動百姓投身舉事大業。經過十餘年傳教深耕地方，太平道信徒達數十萬，放眼青、徐、幽、冀、荊、揚、兗、豫八州都有虔誠信眾與張角互通聲息。張角更進一步將信眾組成三十六方——分大方（萬餘人）、小方（六、七千人），均設有頭目——渠帥。意思就是這些宣教地方分支，隨時可以變成戰鬥編組，一旦令下便可互相跨州串連，達到八州併起、遍地開花的效果。

但是打仗不是家家酒，張角地下經營多年，吸取其他舉事失敗者的經驗，大多是自家人硬幹，缺乏對手內應。唯有「裡應外合」才有機會成就大業！於是派出大方馬元義去京師，多方尋覓可策動的內應，果然找到了宦官封胥、徐奉。

張角看局勢已趨成熟，該是「天命」登場的時機了！於是喊出「蒼天已死，黃天當立，歲在甲子，天下大吉」——所謂蒼天是指東漢王朝，所謂黃天係指黃太一神，乃太平道也。總之就是東漢氣數已盡，太平道順應天命，要在甲子年（西元一八四年）取而代之。太平道徒眾之八州串連與內應均已就位，定出起義暗號——在各處官署大門寫上白色的「甲子」二字。

甲子歲三月五日，理想狀況是——各地官署大門一夜之間都被人用白土畫上甲子二字，黃巾徒眾由北、東、南三方包圍京師洛陽，內應亦將伺機行動。可惜人算不如天算，太平道出現內鬼。張角弟子濟南唐周向朝廷告密，結果馬元義被逮，首都圈就定位的信徒當即撲殺。張角一看事跡敗露，與其被抓不如提前舉事，並以頭纏黃巾為記，於是東漢末年最大的民亂——黃巾賊之亂正式出演！

黃巾賊之亂一發不可收拾，短短十天就震動京師。分析其布局，天公將軍張角、地公將軍張寶、人公將軍張梁——張家三兄弟控冀州為北方中心；神上使張曼成戰南陽地區，為南方中心；波才、彭脫等戰於潁川、汝南、陳國等地，為東方中心。黃巾賊聲勢銳不可當，各地都有人假借其名號開始各自造反，像米賊——巴郡天師道張修即為一例。邊境蠢動的少數民族看機不可失，也紛紛舉事。

眼看江山不保，靈帝急忙下令州郡積極備戰，也開始調度京師防衛，指派何進率左右羽林、五校尉營守洛陽，並於京師周邊增八關都尉；剿亂之事派皇甫嵩、朱儁、盧植等率精兵進剿黃巾賊。軍事調度完成，靈帝回頭收買人心，將黨錮之禍入罪的黨人予以赦免，讓朝廷內部宦官與士大夫間的對立緩和，大家先齊心鎮壓黃巾之亂。此時各地擁戴劉氏江山的地方人士，也積極跟官兵聯手動起來，袁紹、袁術、公孫瓚、曹操、孫堅、劉備等人，就是在這場亂事中嶄露頭角，登上東漢末的政治舞台，為下一階段的「三國」留下伏筆。

對於打仗、鎮壓亂事，朝廷經驗豐富，儘管黃巾賊聲勢浩大，但朝廷採取先防後剿、重點突破再各個擊破的戰略，還是很有效果。果然先破穎川、再破汝南、東郡，並在南陽一帶完成區域掃蕩；現在朝廷繼續料理黃巾賊大本營——河北。起初兩方對峙，戰情膠著，朝廷軍力求突破，這時其他地區的黃巾賊已紛紛落敗，更糟的是張角此時病逝，雖然徒眾浴血奮戰，終究被官軍鎮壓下來。

黃巾賊主力雖敗，各地餘部仍在流竄，讓東漢末年更加動亂不已。其中流竄在青州的黃巾賊部眾後來為曹操收編。除了黃巾賊，在北方還有許多各自造反的地方勢力，活躍於冀州的常山張燕將常山、趙國、中山、上黨、河內一帶造反的大小勢力，集結成百萬之眾的黑山軍。朝廷看一時半刻也滅他不得，乾脆封張燕為平難中郎將以為懷柔。但張燕也不是笨蛋，當冀州為曹操所平定，他很識時務地投降曹操，不願跟隨的部眾則陸續被曹操、袁紹等鎮壓殲滅。

東漢末年本就風雨飄搖，在經歷黃巾賊二十多年的亂事之後，氣數差不多已走到盡頭了。

中國大事紀

年代	事件
前二二一年	秦王改稱始皇帝，建郡縣制
前二一三~前二一二年	秦始皇焚書坑儒
前二一〇年	秦始皇崩殂，李斯、趙高立二世皇帝
前二〇九年	陳勝、吳廣揭竿而起，劉邦、項梁起兵
前二〇七年	巨鹿之戰，項羽勇破秦軍
前二〇六年	劉邦滅秦，封漢王。西漢紀年由此算起
前二〇二年	楚漢相爭以項羽烏江自刎告終，劉邦稱帝
前二〇〇年	漢高祖白登被圍
前一九六年	漢高祖殺韓信、彭越
前一八八年	呂太后臨朝
前一八〇年	呂太后死，陳平、周勃迎漢文帝即位
前一六七年	緹縈上書，懇請漢文帝廢除肉刑
前一五四年	吳楚七國之亂
前一三八年	張騫出使西域
前一三三年	漢武帝誘匈奴兵至馬邑。從此漢朝與匈奴爭戰不止
前一一九年	衛青、霍去病大敗匈奴，匈奴退至大漠以北

前一一九年	張騫再次出使西域
前一〇〇年	蘇武出使匈奴被扣，羈留十九年終於回到漢土
前九九年	司馬遷獲罪下獄
前八七年	漢昭帝即位，霍光輔政
前三三年	呼韓邪單于至長安，昭君出塞
西元八年	王莽篡漢，建新朝，西漢亡
一七~二七年	綠林、赤眉民變起兵
二三年	昆陽之戰，劉秀大破王莽新軍，新朝亡
二五年	劉秀建東漢
六七年	漢使者自天竺取經回中土
七三年	班超第一次出使西域
一三二年	張衡製作地動儀
一六六年	第一次黨錮之禍
一六九年	第二次黨錮之禍，李膺、范滂等被殺
一八四年	鉅鹿人張角率黃巾賊起兵，是為黃巾之亂

第10章

華夏之三國鼎立分天下……

東漢苟延殘喘至西元二二〇年才壽終正寢，但是在西元一九〇年起實際的政治舞台已不在漢帝，而在魏、蜀、吳鼎立的三國，一直到西元二八〇年中原才再度統一。

為什麼會搞到三國鼎立、三分天下？不得不回顧東漢末年，天災不斷，百姓難熬，朝廷因外戚與宦官相互奪權，政治一塌糊塗，國力就一路滑溜梯。西元一八四年的黃巾賊之亂，為三國時代揭開序幕，中原將陷入近百年的烽火戰亂。

儘管三國之間不斷互相結盟、戰鬥，但是各自都有一統天下的大夢，莫不戮力經營屬地的生產與經濟，也力求政治上軌道，搞定相鄰的少數民族。所以三國時代雖然戰爭不停，但比起東漢末年各方勢力割據的混亂場面，反而更像是醞釀下一個大一統國家的過渡期。

豬羊變色——曹操挾天子以令諸侯

東漢末年外戚宦官大鬥法，把小皇帝像娃娃般擺弄著。但是當握有軍隊的官員也想分一杯羹時，皇帝牌就豬羊變色了。是的，漢獻帝就碰上了，幸還是不幸？

袁紹謀臣沮授早在建安元年（西元一九六年）就曾勸袁紹，「西迎大駕，挾天子而令諸侯」，如此不但無人能動咱們，而且都要聽咱們的！可惜袁紹沒採納沮授的意見。莫道君行早，更有早行人！沮授並不是第一個想到這招的人——曹操早在西元一九一年就開始布局了。當時他還是東郡太守時，便有皇室劉邈幫他在獻帝面前說好話，猛誇他對漢室如何如何忠誠，讓獻帝對曹操有個好印象。既然場子已經暖了，初平三年（西元一九二年）治中從事毛玠便向曹操提議：「夫兵義者勝，守位以財，宜奉天子以令不臣，修耕植以蓄軍資，如此則霸王之業可成也。」正中曹操下懷：挾天子以令諸侯。漢獻帝從此豬羊變色，但不變的是仍是關在圈舍裡的傀儡。

老天爺的天命牌發到曹操面前！話說曹操人在東郡，收到洛陽捎來的訊息，董承與自我感覺良好又有大頭症的韓暹處不來，偏偏人家實力雄厚動他不得，董承腦筋一轉就修書給曹操，要他進京助一臂之力。這真是天上掉下來的禮物！曹操立刻喜孜孜地率領軍隊直奔洛陽，晉見獻帝時狠狠參了韓暹、張楊一本，嚇得韓暹連夜逃出京師，跑去梁縣投奔楊奉。獻帝誰也不想得罪，便跟曹操講這兩人在東遷時忠心護駕，念其有功就適可而止別再追究了。

既然來到京師，曹操哪肯輕易回東郡，看看獻帝衣食匱乏，景況堪憐，便不時進獻甜梨、稗棗、絲線等物資給宮裡。為達到挾天子以令諸侯的終極目標，曹操聽取屬下董昭的提醒，打算把獻帝迎到許昌，那兒是他的地盤，有天子坐鎮自可大業成就，事事順心。於是曹操以京都糧食短缺為由，將獻帝送到魯陽再轉到許昌，一切都依計畫進行。

漢獻帝在西元一九六年宣布遷都許昌，並任命曹操為大將軍，經過一番假仙推辭遂改去做司空。但大家都知道這個司空地位與實權遠高於官階。獻帝還授予曹操節鉞、錄尚書事，任司隸校尉，榮寵權勢面子裡子都給足了。為什麼這樣說？因為「節」乃符節，帝王派遣將相欲委以重任時，做為憑證之信物，有權斬殺違反軍令者；「鉞」乃古代類似斧之兵器，此處係象徵帝王征伐之權的斧鉞，具有總統內外諸軍之大權；「錄」者乃總領諸事之意，「錄尚書事」就是朝政他說了算的意思。東漢以來，中央的太尉、司徒、司空是有名無實的三公，尚書台才是真正的權力中心，錄尚書事只有皇帝的心腹股肱之人才坐得上去。所以獻帝很夠意思，授予曹操節鉞與錄尚書事，等於讓曹操軍政大權一手包辦，堪稱權傾一時。

曹操也很會做人，獻帝在許都過得安穩，有了獻帝這頭神羊，曹操可以安心、大膽地向外拓展勢力範圍。

一 官渡之戰——主公與謀士的配對賽

曹操在建安元年（西元一九六年）完成「挾天子以令諸侯」的布局，可說在混沌紛亂的東漢末年占盡實質的政治優勢，搞得其他對手恨得牙癢癢的。尤其北方的袁紹，割據一方實力最為強大，氣勢如日中天，自是對曹操搶先拿到獻帝這張王牌深感不滿，亟欲滅之而後快。

西元二〇〇年戰雲密布，因為袁紹調集十萬精兵，由沮授（當初建言袁紹挾天子以令諸侯卻未被採納的謀臣）擔任監軍，集結鄴城往黎陽進擊去打曹操。鏡頭轉到曹操這邊，回到官渡的部隊得知白馬被圍，立刻準備出兵搭救。但謀士荀攸搖搖頭，分析道：「敵眾我寡，開打必輸！應該用計謀——聲東擊西。請將部分兵馬調往西邊，假裝在延津一帶要渡河，袁紹主力部隊必定追過來；另派一支輕騎兵前往白馬，不但解圍還能有所斬獲。」曹操是聰明人，當然樂而受之。

心急的袁紹探知曹操部隊要在延津渡河，立刻揮軍前去堵他。同時曹操的輕騎兵已迅速抵達白馬，此時奉命包圍白馬的袁紹手下大將——顏良，被突襲而至的曹操殺得措手不及，丟了小命，白馬當然也丟了。

鏡頭轉到袁紹大軍陣營，謀略老成的監軍沮授覺得曹軍渡河之舉頗為可疑，建議袁紹不要一次打出所有王牌，應該將主力部隊放在延津之南，以部分兵力前往攻擊曹軍即可探其虛實。但是急功心切的袁紹再一次不聽沮授的建議，不但以全部主力部隊渡河進攻，還由麾下大將文醜率五六千精銳騎兵擔任先鋒。

曹操這時顏良已斬，白馬之圍已解，輕騎撤向官渡。據報袁軍追兵將至，曹操就在延津南坡布署六百騎伏兵，下一步就絕了——騎兵奉命將鞍卸下並縱馬下山，還讓兵士把盔甲兵器假做倉惶地丟了滿地。待一切布置妥當，追兵已到，正是文醜所率之先鋒騎兵，一看眼前遍地刀槍盔甲，判斷曹軍已棄甲而逃，便令兵丁把曹軍武器收拾帶走。沒想到大家正俯身撿拾裝備之時，曹軍的六百騎伏兵倏乎已至眼前，錯愕的袁軍被殺得片甲不留，率軍大將文醜自然兵敗送命。

袁紹陣營痛失兩名大將，士氣大受影響，不過袁紹還不死心，非逮到曹操不可。沮授身為監軍為主公分析當前情勢：「袁軍人多糧多，曹軍雖勇猛但人少糧少，所以現在就打補給戰，我方就守著等他們糧盡退兵。」是的，袁紹第三次不聽沮授的話，繼續推進到官渡紮營，剛好趕上看曹操把陣勢擺好等著他呢！

兩軍對峙，沈不住氣的袁紹想挖地道奇襲，結果曹軍情報靈通，特別挖了一條加深加長版的壕溝，硬是讓袁軍的地道破功。雙方就這樣耗著，看來情勢對袁軍大大有利，曹軍餓肚子退兵的日子應該不遠了。曹操也急了，修書一封回許都給荀攸，可憐兮兮地說撐不下去，非退兵不可。荀攸立刻回信：「千萬撐住，沒有退路」。

袁軍的糧草特別由大將淳于瓊率一萬兵馬專程押送，從鄴城送出後並非直接送到官渡，而是先到距離官渡四十餘里的烏巢存放，再陸續出貨給官渡。於是袁軍歡喜簽收淳于瓊押送來的豐沛糧草，而曹軍則勒緊褲帶硬撐著。要命的事情來了——袁紹陣營的許攸探得曹軍缺糧的情報，立刻向袁紹建議派特攻隊跳過官渡直取許都！袁紹依慣例不聽謀士之言，但許攸可不像沮授那麼死忠，灰心的他立刻投奔曹操。唉，袁紹真該改改不聽人建言的毛病啊！

許攸一到曹營，大受歡迎，曹操熱情致歡迎詞：「有先生您的相助，大業有望了！」許攸一聽大樂，自忖這是來對了，馬上跟曹操開會——袁紹大軍勢猛不可擋，您有何打算？糧食還可以撐多久？曹操也很坦白：只夠撐一個月。

重點情報來了！許攸指出，袁紹把萬餘車軍糧軍械囤於烏巢，由大將淳于瓊駐守，但守備鬆散。不妨輕騎兵突襲燒光袁紹的糧草，保您三天不動干戈就贏了。曹操點頭稱是，馬上調兵遣將，命荀攸、曹洪守官渡大營，並備下五千騎兵親自帶領突襲任務。一路上他們偽裝成袁軍騙過沿途的崗哨，很快便抵達烏巢，找到囤糧之後，一把火燒個痛快。駐守的淳于瓊一看火光沖天，大驚！匆忙整軍應戰，遂在混戰中送了性命。

曹軍夜襲烏巢燒糧的消息傳到官渡，袁軍軍心大亂，曹軍見時機成熟大軍出擊，果然袁軍兵敗如山倒，袁紹狼狽逃回河北。

官渡之戰是曹操與袁紹兵力消長的死亡交叉點。袁紹十萬主力部隊折損七萬，算是折騰見底，袁紹自己也元氣大傷，官渡戰後兩年便駕鶴西歸。曹操以寡擊眾，殺袁軍七萬餘，戰績可觀，堪稱大獲全勝。官渡戰後的曹操聲勢大漲，爾後七年陸續將袁紹餘部清除，北方由其統一。

三顧茅廬——諸葛亮為劉備轉運了！

三國人稱劉皇叔的劉備，字玄德，為今之河北涿縣人。被稱為皇叔是因為他乃西漢景帝之子中山靖王劉勝的後裔，但這純正血統並沒讓他日子比較好過，畢竟經過幾百年子孫繁衍，雖仍是姓劉，卻早已無啥雨露滋潤了。鏡頭帶到劉備家，劉父早逝，家徒四壁，劉母帶著劉備過著「販履織席」的貧寒日子。在這麼艱困環境下長成的劉備，會是什麼性格呢？根據《三國志．蜀書．先主傳第二》的記載，劉備話少、對人好、喜怒不形於色，情緒智商不錯，喜歡跟豪俠之士交朋友，許多年輕人喜歡跟著他轉。這時中山國有位大商人張世平、蘇雙，看出相貌不凡的劉備，未來必是「奇貨可居」（眼光不輸呂不韋），就拿錢投資劉備，讓他有能力跟這些粉絲朋友搏感情。

黃巾賊之亂讓中原混戰四起，只要手中有兵就能割據一方，彼此之間還不斷攻伐，簡直亂上加亂。

亂世中劉備也領了雜湊的部隊參一腳，但因為不成氣候，先後依附過公孫瓚、陶謙、呂布、曹操、袁紹、劉表等大咖，卻始終混不出名堂。劉備跟部眾宛如亂世吉普賽，幾番起伏、聚散，地盤時有時無，混得相當辛苦。劉皇叔到底要混到何時才會出運？當然是等諸葛亮出現，他的人生就變彩色了！

諸葛亮，字孔明，今日山東沂水人士，人稱臥龍先生。為什麼會稱臥龍先生？這就跟曹操有點關係。豫章太守諸葛玄帶著姪子諸葛亮、諸葛均兄弟過活，後來諸葛玄被曹操趕走，沒多久就因病亡故。諸葛亮、諸葛均兄弟便搬遷到距今襄陽城西約念里的隆中臥龍崗居住，所以臥龍先生便是由此而來。

再厲害的人若沒有貴人引薦，也只能孤芳自賞。話說劉備屯駐南陽郡新野縣之際，邂逅徐庶並對其相當欣賞，徐庶為報答劉備知遇之恩，就推薦滿腹經綸且精通政治、軍事的臥龍先生——諸葛亮給劉備認識，並介紹他可助其成就大業。起初劉備搞不清楚狀況，請徐庶把諸葛亮帶來見他，徐庶立刻提點道：「這位諸葛先生只能您去見他，紆尊降貴才見求才若渴之心。」接下來的事大家都知道啦——三顧茅廬！劉備前後總共造訪三次，才見到傳說中的臥龍先生。劉備在諸葛亮的輔佐之下，才能在三國亂世掙得一席之地，扭轉命運。

三顧茅廬在《三國志・蜀書・諸葛亮傳第五》裡只有簡短介紹——「由是先主遂詣亮，凡三往，乃見。」但是在《三國演義》裡卻宛如戲劇般的「三顧茅廬」，第一顧他不在，只遇到崔州平；第二顧桃園三兄弟冒雪同往，他又不在，但途中遇到石廣元與孟公威，在家中見到其弟諸葛均，返程途中遇見諸葛亮岳父黃承彥；第三顧諸葛亮終於在家但在午睡，劉備一直耐心等他睡醒才便表達來意，兩人一見如故，直接切進天下大勢主題快意暢談，臥龍先生為劉備定下三分天下的策略。

劉備與諸葛亮的完美組合達陣！劉備的用心與謙卑打動了諸葛亮的心，願意下山輔佐他成就大業。三國至此，曹操與劉備都準備妥當，就等第三咖到位了。

一　赤壁之戰——東吳躋身三國第三咖

官渡大戰之後曹操逐步統一北方，在西元二〇八年開始整軍南下收拾山河，第一步便鎖定劉表。可憐劉表陣營，曹軍還沒到荊州就傳來劉表病故的消息，繼位的劉琮懼怕曹操大軍壓境，未戰先降。消息傳到樊城，駐守此地的劉備打算盡快撤到江陵。曹操哪肯放過他？立刻率五千輕騎追殺，兩軍在當陽長阪坡遭遇，劉皇叔兵敗，江陵落入曹操之手。

曹操從江陵打算沿著長江往東打，一路快速推展，眼看就要抵達夏口。諸葛亮說話了：「主公，情勢不妙，向孫權搬救兵吧！」

其實孫權對曹劉二軍的動態亦極為關注，若劉皇叔再撐不住，荊州就岌岌可危了。當諸葛亮勸說劉備時，東吳使者魯肅也趕到，邀請劉備與東吳聯合抗曹。雙方既然有共識，劉備便派諸葛亮與魯肅同往柴桑，與孫權商量大計。

兩個陣營要聯手談何容易？儘管有共識，但諸葛亮深知說服東吳不要三心兩意，才是柴桑會面的重頭戲。面見孫權時，諸葛亮為其分析當前情勢：曹操取得荊州的下一步就是直搗東吳。若不想被曹操所吞，就早日與曹操切斷，誓死抵抗不做二想，否則就早早求降吧！舉棋不定只會自陷險境。孫權認同諸葛亮的說法，諸葛亮針對敵我兩軍狀況再做深度分析，句句說中孫權心意。至此，兩方合作再無芥蒂，孫權立刻召開軍事會議研商抗曹大計。

鏡頭轉到曹操大營，已備妥戰書送往東吳陣營。孫權打開戰書，劈頭就寫著曹操奉大漢皇帝之命南征，領八十萬水軍與將軍一決雌雄。孫權把戰書傳下請大臣瞧瞧，眾臣莫不臉色大變。

老臣張昭建言道：「曹操假天子之名出師，東吳若要出兵抵抗便是大逆！而且現在曹操荊州在握，麾下又有戰船千艘，屆時水陸雙殺，我方縱有長江天險也難以自保，不如降了吧！」既然老臣張昭都開口了，朝中附和之聲不絕於耳。孫權不動聲色但心中頗不以為然，放下一干嗡嗡朝臣走到廊邊沉思，魯肅機靈地跟上主子。一看到魯肅，孫權要他發表看法。魯肅直言道：投降之事，我做可以，您就不可以。畢竟降了曹操，我還可以撈個州郡官員的職缺，沒差。但將軍您降了，江東六郡給了曹操，您要幹什麼去呢？孫權看著魯肅，沒錯！你說的正是我想的，所以才會對那般臣子失望透頂。

既然心意已決，孫權把投降二字拋進長江裡，開始調兵遣將——命令周瑜為都督，領三萬水軍與劉備協同作戰抗曹。周瑜領命後率軍出發，在赤壁遭遇曹軍前哨。

鏡頭轉向曹營。北方來的曹軍對南方水土難服且疫病上身，一開打便吃敗仗，不得不退回長江北岸。守住南岸的周瑜，觀察對岸曹軍在戰船上暈得七暈八素，竟然要靠鐵索串聯船隻以增加船隻的平穩，這些北方漢子才勉強可以在船上行動。這些狀況東吳大軍看在眼裡，黃蓋便向周瑜提議：敵眾我寡宜速戰速決，如今曹軍以鐵索把戰船栓成一串，不如用火攻最能奏效。

周瑜一聽也覺得是好計，但要好好鋪梗才不會引起曹軍懷疑。於是便讓黃蓋修書一封予曹操，表明黃蓋投靠曹營之心。曹操不疑有他，沾沾自喜。曹操上鉤之後，周瑜陣營開始忙碌——準備十艘裝滿乾柴的大船，先澆油再蒙上布然後插上旗子。一切都就緒了，神奇的事發生了——在嚴寒的十一月忽然來個小陽春，甚至颳起東南風！黃蓋趁著風勢在夜裡揚帆往北駛向曹軍陣營。

曹軍一看東吳大將帶船隊投靠，全都擠到船頭來一睹歷史畫面。當東吳船隊駛到距北岸僅兩里處突然冒出火光，霎時間風勢助長火勢，十條大船成了十個大火球往曹營裡砸。曹營戰船都用鐵索栓一起，想逃都逃不掉，很快就陷入火海，連水寨都一起燒了！曹軍不是來不及逃生被大火燒死，就是跳進長江因不諳水性給淹死。總之，曹營被這場突如其來的大火搞得一片混亂。

周瑜看時機成熟，立刻帶兵渡江，擂鼓進擊，已然心慌奔逃的曹軍以為東吳大軍殺來，嚇得四散奔逃。曹操顧不得顏面，領著殘存的兵往華容道逃命去也。但是劉備、周瑜水陸並進追擊，曹操幾十萬大軍竟折騰大半，只好緊急指派曹仁、徐晃、樂進等死守江陵、襄陽，曹操退回北方再做打算。

赤壁之戰，劉備與孫權合作成功，至此東吳坐穩三國的第三咖，三國鼎立之勢正式成局。

東漢謝幕——曹丕廢漢建魏

曹操於西元二二〇年逝世，當時魏王太子曹丕在鄴城（今河南安陽北），收到噩耗當即放聲痛哭。此時中庶子司馬孚提點他：先王駕崩，天下有賴殿下做主。怎麼可以如普通百姓般只知哭泣呢？曹丕好不容易止住哭泣，點頭回應司馬孚的提點。當此時朝中諸臣也因曹操之死，哭到連隊伍都排不起來。司馬孚又發揮了作用：君王去世固然傷心，但大家應速速拜立新君以穩住國家，光是哭有何用？

曹丕讓大臣通通退朝，開始料理父王的喪事。但大臣們又有疑慮——是否應該等皇帝詔命再開始？尚書陳矯卻認為，先王在外地逝世，舉國不安，太子理當節哀並繼承王位以服天下人心。再說先王還有其他兒子深受寵愛，在一旁伺機擁立，萬一等詔令期間橫生枝節，國家就危險了。此話一出大家就通通閉嘴，曹丕立刻著人在一天之內把喪禮籌辦妥當，翌日一早曹丕假王后之名傳令：太子即位為魏王。後來漢獻帝並未多說什麼，不但將丞相官印和魏王璽授予曹丕，甚至還讓其兼任冀州牧。

同年十月，擔任傀儡皇帝三十多年的漢獻帝終於到頭了，導火線是曹丕自導自演的群臣上書請其稱帝事件。漢獻帝配合曹丕演出一場「禪讓」大戲，曹丕故作姿態推辭一下，終於在眾望所歸的熱烈期盼中接下玉璽。劉家天下終於成了曹家天下，曹丕正式稱帝建國號魏，就是魏文帝，首都定於洛陽，其父曹操被尊為太祖武皇帝。至於配合演出的漢獻帝，則被貶為山陽公，東漢至此滅亡。

一　樂不思蜀——劉阿斗因笨而得善終

三國中的大咖曹魏，終於在曹丕手中廢漢建魏，當了真正的皇帝。鏡頭轉向入蜀的劉備，此刻劉備之子劉禪已接棒為蜀後主。

蜀後主劉禪的小名叫阿斗，人如其名，是個爛泥敷不上牆的不懂事孩子。蜀漢被魏滅亡之後，阿斗本來還留在成都，但司馬昭想想還是把阿斗弄出來，免得夜長夢多被有心人煽動，遂派賈充將劉禪送至洛陽，隨行的是位階不高的郤正與劉通兩位官員。還好有他們二人在身邊指點阿斗如何應對進退，否則憑阿斗的能耐，應該很難在洛陽混下去。

後來司馬昭以魏元帝之名封劉禪做安樂公，當然劉家子孫與蜀漢一幫臣子多封為侯，一方面做給世人看魏帝的寬厚，一方面也是希望蜀地盡快恢復平靜，以利接收統治。可惜阿斗連魏朝這一點心機都看不懂，還千恩萬謝這莫大恩典。

司馬家向來心機重、城府深，看阿斗在洛陽快快樂樂地做他的安樂公，難免疑心他是真的笨還是演技太棒？於是司馬昭就邀請安樂公與一幫蜀漢大臣赴宴，席間杯觥交錯好不熱鬧，司馬昭就跟阿斗說：「安樂公你來洛陽也有一段時間了，今天特別表演一段蜀國舞蹈，讓您開心開心！」舞蹈一開場，蜀國臣子莫不湧起思鄉之情與亡國之恨，唯有安樂公看得興味盎然，一點也沒憂思之情。司馬昭事後跟賈衝談起此事，嘆道：「蜀漢在劉禪手裡就算諸葛亮再世也沒救了，更何況是姜維。」

司馬昭只試探阿斗一次還不放心，沒過幾天他找到機會又跟阿斗聊上，問道：「你想不想回家鄉啊？」安樂公回答得很絕：「這兒有歌舞美酒太好玩了，」哪捨得回家鄉！「樂不思蜀」這句成語就是從阿斗的神回答而來。因為阿斗的搞不清楚狀況，讓司馬昭放下心防留他小命一條，得以快快樂樂地終老洛陽。

第11章

華夏之兩晉天下一言難盡……

在司馬家權謀心機的運作之下三國收場，一統天下的晉朝誕生，其國祚從西元二六五至四二〇年並不算短，但驚心動魄的程度卻是名列前茅，終於天下又在司馬家手中分裂成南北朝。

三國其實在曹魏時已收拾得差不多了，西元二六五年司馬炎取而代之建立晉朝，定都洛陽，史稱「西晉」。西晉接下曹魏的統一大業，於西元二八〇年西晉滅孫吳，中原再次歸於一。但西晉的命盤很怪，司馬家好勇善戰又工心計，但偏愛推派柔弱駑鈍者即帝位，擺明了就是當現成的傀儡皇帝。所以很快就搞出「八王之亂」等禍事。皇室混亂壓不住局面，名門世族、土豪鉅富開始抓政權，滿朝皆其親朋子孫，搞得朝政像宗親大會，腐敗不可聞。西晉的羸弱腐敗看在北方部族眼裡，正是南下奪取的好時機，西元三一六年「五胡亂華」把西晉打趴。西元三一七年瑯琊王司馬睿在今之南京（當時稱建康）即帝位，史稱「東晉」。西晉與東晉史上合稱「兩晉」。

此時北方成為北方少數部族的天下，彼此爭戰不休，因此東晉才得以偏安喘口氣。

一 三國歸晉戰火熄

曹家雖然得了天下，但也未能長久得意。話說魏明帝曹睿駕崩之後，曹芳繼位並由老臣曹爽與司馬懿共同輔佐。曹爽與司馬懿常暗中較勁，前者氣焰張狂而後者老謀深算，終於在高平陵之變，司馬懿一舉奪權將曹爽處以斬刑，從此曹魏大權落入司馬懿之手，但他並沒有篡位曹魏，而是把這件大事留在身後，交給兒子司馬昭。

司馬懿過世之後，其子司馬昭接其位為丞相，繼續掌曹魏大權。司馬昭也學其父，自己不篡曹魏，把大事留給兒子司馬炎去辦。司馬炎接掌曹魏大政。遂於西元二六五年逼魏帝曹奐把帝位讓出來，司馬炎正式稱帝，建國號晉——史稱西晉。

司馬炎稱帝後深知當前還不是享受帝王生活的時刻，反而認真審度國內外情勢，體認到要穩固司馬家的天下，還有很多事情要做。首先要把國內人心穩住，一切隱患均須優先處理：

1. 前朝善後：由於司馬家之前對曹氏斬殺太過，以致曹氏對司馬家提防甚嚴，特別下詔書讓陳留王曹奐仍以皇帝儀仗出入，以皇家禮儀祭祖，公文書上不必對司馬炎稱臣，藉此收買前朝人心；

2. 蜀漢收攏：安排安樂公劉禪的子弟擔任駙馬都尉，以收攏蜀漢民心；

其次要讓百姓安居樂業，國力才能強化！因此司馬炎高舉仁義為治國方針，並仿效西漢推崇無為而治，讓百姓休養生息。為此特別向地方各郡國頒布五項詔書：

1. 正身。

2. 勤百姓。

3. 撫孤寡。
4. 敦本息末（即重農抑商）。
5. 精簡機構：裁撤政府冗員以減輕百姓稅賦。

最後才是目光向南，準備滅掉東吳，讓天下真正統一在司馬家手中。

鏡頭轉向東吳，此時的東吳早已今非昔比，尤其孫皓登基後更是江河日下，不但耽於逸樂，還殘暴異常，以剝皮挖眼等酷刑壓迫百姓，搞得天怒人怨。西元二七九年時機成熟，眾臣勸晉武帝起兵滅東吳。於是晉武帝發兵二十萬，分成五路南下，沿著長江北岸向吳軍多路齊頭進擊，一路勢如破竹，打得東吳毫無招架餘地。孫皓收到前線兵敗的戰報嚇得不知所措，指派將軍張象帶水軍一萬對抗晉朝大軍。沒想到張象一看到晉軍戰船密布、旌旗蔽日的壯盛之勢，馬上豎白旗投降。

孫皓收到張象投降的戰報更是亂了套，這時水軍冒出一位將領名喚陶濬，自動請纓，並請陛下撥兩萬水軍與大型戰船，陶濬一副信心滿滿的模樣，好像已經胸有成竹，必能擊退進軍。孫皓不由分說立刻照辦，馬上陶濬就被封為大將，甚至連自己的御林軍都撥給他用。結果天命果然不在東吳，當陶濬船隊浩浩蕩蕩地出發時，江面倏地颳起超強北風，霎那間東吳戰船的旗幟被怪風拔起拋在江上，士兵看到這不吉凶兆，嚇得魂飛魄散，各自逃命。

最終晉軍直搗建業，大將王濬率八萬大軍上岸，降將張象叫開城門，晉軍湧入建業城。東吳大勢已去，孫皓聽從中書令胡沖的意見，仿效蜀後主劉禪脫衣反綁雙手出降。從西元二二〇元曹丕稱帝形成的三國鼎立之局，至此畫下句點，中原再次統一。

完成統一天下大業的司馬炎，把重點放在治理國家上，力拚民生與經濟議題。大刀闊斧地將前朝的屯田制改為占田制，男丁可占田畝七十，女子可占田畝三十，此一措施大大提升農業生產量，人口也隨之繁衍增加，滅吳當年西晉僅二百四十萬戶，兩年後大幅成長為三百七十一萬戶，讓久經戰火蹂躪的中土再次繁盛興旺。

讓西晉亂了套的晉惠帝

晉武帝司馬炎即位初期自奉儉樸，一心全在國家治理上，漸漸讓社會、百姓恢復元氣。到了晚期不免開始享受當皇帝的樂趣，大修宮室更耽於後宮，以致身體虧空，立誰做太子成為迫切之事。

從司馬懿算起，司馬家素以權謀心計著稱，但物極必反乃天下常理，到晉武帝司馬炎就生出司馬衷這位弱智皇子，更讓人跌破眼鏡的是司馬炎竟想立司馬衷為太子。滿朝文武大吃一驚，但誰也沒那個膽兒說：「皇上請另立太子。」其實晉武帝未嘗不知自己兒子腦袋欠佳，但究竟糟到什麼程度？天下父母心總是往好處想，於是晉武帝就準備了一份包含政事的考題，讓兒子來個準皇帝智商測驗。

司馬衷智商有問題，但是太子妃賈南風腦袋倒是挺靈光的，馬上找來老師當槍手代答，果然文采煥發、議論深刻。不過一旁的太監提了個醒，皇上對太子的能耐是知道的，不太可能忽然開竅寫出這樣厲害的論述啊！賈南風一聽就懂，趕緊找人重擬一份較為淺顯的稿子，讓太子依樣抄一遍。

皇帝老爸看了太子交上來的卷子，有問有答還算過關，心想兒子可能不是絕頂之才，但當個太平皇帝應該還是行的，也就不再提廢太子之事。

終於西元二九〇年，晉武帝來到生命的盡頭，臨終前對太子仍是不甚放心，於是立下遺詔讓岳父楊駿與弟弟汝南王司馬亮一起輔佐新帝。可惜千算萬算沒算到楊駿會跟女兒楊皇后一起偷天換日，另造一份假的遺詔把汝南王踢掉，由楊駿一人輔佐新帝。

晉武帝駕崩，太子司馬衷登基是為晉惠帝。歷史上有關晉惠帝的記載，大多是他出洋相的笑話。有回在御花園裡聽到蛙鳴，晉惠帝便問侍從：青蛙為官家叫抑或私家叫？侍從見怪不怪，應道：青蛙在官家地就是為官家叫，在私家地就是為私家叫。傻皇帝一聽才解惑，還賞這位侍從銀兩喔！

這還不算什麼，晉惠帝流傳最廣的笑話當屬這一則：某年因歉收大鬧飢荒，路有餓殍，臣子上奏災情卻反被傻皇帝問道：「好好的怎麼會餓死？」臣子趕緊稟覆：「因為災荒以致糧食歉收，沒有米糧可吃所以餓死。」傻皇帝一聽反問道：「何不食肉糜？」

誰也不服誰的鬩牆禍事——八王之亂

歷朝開國皇帝都會記取前朝教訓，以免重蹈覆轍。晉武帝也一樣，為了讓司馬家永保天下，於是大封司馬家兄弟子姪為王，架起一圈鞏固皇權的保護網，以免像曹魏未能把皇權一把抓，才會落到江山易主。儘管晉武帝機關算盡，做了自認為萬無一失的安排，卻沒算到同姓諸王手握兵權也會造反。

話說晉惠帝登基之後，楊駿大權在握，學司馬家那套權謀來處置不聽話的朝臣，殊不知皇太后家贏者全拿，已經惹毛了皇后賈南風及司馬家宗室。

賈南風是個狠角色，私底下與司馬諸王結成同一陣線，借諸王之手進京除掉楊駿。賈南風的提議正中諸王下懷，馬上動身啟程。此時賈南風遂假惠帝之名下詔書，指楊駿謀反要諸王進京勤王。楚王司馬瑋的部隊與皇宮衛隊相呼應，不僅殺了楊駿還誅三族，連帶楊駿一黨的官員都腦袋搬家。

至此，楊駿勢力算是連根拔除了。賈后擔心政局動盪，遂召請汝南王司馬亮輔政。結果獅子走了狼來了！汝南王也不是好惹的，一掌權就拿楚王司馬瑋開刀，立刻收其兵權。賈后一看不妙，司馬諸王個個心懷鬼胎，不如讓他們自相殘殺，通通除掉豈不天下歸我賈家！於是，賈后哄惠帝下詔，說是派楚王去殺汝南王全家，事成之後再給楚王扣上擅自殘殺朝廷重臣的帽子，送他上西天。賈南風靠著傻皇帝罩她，把素以權謀著稱的司馬家玩弄於股掌之間，終於將西晉納為囊中物。

儘管賈后呼風喚雨，風光無限，但有一個致命的罩門──沒有生兒子，所以太子是其他妃嬪所生，這表示未來的皇帝不是她生的，現在一切的努力都將白費。於是賈后自導自演一齣假孕戲，瓜熟蒂落時就將自己的外甥抱來冒充，而且以迅雷不及掩耳的速度，廢掉太子改立自己的兒子。但假孕假兒子的傳聞鬧得沸沸揚揚，引起宗室的公憤，以賈后篡奪司馬家天下之名，義正嚴辭地出兵討伐。其中以趙王司馬倫手腳最快，不但廢了賈后送上西天，也順道把晉惠帝廢了，皇帝大位換他坐。

齊王司馬冏在許昌駐守地聽到趙王稱帝的消息，超不是滋味，立刻發出檄文邀司馬諸王包括成都王司馬穎、河間王司馬顒等，一起討伐司馬倫這不自量力的傢伙。聯軍進洛陽一舉殺掉司馬倫，這回換齊王司馬冏當頭，結果很快就淪陷在權力與酒色的泥淖中，給長沙王司馬乂起兵討伐的口實，司馬顒經一番利害考量後上表司馬冏罪狀，與司馬乂興兵討伐首都洛陽，司馬冏得知消息，派遣其將董艾攻襲司馬乂，司馬乂連同其黨羽百多人，乘車飛奔皇宮，以奉天子的名義攻打司馬冏府第，火燒諸觀閣及千秋、神武門，連戰三日，司馬冏戰敗被斬於閶闔門外。

野心勃勃的司馬乂打蛇順杆爬，順勢登上朝堂大剌剌地把朝政大權一把抓。此舉立刻惹毛了職業龍套司馬顒與司馬穎，哥倆好聯合出兵洛陽，討伐司馬乂。三位司馬大戰方酣，殊不知洛陽城內的東海王司馬越黃雀在後，看準時機偷襲司馬乂，不手軟地將他燒死。但是畢竟司馬穎打進洛陽的經驗豐富，馬上就入主洛陽，自封為丞相，大權換到司馬穎手中。

司馬越心裡超不平衡，明明司馬乂是他解決的，為什麼是司馬穎得到大位？於是司馬越打著惠帝名號，還學曹操那套挾天子以令諸侯的手段，挾持惠帝與之一起師出有名地討伐司馬穎。結果不幸反被司馬穎打敗，只得夾著尾巴逃，不甘心的司馬越立刻找了勢力強大的王浚結盟，一起出兵打關中。

值此同時，河間王司馬顒握有長安，隔岸觀賞司馬越與司馬穎大戰，結果司馬越敗走，司馬穎也元氣大傷，心機重的司馬顒不動聲色地將司馬穎排擠出權力圈。司馬越舉兵的王牌晉惠帝，身不由己地轉台到司馬顒這兒，他左手控制晉惠帝，右手緊抓朝政大權，終於換他風光神氣了。但也沒風光多久，司馬越和王浚就打到家門口，氣勢銳不可當，一下子惠帝、司馬穎與司馬顒又被通通請回洛陽，被司馬越送上西天。

現在洛陽由司馬越當家，他敲定司馬熾登基坐皇帝大位，是為晉懷帝。以上就是歷史上著名的八王之亂。砍砍殺殺十六年的八王之亂，司馬家八個王掛掉七個，司馬家宗室實力大受影響，給了北邊與西邊異族可趁之機，趁著諸王亂戰而出兵中原大撈好處，無異讓江河日下的西晉更顯搖搖欲墜。

一 永嘉之禍——司馬睿南方建東晉

歷經八王之亂國力大受影響的西晉，晉懷帝永嘉四年發生永嘉之禍，匈奴建立的漢國虜了晉懷帝、殺了太子，將懷帝、宗室、官員、部隊與一堆老百姓都擄到北方。

鏡頭拉回永嘉元年（西元三〇七年）七月，當時琅琊王司馬睿接到朝廷派令，轉往建鄴駐防。司馬睿其實頗有來頭，他是司馬懿的長孫，算是洞見觀瞻的重量級司馬家成員。同時接到派令的還有大臣王衍之弟王澄，前往荊州擔任都督，還有其族弟王敦則被任命為揚州刺史。司馬睿初到建鄴時，由於名不見經傳又沒有聲望，因此被在地士族看成北方傖夫，嗤之以鼻。為了拉抬主子的身價，司馬睿的重要智囊、素有「江左管夷吾」美譽的王導（西元二七六至三三九年），決定以其北方士族的顯赫背景，幫主子抬轎。是年三月初三上巳節（又稱禊節），王導刻意放低身段跟在司馬睿身後，營造北方士族對司馬睿前呼後擁的推崇氣勢，果然讓南方士族目瞪口呆，認定司馬睿是個大咖，紛紛表態支持，就此奠定司馬睿在南方的領導地位。

之後西晉急轉直下，終於在建興四年（三一六年）十一月，晉愍帝向漢國投降，西晉算是亡了，正式走進歷史。古代通訊不發達，愍帝投降劉聰被殺的消息，在建鄴的琅琊王直到建興五年（西元三一七年）三月才知道。琅琊王幕僚紛紛勸進司馬睿稱帝，值此晉朝生死存亡之際，司馬睿為了穩住司馬家的天下，於建康（避愍帝司馬鄴的諱故改稱）帝位為晉元帝，東晉也由此展開。

新帝登基要收攏天下人心，發出三支箭——第一支箭改元大興，第二支箭大赦天下，第三支箭滿朝文武通通官升二級，皆大歡喜。

東晉基本上是西晉的延續，政治基調是一樣的，仍由名門士族掌握政權。可以想見北方豪門望族因戰亂播遷到南方的浩大遷徙場面，所謂「中州士女避亂江左者十之六七」，對南方政治、百姓與經濟的衝擊不可謂不大，也為東晉埋下不安動盪的種子。

才、畫、癡三絕的畫聖顧愷之

東晉時期藝術風氣極盛，名家輩出，尤其書畫藝術的發展更是登峰造極，宗師級的人物紛紛登場。其中最著名的人物首推畫家顧愷之。

顧愷之，字長康，小字虎頭，晉陵（今江蘇無錫）人，出身書香門第的仕宦之家，天才早慧，學識淵博，能詩善賦，不僅寫了一手絕妙書法，在繪畫領域上更以人物獨占鰲頭，是東晉最為著稱的人物畫家。

如果顧愷之畫人物只是形似那就不稀奇了，厲害的是他以宛如春蠶吐絲的線條描繪出的人物個個生動傳神，藉由遷想妙得有所領悟，透過以形寫神的手法，達到氣韻生動、形神兼備的境界。後世對顧愷之的評價極高，稱其有三絕，所謂才絕、畫絕、癡絕！以此讚嘆顧愷之的多元才華、繪畫境界與專心致志於藝術追求的痴勁兒。

顧愷之的人物畫多從日常生活取材，頗有古代寫實主義風範，其作品有《司馬宣王像》、《謝安像》、《劉牢之像》、《王安期像》、《阮脩像》、《阮咸像》、《晉帝相列像》、《司馬宣王並魏二太子像》、《桂陽王美人圖》、《蕩舟圖》、《夏禹治水圖》，以及《虎豹雜鷙鳥圖》、《鳧雁水鳥圖》、《廬山會圖》、《水府圖》、《行三龍圖》等，可惜散失者眾，如今傳侍者僅《洛神賦圖》、《女史箴圖》、《列女仁智圖》卷等摹本，彌足珍貴。

慧眼、白鵝、蘭亭會——書聖王羲之

晉朝政治的混亂雖然讓人不敢恭維，但藝術成就卻令人刮目相看。東晉時期出了一位「書聖」王羲之。

王羲之，字逸少，號澹齋，籍貫是琅琊（今山東臨沂）人。曾經在朝擔任過祕書郎、寧遠將軍、江州刺史、會稽內史領右將軍（右將軍為職級非帶兵軍職）等官，但這些資歷都沒讓他永傳不朽，反而是他那一手絕妙書法讓他名垂千古。後人喜以做官職銜為敬稱，所以王羲之也被稱為王右軍或王會稽。

王羲之自幼喜愛書法，七歲就愛寫字。有關王羲之愛寫成癡的軼事甚多，例如每天行住坐臥之間手指都在衣服上點畫不休，不斷揣摩字的寫法與結構，結果衣服不知不覺地都寫破了。最有名的當屬他每天練完字之後在自家池塘洗筆硯，結果一池清水洗成一池墨水，可見其練字之勤與堅持的毅力。

王羲之還是很多成語典故的源頭！

獨具慧眼——王羲之十三歲還是個晚熟的遲鈍少年，有一天去拜見吏部尚書周顗，當時尚書府正在大宴賓客，大菜「牛心炙」上桌。照慣例主人要把這道菜敬給主客，沒想到周顗竟然破例先將牛心炙切一塊給了愣頭愣腦的王羲之，引起席間騷動。後來事實證明，周顗果然慧眼獨具，看出王羲之將來必成大器，也從這一塊牛心炙讓士族貴客們認識了王羲之。

袒腹東床——成年的王羲之退去年少的青澀，不僅口齒變伶俐，就連性格也變得坦率，對於世俗禮節不太搭理。由於晉朝的權勢都掌握在幾個士族手中，士族間每每互相聯姻，以鎖住權勢不外流。話說當時太尉郗鑒擬與王氏大族聯姻，特別派人來王家挑女婿。這時宰相王導就發號施令，把王家適婚年齡的男子都召集來，於是一個個精心裝扮的翩翩男子都在東廂房正襟危坐，等著雀屏中選。太尉府的人挑來挑去，最後卻打聽那位在東床上袒腹大睡，完全不把選婿當一回事兒的男子究竟何許人也？哈，那就是王導的姪子王羲之！結果太尉就把女兒許配給王羲之了。

王羲之的王氏家族在東晉相當顯赫，宰相王導正是他的伯父，當時大家都說：「王與馬，共天下。」儘管身在士族，但王羲之對做官仕途卻是意興闌珊。他的好友揚州刺史殷浩便勸他，與其推辭官職不如選一個山明水秀之地去當個地方官，天天賞心悅目，人也會神清氣爽，並大力推薦山清水秀的會稽。於是王羲之就去會稽當內史。

王羲之任職會稽內史果然是個極佳選擇，在這兒他與謝安、孫綽等四十餘位知名文人，於永和九年三月初三上巳節，在會稽山陰（今浙江紹興）的蘭亭聚會遊宴，曲水流觴，賦詩助興，得詩作佳構四十首編成《蘭亭集》。王羲之特別揮毫為序，儘管才二十八行三百二十四字，但筆走龍蛇，酣暢淋漓，氣象萬千，成就了王羲之名垂千古的書法經典之作《蘭亭集序》。時至今日，《蘭亭集序》仍是學書者必臨摹的行書經典。

王羲之上承漢魏書法精華，開創出獨到的新氣象——結構嚴謹但筆勢開闔自如，氣韻靈活俊朗，別有一番自在灑脫。民間有不少故事跟王羲之的書法有關喔！

王羲之與白鵝也是頗有淵源，其典故來自一位山陰的道士非常欣賞王羲之的書法，想請他手書一份《道德經》，但被王羲之拒絕了。道士不願放棄，遂四處打聽王羲之有何偏好？終於探得王羲之酷愛大白鵝，欣賞鵝掌划水來揣摩手腕的動作，讓運筆更見靈活勁道。正好道士豢養了兩隻白鵝，皆非俗物，堪稱鵝中龍鳳，便把一雙俊俏優美的大白鵝帶給王羲之鑑賞，果然深得王羲之喜愛。道士趁機提出以鵝換書的要求。王羲之二話不說，立刻揮毫寫成《道德經》予道士，開開心心把一雙大白鵝帶回家。於是書成換白鵝的典故流傳後世，成為其灑脫性情的最佳註腳。

另一則故事則是點出世人對王羲之書法的瘋狂，王羲之樂得以此助人。話說王羲之晃到蕺山，正好有位老嫗在路邊販售六角竹扇卻乏人問津，王羲之在一旁瞅了好一會兒，想到一個好法子幫老嫗的忙——弄來筆墨當場幫老嫗在竹扇上揮毫。老嫗一看不得了，好好的竹扇給畫成這樣怎麼賣啊！王羲之老神在在地跟老嫗講：「老夫人您儘管說是王右軍寫的，一把賣百錢沒問題！」果然大家一聽是王右軍的墨寶，老嫗的六角竹扇立刻被搶購一空。

謀士崔浩真神——北魏征伐柔然始末

說起拓跋部可能大家不熟悉，但說起北魏就知道了。晉朝南遷建立東晉時，當時拓跋部還未崛起，仍是一個在中原東北方游牧的部族。但是拓跋部很努力吸納中原文化，不斷開化進步，延攬中土的士人輔佐，逐步建立了國家的雛型與經濟規模。西元三八六年，拓跋部已非吳下阿蒙，在鮮卑貴族拓跋燾的領導之下建立北魏，正式在北方嶄露頭角，北魏朝廷廣納漢族的士人菁英擔任謀士，崔浩正是其中的佼佼者。

北魏的崛起讓北方各族的勢力產生消長，漸漸有了統一的曙光。但是北魏也有其外部隱憂，那就是在其更北方、同為遊牧民族的柔然，柔然自認地處偏遠北魏無力追剿，遂頻繁南下侵擾北魏邊境，燒殺之餘的是擄掠百姓與牲畜。北魏對這個北方惡鄰著實感到頭痛萬分，滿朝文武對於是否征伐柔然，鬧得不可開交，卻始終無一定論。

西元四二九年，北魏太武帝拓跋燾，鐵了心要教訓柔然。朝廷上自然又是一番辯論，反對聲浪頗占上風。以尚書令劉潔、左僕射安原、黃門侍郎赫連昌等人為首的反對派，主要論點是認為柔然是不毛之地，即使打贏了也沒啥利益，更何況當下時機並未成熟，萬一大軍北征時南朝趁虛而入，豈不完蛋。聽起來滿有道理的。結果頭牌謀士崔浩說話了，他竟然百分百贊成北伐柔然，大家吃驚之餘都想聽聽他的論點，反對派更火力全開，與崔浩展開激辯。

崔浩分析當前情勢給拓跋燾與反對派大臣聽：「首先他駁斥柔然為不毛之地的說法，要漢族同僚別忘記現在的主子北魏也是遊牧民族，漠北水草豐美的草原才是主子眼中的肥沃之地，更何況柔然一直都是北魏的從屬，如今生出不臣之心當然要去討伐，師出有名，不戰不行。昔日漢族要從南往北打，不僅路途遙遠，而且游牧部族的行蹤飄忽不定，難以掌握，自然困難重重。而今北魏也是遊牧民族，大家都善騎又能射，豈有懼戰之理？柔然屢次侵擾北魏邊境，若是一直姑息，日後必成大患，不但百姓、國家永無寧日，統一北方也成夢幻泡影。」

這時有人拋出北伐柔然不是小事，怎麼可能大軍出動而不驚動柔然，屆時柔然必定往北逃竄，豈不白跑那麼遠？萬一南朝趁虛而入怎麼辦？

崔浩指出，「大家想想以前劉裕派愛子率數萬精兵守關中都守不住，現在北魏正是國力鼎盛之時，南朝絕不會出兵北上自討沒趣，就算北伐柔然曠日耗時，也不足以讓南朝北上扯我們的後腿，所以根本不用考慮這個杞人憂天的假設。反而是遠在北方邊陲的柔然，認定我們鞭長莫及必然疏於防範，只要北魏出兵動作精準快速，必能攻其不備將之消滅，以除後患。」

反對派被崔浩說得啞口無言，拓跋燾立刻拍板確定攻打柔然。果然一切發展如崔浩所料，南朝完全沒趁虛北上的念頭，柔然也萬萬沒料到北魏會奇襲出兵，直搗黃龍。北魏統一北方的大業因此大大邁進一步。

一 打破苻堅南北統一大夢的淝水之戰

東晉在南方安身立命之際，中國北方正處於五胡十六國的混戰時期。直到前秦統一北方開始眼光向南，揮兵打下東晉轄下的梁州與益州，再攻下襄陽、彭城等地，頗有一統天下，滅亡東晉的雄心壯志。

戰雲密布的前秦建元十九年（西元三八三年）七月，前秦朝廷文武百官都極力勸諫秦王苻堅不要冒然揮軍攻打東晉。但是手氣正順的苻堅哪裡肯聽？是年八月，苻堅親率六十萬步兵、二十七萬騎兵、三萬羽林郎（禁衛軍），共計九十萬前秦大軍，水陸齊發，南下攻晉。嫻熟行軍布陣者看到這種陣仗，不是驚嘆而是驚嚇，因為苻堅此舉極為冒險，一下子拉出長達數千公里的綿長戰線，而且各路兵馬是從駐地前來會合，例如後續的涼州部隊九月方抵咸陽，西路蜀漢部隊才順江而下，而東路幽冀部隊始達彭城，大軍兵力十分分散，實難首尾兼顧。

反觀東晉，強敵壓境退無可退，全國上下口徑一致，跟前秦對抗。當時東晉的宰相謝安，處變不驚，調度謝石、謝玄、謝琰等將領，率水陸軍區區八萬，奔赴淮水前線，力阻前秦攻勢；另指派胡彬領五千水軍，往壽陽增援抗秦。

十月十八日，在苻堅之弟苻融率領地前鋒部隊凌厲攻勢之下壽陽失守，守將徐元喜被俘；秦軍慕容垂也不甘示弱，同時攻下鄖城；胡彬增援的水軍在途中收到壽陽淪陷的情報，當即退到硤石以備與謝石、謝玄大軍會合。沒想到苻融趁勝，續攻硤石，其部將梁成率五萬大軍前進洛澗，淮河交通被其截斷，擬以此阻斷胡彬退路。胡彬兵困糧絕，遂派人向謝石緊急送求救信，倒楣的是這封信被苻融攔截到，立即向苻堅報告並建議他趕快派兵攻打，別讓晉軍有活路。

苻堅據報，立即調度八千騎兵直奔壽陽，同時派晉之降將朱序前往勸降謝石，沒想到朱序反而陣前倒戈，將前秦狀況向謝石稟報，建議他要搶在秦軍完成集結之前先下手為強。謝石當即要謝玄把最猛的戰將劉牢之調來出緊急任務，帶五千強悍的驃騎連夜度過洛澗，執行突襲梁成大營任務。果然梁成和麾下十位強將均丟了腦袋，部隊被殲滅一萬五千餘人，元氣大傷！晉軍士氣就此沸騰，直逼淝水東岸而去。

苻堅在壽陽沒看到預期的大勝場景，反而看到晉軍在對岸布陣的壯盛軍容，一時心慌把附近八公山上的樹木芒草都看成士兵，頓時草木皆兵，心生驚懼。對戰的謝玄看準前秦大軍已兵疲馬困不想再戰，苻堅心煩意亂只想速速決戰的浮躁態度，遂對苻堅提出一個奇怪的要求：請秦營從淝水岸往後退一點，讓晉軍可以安全渡河展開決戰。秦營大將都覺得不可思議，紛紛強力反對。但獨獨苻堅一人堅持應允，因為他想趁晉軍渡河之際偷襲。於是大軍在苻堅一聲令下向後撤退，他也並未多做說明。沒想到秦軍一聽到向後撤退，也不知為何要退？要退多少？登時亂成一團。謝玄早就派了細作混到秦軍後方故作驚慌地喊道：敗了秦軍敗了！早已亂成一團的秦軍馬上爭相向後轉逃命去也！晉軍看機不可失立刻渡過淝水追擊。苻融一看苗頭不對，騎馬入陣要秦軍穩住別退，結果反而在亂中坐騎被擠倒，他的腦袋被晉軍砍了。徹底潰逃的前秦大軍被晉軍一直追到青岡！

苻堅一場南下攻打東晉的美夢，在淝水之戰被澆了一頭冷水，九十萬大軍出征有七十餘萬人被東晉部隊殲滅，僅唯有鮮卑慕容垂部統領之三萬兵馬未傳出什麼傷亡。淝水之戰不只粉碎了苻堅統一天下的美夢，就連費心搞定的北方也再度分崩離析，分裂更甚之前。其中在淝水之戰中保存實力的鮮卑族慕容垂，以及羌族姚萇等部族重新站上檯面，紛紛建國。曾經叱吒風雲的苻堅，在淝水之戰戰敗兩年後，遭姚萇俘虜殺害，前秦滅亡。

淝水之戰的勝利者是東晉，雖然此勝不足以妄想光復北方，但至少可以有效宣示南方尚有自保的實力，得以偏安江南，爭取百姓安居樂業、發展經濟的時間與空間。

第12章

華夏之南北朝對峙分天下……

天下分久必合，合久必分。歷經西晉的一統，東晉就成了偏安南方的局面，北方則進入五胡十六國時期。

自西元四二〇至五八九年是南北分裂對峙的南北朝。南朝打頭陣的是劉宋，西元四二〇年劉裕廢晉登上皇位，建國號宋，為南北朝揭開序幕！接著抽號碼牌的是齊、梁、陳。北朝以北魏打頭陣，之後是西魏、東魏、北齊、北周。南北各自混亂，誰也吞不了誰，始終維持南北對峙的形勢。

儘管各國均國事如麻，但南北朝卻是文學異常發達、充滿活力的奔放年代，詩、賦、小說等文學類型之體裁，都在此時奠定形式大力開展。

南朝歷宋、齊、梁、陳四代八帝，總計五十九年；北朝自北魏消滅北涼統一華北之後起算，歷東西魏對峙、北齊、北周，直到楊堅廢周稱帝、滅南朝陳，南北朝正式落幕，進入隋朝一統的天下。

一 翻轉的力量——劉裕廢晉建宋

東晉末期北方前秦虎視眈眈，當時東晉最厲害的一支部隊就是北府兵。北府兵的由來，當時亂世許多北方士族與百姓流亡到南方，聚集在京口，遂有北府之稱。而京口與歷陽俱為揚州重鎮，是攻防要地。北府居民非常勇猛強悍，以從軍為勇。當時謝玄到京口召募兵士，募得勇士無數，爾後在淝水之戰打前鋒大出鋒頭的劉牢之，就是出身京口，從此北府兵的名號成了打勝仗的保證。

劉牢之麾下有一名善戰能將劉裕，字德輿，小名喚作寄奴，相傳是漢高祖劉邦之弟、楚元王劉交的後裔，東晉初期從彭城往南遷到京口。劉家雖然流著高貴的血脈，實際上卻過得極其貧困艱難，劉裕過著農夫加樵夫加漁夫兼賣草鞋的生活。讀書？想得美！西元三九九年劉裕投入劉牢之的帳下，由於驍勇強悍，縱橫沙場頗有戰功，而且他和其他部將很不一樣，當其他部隊利用戰爭大肆劫掠時，劉裕的部隊紀律井然，決不搶奪擾民，因此民心所向讓他成為北府兵之中最有人氣的將領。

桓玄於西元四〇四年篡晉，激起眾怒，劉裕遂在京口號召反對人士，祕密籌畫攻打桓玄大計，還被推舉為盟主，可見其地位之特殊。平定桓玄之亂的劉裕，官運扶搖直上，官拜侍中、車騎將軍，一手掌握東晉兵權，戰功、聲望與實力迅速累積，但要取代司馬家登上帝位，還不是時候。

聰明的劉裕在西元四一〇年，發動第一次北伐親自率君平定南燕，讓自己名正言順升官當中書監，將朝權順利拿到手，開始除劉毅、諸葛長民、司馬休之等政敵，當然親信順勢擠身朝臣之列。嘗到甜頭的劉裕很快發動第二次北伐，將關中收復，功勞不小，當然要封賞！遂於西元四一八年大方受封為相國、宋公，可謂權傾天下，東晉第一人。

與其當東晉第一人，不如當天子痛快！於是劉裕在西元四二〇年在南部築壇，順理成章地登基為皇帝，改國號為宋，劉裕就成了歷史上的宋武帝。建立新王朝千頭萬緒，首都仍在建康（南京），但年號要改新的，故改元永初，而《秦始曆》也改用《永初曆》，失去江山的晉朝末代皇帝晉恭帝，當下沒有掉腦袋，而是被宋武帝貶為零陵王，但是留著前朝廢帝遲早會被有心人利用，所以西元四二一年六月零陵王被毒死，成為東晉王朝一百零四年十一帝的句點。而更為紛亂的南北朝時期，接檔開演。

血脈高貴卻出身貧寒的劉裕，記取東晉氏族把持朝權的教訓，對政治實力驚人的氏族頗為忌憚，因此決定翻轉，小吏小官換氏族高門來做，高官大臣刻意提拔寒門子弟擔綱。大家都是新手上路，所以一切宋武帝說了算，大權穩穩在握。

鏡頭拉到北方，勢力強大的鮮卑拓跋部將黃河流域統一建立魏國，與長江流域的劉宋南北對峙。兩邊都是能爭慣戰的狠角色，誰也別想吞掉誰，而中原文化與經濟一脈撐過東晉末期的混戰後，亦得以在劉宋強盛的武力下，偏安南方繼續發展。

一　魏國興起——文韜武略的拓跋珪

劉宋為南朝揭開序幕，北朝的第一棒魏國也已逐漸成形。

鏡頭往北來到西元三八六年，在各部的熱情擁戴之下，鮮卑族的拓跋珪即代王之位，同年便將國號改為魏，從此與晉朝劃清界線。在政治上，大量任用漢人入朝為官，例如以張袞為長史、許謙為右司馬；在治理百姓上，拓跋珪採取務農息民措施，以求休養生息，恢復民力；在國防上，積極爭取後燕之助，藉以制衡魏國內部的勢力爭鬥。

當內外都安排妥當，拓跋珪便準備向外開疆拓土，大展身手，遂於西元三八七年，頒布征戰勝利後按戰功行賞的指令。從西元三八八至三九七年，拓跋部的戰士為了爭取封賞，莫不衝鋒陷陣，奮勇殺敵，攻克了高車袁紇（回紇）部、高車（敕勒）部、劉衛辰部（南匈奴別支），光是虜獲的馬牛羊等牲口之數就達到數千萬頭！拓跋部戰鬥機器之名聲名遠播，所向披靡，黃河以南（河套）各部落紛紛來歸。至此，魏國兵強馬壯國富，開始南向進取中原。首先於西元三九七年攻破後燕國都城中山（河北定縣），至此黃河以北各州郡均劃入魏國版圖。

戰功彪炳，意氣風發的拓跋珪，於西元三九九年稱帝，是為魏道武帝，定都平城（山西大同）。南北朝對峙之勢成形。

主要由鮮卑人、漢人構成的魏國，在魏道武帝領導下，延續此前施政方針，自政治上任用漢人為官的政策繼續實行，魏國各項制度在漢人官吏的規劃下逐步制定完成；在治理百姓上，農業提倡力度加強，並將遊牧部落解散。儘管魏國國力不斷提升，但漢族與鮮卑族之間的對立卻日益尖銳，而魏道武帝與其鮮卑貴族間的利益衝突也愈來愈白熱化。

魏道武帝決定要讓鮮卑貴族與各部知道現在誰是老大，於西元四〇六年下詔書指出，漢高帝並非一般人眼見的布衣起家，而是受天命登基做皇帝，所以皇帝大位不是靠武力、權謀爭奪來的。奉勸大家理當謹守臣子本分，盡忠職守，才能長保榮祿，傳諸後世。詔書裡的這番話，其實是說給鮮卑大臣穆崇、拓跋儀等人聽的，提點他們不要以為殺了拓跋珪就可以當皇帝，如果天命輪不到你，一切只是癡心妄想。

正因為鮮卑貴族與大臣各懷鬼胎，使得魏道武帝處處疑心，搞得朝中大臣人心惶惶，深怕與皇帝獨處時一個不小心觸動皇帝的敏感神經，人頭就要喀嚓落地。不過朝中漢族大臣如崔宏、崔潔父子，因為頗得皇帝信用，倒是安然自在。神勇善戰，多疑難處的魏道武帝於西元四〇九年駕崩，太子旋即登基繼位，是為魏明元帝。

一 皇帝也會演戲——拓跋宏遷都

不論在古代還是現代，遷都都是一朝大事，等於把皇帝全家，以及國家的大腦與神經系統——文武百官與中央機構，通通大搬家，規模何其浩大。若皇帝不提出足以說服全國的理由，弄不好會搞得天怒人怨，是不可不慎重的國家大事。

北魏傳到魏高祖孝文帝拓跋宏，這位胸懷大志、渴望成就大業又傾慕中原文化的皇帝，心裡一直想往南遷都，直接讓魏國站在中原的核心，肯定比僻處北方空想圖謀霸業來得實際。魏國的都城其實已經搬過一次了，最初國都是建在盛樂，天興元年（西元三九八年）才遷至平城，現在又想遷都，朝野一定會反對的。

高祖傾慕中原文化至極，舉凡中原王朝會舉辦的各種國家大型祭典——祀堯舜、祭周公，以及國家推動的文治教化——尊奉孔子、興盛禮樂、端正風俗等等，都在魏國落實推行。光是在北地山寨中原還不夠，高祖還想直接入主中原，統一南北，所以遷都到中原會比較快達到目標。

可想而知，習慣在北方生活的朝臣與百姓對皇帝的中原大夢，一定是反對的。反對者的聲浪與擔心之處，高祖不是不知道，萬一朝野連成一氣來抗爭，有可能連龍椅都坐不穩。但魏高祖也不是省油的燈，為了達成目的決定採用迂迴戰法！

這日魏高祖召來眾臣，當場宣布我朝將出兵南下攻齊，群臣錯愕。之後高祖擇吉日詔令太常卿王諶針對南攻齊朝之事占卜。占卜結果得到「革」，高祖心中暗自叫好，這一卦真是卜到心坎裡。高祖當即正色宣布：占卜結果大吉，所謂湯武革命順天應人之兆也。儘管群臣聽得一頭糊塗，但沒人敢說半個不字。偏偏尚書任城王拓跋澄說話了！

這位拓跋澄指出，陛下此番問的是南伐齊朝，正是大展天威之際，若為應天順人的商湯、周武之卜，那確實是吉兆。但據他了解《易經》裡說的革是指更改體制，此番應為出兵揚威之事，跟更改體制是有些出入？要說是大吉，恐怕有點疑惑。高祖一聽拓跋澄的質疑，當下變臉：卜辭有所謂「大人虎變」，何來不吉之說？

儘管拓跋澄知道陛下這一趟是非出兵不可，但他就是搞不懂「革」卦根本就是牛頭不對馬嘴，陛下為何還堅持出兵？忍不住一直拋出疑問，搞到局面很僵。高祖心裡知道，自己這招是瞞不過拓跋澄這位明白人，遂於朝會後要拓跋澄到宮中來，很乾脆地告訴他原委——魏國地處北方，雖然以武力統一北方，但彼此文軌不一，要帶領國家進入文治局面，一直窩在北方確實很難有所發揮。所以遷都洛陽，立足中原，我這北方馬上得天下的皇帝有了漢族所謂的王者氣象，再藉助華夏文化能量，就能讓我朝走上文治之路。所以卜出革卦，可說是老天明鑒，卜出改革體制的吉卦，表示遷都之事可行。

講到這兒，高祖看著拓跋澄，想知道他的反應。拓跋澄這才恍然大悟，原來高祖打的是這個算盤，立刻表示贊同：「我朝遷都入主中原，控有中原而成統一大業，國家幸甚，百姓幸甚。」高祖這才鬆了一口氣，隨即詢問拓跋澄，群臣百姓依戀故土，會不會一聽到遷都之事就害怕，造成國家動盪？

拓跋澄笑著稟報陛下，這招迂迴之計著實高明，非常之事自然必須有非常之舉，也只有非常之人才能領會，總之陛下心意已決，眾人只有服從一途，不至於唱反調。聽了拓跋澄的分析，高祖開心直誇拓跋澄是他的張良，最懂他的心！君臣二人有了共識，心照不宣，高祖依計畫繼續為南伐之事準備，調集各地兵馬並大張旗鼓為出征渡河造橋，就這樣耗時兩個多月，一副來真的態勢。

終於來到太和十七年（西元四九三年）九月，秋高馬肥的季節，偏偏愁人秋雨湊熱鬧，但不減魏高祖全副武裝、揮軍南伐的氣勢。南伐大軍開拔在即，目標——渡河直往洛陽。群臣看惡夢恐要成真，紛紛跪在馬前請求高祖收回成命，尚書李沖更是磕頭死諫，跪請高祖萬萬不要貿然南伐，動搖國本。

高祖箭在弦上，不得不發，故作生氣地警告李沖不必多言，阻撓皇帝我統一天下的雄心霸圖！國有國法，勿再多言。這時不怕死的安定王拓跋休等也加入死諫行列，一干大臣哭著懇請高祖迴轉兵馬。高祖看時機成熟，才假做悻悻然地叱道：大軍南伐已經震動南北，怎能說轉就轉，豈不讓天下人訕笑！總之，今天既已出師，所謂劍已出鞘就不能無功收起，我軍即使不南伐好歹也要移都洛陽，才不會落人口實。而今時機絕佳，就這麼辦了，誰諫都不改。現在，請諸位大臣針對遷都表態，贊同者到我左邊，反對者到我右邊。

大家面面相覷，與其南伐動搖國本，遷都是比較好的選擇嗎？安定王拓跋休等臣子斟酌之後決定站到右邊，意思就是南伐、遷都均不贊成。倒是南安王拓跋楨說話了。他表示：聖德者不會同流於俗議，大成就者也不會遷就眾議而改變初衷，所以唯有非常人始能成就非常之舉。一國之事最慎重者就是皇居的選擇，倘若陛下遷都中原就不南伐的話，依臣所見遷都中原，王業自可順利拓展擴展，一舉兩得，舉國上下皆蒙其利。說到這兒，趕緊回頭和朝中同僚暗示，大夥兒權衡諸形勢幾成定局，只得齊聲：與其南伐，寧可遷都。最後這齣遷都大戲就在群臣馬前高呼萬歲聲中拍板定案。得遂心願的魏高祖開始建設洛陽，一步步完成遷都計畫。

一　亂世新星的誕生──趁亂而起的齊國

南北朝雖然各據南北成對峙之勢，有沒有按捺不住開打的時候？有，西元四五〇年，南朝宋國與北朝魏國都正值鼎盛時期，南北便打了起來。

北朝的魏太武帝親自率領十萬步騎出兵南下，目標是宋國懸瓠城。當時宋將陳憲死守城池，搞得魏國步騎也傷亡慘重，沒辦法只好退兵。既然魏國都開打了，宋國也不客氣，宋文帝隨即禮尚往來水陸兩師雙管齊下，分多路出兵北伐。魏國也不是軟腳蝦，魏太武帝馬上率百萬雄師渡過黃河積極應戰。兩軍對陣，戰況激烈，互有勝負！宋國這邊的將領柳元景、薛安都則是大破魏國洛州，陝城和潼關盡皆收復。可惜因主力部隊的將領王玄謨攻滑台吃大敗仗，所以宋文帝將大軍一併召回。

魏國擊潰宋軍主力後，於西元四五一年乘勝追擊再攻彭城，這回踢到鐵板，因為徐州刺史劉駿正是宋文帝之子，當然拚死也要守住，否則皇帝爸爸的顏面要往那兒擱？魏太武帝看討不到便宜，山不轉路轉，乾脆往南轉去打盱眙城，魏太武帝要派頭跟守城宋將臧質要酒喝，沒想到臧質有骨氣，不但不給酒，反而送來一罐屎尿，大大折辱了魏太武帝，害他臉面掛不住，氣得下令狂攻猛攻，一定要拿下盱眙城。經過三十個晝夜的血戰，雙方死傷慘重，魏軍戰死的士兵堆起來足足有城樓那麼高，都打成這樣了還是沒攻下盱眙城，魏太武帝只好摸摸鼻子吞下屎尿之辱，認賠走人。但他還捨不得就此打道回府，大軍再往南轉去打瓜步（今江蘇六合縣境），還放話要度過長江，直搗黃龍！搞得宋國長江沿岸嚴陣以待，家家戶戶的男丁都要上陣打仗，王公貴族大官子弟無一例外。此刻魏國大軍出征多時，兵疲馬困不說，缺糧才是真要命，再碰到打死不退的宋國守軍。看看占不到什麼便宜，只好悻悻然退兵。

北朝魏國以鮮卑族為主，鮮卑族善戰也夠狠，每回南下攻城掠地時，總是大肆屠殺宋國子民，燒毀房舍城鎮，少數命大的人就帶回北方當奴為僕。令人髮指的是，魏國軍隊喜歡把南朝老百姓（主要是漢族）當人肉盾牌打前鋒，鮮卑騎兵緊跟在後。可憐的百姓只要腳下一慢一個踉蹌，就會被後面的騎兵鐵蹄硬生生踏過，非常悽慘。

南北雙方歷經這幾回合的血戰，元氣都耗損不少，傷亡堪稱慘重，從此南北雙方有共識，不要再輕啟戰端，大家南北互相不犯，各自精采。

鏡頭轉向南朝宋國，宋文帝之後即位的是宋孝武帝，這位仁兄生性多疑，喜歡監視朝中骨幹大臣以及王侯，而且熱中派心腹到地方做典簽官，作用就是幫皇帝把手伸到地方去分權、掌權。如此作為搞得諸王侯席不安枕，人心惶惶，受不住此等折騰的人只好起兵造反。國力原本不差的宋國，就此陷入上下猜忌、骨肉相猜疑的殘酷鬧劇，而且愈演愈烈。至宋明帝時他把手足與子姪輩差不多都殺光了，只留下自家兒子。對親族都如此心狠手辣，對朝中大臣更是毫不留情，只要有所疑忌就推出去斬了。宋國在宋明帝恐怖統治的氛圍下，好多臣子為求活命紛紛往北逃往與南朝對峙的魏國。

打垮宋國最後的一根稻草，是善戰的徐州刺史薛安都等人，於西元四六六年也投降去了魏國，反過來與新東家合力出兵打舊主子。果然把宋國打得節節敗退，一舉把宋國位於淮河北岸的青、冀、徐、兗四州，還有豫州，以及淮河以西的九個郡通通納入魏國囊中。南朝的地圖至此務必重劃，因為國土大幅縮水。

以恐怖手段統治宋國的宋明帝駕崩之後，蒼梧王於西元四七二年繼位。結果新人新氣象——內亂快速升級，皇室親族與官民更加民不聊生！這時南兗州刺史蕭道成趁主子治國無方內亂加溫之際，開始集結、茁壯自身兵力，終於短短七年的時間，就把亂到不行的宋國幹掉，自立稱帝，國號齊，是為齊高帝。

慈悲裡的苦果——梁朝怪現象

南朝宋國被蕭道成的齊所取代，而齊朝陷入內亂時又被雍州刺史蕭衍趁機幹掉，不費吹灰之力建梁朝取而代之，蕭衍便是梁武帝。

梁武帝在位長達四十餘年，南朝的內亂因為新王朝的誕生而告一個段落，換北朝在亂了，自顧尚且不暇，因此南北相安無戰事。看到這裡您若以為梁武帝是南朝救星，可能太早下定論。梁武帝篤信佛教，勤於政事，生活節儉，各種宴會、大典都以蔬菜為主，不上牲畜。凡此種種，皆令僧眾信服。

但對於鞏固王權不擇手段，吸取晉朝大權在士族、宋齊骨肉相殘導致大權旁落的教訓，對於皇室親族與士族極其寬大，若真的犯罪頂多哭泣教誨就放掉了。所以王侯士族益發無法無天，梁武帝也只是睜隻眼閉隻眼，高調顯示其慈愛，讓士族對其死忠。梁武帝制禮作樂興儒學，並於西元五〇五年力倡經術，為籠絡讀書人，公家出錢在建康設置五經館，每館均設博士一人，教導學生數百人，只要通過考試合格者，不論出身如何皆可做官，贏得天下寒士的歡顏擁戴。

梁朝在梁武帝獨樹一幟的治理之下，平靜了幾十年。但是看似平靜的表面卻是波濤洶湧，朝臣賀琛就曾干冒大不諱上書勸諫。他在西元五四六年上書，指出梁武帝——搜刮民間、為官者奢靡、掌權者挑眼、朝廷不斷使役民力做工程。皇帝看了之後龍顏變色，直言自奉儉樸，賀琛所言純屬子虛烏有。既然皇帝不認，就表示這些現狀都不存在，但也表示梁武帝錯過了修正治理方向的契機。

後來魏國的侯景投奔梁，沒想到這位北朝叛將來到南朝之後，變成心腹大患，爆發了有名的侯景之亂，連環引爆梁國之帝位爭奪戰，使南朝再度陷入動盪不安。

一 亂到說不清的北朝——魏、齊、周的更迭走馬燈

歷史之事，分久必合，合久必分，此乃定律。

話說北魏國勢強盛，統一北方，卻在胡太后手上種下分裂衰敗的種子，歷經一連串的事件與政治權謀，終於分裂成東魏與西魏，然後又各自被篡而成為北齊、北周，最後捉對廝殺，由北周勝出，再度統一北方。

其實這短短不到一百字的敘述，卻是一連串政治與軍事的算計，驚濤駭浪，步步驚心！想弄清來龍去脈嗎？讓我們繼續往下看。

先說說胡太后吧。胡氏的祖父胡淵曾在赫連勃勃所建之胡夏出仕，降魏後受封武始侯，但至其父

胡國珍時，雖承襲爵位但降侯為伯。胡家有女初長成，芳名胡充華，據說出生時天有異象，家中紅光滿室！再加上本身又是文武雙全、多才多藝又聰慧的女子，養在深閨很快就被宣武帝元恪發現，納為「承華世婦」，生下皇子元詡之後進為「華嬪」。當時北魏後宮於皇后與貴嬪高氏正鬥得水深火熱，於皇后育有皇子元昌，後來於皇后莫名過世，高氏為后但膝下僅有一女，沒多久兩歲的元昌也夭折，這時宣武帝只有皇子元詡便立其為太子。北魏沿襲漢代立子殺母之制，高皇后就等著華嬪被殺，沒想到宣武帝寵愛華嬪竟為之廢除此制，讓華嬪地位益發鞏固。

華嬪為防止高皇后對自己不利，遂聯合中給事劉騰與於皇后叔伯輩的領軍將軍於忠，由前朝影響宣武帝隔絕後宮高皇后的毒手。沒想到宣武帝英年早逝（西元五一五年），太子元詡年幼即位，是為孝明帝。當時高皇后的靠山——握有軍權的高肇在外征戰，華嬪有所顧忌，就尊高皇后為皇太后，自己為皇太妃。高皇后趕緊通知在外帶兵的高肇返京，以免內廷生變。當高肇趕回京城一入宮弔唁，就被皇太妃等抓起來處死。皇太后高氏被送進寺院削髮為尼，青燈古佛相伴以終。至此皇太妃正式成了皇太后，歷史上知名的北魏胡太后登場，後宮干政大戲正式開鑼。

元詡年幼，胡太后順勢臨朝稱制，未幾胡太后儼然以皇上自居，而一路相助的宦官劉騰及領軍將軍元義均獲得重用。胡太后篤信佛教，大權在握之後大肆興建佛寺、佛塔與石窟寺廟，極盡莊嚴華麗之能事，耗費國庫頗鉅。此外，胡太后的生活奢侈，享盡人間富貴至樂，完全無視民間百姓疾苦。因此前朝諸公日漸沉淪，結黨營私，政事臭不可聞。

胡太后以為自己地位穩固，便與某些特定人士過從甚密，引發物議。西元五二〇年，當初拱他上台的元義與劉騰看不下去，硬指清河王元懌欲毒殺幼主，慫恿元詡將元懌殺掉，之後引發政變將胡太后禁於後宮，為五年的太后臨朝畫上句點。

事情還沒完呢！奪得政權的元義、劉騰也沒好好幹，天下更加糜爛不可理喻。直到西元五二三年劉騰死了，翌年鎮守北方抵禦柔然的六鎮駐軍騷動不安，對洛陽政權深感不滿，於西元五二四年接連發生六鎮之亂、關隴民變等一連串亂事。

正當前朝焦頭爛額之際，後宮幽禁的胡太后悄悄用計脫身，很快便與丞相、高陽、王元雍搭上線，一舉把背叛自己的元義解除軍政大權，並於西元五二五年胡太后重新攝政。不過她並沒有從上次的失敗學到教訓，也無視於北魏已經搖搖欲墜的嚴峻情勢，反而變本加厲享受一國之主的奢華，連皇帝兒子元詡都對她頗有意見。既然皇帝不聽話，胡太后自然要防微杜漸，於是在西元五二八年，面不改色地將親生兒子元詡殺死，立了一個絕對聽話的三歲小兒——臨洮王世子元釗繼位當皇帝，然後繼續當她的胡太后。

善有善報，惡有惡報，不是不報，時候未到。北魏河陰爆發變亂，當年鎮守晉陽的爾朱榮因鎮壓六鎮之亂而坐大，後來與孝明帝搭上線，準備進京幫皇帝和太后奪權，沒想到太后先一步出招，把孝明帝殺死掉另立幼帝，正好給爾朱榮一個帶兵入京為先帝討公道的藉口。結果可想而知，爾朱榮將胡太后與幼主元釗裝進竹籠丟進黃河，任其溺斃，以黃河之水為胡太后二次稱制、三年臨政畫下血淋淋的句點。國不可一日無君，爾朱榮遂立元攸即帝位為孝莊帝，而自己就擔任大丞相一職，返回鎮守地晉陽，開始遠距離控制朝政大事。

孝莊帝也不是笨蛋，想方設法除掉爾朱榮，引來爾朱世榮與爾朱兆另推元曄當皇帝。當爾朱兆出兵洛陽，置孝莊帝於死地之後，也沒好好捧元曄，反而將他廢掉，又改立廣陵王恭當皇帝，是為節閔帝。這些被點名當皇帝的元家子孫，應該都很害怕吧！

孝莊帝之死又給了另一位有心人拿來當藉口，西元五三二年高歡以此聲討爾朱氏，殺入洛陽。當然出兵之時，高歡也找來元氏的元朗為帝，以表示自己師出有名。一旦討伐成功，元朗又被拋一邊，改捧平陽王修即帝王之位，是為孝武帝。高歡也跟爾朱榮一樣，立了新帝之後就去晉陽鎮守。不過，歷史證明這絕非好的安排。

果然西元五三四年孝武帝進入關中一代投靠了宇文泰，高歡不爽立刻另立元善見，是為孝靜帝，還把國都遷往鄴城，這就是史稱的東魏。宇文泰也不是善類，一看高歡都出手了，也就不客氣地於西元五三五年將不遠千里來投靠的孝武帝元修給殺了，另立元寶炬，是為文帝，而且還改元大統，遷都至長安，這就是史稱的西魏。

至此，北魏正式分裂為東魏、西魏，東魏由胡化的漢人高歡掌權，西魏則由宇文泰掌權。

北魏分家了但事情還沒完！

西元五四九年東魏高家有狀況，其長子高澄被殺，由次子高洋補位接掌東魏政權。高洋頗有政治才能，一上台就革除其兄任內的不好施政，與民便利，因此很快就掌控全局。西元五五〇年正月，孝靜帝很識時務，不僅任命高洋為丞相，更為之晉爵為齊王，算是恩寵有加。只是這樣還不夠，五月高洋就按捺不住，乾脆直接把孝靜帝廢了，自己登基做皇帝，改國號齊，史稱北齊，高洋便是北齊文宣帝。高洋確實有治國的才能，做了皇帝很快就把北齊推上國力鼎盛的巔峰。

鏡頭再轉向西魏。由武川鎮軍事集團頭目宇文泰掌權的西魏，對鮮卑貴族與關隴士族頗有號召力，有了軍權又有氏族為其文治效力，使宇文泰當政期間銳意改革，用人唯才，並實施均田制穩定農業經濟基礎，軍事上則創置府兵制，讓西魏軍力如虎添翼。西元五五六年宇文泰過世，其子宇文覺承繼衣缽，續任太師等官位，並受封為周公。翌年初，宇文覺見時機成熟，便廢了西魏恭帝，自己登基做皇帝，改國號為周，國都定於長安，史稱北周。

看到這裡，北齊與北周都勵精圖治，軍力堅強。到底誰才是最後勝出的北朝領袖？

首先出手的是北周，因為自忖兵力強盛，有實力戰勝北齊。於是西元五七五年在周武帝宇文邕的率領下，六萬北周精兵大舉殺向北齊，儘管戰事初期手風甚順，八月即打下河陰，離洛陽已然不遠，但沒想到在金墉城踢到鐵板，久久攻不下，只得黯然退兵。西元五七六年不死心的宇文邕捲土重來，再次領軍出擊北齊。雙方激戰數回合，北周把北齊重鎮晉陽攻下，並於翌年正月取下鄴城，齊後主被俘，北齊滅亡。滅了北齊的北周氣勢正旺，很快就把北方各股大小勢力掃平，北方至此再度統一，只是這次的霸主由北魏變成北周了。

伏兵奇襲，宇文泰以寡擊眾大勝高歡！

東魏西魏彷彿天生的死對頭，高歡仗著東魏的國力強盛，不斷對西魏進擊。西魏也不是軟腳蝦，在宇文泰的領導下也是兵強馬壯，高歡的大軍一點也占不到便宜。總之誰也吞不了誰、併不了誰。可是宇文泰這邊一直覺得東魏嗡嗡騷擾，西魏遲早會吃不消，所以應該改變戰略。於是宇文泰在大統三年（西元五三七年）將麾下軍隊調集至咸陽，八月便在潼關積極練兵，整頓軍紀，重申軍法與軍規，告誡將士作戰時不可心存輕敵，勇於殺敵者戰勝有賞，怯於對戰甚至逃亡者嚴懲，即使戰爭中也不可對百姓無禮貪奪。果然西魏大軍經過一番集訓，頓時脫胎換骨，士氣大振。

宇文泰看時機成熟，便主動出擊東魏，殺高歡措手不及。高歡得知西魏連破東魏的弘、農二城，連忙調集十萬大軍出兵蒲阪，再調高敖曹領三萬精兵自河南往前線，與高歡構成夾擊宇文泰之勢。宇文泰雖然勢頭正旺，但此刻身邊僅一萬人馬，怎麼算都不宜與高歡、高敖曹的大批精兵對幹，識時務者為俊傑，立馬撤兵關中再議。

高歡一見宇文泰退兵，便大剌剌地入關，駐紮在許原之西，而宇文泰則靜靜的駐屯在渭南，靜待時機。屯駐期間，宇文泰對西魏的大將們精神喊話，高歡雖厲害但長途跋涉遠道來此，實為兵家大忌。老天既然給機會怎好辜負？眾將官我們就趁高歡大軍還沒喘過氣來，先下手殺個片甲不留好不好？眾將官你望我、我望你，殺敵當然痛快，但高歡可是有十餘萬大軍，我們真的行嗎？宇文泰見狀，趕緊打氣道：「高歡若逼咸陽、入關中，西魏必定大受震盪，部隊士氣必然受挫，那就真的讓高歡長驅直入了。所以現在正是老天給的大好機會，讓西魏有先機出手，若是錯失就兵敗如山，無可挽回。成敗在此一舉，不勝就是滅亡。」

話已經講這麼明了，眾將官當然是拚了！於是大軍渡過渭水，陣勢擺開——宇文泰的兵馬跟高歡相差極為懸殊，肉眼可辨，高歡不可能看不出來。於是部將李弼獻計，不如先派主力部隊往東十里占領渭曲，那兒茂密的蘆葦蕩最宜設下伏兵，屆時只要派部分兵馬與高歡正面對陣，假裝敗逃誘敵到渭曲，高歡部眾必定認為我方不敵而掉以輕心，此刻伏兵一出必可奇襲立功。

李弼的妙計立刻被宇文泰採納，以寡擊眾不出奇襲哪有生機？終於到了對戰時刻，高歡一看宇文泰的兵馬少得可憐，連陣勢都懶得擺，直接就是一陣追殺，不知不覺就被引到渭曲。這時天色已近傍晚，忽聽蘆葦叢裡傳出鼓聲，竟然跳出無數西魏兵將，彷彿天降神兵，趁勢將東魏部隊分段攔截，混亂之中東魏大軍死傷士兵達六千人，向西魏投降者竟有八萬之眾。結論，西魏伏兵奇襲大勝東魏。從此西魏以寡擊眾，一戰成名，名留青史。

一將門犬子——陳國興亡有夠唏噓

鏡頭往南，來瞧瞧南朝的陳國。

陳國的開國君主是陳霸先，乃吳興長城人（今浙江長興），字興國，來自貧家卻喜愛讀兵書，之後當過油庫吏，也做過中直兵參軍，打仗頗有戰功進而升官至西江督護，又因交州李賁之亂讓他一戰成名，受封交州司馬兼領武平太守，後來又擔任振遠將軍、高要太守。總之能征善打的陳霸先，戰功彪炳，連蕭衍都對他青睛以待，特予召見，授予直閣將軍，封新安子。

當梁國末期遭逢侯景之亂，陳霸先的軍事天才得以發揮，從始興出兵，西元五五二年與征東將軍王僧辯攜手合擊包圍石頭城，將侯景打得落花流水。陳霸先戰功再記一筆，梁元帝蕭繹特別任命他為司空、南徐州刺史，鎮守京口，堪稱軍功蓋世，攀到人生巔峰。因為侯景之亂讓梁國元氣大傷，以致北朝的西魏虎視眈眈，於西元五五四年南下大破江陵，殺了梁元帝，梁國兩大棟樑司空陳霸先與王僧辯，連忙擁立元帝九子晉安王蕭方智以太宰承制，入居朝堂。可是翌年王僧辯卻倒向北齊，改為支持北齊相中的蕭淵明繼位為梁元帝，結果當然是實力堅強的陳霸先把王僧辯宰了，讓蕭方智登基即帝位，是為梁敬帝。內廷搞定之後，陳霸先矛頭轉向入侵者北齊，將其驅趕回北方，順道把王僧辯殘餘勢力清除。

擁立新帝，廓清入侵，陳霸先又是大功一件，梁敬帝封其為陳公，覺得還不足以表達其功勞之高，再封其為陳王。後來陳霸先實在是功高太大，梁敬帝遂於西元五五七年禪位給陳霸先，於是陳霸先建陳朝，是為陳武帝，年號永定，梁朝至此正式下台一鞠躬。

陳國的命盤跟打戰糾纏不斷，立國二十五年傳到陳宣帝，都不斷對內對外打個不停。但玄的是仗一直打，國內的農業、經濟與文化卻復甦極快，可見皇帝會打仗沒人敢惹時，百姓自然安居樂業，國家自然愈來愈富庶。正是因為這樣的情勢所趨，造就了宣帝之子陳後主這樣的敗家子。

陳後主盡情享受父祖輩金戈鐵馬打造的富厚之世，過著奢靡的生活，還不斷大興土木，加重稅賦，嚴刑酷政，動搖國本而不自知。但是你的敵人絕對比你先知道——北周已被楊堅的隋朝取而代之，西元五八八年隋朝派出楊廣帶兵五十一萬南下渡江，陳國岌岌可危。沒想到陳後主老神在在，細數過往北朝的北齊打來三次、北周打來兩次，全都鎩羽而歸。現在換隋朝派兵，一定也會大敗。

陳後主天真的想當然爾，朝臣竟然隨之附和，以為有長江天險根本不用擔心，依然陪著後主飲酒作樂，完全不把江岸前線送來的告急快報當一回事。翌年，隋軍以雷霆之勢直搗建康，將陳後主擄走，以善戰出名的陳國就這樣狼狽地畫上句點。

明主賢臣的千古遇合——太武帝與古弼

綜觀北朝，北魏仍是掛頭牌。神奇的是，雖然南朝是正統的漢族政權，卻始終偏安南隅，熱衷搞內鬥，亂臣賊子不缺，完全沒有再度統一南北的宏圖大志；北朝雖歷史稱為「五胡亂華」的北方少數民族政權，儘管血管裡仍奔流著胡人的游牧基因，卻在踏上中原土地後，像海綿般拚命吸收漢族締造的燦爛文化，出了不少明主賢臣，一步步讓北朝匯入歷史與文化的主流，國力日漸茁壯。

北魏明主太武帝拓跋燾，行事沉穩，很會用人且虛心採納建言，治理朝中內外賞罰分明，一時朝政清新，國力蒸蒸日上。眾臣中最令太武帝敬畏的就是尚書令古弼。

古弼性格剛直，面對皇帝也是當說則說，絕不因畏懼而折讓，堪稱當朝賢能股肱。話說太武帝安排去河西狩獵，讓喜愛勸諫皇帝少逸樂、勿擾民、勤朝政的古弼留守國都平城。少了古弼的囉唆果然狩獵氣氛更為熱烈，太武帝一高興就下詔要古弼送最肥壯的好馬到河西，皇上要賞給士兵以盡遊獵之興。沒想到古弼竟送來羸弱瘦馬，搞得太武帝臉上掛不住，氣得放話要斬不聽皇命的古弼。

太武帝大怒要斬古弼的消息傳回平城，古弼老神在在，對害怕至極的臣下說道：「魏國立國未久，百廢待興，加之南北各有敵國外患，肥壯之馬應優先派給部隊，而非送去狩獵逸樂。再則皇帝耽於逸樂本來就該進諫，藉此防微杜漸，才不會等到動搖國本、部隊缺糧短餉時再來究責。身為臣子處處為國家利益設想，若因此送命也無愧無怨。」古弼的話傳到在河西狩獵的太武帝耳裡，也不由得表示：「得到這樣的賢臣真是國家至寶！」

游牧民族熱愛狩獵，這回太武帝又跑去山北狩獵，身手不俗，光麋鹿就捕獲幾千頭，太武帝樂得腦袋發熱又下詔書回平城，要古弼派車五百輛把麋鹿運回。詔書一發出，太武帝就跟左右打趣道，古弼一定不會如我所願，咱們還是自己用馬匹慢慢載回去。任務指派完畢，太武帝就動身回宮，路上古弼的回奏就來了。

果然古弼在奏表中寫道：今年本是豐收之年，秋收期間但見穀穗、桑麻、大豆都還留在田裡，便宜了野豬大雁爭相大啖，令人痛心。究其原因乃是車輛不足之故，若這樣下去豐收反而變成顆粒無收，損失不可計量。還請陛下以民生為重，讓農民先把收成運送妥當之後，再去載麋鹿也不遲。

太武帝對自己料事如神樂得呵呵大笑，古弼處處以天下、百姓為重，有此賢臣真是國家之福！

自古明主賢臣之遇合難如登天，惟明主須遇賢臣才能有所作為，而賢臣亦須遇明主才得施展。太武帝喜得知遇古弼，成就千古君臣惺惺相惜之美談。

上知天文下算圓周率的數學大師——祖沖之

中國古代科學相當發達，在南朝就有一位很有名的科學家——祖沖之。祖沖之涉獵領域上至天文下至機械器用與算學，皆有足以傳世的厲害成就。其主要的貢獻包括編制《大明曆》、重現指南車，以及世界最早將圓周率數值推算至七位數以上！不過思維超過當代的科學家，往往要經過若干年其成就才漸漸被世人理解及接受。這是宿命。

話說劉宋元嘉年間，當時使用的《元嘉曆》，是當代人士何承天所制，已較古代曆法精密許多，但是祖沖之以科學家精神加以檢視，認為精密度還是不夠，其中頗有疏漏，遂捲起袖子自己親自測量、推算，在三十三歲時便編制更為精準的《大明曆》，堪稱曆法史的一大躍進。

祖沖之於西元四六二年將呈請宋孝武帝頒布新曆《大明曆》。這等大事至關重要，孝武帝當然要跟朝臣好好磋商，偏偏皇帝寵臣戴法興有意見，直指曆法是國家與農事的重要根本，祖沖之怎麼可以自己想改就改？這是不合禮法的行為。祖沖之立刻反駁，新的曆法更為精準，提出研究數據實證新曆法對國家、農事極為有利，何過之有？宋孝武帝一看寵臣戴法興招架不住，趕緊找來通曆法的專家跟祖沖之辯論，想幫戴法興扳回顏面。沒想到祖沖之真金不怕火煉，所謂專家一一都被他辯倒，敗下陣去。

儘管所有證據都顯示祖沖之的《大明曆》是更先進、精準的曆法，宋孝武帝還是礙於寵臣的杯葛，不願頒布實施。所以《大明曆》一直擱置到祖沖之過世十年才得以推行。雖然祖沖之活著時無法看到《大明曆》的頒布施行，但總算撥雲見日，有嘉惠國民之一日，也可堪告慰了。

好面子的孝武帝因先祖劉裕攻入長安時，獲得後秦姚興命令狐生製作之指南車。據說指南車只有三國時代的馬均有成功作出來，眼前這輛指南車可惜僅有外觀卻無法發揮指南作用，所以只能由人工在車內操作指南人偶方向。聰明的祖沖之按古法自行摸索建造出指南車，重點放在內部機關，他改以銅製機械裝置，完美重現指南車上小人指方向的功能，不論車子左拐右彎都能準確指出方向。相傳祖沖之還設計過不需要大自然動力便能自行運作的器械，還打造日行百里的千里船。

不過真正讓祖沖之名揚世界史的，是他在數學上的成就——世界上最早將圓周率精確計算到小數點後七位數字，亦即 3.1415926 和 3.1415927 之間的科學家，比西方其他國家及文明早了一千年。為了紀念祖沖之的成就，世人遂把圓周率尊稱為祖率。祖沖之在數學上的貢獻還不只如此！中國古代數學巨作《九章算術》，祖沖之為之註釋；與父親祖暅之將畢生所學著成深奧的測算之書——《綴術》，據沈括《夢溪筆談》所述，這應是古代天文學的測算法之一。《綴術》實在是太艱深難懂，以至於後代學官都搞不通，終於到了北宋此書就散佚了。

一 地理學家酈道元

南北朝輝煌的科學與學術成就，不是只有南朝發光發熱，北朝也不遑多讓。北魏就有一位響噹噹的地理學家——酈道元。

酈家父祖皆在北魏為官，酈道元於孝文帝時出生，自幼由父親一手調教指導，才華洋溢，志向遠大，深得皇帝青睞，二十歲前後便開始擔任官職，一路起伏坎坷不以為苦。其在尚書主客郎中任內，職司接待來自南朝與其他屬國之使臣；也到地方上去做過地方官，曾在冀州、魯陽、東荊州等地出任公職，由於清廉公正，官聲不錯。但真正讓他名留青史的是《水經注》。

學識淵博，治學嚴謹的酈道元，其學者形象鮮明，在地理學與文學領域名聲極佳。文獻記載其著述有《水經注》、《本志》、《七聘》等，但僅有《水經注》一書流傳至今。為什麼酈道元要為《水經》做注？這是因為中國自古以來的地理書都十分簡略，有如天書，《水經》也寫得很簡略，全書紀錄一百三十七條河流之源流、流程、歸往何處，最長最重要的黃河也只用了五百七十八字記述，長江更少只有四百一十八字，全書從頭到尾僅一萬餘字，可見作者惜字如金，簡略至此。但《水經》的結構體系完整，而且河川水系與國計民生、農業航運密切相關，因此酈道元決心盡一己之力為《水經》做注。

為了替《水經》做注，酈道元想盡辦法從南到北到處調各類書籍、資料、文獻，前後總計收集了四百三十六種書籍資料，含括經、史、地理、地圖、方志、傳記、書信、辭書、詩詞歌賦等古老的文獻，以及數量極多的民間歌謠、俗諺與三百五十種的碑刻。時至今日，許多早已散失的書籍，因酈道元《水經注》的引用而留下雪泥鴻爪。

雖說以《水經》為本，但酈道元做學問的態度便是於不疑處有疑，認真考證，把錯的假的通通剔除，留下真實的內容。例如《水經》寫四瀆（長江、黃河、淮水、濟水）之濟水注入黃河，但酈道元考證之後推翻此說，當為黃河的一支流入於濟水；黃河流到陝城這段突現激流，傳說是秦始皇鑄的銅人沉在此處所導致，酈道元以為區區銅人絕非大範圍激流長期洶湧的主因，極可能是山崩或走山造成河道阻塞才會如此。

光在書房看資料還不夠，酈道元身體力行出門做田野調查——訪瀆搜渠。其實酈道元自幼就喜歡觀察山水田野，北魏的田野山林幾乎早已踏遍，因為有當時記踏普查的經驗，使得《水經注》準確度大大提升，而且在訪瀆搜渠的過程，酈道元不但考察各地風俗民情，甚至還發現古代的岩壁畫，簡直是北魏的大探險家！

記錄河流的《水經》，經過酈道元旁徵博引、詳加註釋而成的《水經注》，收錄河流由一百三十七條增加為一千二百五十二條、湖泊五百餘、泉水數百、瀑布六十餘、峪谷近三百處、灘瀨無數；還有因農耕灌溉產生的陂、湖、渠、堤、塘、水門等水利工程都囊括收錄；此外還有收錄百餘種動物與一百四十餘種植物。原僅一萬多字的《水經》，在酈道元的努力註釋之下《水經注》內容暴增為二十餘萬言。

在地理學上的輝煌成就讓酈道元不朽，但是在真實人生的謝幕卻是不勝欷噓。當時任御史中尉的酈道元，因汝南王元悅之「嬖人」丘念多行不法，將之逮捕。元悅搬出靈太后的赦免令要救丘念，結果酈道元不買帳，依法斬了丘念，還以此事彈劾汝南王，結果種下禍根。汝南王恨酈道元打狗不看主人，適逢雍州刺史蕭寶夤企圖謀反，汝南王便設計酈道元，讓朝廷派他去監視蕭寶夤。這招果然狠毒，蕭寶夤哪是省油的燈，不等酈道元出招就把他困在陰盤驛，酈道元天生硬骨頭立場堅定，堅守對峙，最後彈盡援絕被蕭寶夤所俘，但他死也不肯屈服叛賊而被殺，連他的弟弟與兩個兒子也同時遇難。

一代學者、一位好官，就在惡人的設計之下悲壯走下人生舞台。

中國大事紀

年代	事件
一八九年	董卓進洛陽
一九〇年	關東州郡起兵討伐董卓
一九六年	曹操迎漢獻帝並遷都許昌
二〇〇年	官渡之戰，曹軍大敗袁紹
二〇八年	赤壁之戰，孫、劉聯手大破曹軍
二一四年	劉備進占益州
二二〇年	曹操死，曹丕稱帝改國號「魏」，東漢滅亡
二二一年	劉備稱帝，國號漢，史稱「蜀漢」
二二二年	彝陵（猇亭）之戰，陸遜敗劉備
二二五年	諸葛亮平定南中，七擒孟獲
二二九年	孫權稱帝，國號「吳」
二三四年	諸葛亮屯兵五丈原，病死軍中
二四九年	司馬懿殺曹爽
二六三年	鐘會、鄧艾攻蜀，蜀亡
二六五年	司馬炎廢魏帝，建西晉，魏亡
二八〇年	晉杜預、王濬等率兵伐吳，吳亡

二九一～三〇六年	西晉爆八王之亂
三〇一年	氐族人李特率流民而起
三一六年	匈奴人劉曜攻占長安，西晉滅亡
三一七年	司馬睿於建康即位，建東晉
三一九年	羯族人石勒稱趙王
三五四年	桓溫北伐抵灞上
三七六年	前秦苻堅一統北方
三八三年	淝水之戰，苻堅大舉攻東晉失敗收場
三九九年	孫恩、盧循之亂
四二〇年	劉裕建宋朝，史稱「劉宋」，東晉滅亡。南北朝於焉展開
四三九年	北魏一統北方
四六二年	祖沖之創《大明曆》
四七九年	蕭道成稱帝，建立「南齊」，劉宋滅亡
四九三年	北魏孝文帝遷都洛陽
五〇二年	蕭衍稱帝，建「梁」朝，南齊滅亡
五二三年	六鎮之亂
五三四年	北魏分裂成西魏、東魏
五四八～五五二年	侯景之亂

五五〇年	高洋建「北齊」，東魏滅亡
五五七年	陳霸先稱帝，建「陳朝」，梁滅亡。宇文覺建「北周」，西魏滅亡

第13章

隋唐盛世之隋朝起落……

歷經魏晉南北朝三百年的亂世，中國於西元五八一年再次出現大一統的王朝—隋朝，可惜西元六一八年便下台一鞠躬，雖然只有短短三十七年國祚，卻開創了科舉制度、開鑿大運河，為緊接著登場的唐朝盛世熱身。

隋朝為什麼這麼短命？簡單來說，開國的隋文帝自奉儉樸，施政以與民休養生息為主，讓繁榮富庶再度降臨；但是繼任的隋煬帝卻是最奢糜剝削的皇帝，粉碎了百姓的幸福人生，終於招致覆亡的命運。

岳父、外公、隋文帝——楊堅建隋

南北朝時期，北方的黃河流域始終在遊牧民族的統治，使得漢人的生存空間與政治地位備受擠壓與歧視。但是漢族憑藉著強大的文化能量，讓征戰不已、政權遞嬗頻繁的北朝，逐漸融入漢文化與漢族幾無差別。尤其北周當家的宇文氏，有感於自身部落並沒有深厚的文化底蘊，想要統治一個王朝必須借助漢族的力量，所以特別主張漢化。當北周武帝一舉滅掉北齊，漢族勢力更隨著北周的擴張日益強化，結果就是楊堅將宇文氏的天下整碗端走。

楊堅到底怎麼把宇文家的天下變成楊家天下呢？鏡頭轉到西元五七七年，此刻北周武帝宇文邕出兵攻打北齊，順利將北齊送進歷史，完成北方的統一大業。可惜很會打仗的宇文邕，之後在征討北突厥的路上染病，於西五七八年殯天。皇帝大位遂由宇文贇繼任，是為宣帝，他的岳父就是楊堅。楊堅正式登場亮相。

宣帝個性殘暴，對於當一國之君沒什麼想法，不知是天命使然？還是不愛坐龍椅當皇家標靶？不到一年他就把皇位傳給七歲的太子宇文闡，是為靜帝，而宣帝也很有意思，朝政大權並沒放給靜帝，反而自封天元皇帝繼續當差。但是這差也當得不怎麼樣，因為大臣有事稟報都要透過宦官遞上摺子，天元皇帝和大臣之間幾乎沒有面對面會商討論政事的時候，因此天元皇帝只要覺得大臣稍有拂逆，動輒處以一百二十杖「天杖」，不然就毫不留情地誅殺。天元皇帝加上靜帝，這一對父子檔，搞得朝廷內外嗚呼連天。

鏡頭轉向粉墨登場的楊堅，漢族，籍貫是弘農華陰（今陝西華陰東）乃世族中的烜赫名門，宗族兵力甚為可觀，其父楊忠服務於北周，頗有功勳，備受重用，封隋國公。楊堅承襲父蔭，亦為隋國公，其女順勢嫁入帝王家成為宣帝之皇后。西元五八〇年宣帝彌留之際，關西世族趁勢將擁有強大宗族兵力的楊堅推上檯面，說好聽點是讓皇帝的岳父大人進宮為小外孫宇文闡輔政，給予左大丞相之職並都督軍事，更由隋國公晉封為隋王，說穿了就是大權包攬，離皇帝大位只差一步之遙。

一般提到「輔政」時，都會想到聲名狼藉的外戚干政。但是外公楊堅卻是完美版的外戚！舉凡宣帝在位期間實施的種種暴政，外公通通喊卡，而且嚴厲的《刑經聖制》經過刪訂改為寬大許多的《刑書要制》，為民眾減壓而贏得人民好感；就連宇文泰賜給漢人的鮮卑姓，也令其恢復本姓，此舉深得漢族民心。

西元五八一年終於北周氣數已盡，隋王、左大丞相楊堅將自己外孫靜帝廢了，北周下台一鞠躬。楊堅改國號隋，國都長安，史稱隋文帝。新朝代新氣象，北周種種走入歷史，百官不用再穿鮮卑服、喚鮮卑名，從宇文泰假周禮官制行鮮卑化之實的體制畫下句點，隋文帝以漢、魏之制為宗，等於宣告中國政權再次回到中土漢族之手。

不堪一擊的陳朝——隋文帝一舉滅陳朝

北朝幾經轉手，在北周期間北方完成統一，然後政權輪流轉終於又回到漢族手上，楊堅廢北周，建隋朝，是為隋文帝。現在鏡頭轉向南，來看看南朝的情況。目前是陳朝當家，但是自從陳後主陳叔寶登基之後，國勢一落千丈，但是酒色玩樂的花樣卻是一日千里，鎮日與後宮飲宴享樂，國政一整個擺爛。

話說隋文帝派老二晉王楊廣率五十萬大軍南下，分八路進攻陳國，正逼近長江北岸。前線據報火速將情資送進陳朝宮廷，此刻陳後主正與張貴妃率臣子賞花，聽到前線緊急戰報，想說有長江天險保護，除非楊廣長翅膀，否則根本不用怕。翌日太監緊急通報：不好啦！隋將韓擒虎與賀若弼已分別從采石、京口渡江直逼建康城而來。

陳後主一聽才開始著急，趕緊諮詢文武官員該如何因應？結果竟無一人敢提刀上陣。好不容易千呼萬喚終於有個人跳出來，這位是車騎將軍、南徐州刺史、綏遠公蕭摩訶，請纓率三軍迎戰隋軍。陳後主大方地宣布：蕭摩訶出戰之時便把其夫人與公子接進皇宮加賞封號、賞賜金銀。結果年輕貌美的蕭夫人一進宮就被陳後主看上，留用了。消息傳到前線，剛擺下長蛇陣準備迎戰楊廣的蕭摩訶一聽氣昏了。主帥昏倒，三軍大亂，結果就是建康城被圍，陳國不戰而降，隋軍大方入城。

文武百官一聽隋軍入城，顧不上陳後主各自逃命去也。陳後主呢？不知該往哪裡逃，情急之下抱著張貴妃、孫貴嬪往景陽殿去，最後被隋將韓擒虎在井裡找到陳後主一行三人，此情此景讓韓擒虎直接將兩位紅顏禍水就地正法，帶走陳後主，時為西元五八九年。至此陳朝正式滅亡，南北對峙的局面被隋朝一舉統一，從此南北朝也收進歷史的書冊中封存。想知道陳後主的下場嗎？陳朝亡國後十五年，陳叔寶逝世於洛陽。

一最耐用的官僚制度——三省六部制度完整成形

新朝代新氣象，更何況隋朝是將長期南北分裂的中國再次統一在漢族手中，隋文帝楊堅自然要大破大立。

雖然隋朝是承襲北周的基業而來，但隋文帝接受崔仲方提議，將北周依《周禮》訂定的官制，舉凡六官——天官大塚宰、地官大司徒、春官大宗伯、夏官大司馬、秋官大司寇、冬官大司空等，毫不猶豫地通通請進歷史檔案櫃。新的官制雖設有三公與三師，但為榮譽職有名而無實權，真正的行政權限在中央的三省——尚書省以尚書令為首、門下省以納言為首、內史省以內史為首，共同輔佐皇帝管理國事與行政。

三省怎麼分工呢？

門下省與內史省掌管文祕與機要，共同商議國政，為皇帝做決策的主要智囊機構，負有詔令審查、章奏簽署之責，並有封駁之權——若制詔有違失之處，可駁正並將之封還。門下省主管為侍中，等同大家熟悉的宰相，也曾被稱為納言、左相、黃門監等，負責審查內史省的制詔及尚書省所擬制的奏抄。

內史省是隋朝最高行政機關，主管為內史，專責皇帝制詔的起草與宣行，但起草好的制詔必須先送專責審查機構門下省審查。

尚書省是中央執行各項政務的總機構。尚書省設置吏、戶、禮、兵、刑、工等六部，處理全國各種例行政務之管理與執行。

吏部，主管為吏部尚書，副座為吏部侍郎，主掌全國官吏之任免、考課、黜陟、調動等事務。下轄吏部（又稱司列）、司封、司勳、考功（又稱司績）等四司，各司以郎中（又稱大夫）為首，副座為員外郎。

戶部，主管為戶部尚書，副座為戶部侍郎，主掌國內土地、戶籍、賦稅、財政收支等政務，其下轄有戶部（又稱司元）、度支（又稱司度）、金部（又稱司珍）、倉部（又稱司庾）等四司，各司以郎中（又稱大夫）為首，副座為員外郎。

禮部，主管為禮部尚書，副座為禮部侍郎，主掌禮儀、祭享、貢舉等政務，其下轄有禮部（又稱司禮）、祠部（又稱司禋）、主客（又稱司蕃）、膳部（又稱司膳）等四司，各司以郎中（又稱大夫）為首，副座為員外郎。

兵部，主管為兵部尚書，副座為兵部侍郎（改稱司戎少常伯），主掌國內武官之選用，以及兵籍、軍械、地圖、軍令等政務，其下轄有兵部（又稱司戎）、職方（又稱司城）、駕部（又稱司輿或司駕）、庫部（又稱司庫）等四司，各司以郎中（又稱大夫）為首，副座為員外郎。

刑部，主管為刑部尚書，副座為刑部侍郎，主掌邦國律令、刑法、徒隸、按復讞禁之政，各司以郎中（又稱大夫）為首，副座為員外郎。

工部，主管為工部尚書，副座為工部侍郎，主掌國內各項工程、屯田、水利、山澤、交通等政務，其下轄有工部（又稱司平）、屯田（又稱司田）、虞部（又稱司虞）、水部（又稱司川或司水）等四司，各司以郎中（又稱大夫）為首，副座為員外郎。

隋朝施行的三省六部制，宰相不再獨攬朝政大權，其權限被明確切分給三省六部，對皇帝而言終於再次成為真正的大老闆。三省六部制對總結歷朝歷代的經驗，讓官僚體系益形完整嚴謹，對後世影響極其深遠，一直沿用到清代為止。

為讀書人戴上緊箍咒——科舉制度的濫觴是隋朝

隋朝不僅是官僚制度完整的成熟期，更是科舉制度的濫觴。為什麼科舉制度的出現這麼重要？在隋朝以前政府官員之職皆為世襲，之後演變為魏晉南北朝的「九品中正制」——由地方政府遴選賢有識者，但弊端是家世重於才德，造成「上品無寒門，下品無世族」的現象。隋文帝決定廢除「九品中正制」，由國家定期舉行考試，最初是以文取士藉以選拔官吏，是為「開科取士」。

新登場的科舉制度讓官吏選拔權回到皇帝手裡，但制度都是慢慢演進的，絕非一蹴可幾。最初隋文帝於西元五八七年規定，每年各州以文章優美為標準，選出貢士三人推薦給朝廷，文章最棒者州可保薦參加秀才科的特考。受科舉之惠的不僅是寒門子弟，江南與北方士族也從社會賢達、名門望族，皆精通文墨，擅長文章，藉由科舉躋身政治舞台，把曾經享有的政治特權再次抓到手上。之後覺得光看美麗的文章來拔擢官員是不夠的，用人唯德才是良方，遂命令官員——五品以上的京官、地方官總管與刺史等，以志行修謹、清平幹濟兩大科目向中央薦舉人才。

隋煬帝即位後，於西元六〇七年訂出十科舉人，而文才秀美科即進士科，採用國家考試形式選取詩賦佳者為人才，只要榮登金榜即可步入仕途，到中央或是地方擔任官員，於是中國最有名的科舉制度誕生，從此成為南北讀書人千年不變的人生目標，或者說是緊箍咒也行。隋朝開始以科舉制度來選任官員，到了唐宋趨於完備，一直實行到清末，才正式走進歷史。科舉制度為人才的拔擢提供平等競爭的舞台，清寒子弟只要有心苦讀就可以翻轉社會地位，使得國家重視的文化與價值觀，藉由科考深入民間達一千三百年之久，對於文化普及、道德傳承與鞏固當代政權有其正面貢獻。

一　好玩樂、拒臣諫的百分百暴君——隋煬帝

短命的王朝往往都敗在第二位皇帝，也就是開國君王之子，秦朝如此，隋朝亦復如是。西元六〇四年，隋朝的開國君主隋文帝駕崩，其子楊廣繼位，是為隋煬帝。隋煬帝一登基便敲定幾件大事，而且都要立刻開辦。第一件事就是將首都遷往洛陽；第二件事就是徵集民伕壯丁數十萬名，掘長塹，護長安。為什麼挖一道長塹要那麼多人？因為長塹自龍門（今山西河津縣）挖起，往東挖到長平（今山西高平縣）與汲郡（河南汲縣），來到臨清關（今河南新鄉縣東北）再渡河過到浚儀（河南開封市西北）與襄城（今河南襄城縣），最後來到上洛（今陝西商縣），跨越山西、河南、陝西三省，規模堪稱宏舉的首都捍衛關防，而且煬帝深信有了這道人造天險的長塹，洛陽自可高枕無憂。

遷都與營建新都同時進行，西元六〇五年，宇文愷接下隋煬帝的指令，負責營建東京（洛陽），為了讓煬帝開心，當然要把新都建得宏偉壯觀，因此每月徵集服役的男丁多達二百萬人。煬帝看宇文愷建新都之事辦得火火熱熱，相當欣賞，又派他營建顯仁宮（河南宜陽縣），為了讓皇帝開心，宇文愷更是賣力地從全國各地搜刮珍奇石材、奇花異卉、珍禽異獸等等，通通送到首都去充實皇帝的宮廷院囿。此外，為了充實新都洛陽的人氣與財氣，不惜迫使國內數萬戶富商大賈舉家遷至東京落戶。以上這些建設都還只是開胃小菜，真正的主菜才剛要起鍋呢！

隋煬帝從長安到江都，開鑿通濟渠，沿線打四十多所離宮，其中尤以江都宮最為奢華壯觀，令人咋舌。四十多座離宮均是南巡要住的，平日在洛陽也有休閒遊憩的需求，因此在首都西方打造西苑，周長廣達二百里，園區內設有周長十餘里、如海般壯闊的大湖，湖中有神山三座，高出水平面達百餘

尺，其上建有亭台樓閣，彷彿仙山勝境，煞是縹緲夢幻。海之北面鑿有龍鱗渠，蜿蜒曲折更勝自然溪流，涓涓注入海中，沿龍鱗渠更打造十六座門前臨著清渠流水的別院，門裡的廳堂華美，花園別緻，由絕世姿容的四品夫人擔任別院主事。為常保別院花園的春色永駐，即使秋風冬雪來襲，也要剪五彩綾為花作葉，沾滿枝頭，時時替換，永保鮮翠，當隋煬帝來此遊玩時，務必將沿線池塘、水渠裡的冰通通清除，換上彩綾剪製的荷花、荷葉，這等天馬行空的玩法還只是基本布置，更別提十六座別院的主子挖空心思想出奇招以勾引皇帝上門。至於隋煬帝呢？最愛在月光皎潔之夜，率宮女千人浩浩蕩蕩地出遊西苑，馬蹄踏著悠揚的《清夜遊曲》前進，排場著實奢侈到不行。

夜遊作樂少不了樂師演奏，隋煬帝於西元六〇六年將周、齊、梁、陳的樂家子弟通通編入樂戶，這樣還嫌不夠，再將六品官以下乃至於連民庶都算在內，只要專長是音樂、倡優、百戲者，一併拉到太常寺去當班，因此全中國的樂人與散樂（亦即百戲，玩雜技的子弟）齊集東京（洛陽）大會師，由隋煬帝擔任總校閱，於芳華苑的積翠池畔正式檢閱散樂百戲——舍利獸率先跳躍登場，剎那間水溢街衢，黿鼉龜鱉泉湧而上，其間病友神鼇負山與幻人吐火的驚人演出，壓軸的是巨鯨噴出水練，化做霞霧遮天蔽日，陽光也為之朦朧，正當大家驚異萬分之際，巨鯨已化成七、八丈長的黃龍躍升空中！海獸獻瑞已是不得了的演出，各路雜技藝人也不甘示弱，派出二人頭頂長竿分左右行走，長竿上有雜技演員熟練地舞動肢體，並且同時躍起換位，到對方的長竿上繼續表演，技巧之高令觀眾鼓掌不絕。隋煬帝不甘心只做觀眾，特別親自創作豔詩數篇，指派樂官譜成香豔新曲，讓樂工演奏助興。隋煬帝如此愛好歌舞作樂，為投帝王所好，宮中樂舞表演者逐年增編，幾達三萬餘人次，個個都要錦繡彩服加身，使得西東兩京的錦繡彩綺差不多全穿在他們身上了。隋煬帝大肆享樂的同時，隋文帝餘蔭猶存，遂建造興洛與回洛兩處糧倉，儲存糧食，派一千兵卒守護。

熱衷享樂的隋煬帝對自己的聰明才智極為自負，深信即使不是生在帝王家，也必定會作皇帝！為了盡情逸樂無後顧之憂，他特別針對朝臣訂出唯一戒律——拒諫。意思就是不管你是誰，都別把向皇帝進諫當作求名的捷徑，官愈大愈是不饒！像這樣把朝臣看扁扁的皇帝，實在不可能對百姓好到哪兒去，所以從隋煬帝即位到死亡的十四年間，剝削民力，殺人無數，對外好戰，出兵難數，不只百姓與四鄰恨他，就連左右朝臣都對他恨之入骨，難怪會禍起長塹之內。

難以馴服的高麗——隋煬帝三征高麗的鬧劇

隋朝國祚不長，但兩位皇帝都和高麗交過手。高麗位於朝鮮半島上，與百濟、新羅呈鼎立之勢，為其中國勢最強者。西元五九八年隋朝統一南北不久，高麗王高元想趁機擴張討點便宜，便與靺鞨聯手攻打遼西。殊不知隋朝正在戰力顛峰之際，地方軍就將他們打得落花流水，隋文帝還派出三十萬精兵追擊，逼得高麗王派遣使節用力謝罪，懇請隋朝止戈，重修舊好。這是高麗與隋朝的第一次交鋒。

隋煬帝繼位，命高麗王高元前來朝拜新帝，結果踢到鐵板，顯然高麗又有不臣之心，好戰好鬥的隋煬帝決定給高麗王一點教訓，當即敲定大軍東征高麗。這是隋朝與高麗的第二次交鋒。煬帝出手是否能像其父隋文帝那樣風光結案？讓我們繼續往下看。

隋煬帝於西元六一一年令東萊（今山東）海口打造戰船三百艘，仍是煬帝一貫的嚴酷急趕作風，戰船如期造好但工人與民伕卻也搞死了三、四成。戰船之外還需要戎車，五月令河南、淮南、江南製造五萬輛，車上裝載著衣甲帳幕等物資，由兵卒自行牽車拉到高陽交差。戰船與戎車都有著落了，該備糧草啦。徵集江淮以南民夫和船於七月將黎陽與洛口諸倉的米糧運送到涿郡，瞬間河面但見船桅相連達幾千餘里，難以一眼望盡。南糧北送舟車更迭，路程遙遠，負責運輸任務的兵士與民伕晝夜來回奔忙，累死無數，就直接棄屍路邊，搞得運糧沿途屍臭滿溢，令人怵目驚心。運糧已經搞成這麼悽慘，前線卻還是糧草不夠，只好再發令民伕駕車趕牛，幫忙將糧秣軍械送到瀘河（遼寧錦州）、懷遠（遼寧遼陽西北）兩鎮，結果人、車、牛都一去不回，好似直接趕進無間地獄似的。結果糧秣還是不夠，只得再發動獨輪車（鹿車）伕六十餘萬趕車上路，但是一車兩人共推也只能載三石米，若要運到遙遠的北方前線，這三石米還不夠兩位車伕路上吃呢，真是荒謬至極。果然等鹿車抵達前線時根本粒米無剩，與其被軍官打死不如相偕逃亡還可能有活路！

戰船、戎車、糧草勉強到位，自全國徵召的兵士於西元六一二年到涿郡集合完畢。看到一百一十三萬人馬強力集結，好大喜功的隋煬帝自動進位成二百萬大軍，當即下令左右各十二軍，分為二十四路朝平壤出發，由於東征路遠，負責運糧餉的民伕是兵士的兩倍之眾。大軍依隋煬帝獨特的戰略行進——他始終相信高麗看到隋朝的壯盛東征軍就會投降，所以大軍出發重在彰顯氣勢威懾高麗！二月初九先發出第一軍，然後每天有一軍出發，兩軍之間保持四十里距離，就這樣一軍接一軍地順序出發，足足花了四十天才完成大軍出發的第一步。看著各軍綿綿相銜的旌旗長達九百六十里，其中最後出發的御營六軍，隊伍長度就占了八十里，與其說是出兵東征不如說是盛大的東征遊行。

大軍前進，隋煬帝嚴令各軍所有行動都要上奏等候指示，不得輕舉妄動，若高麗軍前來請降便不得進攻。隋煬帝做著高麗一定會投降的春秋大夢，高麗軍充分利用這一點，打不過就說要請降，隋軍只得停戰，等後方補給到了又開始打，搞得隋軍陸上部隊一個城池都沒攻下；海路部分則是被高麗大敗；走鴨綠江的部隊打到平壤也被擊潰。總之二百萬大軍東征，僅衛文升一軍不敗，其餘全都潰不成軍。隋煬帝第一次出征高麗大敗而歸。

敗戰的隋煬帝愈想愈不是滋味，積極準備翌年再次東征高麗雪恥，馬不停蹄地將黎陽、洛口、太原等糧倉的穀物不斷往北送到前線。西元六一三年隋朝大軍二次東征，從春末打到夏初不見起色，六月時負責黎陽督運兵糧的楊玄感竟然起兵叛變，調轉部隊直攻東都。隋煬帝後院失火，黯然退兵趕回救東都。其實隋煬帝後院失火不只楊玄感一件，還有河南、河北、山東等地老百姓也都揭竿而起，反抗他的殘暴統治。儘管八月就把楊玄感的叛亂弭平，但各地民變不斷，隋王朝已是岌岌可危了。

東征高麗像一團魔咒遮蔽了隋煬帝的理智，他不顧國內風起雲湧的民變，企圖用東征來轉移焦點，夢想東征大勝一切都會改觀。執迷不悟的隋煬帝於西元六一四年第三次東征高麗，儘管此時國內情勢大亂，隋煬帝仍是執意出兵，偏偏各路部隊來兵不順，前線被高麗連敗，但隋煬帝依然不打算退兵。倒是陪隋煬帝打了三年仗的高麗大大吃不消，終於派出使者求和。隋煬帝苦苦盼望的高麗使者終於來了，儘管場面並不好看，但有台階就趕快下，處理完高麗求和事宜，他就趕緊去滅自家院內的燎原之火。

隋朝在隋文帝蓄積的富強實力，交到隋煬帝手裡，以冶遊、擴張、征伐三管齊下，消耗殆盡，尤以三次東征高麗最是折騰，將國本都賠掉了，搞得官逼民反，遍地揭竿而起，隋朝天下已然離覆亡不遠。

隋末天下大亂鬥記事簿

三次東征高麗，是隋朝的三道催命符。連年征戰舉國男丁都動員到前線當兵或當民伕，也不知是去搶軍功還是當砲灰，但一路向北走去，放眼中土田園盡皆荒廢，村落破敗如廢墟。更有男子為求躲過徵召，不惜自斷手腳，美其名為「福手」、「福足」，只求不用拉去東征前線，免得冤死異鄉。隋煬帝的好勝心，讓百姓生靈塗炭，為求活命只得揭竿而起了！

西元六一六年，各地反抗勢力風起雲湧，其中以南方的林士弘、河南的李密與河北的竇建德等最具份量，形成幾股不可忽視的勢力。此外地方官也開始據地為王，各自稱雄。此刻的隋朝天下已有牆倒眾人推的態勢。西元六一七年，隋的統治已是行屍走肉了，而隋煬帝呢？正在他最愛的華麗江都，等待覆滅的命運來敲門。

反隋大將話李密

李密出身極好，來自四世三公的貴族之家，隋末天下大亂，他建立西魏並興築周長四十里的洛口城為魏國都城。然而李密控制不住手下那批強悍不守紀律的將領，打到哪兒便是燒殺擄掠，使得魏國軍隊風評極差，處處遭到民眾與隋軍的強力反抗。之後雖有隋之大將裴仁基加入陣營，但是李密麾下眾將的草莽流寇氣息，成為他爭取天下的包袱。此後與隋將王世充在落水大戰數回合，儘管互有勝負，終究難成霸業。

瓦崗起義看翟讓

翟讓曾擔任過隋朝的東郡法曹，因犯罪獲判死罪，牢頭黃君漢天生俠客肝腸，相信翟讓必能在亂世闖出一片天，擬偷偷放他一馬，翟讓怕黃君漢受到連累不肯出走，黃君漢反而怒斥他不懂大丈夫當救民於倒懸，出去好好闖一番事業拯救百姓就是對他最好的謝禮！翟讓領受黃君漢美意，逃出牢獄直奔舟商漕運要道的東郡瓦崗聚眾揭竿而起。

翟讓得到單雄信、徐世勣等英才良將的協助，又得瓦崗運河奪糧奪貨的地利之便，再加上大批百姓紛紛跑來歸附，促使瓦崗軍迅速崛起，聲勢浩大。另外一位反隋大將李密，因參與楊玄感起事失敗出亡雍丘一帶亦逕自投奔瓦崗，成為翟讓的策略謀士，建議翟讓先收編周邊小股反抗勢力加入瓦崗軍，既壯大聲勢也無後顧之憂，接著攻打滎陽之金堤關與鄰近的縣城，果然這一套有層次順序的戰略，讓瓦崗軍打出局面，聲勢大漲。

河北歸心竇建德

來自清河漳南（今山東武城東北）的竇建德是一般農民，因為協助孫安祖反抗官府，落得全家被殺，逼得竇建德不得不於西元六一一年，帶著二百人投效到高士達義軍麾下一起造反。當高士達與張金稱兩支起義軍頭領被隋軍砍殺，竇建德順勢接收河北義軍，率領十餘萬部眾人，在河北中部征戰。西元六一七年初竇建德於河間稱長樂王，年號丁丑，將信都、清河等郡攻下，聲勢不可一世。

隋煬帝調兵遣將準備殲滅瓦崗軍的部隊，偏偏半路碰上竇建德的精銳，結果隋軍大敗，河北起義軍士氣大振，轉而支援瓦崗軍進攻東都洛陽。是年竇建德改長樂王為夏王，建立夏國，設百官朝廷，掌控河北全區。由於夏王出身農民自奉儉樸，施政主打勸課農桑，全心促進生產，一時之間河北歸心，全心擁戴夏王。

宇文化及殺楊廣

隋末天下大亂，此刻隋煬帝龜縮江都，不可一世的睥睨氣魄全散了。西元六一八年連最後藏身的江都也出事了——右屯衛將軍宇文化及兵變。春花三月某日，俏宮女慌張來報：宇文化及反了！殺進宮來了！隋煬帝一聽慌忙換裝逃往西閣，宇文化及率兵殺進宮，士兵的尖刀都指向隋煬帝。隋煬帝不復當年的霸氣驕氣，如今早已魂飛魄散，嚇得直問：朕犯何罪？這時隨便一個士兵都可以回覆他：荒淫驕奢，征戰無度，百姓恨你入骨！隋煬帝看眼前一死難逃，竟然懼怕死於刀下，寧可解下腰帶讓士兵絞殺之。

隋煬帝過世，宇文化及改立秦王楊浩為帝，自任大丞相。隋朝至此只剩空殼。朝廷內的變亂看似告一段落，民間各地反抗勢力都還沒推翻隋朝卻已開始互咬——李密殺了翟讓，自己也害怕被屬下幹掉。原本看似大有可為的瓦崗軍、河北義軍等等，因人性貪婪惡鬥現在都成了曇花一現，而隋朝注定傾覆的天下，最後由北周貴族李淵建立唐朝。

一 佛法的大護法現身——隋初的繁盛榮景

隋朝將南北統一，等於是將經濟成熟、種族融合完成的黃河流域，與新近三百年因中原人士南遷帶動經濟繁盛的長江流域，一統在楊家手中，使得隋朝經濟大幅躍進，超越兩漢盛世。隋朝不僅經濟大滿貫，生活富庶，政治穩定，文化得以生根發展，藉由南北合流產生嶄新的活力，出現《切韻》、《隋書・經籍志》等深層文化論述。

隋文帝對於宗教有其情結，因其幼年是養在智仙神尼的尼姑庵內，直到十三歲才回到俗家。當周武帝大舉滅佛之時，楊家反過來保護智仙神尼，將其隱匿家中躲過災厄。神尼曾大膽預言，楊堅將會稱帝再興佛法。楊堅對神尼深信不疑，登基大寶時乃直言「我興由佛法」，因此隋朝力倡佛法，佛教幾成國教，到其執政晚期更尊佛排儒，即使之前篤信佛教的石虎、梁武帝、齊文宣帝等帝王也無法做得如此徹底。佛教歷經隋朝的大力護持之下，即將在中土進入黃金極盛期。

傳奇神醫——隋唐藥王孫思邈

隋唐時期最著名的醫學大家孫思邈，生於隋朝建國的西元五八一年，逝世於西元六八三年，此時已是大唐天下。

老家在京兆華沅（今陝西）的孫思邈，生於民間，看盡窮苦百姓為病所苦、無錢治病而送命的悽慘情狀，使他萌生行醫濟世的念頭！孫思邈立志學醫，讀通各類醫書，醫術日有精進，當他正式懸壺濟世之後，名聲遠揚連朝廷都知道他的聖手名號，想召他進宮擔任御醫卻被其婉拒，只想留在民間行醫救世。

有關孫思邈事病如親、為窮苦病人義診送藥的故事多不勝數，總之只要有病人請託，就算三更半夜、天寒地凍、路況艱險，他必定前往應診，其醫者風範令百姓折服。在診治疾病上，孫思邈靈活創意的治療手法在民間廣為流傳。例如有位病人因為尿瀦留而解不出小便，小腹腫脹，苦不堪言，前來求診。孫思邈以往治療都以服藥洩之，但眼下患者的痛苦模樣，服藥可能緩不濟急。患者實在脹得受不了，忍不住和大夫說，會不會是尿口子不靈光？能不能插根管子幫忙？患者的無助狂想反倒給了孫思邈靈感，可是用什麼當管子好呢？不能太粗、太硬、太尖銳。這時旁邊剛好有小孩吹蔥管玩耍——對，就是蔥管！趕緊請人找蔥來，挑細而強韌的略加修剪，小心地插進患者的尿道口，結果積存多時的尿液真的緩緩流出！若這段蔥管傳奇真有其事，孫思邈絕對可以稱為世界第一個懂得導尿管法的醫生了！

另一則有關孫思邈的傳奇，則是跟「棺中產子」鄉野奇譚類似。話說某日孫思邈外出看診，適有喪家抬著棺材出城，奇的是棺材竟然滴出鮮血。孫思邈覺得頗有蹊蹺，連忙問送葬隊伍中哭得最傷心的老嫗：「棺中躺的是誰啊？」老嫗難過地說是他女兒。孫思邈再問：「令嬡死了多久啦？」老嫗哭著回說已有幾個時辰。

孫思邈當下要求開棺，把老嫗嚇了一跳，驚道：「人死為大，你我素昧平生為何突然說要開棺？」孫思邈連忙表示自己是大夫，看到棺材滴出鮮血，想說看看有沒有希望救回來！老嫗一聽趕緊命人開棺，並告訴大夫：女兒是難產而死。棺材一打開，婦人容色慘白，大夫把脈——啊，還有救！立刻拿出銀針扎穴，果然婦人回過氣息，更神奇的是忽然聽到嬰兒的哭聲，原來不僅婦人活過來了，連兩天兩夜生不出來的孩子都平安誕生，老嫗開心地又哭又笑，直謝孫大夫。圍觀眾人莫不稱讚孫思邈銀針通神，真乃神醫也。

孫思邈除了神醫救人的傳奇之外，在醫術學理上亦頗有建樹，常會將行醫診治的案例互相比較，理出病症與患者之間錯綜複雜的關係，作為診斷與用藥的參酌。舉例而言，孫思邈經常到貧困山區為百姓看診，發現這裡的居民白天視力都沒問題，但一到晚上就抓瞎，也就是俗稱的「雀盲眼」，亦即現在說的夜盲症。原因是什麼？百思不得其解。孫思邈也常為富貴人家看診，這些錦衣玉食的老爺夫人經常上身腫、肌肉疼、人沒力，就是俗稱的腳氣病。原因是什麼？一樣百思不得其解。由於案例多了，孫思邈開始比較研究其間差異，山居村夫村婦易得夜盲症，生活富厚的有錢人家易得腳氣病，這兩造差別最大之處就在飲食，前者粗食少葷腥，後者飲食沃腴、精緻，少吃粗糧。找出原因後，孫思邈給夜盲症困擾的村民吃點家畜的肝臟，改善病情；再為腳氣所苦的富人以米糠、麩子加入餐食，症狀亦獲得緩解。像孫思邈這樣嘗試以米糠、麩子調整飲食來治療腳氣病，並留下醫療紀錄，足足比西方國家最早的記錄還要早逾千年。

孫思邈最為後世稱道的當屬他的針灸神技，並在醫書所傳的穴位根基上，發現更多新穴位，還提出哪兒有病有痛就往哪裡扎針的新療法，亦即「以痛取穴」。

行醫多年經驗無數的孫思邈，於古稀之年將實證有效與自古靈驗的簡便藥方彙編成《千金要方》，又名《備急千金方》。千金者取其寶貴之意，表示書中所列之方子都是寶貴救命之方。當孫思邈百歲之時，又將七十歲之後所積聚的驗方彙編成《千金翼方》。翼者為輔也，有補充前書不足之意。兩本書總計載有六千五百餘帖藥方，皆為實證有效之驗方，普濟後世。

後世為表達對孫思邈的崇敬，遂尊稱這位學理兼備、著作益世的偉大醫學家為「藥王」，而孫思邈常出沒採藥的五臺山，也沾了藥王之光，得名藥王山，山上還建有藥王廟紀念藥王孫思邈。

第14章

大唐盛世之萬國來朝……

現在歷史將進入中國最強盛的朝代之一—唐朝，西元六一八至九〇七年，總計二百九十年間，發生了中國歷史上最厲害的皇帝與女皇帝，締造了震爍古今的治世，讓唐朝一代始終維持著鼎盛氣勢。除了國勢強盛之外，唐朝更為後世的官僚制度與科舉制度奠定縝密的完整規劃，影響後世直到清末。

一 李唐江山全靠李世民搞定

樹倒猢猻散，牆倒眾人推。隋朝在隋煬帝的倒行逆施之下，由盛而衰而氣若游絲，隋煬帝自己都避居江都放任天下大亂，就連隋朝官吏也生出不臣之心，仗著手中有部隊紛紛據地稱雄，跟著百姓一起造反。群雄並起之中，也包括即將登上歷史舞台的李淵父子，他們將自太原起兵而逐步收拾山河，一統天下，建立中國最赫赫強盛的王朝之一唐朝。

李淵，隋朝貴族，承襲先祖爵位為唐國公，跟隋煬帝關係還不錯。隋煬帝於西元六一七年指派李淵去太原當留守以弭平當地造反的百姓。李淵起初還老實出兵，將揭竿而起的農民亂事壓了下去。但是明眼人都看得出來，今天打壓東，明天西又冒出來，明天打壓西，後天南又冒出來，這民間單發點放的造反，勢力漸漸茁壯，恐怕楊家天下要變天了。

李淵還在為隋煬帝的天下憂心忡忡，李家二公子李世民卻早已看出隋朝大勢已去，未來是誰家天下就看誰掌握先機。於是膽識與才幹兼具的李世民，不僅積極結交有識之士共謀天下，更鼓吹父親與其幫隋煬帝鎮壓民變，不如加入起義行列逐鹿中原。受到二兒子與晉陽縣令劉文靜的影響，李淵起兵太原，領軍二十萬一舉攻下長安，入城後立刻取消隋朝苛政與民約法十二條，並立煬帝之孫楊侑為帝，穩住民心。

鏡頭拉到江都，隋煬帝縮頭躲在這兒避風頭，但終究躲不過劫數。西元六一八年江都發生驚天動地的政變，禁軍將領宇文化及殺進皇宮，隋煬帝夫妻貪生怕死又怕痛，不願做兵士的刀下亡魂，寧可解下腰帶讓宇文化及勒脖子，了結這由天堂到地獄的一生。隋煬帝夫妻倆一死，長安的李淵也就不客氣了，馬上廢掉楊侑自行宣布稱帝，並改國號為唐。但是這時的唐離統一天下還有一大段距離，後續還有賴二兒子李世民南征北討，把其他割據勢力搞定，李淵的開國皇帝寶座才坐得上、坐得穩。

儘管唐的國號喊出來了，但各地的割據勢力仍在，這皇帝也做得沒滋沒味。這個能征善戰、有勇有謀的李世民仍是李淵打天下的重要幫手。放眼天下群雄，以劉武周的勢力最盛，占領了雁門、樓煩、定襄等西北數郡，又有突厥撐腰，也像李淵一樣自行稱帝，頗有一方之霸的氣勢。西元六一九年，劉武周積極擴張勢力範圍，不斷攻打唐轄下的城鎮，而且負責守太原的四子李元吉，竟然不戰而逃，等於把太原拱手送給劉武周，讓長安門戶洞開。坐鎮長安的李淵看劉武周來勢洶洶，打算退守蒲津關，做個偏安關西的小皇帝也很滿足。

對於父親與弟弟退縮的想法，李世民非常不以為然，堅決主張以主動出擊爭取天下，李淵拗不過二兒子的鴻圖大志，就順水推舟讓他去拚吧。果然李世民幾回合下來就把劉武周的主力殲滅，逼得他投奔突厥。但突厥也不想蹚渾水，招惹會打敢打的李世民，於是識相地把劉武周宰了，與唐互不招惹。李世民主戰讓唐收復西北失土，也將西北後方鞏固，全無後顧之憂。現在大軍掉頭往東出擊，目標東都洛陽。一路上李世民所向披靡，沒人敢攖其鋒，紛紛自動投降，眨眼間東都已被包圍。

鏡頭調到洛陽城，這兒由前朝隋之臣子王世充當家作主，當隋煬帝歸天的消息傳來，便立隋煬帝之孫楊侗為帝。王世充的戰功來自擊敗聲勢不小的瓦崗軍，得勝後立刻廢掉楊侗稱帝，改國號為鄭。當李世民大軍來襲，王世充發信給河北的竇建德，準備聯手夾擊李世民。竇建德收到信立刻派兵三十萬馳援，同時發信恫嚇李世民退兵，他打的如意算盤是趕走李世民之後，再找機會幹掉王世充，如此一來天下就是他的了。李世民也不是省油的燈，根本不把竇建德的恫嚇當回事，在謀士的擘畫下，派弟弟率軍繼續猛攻洛陽，李世民另率一支部隊攔截竇建德的夏軍，雙方在虎牢關遭遇，激戰中竇建德掛彩被俘，李世民則回頭加入猛攻洛陽的行列。王世充看大勢已去，識時務者為俊傑，開門降了。

李世民把夏、鄭兩大勢力消滅於一役，黃河南北盡納入唐土，唐朝一統天下的框架已然架構完成，大唐盛世即將登場。

一　大唐盛世的血腥前奏曲——玄武門之變

李淵建立唐朝，是為唐高祖，並立長子李建成為皇太子，照理說立嫡長子為皇太子絕對是順理成章的事，但事實上大家都知道，唐朝天下是李淵家老二李世民幫忙打下來的，功勞之大做皇太子絕對綽綽有餘。正因為這樣，使得正牌皇太子李建成和二弟李世民之間的對立日深。

既然打對臺，不只要比魅力更要比實力。爭皇太子位不就是為了將來做皇帝，做皇帝就不能只靠自己單打獨鬥，麾下必定要有一批能臣勇將，可以拱自己上大位，而這才是真正的實力。現在先來看看老二李世民這邊的陣容，有知名勇將尉遲敬德、秦叔寶、李世勣、李靖等為其打天下，更有博學多謀的房玄齡、杜如晦等具有治世之才的文臣輔佐。如此堅強的文武陣容，堪稱無敵。再來看看皇太子這邊的陣容，基本上全是想攀附皇太子的皇親國戚，說實在的李建成也是能打仗的，但戰功遠不如二弟顯赫，故而始終對其耿耿於懷，於是很務實的深耕在長安的地盤，掌控守護宮廷的玄武門衛隊，並且與弟弟齊王李元吉連成一氣。如此一來，兩造勢力不分高下。可是皇太子還是有主場優勢，他悄悄勾串張婕妤、尹德妃，在李淵耳邊狂吹枕頭風，讓李淵對李世民愈來愈有衝突，父子關係一旦疏遠，皇太子想怎樣惡整二弟，老爸都不會聞問。

皇太子如何整二弟？

惡馬計

李家馬上打天下，自然父子兄弟常常一起騎馬打獵。這次老爸要三個兒子比賽騎馬射箭。皇太子有心眼，特別挑了一匹桀驁難馴的暴烈惡馬給二弟，果然李世民上馬立刻七上八下，如坐針氈，就這樣騎上馬又跳下來一共三次，才把惡馬收服。李世民心知肚明，必然有人樂見他摔馬殞命，豁達地跟左右嘆道：生死有命，富貴在天，又豈是區區一匹惡馬所能左右！

毒酒計

皇太子看二弟命大，惡馬既未能得逞，再出一計。是夜，皇太子熱情邀二弟飲酒談心話家常。李世民不疑有他，大哥敬酒自然是乾了，沒想到登時胸口彷彿有千刀割裂，痛到不行，甚至吐出鮮血。陪客李世民的好友淮安王李神通看苗頭不對，趕緊背起李世民回到府邸，請大夫搶救才把李世民從鬼門關前拉回來。

突厥計

李世民麾下英才匯聚，能將謀士個個出色。皇太子要消除二弟的勢力，就要使他脫離那些厲害的文武部屬。首先皇太子以錢帛攻勢將秦王府武將收買之，接著在老爸耳邊搧風點火，將二弟身邊的謀士智囊一一調離秦王府，調得愈遠愈好。現在秦王李世民身邊已經沒有能人幫襯，好戲才要開鑼呢！

皇太子與四弟李元吉攜手，趁突厥入侵的機會，皇太子上奏老爸李淵推薦由四弟取代二弟北征突厥，李淵竟然答應了。李元吉順勢要求老爸把二哥秦王府裡能征善戰的尉遲敬德、程咬金、秦叔寶等好手調來他的帳下聽其調度，順便連二哥麾下的精兵也一併拿過來。沒想到皇帝老爸一一同意。皇太子與四弟沒想到一切進行得如此順利，心花怒放，開心至極。

鴨蛋再密也有縫，他們父子密商的事還是傳到老二李世民的耳中。秦王李世民也不是省油的燈，立刻找來足智多謀的長孫無忌、沙場老手尉遲敬德等心腹討論對策。大家一致認為：既然皇太子已經形同攤牌，秦王大可不必客氣，宜搶先下手取得先機才是上策。是年為西元六二六年，這日秦王李世民氣勢十足地上朝，跟皇帝老爸指控皇太子與四弟元吉二人與後宮大搞曖昧，和張婕妤與尹德妃關係不單純。老爸李淵一聽嚇了一跳，不敢相信！李世民立刻明白老爸對此事毫不知情，便繼續爆料：皇太子幾次三番暗中陷害欲取我性命，若不是兒子命不該絕，只怕早就看不到父親啦！說到傷心處，秦王忍不住淚崩堂上，老爸心知肚明此事非同小可，趕緊安慰老二：茲事體大，朕明日當親自處理。

明天？太慢了。是夜，秦王開始積極部署，準備翌日的絕地大反撲。

翌日一大早，秦王率親信長孫無忌等人進駐玄武門一帶，悄悄埋伏守株待兔。皇太子的後宮內應張婕妤，打聽到秦王有所行動，立刻發信通知皇太子。皇太子和四弟眼看攤牌時刻已到，也緊急商議調派兵馬，四弟元吉建議大哥在敏感時刻先靜觀其變，不妨稱病避開上朝，以免落入秦王陷阱。但是皇太子胸有成竹，覺得後宮有張婕妤與尹德妃當內應，更何況玄武門由自家子弟兵守衛，可懼之有？於是皇太子拉著四弟一起大大方方騎馬上朝，往玄武門進去。

機關算盡的皇太子只知自己可以買通秦王府的武將，殊不知秦王也會以其人之道還治其人之身！這會兒秦王早已出手買通曾是皇太子心腹的玄武門守衛將領常何，等著皇太子與齊王自投羅網。當皇太子與齊王一進玄武門，來到臨湖殿，忽覺有殺氣，兩人迅速調轉馬頭準備抽身，但為時已晚，因為李世民已經等在那兒，朗聲叫住太子與齊王，問兩位為何不上朝？但皇太子與齊王又不是笨蛋，當下已是甕中捉鱉之勢，齊王立刻拉弓朝二哥李世民連射三箭，可惜沒一箭射中秦王李世民。現在換李世民射箭了，只是他的靶子不是四弟而是皇太子，只一箭就讓皇太子中箭落馬，當不成天子先當天使。李元吉看兩位哥哥已經分出勝負，趕緊往西落跑，好死不死跟尉遲敬德碰個正著，惹不起躲得起，立刻倒轉馬頭逃啊！只聽見身後萬箭齊發的呼嘯聲，為了躲避亂箭，李元吉跳馬鑽進樹叢逃命，結果李世民已經守在那兒，兄弟倆近身肉搏，打得難分難解，這時尉遲敬德的追兵已到，李元吉心知寡不敵眾，迅即抽身想逃，尉遲敬德毫不猶豫搭弓就射，一箭送李元吉投胎去也。

玄武門裡兔起鶻落，皇太子與齊王兄弟倆一命嗚呼，而兩人的援軍——東宮麾下大將馮翊與馮立、齊王府薛萬徹等，率二千餘人馬趕到玄武門外準備救駕。玄武門裡秦王派大力士張公瑾頂著，硬是把援兵擋在門外，為秦王爭取時間處置皇太子和齊王。馮翊、馮立與薛萬徹看玄武門這兒討不到便宜，決定轉攻秦王府，讓李世民後院失火，看他開不開玄武門。眼看秦王府快頂不住了，尉遲敬德快馬現身，手裡拎著皇太子與齊王的人頭，宣稱奉聖旨討伐二賊，你們的主子已經垮台，現在你們究竟為誰而戰？眾將官面面相覷，便不敬禮解散。

事情真如尉遲敬德所言是奉旨討二賊嗎？事實上三兄弟在玄武門大亂戰時，老爸李淵正在海池遊湖，身邊美女如雲，樂不可支。直到尉遲敬德突然現身，皇帝還搞不清楚狀況，問他跑來這兒幹嘛？尉遲敬德稟報皇太子和齊王叛亂，秦王特地派臣下前來護駕。李淵心知不妙，老大和老四應該凶多吉少，連忙問太子與齊王現在人在哪裡？尉遲敬德淡定地回覆：已被秦王殺死。

老來喪子最是傷心，李淵難過得無心遊湖，問身旁的大臣裴寂等人，此事該怎麼處理？大臣見勢已至此，反正太子與齊王也無甚戰功，不如順勢立戰功彪炳的秦王為太子吧！皇帝老爸眼睛也很亮，立刻點頭說道：朕本也做如是想。尉遲敬德順勢道：此刻玄武門外逆賊餘黨尚未平息，還請陛下降旨，讓各路人馬放下歧見，聽候秦王指揮吧！最後老爸李淵下旨，為這場兵變畫下句點。這場由李世民一手主導的政變，史稱玄武門之變。

玄武門政變後三日，皇帝立秦王李世民為太子，並由太子掌政；同年八月皇帝老爸非自願升級太上皇，李世民如願登基，是為唐太宗，翌年改年號貞觀。

一 唐太宗與他的貞觀之治

秦王李世民於西元六二六年因玄武門之變順勢成為太子，隨即登基，是為唐太宗，翌年將年號改為貞觀。

唐太宗是中國歷史上有名的皇帝，文治武功均極為傑出，最重要的是太宗能夠以歷史為鑑，記取教訓不再重蹈覆轍。隋唐之交戰亂頻仍，民生凋蔽，百廢待興，直到大唐建國，社會現況仍是一片蕭條殘破，國家經濟財政更是捉襟見肘，舉國上下從皇帝到老百姓都過得很艱困。唐太宗從歷史得到啟發與指引，國家要長治久安先要解決錢與人的問題，於是祭出絕對有效的「輕徭役、薄賦稅」絕招，讓百姓好好休養生息，壯丁留在家鄉，家族鄰里回到生活正軌，村子恢復耕作，街市百業恢復運作，民間生產力漸次復原，生活改善且人口增長，大唐的基業亦隨之深深扎根。

民間找回元氣，那政府呢？大唐到唐太宗時已大致一統天下，加上太宗刻意避免干戈，戰爭銳減，以往龐大的軍費大幅縮減，國家財政得以緩解。接下來要解決人才的問題，因此唐太宗需要德才兼備的人才協助治理國家，一時之間大家為國舉才不分親疏，首重品德操性，才能次之，而大批入朝為仕的賢才，正是國家步入太平歲月的重要關鍵。大唐新成，國事如麻，太宗特別訂立監察與諫官制度，讓諫官直接參政，不僅能集思廣益，更能在決策過程中發揮糾舉偏頗的功能；同時還規定京官五品以上者必須在中書內省排班輪值守夜，太宗隨時有疑問與想法時，都可以找到人諮詢與討論。大唐在太宗銳意經營下，政壇綻放敬賢納諫的奮發之氣，還造就了魏徵這樣的諫臣，耿直諫諍，而太宗也能雍容大度地接納其諫言，使得貞觀年間推行的各項制度都能在諫官的監督與參與下，公平公正無所偏私。

以科舉為國舉才的制度到了唐朝貞觀年間恢復舉辦，制度本身也更完善並得以定型，不僅是封建時代人才入仕為官的重要管道，更是寒門子弟鯉躍龍門的晉身機會，直接促成社會各階層的活絡流動。在政治方面，儒家仍是唐朝的主流思想基礎，唐太宗非常重視百姓的倫理教化，更命當朝重臣房玄齡、長孫無忌修訂《唐律》，堪稱中國古代最完備之法典。

唐太宗的精準施政讓唐初政治展現清明而開放的活力，安定的生活讓民間生產力大飆升，社會繁華，經濟昌盛，國力富強，文化也隨之綻放燦爛的光芒，這段時期就是史稱的貞觀之治。

唐太宗最怕的活鏡子——魏徵

大度納諫是唐太宗實現貞觀之治的重要關鍵，後世對此頗有讚譽，稱其為史上最善納諫之皇帝。

諫臣之中以魏徵最為著名，太宗對於魏徵據理力爭的個性十分欣賞，甚至經常召他進宮一對一聽取其意見，因此民間有關太宗與魏徵的故事流傳特別多。

選妃記

朝中某大臣之女色藝雙絕，儘管已經許了婆家，但皇后認為應選入宮中為妃，女家也只有無奈配合。此消息傳入魏徵耳中，魏徵期期以為不可，趕緊進宮面聖。魏徵見到太宗先來一段開場白——皇宮美輪美奐，當思百姓是否有所居；御膳珍饈百味，當思百姓盤飧可有粒米；宮中妃嬪如雲，當思百姓成家之不易云云。太宗太了解魏徵了：愛卿到底想說什麼？直說無妨，但說無礙。魏徵這才諫言道：某大臣之女已許配婆家，如今卻被選入宮中，豈不是皇上奪百姓之妻？太宗一聽悚然一驚，連忙將此女從嬪妃名冊中刪除，避免了錯打鴛鴦兩分散的事。

狩獵記

太宗對魏徵的進諫大度接納，魏徵自然愈幹愈起勁，諫言益發多了起來，有時連太宗都大呼吃不消。話說春來正是狩獵的好季節，太宗興致來了打算率臣出發狩獵。沒想到魏徵跳出來阻擋，直言春天是萬物生養繁衍的季節，陛下不宜狩獵。雙方為此僵持不下，互不讓步，太宗氣得想把魏徵趕回家，但一轉念——千萬別因一時之氣斷了諫言之路，只好把怒氣往肚裡憋。

回到後宮，太宗憋在肚子裡的怒氣衝口而出，撂下狠話直嚷著要把那個老頑固給殺了。長孫皇后一肚子納悶，趕緊問老公究竟想殺誰啊？太宗怒道：當然是當眾給我難堪的魏徵！長孫皇后一聽心裡有底了，轉身回房換了正式的朝服向太宗恭敬地行跪拜之禮並恭喜皇上。太宗對皇后的反應感到困惑，長孫皇后解釋道：因為聖上英明，大臣才敢直言進諫，當今朝廷有魏徵這樣的臣子，足以證明您是英明聖主，自然值得恭喜囉！長孫皇后一席話，頓時讓太宗怒氣全消，更加珍惜魏徵了。

因為太宗的大度納諫，魏徵為官期間總計向太宗提出二百餘次諫言與意見。其實魏徵並非白目也非鐵頭軍，他是看準了太宗的罩門——怕大唐江山斷送在自己手裡，所以他只要時時以前朝為殷鑑，太宗就能把諫言聽進去，進而遠離丟掉江山的恐懼。

魏徵再厲害終究是凡胎肉身，西元六四三年罹病在床，太宗日日遣人探視問候，希望這位說實話的諫官能長命百歲。天下沒有不散的筵席，魏徵病危之際，太宗就在身邊陪伴，太宗淚眼詢問愛卿還想要什麼？魏徵氣若游絲地說道：「臣什麼也不想要，一心只想著大唐的前途。」太宗一聽肅然起敬，握著魏徵的手久久不能言語。

魏徵過世後，太宗不僅親往弔唁，甚至在靈前思及昔日君臣之情，忍不住掉下眼淚，傷心到連續五日無法上朝聽政。為表達對魏徵的敬重，太宗特別下詔讓百官親往弔唁，參加太宗用心籌辦的葬禮。

沒有魏徵的朝堂，讓太宗不勝欷噓，深深嘆道：「以銅為鑒，可以正衣冠，以人為鑒，可以知得失，以史為鑒，可以知興替。朕嘗保此三鑒，內防己過。今魏徵逝，一鑒亡矣。」

印第安那瓊斯也認輸的大探險家——玄奘

「西遊記」大家應該都不陌生，裡面妖魔鬼怪都想吃的唐三藏，歷史上確有其僧——唐朝的玄奘法師是也。玄奘到西天取經的世紀之旅，成為小說家的創作泉源。但小說家筆下的唐三藏也不是憑空捏造的，玄奘大師對佛學中的《經藏》、《律藏》和《論藏》研究甚深，故而博得「唐三藏」的敬稱。

玄奘受父兄影響篤信佛教，追隨兄長腳步於十三歲剃度出家，十五歲已能背誦《涅槃經》並講解之。隋末唐出天下未靖，高僧聚集成都，玄奘兄弟遂負笈前往空慧寺研習佛典。之後玄奘隻身往荊州天皇寺深造，繼而雲遊豫、魯、冀探訪高僧。精研佛教經典的玄奘深深感受到佛經翻譯多有謬誤，形成求法障礙，於是發心要往西天求得佛經原典，重新翻譯之。為此玄奘特別來到長安學習天竺語，並化募西天取經的旅費。

當時西域為突厥之地，唐朝對出入境嚴格控管，要有官方批准的過所（相當於今之護照）才能放行。玄奘始終未得到批准，遂於西元六二七年悄悄隨商隊往西域出發。來到大唐西部邊關玉門關時，玄奘的磨難才剛開始——馬死了、隨行的小和尚跑了、官府的緝拿追兵也趕來。此刻瓜州州官李昌來敲房門，玄奘硬著頭皮打開門，果然見其手拿追捕文件。

李昌一踏進門便恭敬問道：師父法號可是玄奘？玄奘彷彿入定般未有回應。李昌把房門關好，對玄奘表明：「您若是玄奘法師，弟子可略盡棉薄。」玄奘這才悠悠開口：「貧僧正是玄奘。」李昌歡喜道：「師父發心赴天竺修習佛法，弟子自當盡力護持。」說罷便將追捕文書撕個粉碎，讓玄奘趕緊上路出玉門關。

所謂闖關難過關關過，第一個難關在李昌的幫忙下平安度過。玄奘來到瓜州，為胡人石槃陀授戒，石槃陀自願為之嚮導，並引見老胡人售予玄奘一匹識途老馬帶引西行。繞過玉門關、渡過葫蘆河，夜裡石槃陀便翻臉拿刀相向，原來此去有五座烽火臺皆有唐朝將士守護，玄奘一行私自出關若被抓到絕對死路一條，石槃陀擔心自己受牽連，心生反悔，想殺玄奘又下不了手，玄奘察覺後極力安撫之，讓他騎自己的壯馬掉頭，自己孤身一人騎著老馬繼續西行。據說這位石槃陀便是孫悟空的原型，識途老馬則是白色龍馬的原型。

玄奘走了五十餘里望見第一座烽火臺，迎接他的卻是一支飛箭。趕緊報上名號並說明西行緣由，戍守士兵深受玄奘法師大願力的感動，親自護送師父到下一座烽火臺，在眾將官接力護持下來到第四座烽火臺，守將不但請師父留宿一夜，還準備飲水乾糧，並囑咐玄奘繞過第五座烽火臺，以免遭遇不測。

玄奘西行來到莫賀延磧，一片沙海茫茫竟迷失方向，撐到第五天還沒找到休息地點的野馬泉。當夜玄奘昏睡中，突然清涼風起，人與瘦馬好似受到指引似地起身前行，沒走多遠眼前現出一片綠洲與泉水，玄奘這才脫離困境好好歇了一天，帶上充足的飲水順利走出沙漠，抵達伊吾國境（今之新疆哈密）。休息數日後繼續西行，來到高昌國，其國王為漢人且篤信佛教，熱烈歡迎玄奘到來，期盼法師留下常駐說法。玄奘婉拒，國王硬是不放行，玄奘遂絕食三天以表西天取經之決心，國王深受感動，為玄奘備妥糧草飲水與馬匹，還為法師寫了信函跟沿途各國打好招呼，共同護持玄奘。

玄奘一路西行，長途跋涉一年才抵達天竺，此時已是西元六二八年的夏日了。天竺國洋溢濃濃的異國風情，身形巨大的駝鳥、大象在玄奘面前走來走去，而動輒長達千餘尺、側身高度也有五十尺高的石刻臥佛，更讓玄奘大開眼界，甚至還多次渡過天竺聖河——恆河，探尋佛陀足跡。在伽耶城，玄奘駐足於釋迦牟尼苦修的菩提樹下，高達五丈的濃蔭令人身心清涼。此外，玄奘也造訪佛經記載之釋迦牟尼弘法遺址所在的西天靈山，觀想當時法會盛況。玄奘在天竺所有的考察與探訪，讓以往只能由佛經記載中想像的盛景風土，得以一一實踐，對佛法更能心領神會。

天竺摩揭陀國有七百年歷史的那爛陀寺，住持是百餘歲的戒賢法師，以超凡的修為與德行率領一萬餘僧眾，在這座堪稱天竺最大佛教叢林修行。玄奘前來拜訪時，那爛陀寺特別由千餘名僧人手捧香味撲鼻的鮮花，迎接這位遠從東方中國而來的貴客。早已不收弟子的戒賢法師，為此殊勝的因緣特別破例收玄奘為弟子，以百餘歲高齡再登講壇說法，一講就是年餘，而且還親自教授玄奘最為深奧的《瑜珈經》。玄奘在那爛陀寺如魚得水，潛心修習五年之久，將藏經閣汗牛充棟的經論老老實實地讀完一遍，把握機會和戒賢法師與寺內高僧請教論辯，務求徹底明瞭其中真諦方休。五年之後，玄奘拜別戒賢法師繼續雲遊，往南天竺尋訪佛法奧義，前後共計花費六年時間遊遍天竺，佛學增長，眼界也為之大大拓展。最後玄奘回到了那爛陀寺。

戒賢法師看愛徒雲遊歸來，佛學底蘊更見深厚，遂命其為僧眾講授《攝大乘論》。這次宣講震動天竺，影響深遠，仰慕玄奘者與日俱增。相傳當時有位婆羅門（古印度僧侶，屬貴族階級），存心挑戰那爛陀寺，洋洋灑灑寫了十幾條悖論，宣稱若有能人能夠駁倒任何一條，項上人頭任其宰割。婆羅門的大字報貼在寺前好長一段時間，都沒人出來應對而益發沾沾自喜。直到玄奘歸來，欣然邀請戒賢法師做證人，他願意與婆羅門辯論。果然精研佛法的玄奘三兩下就讓婆羅門甘拜下風，婆羅門沒辦法抵賴，只好擺出要殺要剮隨你的沮喪樣。玄奘佛門中人，怎會真的要取其項上人頭！只笑笑說，您就當我的侍從吧！

戒日王和鳩摩羅王對玄奘之名如雷貫耳，特派使者禮聘玄奘以兩王名義至天竺境內大小王國弘法，並於西元六四二年在曲女城盛大舉辦全天竺佛教大會，共有十八位國王、三千餘位大小乘高僧、那爛陀寺兩千餘僧人，以及外教兩千餘人等共襄盛舉，堪稱印度史上首次盛大的佛教大會。大會由玄奘宣講《大乘論》與其以創見寫成之《破惡見論》，講經足足進行了十八天，與會僧眾聚精會神聆聽說法，現場鴉雀無聲。直到宣講說法圓滿，都無人提出異議論辯，從此在天竺境內玄奘之名無人不曉。會後許多尊貴的國王捐獻財寶供養玄奘，但他將資金全部分給貧民，自己分文不留。

離開中土十五年，眼見西天取經的功德已然達陣，加上佛法修習亦有成，玄奘開始整備行裝回國。戒日王不捨玄奘離開，懇求他留在天竺繼續弘法，更有國王發願為玄奘建百座寺院，但都無法改變歸心似箭的玄奘。送別之日，戒日王與天竺友人為玄奘送行，此去天涯海角當無再見之日，每雙眼睛都為之感傷流淚。

西元六四五年初玄奘帶回六百五十餘部佛教經論返回長安，儘管當年玄奘是違法偷渡出境，但唐太宗被玄奘的大願力所感動，特別派宰相房玄齡等恭迎法師歸來。長安朱雀大街民眾、僧尼與信眾夾道歡迎，一路將玄奘辛苦取回的經書護送到弘福寺。

玄奘在洛陽晉見唐太宗，將此前往西天取經途中所見所聞一一講述給唐太宗聽。唐太宗愈聽愈有趣，覺得玄奘真是不可多得的人才，不僅決心耐力驚人，對西域風土也頗為了解，打算令其還俗入仕予以重用。玄奘當然不依，只願有個平靜低調之地，把帶回的佛經好好翻譯出來。在唐太宗的支持下，玄奘以十九年時間將七十四部佛經，共計一千三百三十五卷，一千三百餘萬字通通翻譯完成。玄奘精通天竺文，翻譯出來的佛經首重忠於原典，再求漢文的精準、流暢、優美，並將佛經所及的各類專有名詞加以定案，像印度之名就是玄奘敲定的。

翻譯佛經之餘玄奘還與同僚辯機和尚合作，將西天取經途中之所見所聞編成《大唐西域記》，記錄當時走過的新疆、阿富汗、巴基斯坦、印度等百餘國的山川地理、城市風情與民俗風土，保留了唐代時期中亞到印度一帶的歷史人文與地理資料，甚至早已譯成多國文字，時至今日仍具有極高的歷史文化價值，成為世界推崇的重要文化資產。

一生歷經出家求法、西天取經、翻譯佛經等艱苦歷練與神聖任務，玄奘這位佛學大師、翻譯大師、探險家，此生已是功德圓滿，於西元六六四年在長安郊區的玉華寺圓寂。

一 什麼叫空前絕後？武則天最懂

在男性為主角的皇帝擂台上，武則天竟然能勝出，成為中國歷史上唯一的女皇帝，這絕對是一場驚心動魄的宮廷鬥爭大戲！

武則天到底是怎麼入宮，又是怎麼拿到皇帝擂台的入場券？

武則天於太宗貞觀十一年（西元六三七年）入宮，時正值十四歲青春芳華，搖身一變就成了太宗的才人。這位天真少女深得太宗恩寵，特別賜名武媚娘，但好運走到這兒就定格十二年之久，意思就是太宗寵愛一陣子之後就將之拋在腦後。武才人抑鬱黯淡的後宮生活，卻在太宗臥病期間起了漣漪，因為這位永遠的武才人悄悄地與太子李治生出曖昧的情愫。

臥病的太宗於貞觀二十三年（西元六四九年）駕崩，由於武才人並未生養，就隨著其他無子女或未曾侍寢的嬪妃送到感業寺剃度，日夜誦經為先帝祈福。新帝唐高宗對於武才人始終未曾忘情，想盡辦法把武則天弄出感業寺接回宮。終於在皇后的宣召下，時年二十六歲的武則天於永徽二年（西元六五一年）擺脫青燈古佛回到後宮。

高宗魂縈夢繫的武才人終於回到自己懷抱，自然是極盡專寵之能事，而高宗比父親太宗大方，翌年就讓武則天晉升昭儀（正二品），給她愛情也給她更高的名分。武昭儀的肚子也很爭氣，很快生下一子李弘。武昭儀得寵，其他嬪妃不可能認命坐活冷宮，原本受寵的蕭淑妃哪嚥得下這口氣？蕭淑妃與王皇后便聯手整武昭儀，反而激發了武昭儀的鬥志，覺悟到唯有不可動搖、高於一切的地位才是百毒不侵的金鐘罩。武則天憑著聰明才智與過人的手腕，將蕭淑妃、王皇后一一鬥垮，榮登皇后母儀天下。

後宮鬥成這樣，外廷怎麼可能不出聲，長孫無忌等一干元老大臣眼中，高宗猶如子侄輩需要處處提點，因此李治這個皇帝做得也不是十分痛快，但自忖在朝中勢力還不夠駁倒元老派，只得隱忍。這批老人家對於武則天重回後宮已是頗有意見，高宗又拚命想廢掉王皇后改立武則天為后，老臣更是激烈反對。

高宗是個腦袋靈光的聰明人，發現可以藉廢立皇后這件事設個一石二鳥之局。當老臣全部投反對票時，有位五品官員李義府竟然斗膽公開支持高宗廢王立武，高宗當廷重賞，此舉無疑是以重賞來鼓勵支持高宗者站出來。於是不少中級官員紛紛表態，儼然形成一股不可忽視的擁武勢力，足以跟老臣打對台。然而廢王立武成局的關鍵一票則是來自老臣李勣的默許。

武則天於永徽六年（西元六五五年）如願坐上皇后大位，其子李弘受封太子。高宗藉由廢王立武事件讓老臣把持朝政的手鬆動，武后名正言順地為高宗出主意，逐步翦除褚遂良、韓瑗、來濟與長孫無忌等元老大臣，讓高宗順利拿回皇帝權柄。

深愛武后的高宗罹患風疾，不時發作，因此自顯慶五年（西元六六〇年），武后開始協助高宗處理一些政務，甚至在高宗認可之下開始逐步參與朝政。高宗的風疾日益沉重，武后的權柄也日益高漲，朝臣出現擁武派勢力，傳到高宗耳裡分外不是滋味，動了廢后的念頭。麟德元年（西元六六四年）高宗與當時宰相上官儀祕密商討廢后之事，可惜武則天機敏過人，很快就把此事擺平，高宗不僅廢后不成反而激起武后的警覺，趁勢開始假垂簾真聽政，對外宣稱高宗與武后並稱二聖，但朝政大權緊緊握在皇后手中。麟德二年（西元六六六年）十月，破天荒地由高宗與武后二聖一起赴泰山封禪，武后算是出盡鋒頭，她還敦請高宗為大臣加官晉爵，根本是堂而皇之收買人心。

簾也垂了、泰山也去了、都與高宗並稱二聖，武后還不過癮。上元元年（西元六七四年）硬是將高宗改稱天皇，自稱天后，把自己往政治顛峰再進一級，同時開始拉拔武家人入朝布樁。儘管武則天野心勃勃，但仍是渴望自己的政治才華得到夫婿高宗的肯定，於是針對大唐局勢提出武則天版的施政綱領——建言十二事。

武則天雖然在政治上順風順水，但對於接班人的布局卻是讓人愈看愈糊塗。太子李弘於上元二年（西元六七五年）四月二十五日病故，由李賢繼任為太子，太子位還沒坐熱就被母后給廢了，換老三李顯來做太子。有名無實的天皇——高宗於永淳二年（西元六八三年）駕崩，太子李顯順利即位，是為中宗，武則天立馬變成皇太后。但中宗的大位還沒坐熱，就在嗣聖元年（西元六八四年）被皇太后拉下馬，廢為盧陵王，換李旦當皇帝，皇太后勉為其難地臨朝稱制，開始大權獨攬，君臨天下。

天下人不是瞎子，朝中也不是一面倒擁武，嗣聖元年的九月就有人發難了！老臣李勣的孫子徐敬業，招集了十萬兵馬在揚州打著反武的旗幟起兵，雖說當初李勣默許廢后立武，但武則天一事歸一事分得可清楚了，立刻派三十萬大軍弭平此亂。為了掃除稱帝之路的障礙，武則天毫不手軟先宰了顧命大臣裴炎等人，再對李唐宗室使出先逼後剿的手段，打趴李家。料理了檯面上的敵人，再來就是未曾表態的潛在敵人，為此於垂拱二年（西元六八六年）三月祭出告密獎勵並任用酷吏，徹底拔除水面下的反武勢力。

在掃除反對勢力的同時，武則天還有一件事要忙，那就是讓天命站在自己這邊背書。曾經入寺為尼的武則天特別從佛經下手，找出《大雲經》所載：淨光天女是菩薩轉生，當以女身（而非實女身）為閻浮提主。以此作為自己稱帝乃「受命於佛」也。經過刻意炒作看似一面倒的輿論，武則天於垂拱四年（西元六八八年）五月十八日，更進一步自稱聖母神皇。天命煲得差不多了，在載初元年（西元六九〇年）正式改國號為周，武則天以六十七歲高齡正式登基成為聖神皇帝，也是中國歷史上空前絕後的女皇帝，東都洛陽搖身一變成為神都，這就是歷史上的武周。

武則天變成聖神皇帝之後，推行一系列大刀闊斧的治國政策。

治國行政：人才為治國之本

武則天相當有識人之明，信手拈來就有婁師德、狄仁傑等賢臣為其效力，別忘了還有開元賢相——姚崇、宋璟。為了讓人才為國效力，武則天非常重視科舉並銳意改革，藉由科考打破世族門第壟斷朝廷的現象，許多寒門子弟苦讀詩書，經由科考翻轉其未來。此外首開武舉，習武之人通過武舉考試為國選拔勇武英才以報效國家。其他還有自舉與試官等選才為官之通路。總之，武則天時期拔擢人才不論出身只問才學，甚至親自主持考試，刻意拉抬進士的社會地位，至此門第不再是官員的評估要件，讓民間人才有了進入公務體系施展抱負的機會。

科舉有沒有弊端？當然有，像進士科以策問（意即申論）為主，演變成以文章好壞決定錄取與否，遭到時人批評武則天好雕蟲小技之譏。此外，武則天在奪權階段任用酷吏卻也是不爭的事實。

國家經濟：農桑為國家之本

在建言十二事中武則天主張「勸農桑，薄賦役」。其實很多開創基業的帝王包括唐太宗在內，執政時都會祭出勸農桑絕招，以養民力，快快恢復因戰爭破敗毀損的農村經濟與人口，只是有時執行得不夠徹底，以致效果有限。武則天掌權後編撰《兆人本業記》頒布州縣，是為州縣官員執行勸農桑政策的操作手冊，配套措施則是優化地方吏治並強化監督，在鼓勵的前提下容忍土地兼併之惡，對逃離家鄉的農民也寬容以對。總之人民是國家的財富，當前階段一切以呵護、鼓勵為主。果然武則天任內國家人口達到六百一十五萬戶，較高宗初年三百八十萬戶大幅增長，平均每年增長率高達百分之九．一。人口平穩成長，帶動農業與商業繁盛，社會富足安定。

軍事：屯田、募兵多軌進行

唐朝建立的遼闊版圖，武則天時期並未丟失寸土；唐朝樹立的天朝威儀，武則天也未減損半分。如果你以為武則天做的是太平女皇，那可就大錯特錯。因為當時西境的西突厥虎視眈眈，吞了安西四鎮；青海邊境飽受吐蕃騷擾；北方東突厥與東北的契丹沒安分多久就開始躁動，直逼河北中部。果然四境不安，處處兵災。

既然君臨天下就要有辦法四海開太平，武則天出兵平了西突厥，拿回安西四鎮；揮軍擊退突厥、契丹。收復失土後，武則天因地制宜，做出不同的安排。在西域部分，於長安二年（西元七〇二年）在庭州設置北庭都護府（今新疆吉木薩爾北破城子）來管理西突厥故地，藉以取代之前的金山都護府。然北庭都護府仍隸屬安西都護府，確立武則天對西域的實質管轄權。北部邊境收復河北後，立即在邊境設軍鎮，派兵常駐，仿高宗青海屯田之策，於今之甘肅張掖、武威、內蒙古五原、新疆吉木薩爾一帶實施屯田，由婁師德坐鎮督導，北方駐軍之糧食得以自給自足，武則天還特別予以誇獎。邊境係多元種族混居之地，因此採行寬鬆溫和的政策，以和諧共存、多元發展為主。

北朝西魏以來沿用至唐的府兵制，到了武則天時期已不堪用，武則天很務實地以募兵制取而代之。至於邊疆地區則因地制宜，以團練名義招募傭兵。

文化 遵儒、寵道、信佛、迷造字！

武則天對文化推廣不遺餘力，修建長安大雁塔、嵩山少林寺、洛陽龍門石窟和乾陵等重要建築，不僅流芳後世，更充分傳達其尊儒、寵道、信佛的精神，展現三教兼容並蓄的特色。武則天重視科舉，打破門閥世族把持政壇的局面，靠著科舉翻轉寒門子弟的未來前程，因此讀書人莫不積極研讀經典、習作應試文章，期待有朝一日鯉躍龍門，光宗耀祖。科舉的盛行直接促成文化深入民間並廣為普及，孕育了無數文學家與大詩人，造就唐代光輝燦爛、百花齊放的文學盛世。影響所及，各種藝術也乘勢而起，包括雕塑、繪畫也都達到顛峰狀態。對於武則天執政期間的文化興盛現象史稱貞觀遺風。武則天頗好文史，對文筆十分重視，但大家可知她還是個造字迷！甚至創出所謂則天文字（即武后新字），像「埊」、「　」、「　」等字皆屬之，但武則天下台一鞠躬之後，這些字在中土便淪為異體字鮮為使用，倒是會在日韓漢字間偶爾迸出！

武則天高齡六十七歲始稱帝，但遲遲未立太子，即使原來的大唐皇帝李旦也僅稱為皇嗣，跟太子在內涵上還是有差別。原來武則天擔心的是把李旦立為太子雖是天經地義，可是傳位給李旦的話等於把好不容易弄到手的武氏天下又還給李家？豈不是白忙一場！若要傳給武氏子弟，就只有傳給姪子囉？可是姪子是姪子，終究不是自己生的兒子！為此武則天可是傷透腦筋。

武則天的姪子武承嗣看穿姑姑的心思，對太子位垂涎不已，想盡辦法出狠招只為整垮皇嗣李旦。這時朝中狄仁傑等重臣娓娓勸諫，而北方邊境的契丹與突厥更不約而同打著匡復李唐的旗幟反周，再加上民心思慕李唐，最傷腦筋的是武氏子弟不成材，搞得武則天不得不把廢為盧陵王的李顯調回來，再度立為太子。太子人選塵埃落定，武則天已無後顧之憂，終於輪到女皇來享受天下至樂了！

何謂天下至樂？說穿了就是女皇為自己召來一批男寵，陪著她吃喝玩樂。男寵以張易之、張昌宗兄弟聲名最為狼藉，趁女皇年事已高便大膽插手朝政，陷害忠良，連太子也被搞得七葷八素，跟女皇關係緊繃到不行。最後朝臣看張氏兄弟實在太超過了，於是在神龍元年（西元七〇五年）正月，由張柬之、桓彥范、崔玄、敬暉等大臣，與右羽林大將軍李多祚聯手發動神龍政變，訴求很直接——殺二張，逼退位，迎中宗。十一月武則天駕崩，得年八十二歲，順應大局在遺詔中揭示「去帝號，稱則天大聖皇后。」

武則天稱帝期間國力並未下墜，甚至在隋末唐初始終無法以武力收服的高麗，竟然在顯慶五年（西元六六〇年）一舉搞定，使得唐朝版圖往東再次擴大。武則天的歷史地位是否如李白歌頌的唐朝七聖之一？確實，武則天執政期間以科舉與均田制翻轉了門閥氏族與寒門子弟的地位，使得大批文人才俊湧入朝廷為官，地方上中小型地主竄起，改變了地方上的土地與財富結構；有效推展勸農桑政策讓社會安定繁榮，人口增加；靈活運用屯田與募兵，讓四鄰綏靖。基於上述多方政績，為武則天的執政博得「政啟開元，治宏貞觀」美譽。

神探狄仁傑說了算

武則天時期的名相狄仁傑深受電視電影青睞，每每冠以神探之名，究其原由乃是因為狄仁傑曾擔任大理丞、侍御史，明察秋毫，鍥而不捨，屢破冤案奇案。所謂新官上任三把火，狄仁傑初任大理丞的第一年就把積壓的陳年案件大出清，總計涉案相關人員達一萬七千餘人，最難得的是處理這麼多案件竟無一位冤枉錯訴，堪稱神探無誤。狄仁傑非常尊重法治精神，即使皇帝干犯法治也會豪不避諱地直言進諫，因此深得百姓敬重。

正因為狄仁傑太有名了，民間流傳許多跟神探狄仁傑有關的傳說故事，至今仍讓人津津樂道。話說皇上準備巡視汾陽，擔任度支員外郎的狄仁傑負責籌辦此事，舉凡大隊人馬的路線與沿途茶水餐食的安排，都不能有所閃失。這時并州長史李玄沖特別跑來找狄仁傑，神情凝重地表示出巡路線會經過妒女祠，為免發生意外最好繞道而行。狄仁傑一聽不免好奇，妒女祠有何玄機？竟然要為此讓皇上繞道！

李玄沖告訴狄仁傑，相傳從妒女祠前經過的華服男女、達官貴人、盛大車駕，甚至迎娶花轎，都會發生離奇的災禍，像被雷電擊中、遭到狂風襲擊等等，總之都會狼狽不堪地收場。所以這才建議大人修改皇上出巡路線，免得皇上出糗難看。聽完李玄沖的話，狄仁傑笑了笑表示，此番是天子出巡，各路神仙要敬天子三分，甚至還要共同護駕，區區妒女只是小小仙班，豈敢有害於天子！

果然皇帝出巡的盛大車駕從妒女祠前浩浩蕩蕩經過，風和日麗，相安無事。這妒女祠的傳說也就不攻自破了。

徹底撲滅韋后稱帝野心的李隆基

繼武則天之後，重登皇位的李顯暴病駕崩，皇后韋氏遂以皇太后之尊臨朝聽政，將政治實權牢牢抓在手中。李氏宗室因為領教過武則天的厲害，很快就對韋氏野心有所察覺，不滿情緒迅速沸騰。還記得那位曾被武則天立為皇嗣的李旦嗎？當初在武則天打造的李氏逆境中，李旦忍辱負重並嚴格教育子弟，將三兒子臨淄王李隆基調教成文才武略俱佳的全才，以重振李氏天下為職志。

李隆基對於中宗李顯的暴斃心存疑問，再加上韋后穢亂宮闈、安樂公主驕縱囂張的傳聞甚囂塵上，很快便警覺到父親李旦與自己應該早就在韋后母女的黑名單上。與其坐以待斃不如先下手為強，於是李隆基開始悄悄運作，鼓動與己私交甚篤的御林軍武官葛福順、陳玄禮，把任意打罵手下的御林軍統領韋播（即韋后之弟）殺了。李隆基的提議正中葛、陳二人下懷，三人沆瀣一氣，但評估光靠三人之力不成氣候，又網羅劉幽求、鐘紹京等智謀之士，於是一場影響深遠的宮廷政變漸漸成形。這場醞釀中的宮廷政變李旦會參加嗎？李隆基並沒有把父親拖下水，主要原因是因為李旦性格軟弱，無法扛起對抗韋后母女的危險戰役，甚至可能會反對此事。但是檯面上不能這樣講，只好說事成則相王（李旦）之福，若失敗也不至於被牽連。

行動之日，御林軍統領韋播第一個被宰，就死在部下葛福順的劍下。御林軍群龍無首，李隆基等人對兵士細數韋后毒死先帝、穢亂後宮、朝綱混亂等膽大妄為的惡行，嚴重危及大唐江山，所以今夜讓我們進宮把韋姓之人通通殺掉，迎立相王為帝！大家對韋后、安樂公主、韋播的惡行早就積怨已深，馬上響應李隆基殺進皇宮的號召，要把韋家人殺光。

鏡頭轉向後宮，自李顯暴死之後，放蕩凶狠的韋后跟男寵打得火熱，明目張膽的荒唐行徑，令宮女、太監深感不恥，大家對她都恨得牙癢癢的。李隆基率軍衝進後宮時，韋后正與男寵顛鸞倒鳳，等聽清楚門外傳來的「殺韋后，立相王」呼喊聲，男寵一哄而散，女侍、太監也都加入叛軍，情況混亂至極。衣衫不整的韋后慌忙逃到御林軍營想找弟弟韋播護駕，正好叛變的御林軍殺死韋播之後正要去跟李隆基會合，沒想到韋后自己送上門來，葛福順看機不可失立刻一刀砍死韋后，結束了韋后的女皇帝大夢。

宮廷政變後續報導：驕縱可惡的弒親之女——安樂公主被殺；韋后男寵通通被亂劍殺死；宰相宗楚客易容逃脫但仍被認出，馬上被砍頭；韋氏宗族滿門抄斬，攀緣韋氏一族勢力者都被處死。李隆基為防患未然，不僅封閉宮門、京師城門，加派萬騎搜捕聞風逃走的韋氏族人及其黨羽，就連武氏宗室成員也順便誅殺，以絕後患。政變成功，臨淄王李隆基當天就被朝臣推為平王，知內外閑廄，兼押左右廂萬騎，為李唐成功消滅了另一個可能危害大唐江山的女人。

一 玄宗主政初期的成績單——開元盛世

歷經武則天、唐中宗、唐睿宗的跌宕起伏，李唐朝政與社會大不如前，亟待有心人大刀闊斧開創新局，重振大唐聲威。現在天子位傳到李隆基，是為唐玄宗，其在位時間長達四十四年，尤其開元年間任用姚崇、宋璟等賢臣除弊興利，國力大為強盛。

振興農業

唐玄宗深知振興國本必須重視農業，農業要好就要把水利修好，還要跟鋪天蓋地的蝗蟲對抗，才能保住農產收成。不過說到振興農業，還有一件事很重要，玄宗於西元七二一年派宇文融擔任勸農使，前往全國各地檢察逃戶（逃避徭役以致流落異鄉無戶籍者），共檢出八十餘萬人；另追查隱田（原已登記有田主的田地因故為其他田主占有之田地），亦查出不少田地。這兩件事對國家收入至關重大。檢出的陶戶非但不予懲罰，反而給予六年免租調徭役的優待，並且使各州將這些逃戶安排在均田土地上耕作落戶。當逃戶有了田地安定下來勤奮耕作，不僅增加了農業生產力，國家稅收也就節節上升。

優化內政

整頓吏治部分，首先裁汰冗員，先幫政府瘦身，留用的官員加以整頓，以銓選考績強化稽核，有才者適才授官，有功者才能加官晉爵，對於直接管理人民的縣官更要小心挑選，以免選到地雷苦了百姓。不只中央如此，地方亦復如是，各道按察使必須對所屬地方官吏循名責實，嚴加考核其政績，作為升官或降級的參考依據。

國家財政部分，大力提倡節約，並整頓政府財政，減少奢靡與浪費，讓稅收用在刀口上。

思想宗教部分，玄宗作風明確——尊儒、崇道、抑佛。因睿宗與玄宗父子崇信道教，武則天虔信佛教，使得玄宗的崇道抑佛有相當的政治表態。

國家版圖

軍事邊防部分，光復了契丹奪走的遼西二十一州；漠北拔也古、同羅、回紇等再度歸順於唐；碎葉城之收復，並擊敗吐蕃、小勃律，大唐聲威震動西亞；日本與朝鮮半島與大唐建立友善而密切的文化交流渠道。

經過開元年間一系列的改革與強化，大唐國力再次臻至全盛，戶口大增、經濟繁盛、國庫充裕、社會和諧、文化藝術登峰造極，儼然盛世再現。直到天寶末年，物價依然平穩，府庫充實，百姓安心生養，人口大幅成長。因此歷史上將玄宗在位初期的二十餘年稱為開元盛世，與太宗的貞觀之治前後呼應。

一起於不倫終於嘩變的——李楊戀

唐玄宗李隆基究其功績，開創開元盛世，堪稱一代明君。在戲曲小說中常以唐明皇之美稱登場，通常都與楊貴妃聯袂登台，演出「貴妃醉酒」與「馬嵬坡」等穠艷淒美的故事。

玄宗最寵愛的武惠妃於西元七三七年過世，玄宗非常傷心，後宮三千妃嬪竟無一人能取代武惠妃在玄宗心中的地位。因為思念武惠妃過度，玄宗龍體元氣大傷，老態畢現。一直伺候玄宗的太監高力士最了解主子的狀況，十分擔心玄宗龍體，這時除了盡力安慰之外，還想到一個為主子療傷止痛、找回昔日青春活力的好法子！

究竟是什麼好法子？原來治療相思最好的方式，就是找一個來代替。但是要代替武惠妃絕非易事，不過世間也不會只有一個武惠妃！高力士一番說詞雖然像繞口令，玄宗馬上會意過來——是哪位？高力士悠悠吐出：壽王妃楊玉環。玄宗如夢初醒，那年正月在驪山溫泉療養時，有看過楊玉環，當時只覺其青春美麗，如今高力士一提點，倒是激起玄宗的好奇心。不過她是兒媳婦怎可能取代武惠妃，於禮法是絕不容許的，但從此玄宗時不時就會想起楊玉環巧笑倩兮的身影。

玄宗之妹玉真公主心疼兄長為情形銷骨毀，遂於西元七三九年新春後一日，請壽王妃來玉真觀一敘，再安排玄宗現身，玉真公主輕描淡寫地說：「一家人一起喫飯沒事的，更何況又不是在宮裡，姪媳不必迴避。」玄宗於席間與兒媳攀談，話題繞著歌舞打轉，原來玄宗早已把楊玉環的底細探得清清楚楚，這位來自蜀中的姑娘雅好音律，頗善歌舞，與壽王李瑁為妃已五載了。聽到公公對自己身世來歷這麼關注，楊玉環不免發窘，謙稱只是略知一二。玉真公主順勢補上一句：「皇上也精通音律！」玄宗見妹妹做球過來，立刻接住：「那飯等會兒再吃，先來奏兩曲吧！」玉真公主趕緊取來笛子，讓玄宗大秀才藝。

果然此招奏效，喜愛音樂歌舞的楊玉環，登時卸下拘謹，露出天真本性指正玄宗將曲子改動，將南呂轉入變宮！玄宗笑問這樣改動可好？慫恿兒媳同首曲子也吹一遍來聽聽，玉環大方接招，吹奏起來相當專業，玄宗樂得鼓掌叫好，兩人以樂會友，看來默契十足。這場精心籌劃的「家庭聚會」賓主盡歡，玄宗回到宮中對楊玉環更是難忘。這廂楊玉環回到府中，對玄宗的文雅風流念念不忘，漸漸相思難以自拔，與壽王的感情大受影響，竟鬧到要出家的地步，最後還驚動了皇上。

翌年正月初二皇上出手，敕書直達壽王府，准了兒媳婦去萬壽庵（太真觀）出家一事，等於就是同意兩人離婚。楊玉環恢復自由之身，隨即入庵出家，道號太真。看到這裡，當然知道這絕對是高力士安排的一齣戲，正是所謂「假出家，真幽會」的手法，這與當年武則天出家頗有異曲同工之妙。太真入庵僅六天，便被專車接往驪山溫泉，開始跟玄宗會合，過著隱藏版的同居生活，甜蜜到不行。

估計當大家對壽王離婚事件已忘得差不多了，玄宗大咧咧地於西元七四五年將玉真觀太真道士——也就是楊玉環冊立為貴妃，給了這位地下夫人正式的名分。兩人感情公開後更加如膠似漆，玄宗彷彿回到少年時光，與貴妃在七夕之夜來到長生殿，欣賞牛郎織女鵲橋會之際，兩人許下「在天願做比翼鳥，在地願為連理枝」的誓約。有讀過白居易的《長恨歌》，就知道這是在描述那一年七夕的場景。

甜蜜的時光總是不長久，玄宗與貴妃的纏綿歲月才區區十五年，便在西元七五五年爆發安史之亂。翌年因潼關失守，玄宗被迫出奔四川，大隊人馬退到馬嵬坡時，部隊嘩變要求處死罪魁禍首楊玉環，才肯繼續護駕。終於一代美人在馬嵬坡香消玉殞，成為後世騷人墨客淒美的謬思泉源。

一九十天安祿山叛賊變皇帝

一旦皇上專寵哪一位妃子，就會反映在前朝上，時日一久必定造成朝政的失衡與動盪。玄宗專寵楊貴妃之後，也不能跳脫此一悲劇公式。

安祿山，出身北方外族，因母改嫁突厥人而得安姓。安祿山通曉六國語言，最初在邊境做個互市馬牙郎，也就是國際商貿的翻譯人員，因緣際會為當紅得勢的節度史張守珪收為假子，一路做到千盧將軍。由於安祿山對北方多種外族聚居的複雜情勢頗能掌握，成為鎮守北方的大將，被玄宗讚譽為安邊長城。也因此安祿山勢力坐大，是唐代藩鎮割據勢力之一。

安祿山不只在軍事上狡詐多欺，在朝廷上也是諂媚多詐，深知楊貴妃得寵，不惜拜貴妃為義母，刻意拉近與玄宗的關係，所得的回報就是在西元七五〇年被封為東平郡王，此乃唐代胡人受封第一高的爵位。玄宗對安祿山就像家人般，任其在自家裡進出，而且覺得這還不夠，還親自下令為安祿山建一座奢華絕倫的在京府邸，從此安祿山的地位益發穩固。

安祿山在宮裡走動也不是為了看美人，而是極力結交各派人馬，把宮廷鉤心鬥角的複雜關係摸熟摸透，更把大唐前朝特別是軍力的虛實摸清，開始在心中盤算取而代之的可能性。把大唐的底盤摸清楚了，安祿山開始在北方悄悄擴充兵力，首先從北方部族挑選能爭善戰的精兵八千，組成壯士營予以特訓，作為部隊的核心戰力；接著將突厥戰將史思明及其部將蔡希德，一起拔擢到麾下帶兵，另派心腹將反對不服的漢將宰了；任用漢人謀士高尚、嚴莊等人為其擘劃；錙重方面，戰馬數萬匹、兵器弓箭也都備齊。一切準備妥當，就等玄宗殯天即可發動起事。

本來一切都還在安祿山控制中，偏偏朝中出狀況——宰相李林甫去世，接棒的是楊貴妃的堂兄楊國忠。這位新宰相沒啥真本事，全靠裙帶攀上高位，卻視玄宗寵愛的安祿山如眼中釘、肉中刺，也不知是誣陷還是有憑有據，幾次三番在玄宗面前說安祿山擴充兵力，造反之心路人皆知。偏偏玄宗對安祿山信任有加，完全不信楊國忠之言，還罵他不要無事生非。

儘管玄宗不相信安祿山會造反，但安祿山既有異心，朝中又有楊國忠扯後腿，難保不會東窗事發，想想自己為了起事也籌謀十年，於是決定提早發動事變。西元七五五年安祿山假造玄宗詔書，宣稱皇上有密令要他進京勤王討伐逆賊楊國忠。軍人講究絕對服從，自然不疑有他。翌日安祿山率十五萬大軍自范陽出兵，由於大唐軍隊自天寶以來久未征戰，安祿山一路勢如破竹，甚至有守將開城投降或棄城逃走，很快地黃河以北二十四郡成為安祿山占領區。

前線傳來安祿山叛變消息，玄宗第一時間完全不能置信，直到黃河以北接連失陷的消息傳來，玄宗這才大夢初醒，安祿山真的反了。朝廷上下面對此一變局完全拿不出對策，只有楊國忠對自己的洞燭先機沾沾自喜，還安慰玄宗道：部隊仍是心向大唐，不出十日叛軍自會瓦解，安祿山人頭落地只是時間問題。但這回楊國忠的預測百分百失準，因為安祿山的部隊不但渡了黃河還占領洛陽，安祿山立刻在洛陽自封大燕皇帝，訂年號為聖武，才短短三個月時間，亂臣賊子登時變身新朝新皇帝。

真英雄不怕老——郭子儀平定安史之亂

亂世有反賊就會有英雄，玄宗時爆發了安史之亂，鬧得連皇帝都出奔四川，簡直到了動搖大唐國本的程度。這時郭子儀出現了。

中唐中興名將郭子儀，並非英雄出少年，因為安史之亂爆發時他已經是五十八歲的大爺了。郭子儀也並非因緣際會立下奇功的天將神兵，他出身官宦之家以武舉出仕展開戎馬生涯，一步步累積功績踏實地做到朔方節度右兵馬使、太原太守。直到天寶十四年安史之亂把大唐天下搞得天翻地覆，玄宗緊急調兵遣將，把郭子儀拔擢為衛尉卿兼靈武郡太守再加碼朔方節度使，果然不負玄宗所望，郭子儀超能打又會打，率領朔方軍一開打就是勝仗，將叛軍薛忠義打得落花流水，使其兩千餘騎兵掛掉，收復雲中重鎮。郭子儀的手下將領也很會打，公孫瓊銜命率兩千騎兵攻馬邑，大捷！一舉打通東陘關與太原軍互通聲息，聯手遏止安祿山攻打關中的計畫，把戰場主導權搶回來。

朝廷見郭子儀不負眾望，一路所向披靡，中興有望，立刻讓他返回朔方把兵馬補齊，為正面打擊安祿山、收復洛陽做準備。然而擅長軍事的郭子儀卻不這麼想，要讓安祿山完蛋應該直搗他的范陽老巢，老巢翻了就無法提供前線後援補給，前線的部隊自然無以為繼，這時再來收拾就事半功倍了。果然郭子儀這一戰略夠精夠準也夠狠，派出河東節度使李光弼領一萬兵馬自太原出崎嶇難行的井陘口，殺得叛軍措手不及，一舉攻下七座城池，眼看河北常山也將不保。安祿山的左右手突厥悍將史思明立刻領五萬兵馬包圍李光弼，雙方在常山展開四十餘天的激戰。眼看李光弼快撐不下去了，郭子儀火速率兵前往解圍，郭李會合以十萬官兵在九門城南與史思明正面交鋒，打了一場漂亮的勝仗。

史思明焉有不想扳回一城之理，郭子儀便設計先疲後打的欺敵之計，以五百精騎當誘餌，彼此交相掩護目的是誘惑史思明部隊不斷往北衝，直到兵疲馬困之際郭子儀的部隊再回過頭來收拾他們，果然大敗史思明，其五萬人馬全數掛掉。史思明大敗的戰報送到安祿山大營，簡直是晴天霹靂，安祿山火速自洛陽調出兩萬兵馬北上救援，同時從范陽老家調精兵萬餘由牛廷玠率領南下，目標與洛陽出發的五萬叛軍會合，準備藉此扭轉劣勢，穩住奪來的江山。

安祿山來勢洶洶，老謀深算的郭子儀兵駐恒陽，看準叛軍想要一決生死在此一舉，怎麼可能如叛軍的意！郭子儀立刻加強防禦工事，嚴守陣地，叮嚀部將以「守」為先，貫徹其疲敵戰術。若叛軍來則守之，退則追之，所謂「晝揚其兵，夜襲其幕，方可取勝。」結果此一戰術讓史思明五萬部隊進攻不能得手，退兵又被追擊；白天對手打死不出城，晚上卻一再偷襲騷擾，搞得史思明累到快抓狂，士氣一洩千里。郭子儀看叛軍已經累到快崩潰時，派出兩員猛將在嘉山擺開陣勢，果然唐軍如猛虎出閘，將叛軍殺得魂飛魄散，五萬沒了四萬，還有五千餘被唐軍活逮，五千餘匹戰馬報銷。郭子儀此役大勝，登時威震大唐江山，河北十餘郡軍民與唐軍相呼應，消滅叛軍叛將回歸大唐。史思明看大勢已去，撤退時慌亂得墜馬丟盔掉靴斷槍，好不狼狽地逃回博陵。

安祿山眼看河北失守，後勤切斷，范陽老巢即將不保。而跟著他從范陽打過來的將官亦人心惶惶，害怕家鄉不保回不去了。安祿山氣得質問慫恿他反唐的謀士高尚、嚴莊，現在起兵才數月就被郭子儀打得進退失據，手上只剩汴、鄭幾州，這仗還怎麼打下去？緊急磋商後，決定棄洛陽回范陽，回老家圖謀東山再起。

郭子儀因應安祿山退守范陽的動作，訂出堅守潼關、揮軍北上直搗范陽的戰略。沒想到玄宗竟在最後關頭聽楊國忠的讒言，胡亂指揮的結果是潼關失守，大將哥舒翰兵敗被殺，長安陷落，叛軍乘勢再起。沒想到大唐命不該絕，西元七五七年安祿山竟被帳下李豬兒宰了。天賜良機，朝廷立刻詔令郭子儀帶兵直奔京師，並賣面子從回紇借兵十五萬，對叛軍大舉展開攻勢。是年九月戰役，唐軍兵分兩路，互為呼應：一支由廣平王李豫率領的蕃、漢大軍攻長安郭子儀這支則與安守忠、李歸仁遭遇京西香積寺之北爆發激戰，從午時戰至酉時，叛軍死傷達六萬餘。結果，叛軍見戰事吃緊，叛軍賊將張通儒棄守長安，逃往陝郡，翌日廣平王李豫入京，受到百姓英雄式歡呼。

京城長安收復後，郭子儀乘勝之氣，率軍往東攻洛陽。洛陽守將安慶緒收到消息，急派大將嚴莊、張通儒率大軍十五萬出擊，在新店遭遇唐軍展開激戰。嚴莊、張通儒占地利之便，依山勢紮營，掌握制高點，對郭子儀極為不利。但郭子儀亦非省油的燈，決定以速度解決地利不足的劣勢，先派出兩千精騎搶時間在叛軍尚未完成紮營之際突襲，再安排一千弓箭手在山下埋伏，配合回紇軍從後山就定位準備偷襲，一切安排妥當後，主力部隊才與叛軍交鋒。雙方一開打，郭子儀就敗陣退兵逃走，叛軍看機不可失，立刻全部衝下山追擊，瞬間進入弓箭手射程，遭到箭雨攻擊！此時郭子儀率眾調轉頭殺過來，叛軍正焦頭爛額之際，背後山上又傳來回紇部隊的殺聲。結果叛軍在郭子儀精心設計下被前後夾擊，兵敗如山倒。賊將嚴莊拚命逃回洛陽拉安慶緒一起棄城往北逃回老巢，洛陽終於重回大唐朝廷懷抱。

這時皇帝已是肅宗李亨，對接連收復長安、洛陽的輝煌戰績龍心大悅！當領軍致勝的大將郭子儀入朝參賀時，肅宗激動地表達自己的皇位是祖宗傳下來的，但眼下這大唐江山卻是將軍再造的！老將軍郭子儀謹守君臣之道，非常謙虛地稟報肅宗，自己是奉皇上之旨盡臣下之責而已。

由於叛軍餘孽未清，肅宗於西元七五八年命郭子儀同九節度使，繼續出兵攻打當時已逃進相州的安慶緒。這次肅宗的命令很奇怪，並沒有讓郭子儀統屬九節度使，因為互不統屬，大家就各打各的，結果當然是各路都吃了敗仗。打仗勝敗乃兵家常事，但監軍的宦官魚朝恩可不這麼想，打了敗仗當然要卸責啊——都是郭子儀害的啦！肅宗這糊塗皇帝竟然聽信魚朝恩的胡話，郭子儀的兵權立馬被奪。

但是大唐氣數仍不該絕，這次又是叛軍內訌幫了一把。原來啊，唐軍攻打逃入相州的安慶緒，多虧史思明出兵解圍，史思明就認為自己的功勞足以跟安慶緒平起平坐，分一半的兵權乃理所當然。安慶緒當然不肯了。史思明把心一橫，乾脆宰了安慶緒，大隊人馬回到老巢范陽，自行稱帝——大燕皇帝。剛坐上大位的大燕皇帝一聽死對頭郭子儀被削去兵權，登時大樂，認為天助大燕，於西元七五九年發兵從李光弼手中搶回洛陽。可惜老天給大燕皇帝的好運點數用完了，史思明在洛陽被其子史朝義宰了。

因病臥床的肅宗李亨，因張皇后與宦官李輔國之間的奪權鬥爭，西元七六二年李輔國率禁兵闖入長生殿，當著重病的肅宗面前殺了張皇后，導致肅宗因驚嚇過度駕崩，太子李豫即位為代宗。政變陰謀中驚險即位的代宗，仍須面對叛軍史朝義的張狂氣勢，開始考量是否再次啟用郭子儀。幾經盤算後決定統兵元帥由雍王李適（後來之唐德宗）擔任，副元帥由郭子儀出任，再向回紇借十萬兵馬，展開反攻洛陽行動。

鏡頭轉向史朝義這邊，郭子儀出馬史朝義當然討不到便宜，戰敗往北逃到莫州，其部下田承嗣、李懷仙等看清局勢，識時務地向朝廷投降。史朝義此時已是強弩之末，麾下已是眾叛親離，西元七六三年史朝義黯然上吊，為安史之亂七年又三個月的叛亂劃上句點，讓中唐氣數得以繼續走下去。

一 李愬雪夜奇襲大破藩鎮叛軍

藩鎮割據一直是中唐時期的心腹大患，即使安史之亂掃平之後，藩鎮割據狀況並未好轉。其中又以淮西的藩鎮勢力最為頑強，歷經肅宗、代宗、德宗三代討伐，依然未能斷根。

時間來到西元八一四年，話說淮西節度使吳少陽過世，其子吳元濟祕不發喪，只向朝廷呈報父親生病，請立元濟為後，沒想到朝廷不准，氣得元濟乾脆逕自宣布繼位，而且出兵舞陽、葉縣等地。唐憲宗火大派兵討伐吳元濟，想不到朝中竟有大臣跟吳勾結，再加上將領不堪一擊，結果打了三年居然打不贏一個節度使，真是漏氣。朝中一面倒勸皇上別再打了，獨獨大臣裴度堅持非把這顆藩鎮割據的毒瘤拔除。毒瘤該拔，但誰能擔當大任？有的，李愬自動請纓。李愬何許人也？他可是將門之後，其父為德宗時的大將李晟！虎父無犬子，騎射一流的李愬活脫脫就是一員將才，如今在憲宗朝屈居低階官員，碰到征伐淮西節度使的大事自然當仁不讓。

既然李愬願意跳出來擔當拔毒瘤的大任，西元八一七年朝廷樂得將李愬任命為唐、隨、鄧三州節度使，頂著熱騰騰的節度使頭銜出兵蔡州去打吳元濟。唐州官軍打吳元濟打了三年始終無功，一聽到打仗就頭皮發麻。因此李愬領兵第一件事就是為士氣低迷的官兵打氣嗎？錯，他一到唐州就跟官員講：「皇上派我來是因為我天性懦弱又怕事，即使受到屈辱也能吞下去，這才派我來慰勞安撫大家，絕非要我帶大家攻伐打仗。」李愬這番話讓官軍鬆了一口氣，得到情報的吳元濟正想知道李愬這名不見經傳的傢伙是何方神聖？現在也不用擔心，不過又是一個膽小怕事之徒，不用上心。沒錯，李愬就是要吳元濟這樣想。

吳元濟不把李愬放在心上，並不表示李愬真的想當個縮頭烏龜。李愬在唐州很忙的，首先官員設的戲班、樂班不見了，接著酬酢飲宴也悄悄消失，取而代之的是官軍吃甚麼李愬就吃甚麼，受傷患病的官軍都會看到李愬親切慰問的笑容，甚至還親自餵食湯藥，讓官軍超感動。李愬一步一腳印地深耕軍心，官軍感受到他的用心，士氣開始回升而且很快破表。唐州這邊的灶燒熱了，那吳元濟蔡州那口灶呢？因為看扁李愬，所以蔡州防備鬆散空虛。

眼看時機漸漸站到官軍這邊，唐州進入積極備戰狀態，李愬一邊擴軍一邊趕造武器，另一方面則是派人做敵後工作進行分化，善待俘虜甚至給予重用與優惠待遇，例如淮西勇將丁士良被活捉，李愬派其擔任捉生將，負責招降叛軍將領的任務。這招果然有效，淮西士卒與百姓紛紛投靠李愬這邊，李愬把握機會一一親自慰問、安置還聊上幾句，進而對吳元濟那兒的狀況更加了解，為出兵做準備。

鏡頭轉向朝廷，宰相裴度已經被唐憲宗任命為評定淮西的統兵元帥，駐紮郾城。李愬在唐州已經兵強馬壯、民心士氣都已準備妥當，遂擬定一套討伐吳元濟的作戰計畫送到郾城，裴度一看大樂，馬上通過。到底李愬上了甚麼奇計，讓裴度如此開心？

入冬，十月十五清晨北風驀地增強，一場大雪襲擊大地。就在大雪中，李愬下令李祐擔任先鋒，率三千名敢死隊走先；李愬為中軍率三千兵馬；李進誠作後衛率三千兵士。任務派下後，大軍自文成柵啟程。但目的地是哪兒？李愬神祕兮兮地揮軍向東出發！部隊在大雪中急行軍一天，黃昏時來到張柴村，這兒離蔡州僅七十里路程，守軍不多，很快就被李愬大軍殲滅。李愬留五百兵士看守，便整隊繼續向東行軍。

這時有將領忐忑地問李愬，現在是要去哪兒？李愬這才鬆口：蔡州捉吳元濟！當初不是說不打蔡州嗎？怎麼這會兒又要打了？儘管心裡打鼓但軍令如山，部隊仍是全力在大雪中摸黑夜行軍，結果下半夜大隊人馬已來到蔡州城。現在要紮營休息嗎？不，把握月黑風高雪正大的黑夜，李愬率兵在蔡州城下挖土造坎，很快地高度就足以攀上城牆，於是精壯先鋒翻過城牆，讓從未看過官軍攻來的淮西叛軍在熟睡中先看到閻王。先鋒部隊刻意留下更夫繼續打更欺敵，再悄悄地打開城門把官軍放進城。

當雞啼破曉，吳元濟一睜開眼看到的是官軍打進來啦！連忙帶兵衝上內城之牙城與官軍對打。李愬部隊也不是省油的燈，很快便打垮牙城外門讓守軍繳械。當天光大亮時，百姓起床出門看到大唐官軍正在燒內城南門，高興地立刻搬來柴薪幫忙燒啊！南門燒毀，官軍如潮水般殺進內城，百姓高聲歡呼迎接。站在城上的吳元濟目睹這震驚的一刻，知道一切都完了，只好認罪投降。

捷報傳到京城，接著吳元濟的囚車抵達，讓李愬的大名威鎮河北，讓當地割據的藩鎮大為驚慌，主動向朝廷輸誠，願意服從。危害李唐江山的毒瘤——藩鎮割據勢力，此刻算是暫時搞定了。

一 滿城盡帶黃金甲——黃巢之亂

每個朝代到了末期莫不百病叢生，唐朝也不例外——藩鎮割據加上宦官掌權，還有黨爭及皇帝不成材，再加上權貴兼併土地導致百姓流離失所，以及飢荒併發催徵賦稅……。沒錯，這些都是唐朝末期的現狀，尤其是飢荒併發催徵賦稅這一項，必定會官逼民反，所以唐末會出現黃巢這號人物一點都不奇怪。

黃巢並非一開始就冒出頭來，最初是濮州人王仙芝於西元八七五年在長垣帶著幾千人揭竿而起，以天補平均大將軍為名號，一路打到曹州、濮州，苦到極點的農民豁出去了，跟著王仙芝一起打天下，這支雜牌軍很快就聚集了數萬人！當大隊人馬占領冤句時，一位落第的販鹽私梟黃巢看人家王仙芝都起來了，乾脆也登高一呼召集了數千人跟王仙芝互通聲息。

黃巢，應該算是唐末的憤青，因為科考落第滿懷怨氣，又在京城看到唐朝的末代腐敗糜爛，更是氣上加氣，提筆寫下殺氣直透千古的《菊花詩》：「待到秋來九月八，我花開後百花殺。沖天香陣透長安，滿城盡帶黃金甲。」從這首詩就看出黃巢對朝廷的不滿，以及反骨的堅強意志，這小子必定造反。

王仙芝的聲勢日漸浩大，朝廷打不死你就招降你，眼看王仙芝意志動搖，黃巢一氣之下率自家人馬出走，自己幹吧！沒想到朝廷看黃巢退股，王仙芝的實力頓時減弱，未達招降標準就圍剿吧！果然沒多久王仙芝就兵敗如山倒，死在官軍刀下，其殘存的人馬轉而投向黃巢，拱黃巢為王，還起了個響亮的稱號——沖天太保均本大將軍。

黃巢有名號就愈打愈帶勁兒，渡過淮河直搗官兵戰力最弱的南方，一路勢如破竹打到廣州，再乘勢折返北上往洛陽打。沒想到洛陽官方竟然不戰而降，讓黃巢很快便向長安挺進，而且還很賊的抄小路把重要的潼關給破了。說來諷刺，當黃巢打進長安時，僖宗嚇得只帶數百士兵出奔成都，留下滿城百姓熱烈迎接黃巢！

既然長安歸黃巢管了，就安心登基當皇帝吧！黃巢將自己的天下起國號為大齊。不過大齊的領土還很小，新皇帝必須繼續披上戰甲四處征戰，每打下一座城池就忙不迭的往下一座城打，根本沒派兵士留守，結果黃巢一走官兵就來了。所以黃巢辛苦征戰卻是竹籃打水一場空。出逃的僖宗也沒閒著，在成都很快完成軍隊的重整與集結，迅速反攻包圍長安城。鏡頭轉向長安，黃巢的人馬困守京城坐吃山空，眼看快撐不下去了。

鏡頭再來搜尋四處征戰的大齊皇帝人呢？風塵僕僕的黃巢此刻灰頭土臉，因為大將朱溫竟然降了朝廷，真是個現實的傢伙。更糟的是僖宗從沙陀族酋長李克用那兒調來精銳的騎兵，非正規軍起家的大齊人馬根本招架不住。黃巢看苗頭不對趕緊撤離長安，一路往泰山狼虎谷敗逃，打殺十年之久的黃巢之亂終於以黃巢兵敗自殺畫上句點。儘管黃巢之亂平定了，但李唐江山已爛到根柢的實況再也掩藏不住，末世鐘聲正一分一秒加快速度為近三百年基業的大唐倒數計時。

讓唐帝國狼狽退場的藩鎮割據

藩鎮割據一直是唐朝的問題，當中央強而有力的時候，藩鎮雖然虎視眈眈，表面上裝得順服乖巧，一旦中央稍有疲軟之勢，藩鎮便撕去順服的假面，露出猙獰的面目，揮軍搶地盤毫不手軟，演變成藩鎮割據的態勢。唐一代總共發生兩次藩鎮割據，第一次就是安史之亂，將大唐版圖內的北方部落形成的反唐大作戰；另一次就是在黃巢之亂平定後，各藩鎮間的武力大混戰。

這兩次藩鎮混戰主戰場都在黃河流域，搞得是烏煙瘴氣，到了黃巢之亂甚至還打到南方，造成相當的破壞。即使黃巢之亂平定了，藩鎮割據之局已成，彼此間大規模的混戰比起東漢末年有過之而無不及，當藩鎮亂戰到最高點時，病入膏肓的唐帝國一步步走向終點，五代十國的亂世已經等在那兒了。

從傳說時代起，居於中原的漢族與北方部族間開始互動，文化先進的漢族以開放的態度跟各族求同存異，和諧相處。比方說國勢強盛的兩漢，就吸引大量外來部族移入，尤以東漢更是朝廷主動批准匈奴搬到邊境內安家落戶，漸漸從游牧轉為農耕生活。歷經兩漢長時間的南北種族融合，大家都相安無事，直到西晉時因為朝廷腐敗無能，政治一塌糊塗，使得原已在中土安居樂業的諸部族蠢蠢欲動，終於爆發內亂，南北朝與五胡十六國亂局變由此而生。

天下合久必分，分久必合，歷經南北朝與五胡十六國的種族激烈揉合，在隋帝國得到最後收斂，天下與種族同時統一。接棒的大唐帝國，對於北方邊境內外諸部族採取類似東漢的政策，舉凡內附諸族均獲准遷徙到大唐境內落戶，因此大量部族人口湧入，這類內附的新住民大多入住河北道。為什麼呢？原因就在於隋末唐初河北與河南是主戰場，戰後人口急遽減少，所以政府就開放給新住民，剛好填補了人口的缺口。

唐太宗文治武功鼎盛，西元六三〇年一舉滅掉東突厥，其部族十餘萬人歸附大唐，該如何安置這大批新征服的人口？唐太宗也不敢獨斷，找來朝臣大家討論：竇靜提出，內附的東突厥人民可以住在塞外，一方面擔起守邊之責，一方面生活環境不至於有太大變化。如果要把他們遷入中土，對大唐恐有損無益啊！溫彥博並不這麼想，他以為突厥之生活型態與漢人大不同，入住內地未必是最好的選擇，不妨使其居住在邊境各州，可收實邊之效。

唐太宗的諍臣魏徵發表意見了！他認為突厥應回到原居住地，不可遷入內地，以免成為大唐日後的「腹心之疾」。辯論開始！溫彥博針對魏徵的看法表達了反對意見，認為孔夫子主張「有教無類」，只要施以教化則突厥人就有機會成為百分百的大唐子民，為什麼不給他們機會？還說什麼腹心之患，這樣的心胸實在太褊狹了。

最後主席唐太宗被有教無類說服了，採納溫彥博之議，讓突厥人入住幽州（河北道）至靈州（關內道）一帶的區域。來到高宗時，突厥人的內附風潮綿延不絕，新住民大多安頓在河曲六州——豐、勝、靈、夏、朔、代等州內，還算有所規範。但是太平日子過久了總會有變數，開元四年（西元七一六年），有消息傳來說突厥新立了毗伽可汗，定居在唐土的突厥新住民開始騷動，並且開始有人打包偷偷逃回突厥老家。此時並州長史王晙表態，認為應該將內附的新住民移居內地，過個二十年他們必定徹底漢化，成為大唐精兵。想得是不錯，但玄宗始終沒有鬆口採納，依然維持當年太宗的作法，讓突厥內附新住民住在沿邊諸州一帶。

大唐皇帝們對諸部族內附者的住居幾乎沒什麼限制，歸納初唐到中唐，大體採行對策有三：

第一套，針對遊牧民族而設計，指定他們住在邊境諸州，保持原部落之舊有生活習俗。如果改從事農耕者，想遷徙到內地居住也不予禁止。

第二套，針對與漢族一樣從事農耕之部族，可移居到內地。例如：唐高宗於西元六六九年就將高麗民戶大約四萬人遷到江南、淮南與山南、京西諸州，接著又於西元六七七年再遷高麗民戶至河南、隴右等州；唐玄宗於西元七二二年將河曲六州剩下五萬餘突厥移民，都是住很久幾乎都已農耕為生，讓他們遷居到許、汝、唐、鄧、仙、豫等州去過活。

第三套，針對商人與諸部族之酋長等輩，可以在各個城市裡自由居住，愛住哪兒就住哪兒。

始自西魏府兵制一直沿用到北周、隋、唐，不斷發揮其強大的威力，但是來到中唐已是強弩之末，玄宗時已完全崩壞，而鎮邊的藩鎮兵力反而日益坐大，還不斷擴充中。消長之間，府兵制於西元七二二年走入歷史，募兵制順勢接棒登場。不用想也知道，招募進來的士兵甚至將校大多是內附人——諸部族移民，因為他們擅長騎射最適合當騎兵。再加上唐玄宗於西元七五五年准了鎮守范陽的安祿山以蕃代漢，也就是以藩將取代漢將，這一批准就替代達三十二員之多。從此安祿山的范陽鎮搖身一變成為蕃將打先發主場，漢將坐板凳為輔的部隊。既然兵權部隊都在藩將掌握，演變成不叛對不起自己的場面，叛亂於焉產生，而且一旦起頭便難以撲滅。

唐朝前後發生過的兩次割據，第一次是中唐的安史之亂，第二次是唐帝國自己內部分裂。分析其原因，第一次割據的安史之亂肇因於安祿山的漢皮藩骨，始終割據河北三鎮保有自家武力的藩鎮所致。但並非內附的部族都跟他一樣，也有融合得很徹底堪稱藩皮漢骨者，像中興名將之一李光弼，就是契丹酋長李楷洛之長子，不僅沒有叛亂反而在安史之亂期間成為保護大唐江山的悍將。至於第二次割據則是因為黃巢之亂十年間，各藩鎮借剿亂機會再次坐大，造成帝國末期內部之割據分裂。而與藩鎮對戰部隊中戰績最出色的沙陀部落，亦為內附者漢化顯例。一直到之後的五代亂世，就有後唐、後晉與後漢是由沙陀部族所建。

分久必合，合久必分。隋帝國統一魏晉南北朝交棒給唐帝國，由於唐對於北方部族吸納、融合的不徹底，導致藩鎮割據走上部族分化叛亂之路，天下再次分崩離析。歷經五代十國的激烈爭戰，各部族間不打不融合，當趙匡胤「陳橋兵變，黃袍加身」時，意味著各部族兵刀相見的融合將告一段落，漢族與北方部族和諧共生的新時代——北宋，即將華麗登場。

第一次割據：安史之亂的來龍去脈在前面已經介紹過了。儘管為首的安祿山、史思明已經掛了，但他們旗下以殺掠為能事的藩兵部隊，沒了主子依然與朝廷對著幹。後來史朝義往河北敗逃，麾下的鄴郡節度使、恒陽節度使張忠志、范陽節度使李懷仙與田承嗣等見風轉舵，很快就投降朝廷。但朝廷對這些強悍的傢伙也使喚不動，西元七六三年只得順勢任命他們為節度使，這表示名義上河北雖然順服朝廷了，但實質上卻等於將安史叛黨割據河北之事實就地合法。前前後後河北藩鎮割據竟長達一百五十餘年之久。

第二次割據：唐末基本上已經不再出兵討伐割據河北的藩鎮勢力。這樣事情就單純多了。朝廷消滅淮西鎮將河南一帶納入實質控管，確保江、淮地區的稅賦安全送達京城長安，既然財源無虞，朝廷樂得繼續過奢華的小日子。黃巢之亂爆發，沒想到這票揭竿而起的烏合之眾，聲勢銳不可當，而且盡在朝廷兵力薄弱的河南與江南地區亂竄，更慘的是當朝廷忙著對付黃巢之亂時，割據的藩鎮紛紛藉機擴充軍備、彼此搶奪地盤，讓百姓遭受更甚安史之亂的蹂躪。而眾家藩鎮中又以當初幫朝廷平定黃巢之亂的李克用，以及隨黃巢起家卻投降朝廷反過來清剿黃巢的朱全忠，這兩大藩鎮氣勢與兵力最強。
唐帝國就在藩鎮割據的混戰中狼狽退場，將歷史舞台交給持續大亂氛圍的五代十國。

一 初唐詩壇四大詩人——盧照鄰、駱賓王、王勃、楊炯

唐朝是中國文學史上重要的時代，初唐因為國勢強盛、經濟繁榮、生活安穩，使得文學得以遍地開花，有的騷人墨客與權貴皇族走得很近，形成所謂宮廷文士；有些則在生氣蓬勃的民間吟唱出充滿生命力的詩篇，成就了最具代表性的文學形式——唐詩。

初唐自太宗、高宗到武后期間最富文采的文人有四位，被譽為初唐四傑——盧照鄰、駱賓王、王勃、楊炯。其中盧與駱是大哥哥級，王與楊則是後學小弟弟，儘管年齡差距達二十歲，但他們四人卻有一個共同點——少年時期便已展露頭角，以文采震驚文壇。可惜四人巧合地擁有共同的悲劇命運，都是少年得志可偏偏仕途不順落得才高位卑，如此跌宕的戲劇人生直接對他們的文學創作產生很大的影響。

王勃

王勃，四傑中知名度最高，當他十六歲時太常伯劉祥道驚嘆其文才，特別將這位神童表薦給朝廷。當時王勃到交趾省親經過南昌，受邀參加在滕王閣舉行的重陽之宴，寫下最膾炙人口的作品：《滕王

閣序》及《滕王閣詩》。

滕王閣詩：「滕王高閣臨江渚，佩玉鳴鸞罷歌舞。畫棟朝飛南浦雲，珠簾暮卷西山雨。閑雲潭影日悠悠，物換星移幾度秋。閣中帝子今何在，檻外長江空自流。」此詩對仗漂亮，字字瀟脫，堪稱唐詩佳作，但最妙的是七言八句五十六字的七言律詩，卻搭配了長長一篇滕王閣序，序中引經據典，暢舒胸懷，寫下傳世佳句：「落霞與孤鶩齊飛，秋水共長天一色。」

可惜當王勃吟罷滕王閣後搭船欲渡南海時落水，得年二十七歲，實為天妒英才。

楊炯

楊炯早慧，十歲應童子舉，翌年待制弘文館，真是厲害的神童。可是長大後官運並沒有隨年齡高升，僅僅做到縣令就停住了，但這已經是四傑中官位最高的。同為神童，楊炯與王勃交情甚好，時常以詩相唱和，甚至還為王的詩集寫序，因此楊對王的早逝超級傷心。

自從詩友王勃過世之後，楊炯悟出唐詩需要新方向，遂拿出開闢翰苑、掃蕩文場的氣魄，標舉剛健有膽識的雄放風格，向綺豔婉媚的宮廷遺風下戰帖。自此唐詩幡然大變，後世眼中的唐詩盛世從此開啟。楊炯詩作彙編成《盈川集》傳世。

盧照鄰

盧照鄰也是少年得志，二十歲就做到鄧王府的典簽，為主子掌管起草文書、奏表、宣行教命的文書小官，在仕途上算是開高走低，終究不算得志。

當時同輩三傑的詩風多以個人的理想抱負——經世濟民、建立功業的熱情為主調，讓唐詩發展初期便開出意氣風發、風流倜儻的帥氣氣氛。所以盧照鄰的代表作《詠史四首》藉由詩句歌詠季布、郭泰等力排眾議，勇於擔當的豪傑之士；其《長安古意》長篇詩作則是對貴族的驕奢做了傳神的鋪陳，但終歸富貴浮雲，一切都將煙消雲散，等於以文學的筆調強烈批判淫逸奢侈的貴族生活終將徒留欷噓。

駱賓王

駱賓王也是十分早慧的神童，七歲就會作詩，所創作的絕句《鵝》：「鵝、鵝、鵝，曲項向天歌。白毛浮綠水，紅掌撥清波。」流傳迄今仍讓世人津津樂道。初唐因為不時有戰爭，男兒往往以上沙場建功立業，成為威震八方的英雄悍將來自我期許。這一點可以從駱賓王的《詠懷古意上裴侍郎》窺見其意「勒功思比憲，決策暗欺陳。若不犯霜雪，虛擲玉京春。」可惜想歸想，躋身文官的他，也只做到長安主簿、侍御史罷了。

讓駱賓王聲名大噪的命運轉折點是在武則天掌權以酷吏治國，獎勵告密，動不動就有官員被扣上謀反的大帽子，遭到嚴刑懲治，搞得人人自危，人心敗壞。駱賓王這等文書官員不用說必定會受到牽扯連累，冤枉打入獄中。還好高宗還在，適逢改元「調露」，大赦天下他才得以重見天日。但是對於武則天，他絕對是恨到骨子裡，直言是「女權禍國」。

開國元老功臣徐世勣之孫徐敬業對武則天不滿，遂結合反武勢力於西元六八四年討伐武則天。駱賓王一聽到此事立刻寫出「阮籍空長嘯，劉琨獨未歡」的詩句以明志，並奔赴揚州加入徐敬業陣營，並痛快寫下流傳千古、讓武則天讀出一身冷汗的《討武檄》。檄文中細數武則天魅惑太宗、迷惑東宮、竊奪后位又圖謀竄奪皇位，為此殺親生子、滅忠良臣子之口，罪行劣跡天地同誅。此文一出，讀者莫不同仇敵慨，擊節稱快。

這篇令人血脈賁張的《討武檄》傳到東都洛陽，內侍唸給武則天聽時字字顫抖，深恐遭到池魚之殃。武則天倒是看得很開，要內侍放心誦唸。聽完之後武則天反而心情大好地問道：「這是誰寫的？」內侍趕緊報告是駱賓王。武則天竟感慨道，這樣的人才不為朝廷效力位居要職，實在是宰相失職。看來駱賓王的文采不只震動人心，就連被罵的人都會生出愛才之心，真是太有才了。

但欣賞歸欣賞，造反還是要被討伐的。武則天派李孝逸率三十萬大軍征討徐敬業，同時叮囑要活捉駱賓王。朝廷兵馬一出，勢力單薄的徐敬業很快就被掃平，可是李孝逸怎麼找就是找不到駱賓王，有人說駱賓王戰亂中掛了，也有人說他畏罪出家，其下落遂成為歷史上一個謎。

一　天上謫仙——李白駕到

詩仙李白是自古迄今華人世界的文學天才，華文圈中沒有人不會朗朗上口他的《靜夜思》。先說說李白的身世。李白，字太白，所以也稱李太白。其祖籍是隴西成紀（今甘肅秦安），於隋末亂世流離到西域，寓居碎葉城（今中亞地區，當時屬大唐疆域並曾設北庭都護府）。五歲時李家搬遷到綿州昌隆（今四川江油）青蓮鄉，所以李白的號為青蓮居士。

少年李白才華洋溢，博學多聞，尤喜吟詩作賦兼舞刀弄劍，性格頗有俠客豪情。李白長大之後胸懷四海，二十五歲時離開家鄉，取道三峽出蜀，雲遊長江、黃河，在中原大地留下無數壯遊軌跡，讓性格豪放的李白交友益發廣闊，為人四海。儘管性格屬不羈的自由派，但李白仍懷有出仕將相的抱負，渴望變身管仲、諸葛、謝安此等一流人物，偏偏他不稀罕走科舉路，那就只能靠真才實學好品格贏得普世知名度，靠輿論推高人氣，攀上社會賢達紅榜，才有機會成就一番為國為民的偉大事業。

幸運之神果然願意幫李白一把，靠著一首《烏夜啼》被文壇領袖賀知章驚為天人，西元七四二年賀知章將李白推薦給玄宗，果然《烏夜啼》深深感動了玄宗，馬上宣李白進京。當時正在會稽但剡溪旅行的李白，接到詔書看了又看簡直不敢相信，這時已經四十一歲的他感覺自己的夢想出仕將相、經世濟民已經近在眼前。臨出發時李白還豪氣地唱出：「仰天大笑出門去，我輩豈是蓬蒿人！」

李白一到長安，八十高齡的賀知章紆尊降貴前來拜訪這位傳說中的大詩人。李白把握機會將《蜀道難》一詩寶劍贈英雄。賀知章拿到立刻先睹為快，吟到「蜀道之難難於上青天」、「黃鶴之飛尚不得過，猨猱（長臂猿）欲度愁攀緣」、「捫參曆井（參、井乃星宿名稱）仰脅息，以手撫膺（胸）坐長歎」、「連峰去天不盈尺」等佳句連連拍案激讚，整首詩都還沒吟完，已經改口稱李白為「天上謫仙人」，至此詩仙李白的「謫仙」雅譽已在長安不脛而走。

還沒見到玄宗就已經紅成這樣的李白，當玄宗親自召見時特別隆重地跟李白說，您是平民卻能讓我知道名號，可見您的道德與文章一定非一般人可比擬。這是何等榮寵的恭維，玄宗甚至還讓李白坐到皇上的七寶御床一起聊天，還一起吃御膳，玄宗很貼心地為他御手調羹（試湯品冷熱）！結果李白人還在宮裡喝湯吃飯，全國已經都知道李白大名了。

為了時時能傳喚李白，玄宗封他做翰林供奉，隨時可以到宮中創作詩文，為玄宗與衮衮諸公在良辰美景時刻以詩文助興。這種職位顯然跟國家大政扯不上關係，也不是甚麼重臣之位，而且興頭過了也就難得幾回召見，若是召見肯定是玄宗抱著貴妃找他做伴一起遊山玩水，創作幾首宮中行樂詞以為紀勝，簡單說就是宮廷詩人。

這顯然不是李白要的錦繡前程，於是李白開始有了牢騷，在長安日日與詩友相聚飲酒解悶，不知不覺就成了長安飲酒八仙之一。有詩為證：「李白斗酒詩百篇，長安市上酒家眠。天子呼來不上船，自稱臣是酒中仙。」某日後宮沉香亭裡牡丹盛開，玄宗和貴妃賞花正樂，派人傳李白來寫詩紀勝。偏偏李白和賀知章、張旭等文學大腕飲酒歸來，醉得不醒人事，來人叫不醒他急得潑他一頭冷水，好不容易連推帶拉把李白弄到後宮。李白醉茫茫地給玄宗與貴妃行過禮，玄宗看他醉成這樣只覺有趣，忍不住笑道：你幫我寫一首牡丹詩吧！

話說玄宗賜座沉香亭，李白醉是醉，但文學基因愈醉愈有力，立刻想到貴妃曼妙的舞姿，跟眼前艷麗的牡丹好有一比，於是腦海，浮現了「雲想衣裳花想容」，千古名詩《清平調》於焉誕生。這首詩可說是李白備受禮遇的極點，卻也是榮寵尤勝轉衰的轉捩點。

這時玄宗發現李白腳上的靴子很破舊，李白回稟說家中有新的，出來慌張拿到舊的就穿了。玄宗不以為意，當場賜他一雙新朝靴，命高力士去取來。李白現場換靴卻因為酒後乏力，腳上的舊靴硬是脫不下來，竟然把腳伸到高力士面前，要他幫忙脫靴。要知道高力士是玄宗跟前的大紅人，玄宗玩樂時就是他幫忙代班，前朝的李林甫、安祿山、楊國忠都要巴結他三分，李白這小子無疑是冒犯了高力士，後果可想而知。不過李白已經醉成這樣哪會想那麼多？後面更離譜的事還有呢！

為了伺候李白寫詩，案上備有錦箋與硯台，李白瞄了一眼覺得墨不夠濃，就讓站在案旁的楊國忠研墨。楊國忠是貴妃的堂兄，手握大唐的財政大權，李白是吃了熊心豹子膽，竟然叫他研墨！但是礙於玄宗正寵著李白，只好摸摸鼻子乖乖研墨。

一連得罪兩位關鍵人物的李白，這時文思泉湧揮筆寫下傳唱千年不輟的名詩《清平調》三首，詩寫好了貴妃先睹為快，看到「名花傾國兩相歡，長得君王帶笑看」，美人眉開眼笑。李龜年便將《清平調》譜上樂曲演唱，甚得玄宗與貴妃喜愛，經常吟唱。高力士對脫靴之辱懷恨在心，便跟貴妃咬耳朵說李白詩中「可憐飛燕倚新妝」，分明是把貴妃跟品行可議的趙飛燕相比擬，實在是居心叵測。貴妃一聽不得了，詩人罵人不帶髒字，自己真是愚蠢還開心吟唱，從此在玄宗耳邊經常數落李白，當年風光入宮、名滿長安的李白從此送入冰庫。

少根筋的李白，狂放成性，完全不知道自己的政治前途已經堪憂。三年過去了，李白始終未受重用，加上對權貴不知進退，最後只好識趣地自請還鄉，回去過狂放不羈的小日子。西元七四四年李白東行到洛陽，邂逅了杜甫與高適兩位詩人，當時小他十一歲的杜甫正懷抱著理想與憧憬，準備去長安闖天下。三位詩人萍水相逢，一起出遊龍門石窟、白馬寺、禹王廟，之後高適便往楚地去訪友，李杜二人則轉去齊州遊歷，友情益發深厚。

安史之亂於西元七五五年爆發，任俠豪放的李白懷抱熱情，獲南方永王李璘（李隆基之十六子）之邀為其幕府。萬萬想不到肅宗李亨說弟弟李璘是造反不是義軍，還發兵討逆。李白為李璘幕府自然受到牽連，差點丟了腦袋。還好郭子儀保他不死，換來流放夜郎的懲處。有志難伸的李白滿腔熱血換來滿腹怨怒，流放途中覺得自己超冤的。西元七五九年春天，李白終於在白帝城等到赦免，一窮二白的他開始人生最後一場漫遊。流放的這幾年他看到戰亂中黎民流離失所，生活困苦的慘狀，深深烙印在詩人心中，也反映在晚期的詩作裡。西元七六二年永遠的詩仙在潦倒困厄中謝幕。

老天爺很妙，給了你才華卻不給你亨通的官運；給了你仕途顯達，卻吝於賞你幾分文采。所以李白仕途失意至極，卻在詩壇享譽千年，留下千餘首詩作永照後世。

直播人間疾苦的詩聖杜甫

杜甫，字子美，其祖籍為襄陽（今屬湖北），後來遷至鞏縣（今屬河南），由於曾在長安東南部杜陵附近之少陵居住，所以杜甫常自稱少陵野老，後來也有人稱為杜少陵。杜甫並非白衣庶民，算是官宦世家出身，祖父杜審言也是有名的詩人，其父杜閑曾任奉先縣縣令，至於杜甫自己也曾擔任節度參謀檢校工部員外郎之職，後人因此稱其為杜工部。

杜甫早慧，也是七歲能詩，十四、五歲便與洛陽知名文人唱和往來。少年杜甫也和李白一樣壯遊大江南北，南遊吳越之地，北遊齊趙之域，曾登泰山之巔寫下經典詩作《望嶽》。而傳唱至今的名句「會當淩絕頂，一覽眾山小」，正是杜甫少年雄心的註腳。

西元七四四年在洛陽與李白萍水相逢同遊齊州之後，杜甫於西元七四六年如願來到長安。翌年玄宗發出求才令，杜甫恭逢其盛前往應試，儘管表現出色卻意外落選，原因竟是宰相李林甫忌妒賢能，從中作梗。李林甫還忝不知恥地向玄宗報告：臣下奉旨向普天下求才竟毫無所得，係因為皇上聖明使得人才都為朝廷所用，民間已無遺珠。可悲的是玄宗真相信這鬼話，覺得李林甫這事辦得真好。落選的打擊讓杜甫為國奉獻的抱負慘遭三振，只好把「致君堯舜上，再使風俗淳」的遠大抱負鎖進夢想骨灰塔，永遠不得再見天日。

杜甫在長安仕途受阻，生活陷入困境，為求突圍還特別撰寫了《三大禮賦》獻給玄宗。玄宗對其文采滿意至極，發給丞相做進一步考核，結果當然又被李林甫給蓋下來，石沉大海。杜甫不死心又再向玄宗連續獻上兩篇賦，直到西元七五五年，已經四十四歲的他才因此謀得一個低微的職位，更慘的是還沒來得及就任，小兒子已經餓死。悲傷的杜甫路過驪山，目睹貴妃一門奢侈淫逸的享樂生活，沉痛寫下「朱門酒肉臭，路有凍死骨」痛徹千古的名句。

安史之亂，兩京陷落，杜甫以詩句「胡馬翻銜洛陽草」、「秦人半作燕地囚」，直播紀錄當時的驚心慘況。杜甫在亂世中不幸被俘虜，關在長安，好不容易逃出來，沿途看盡戰爭蹂躪下難民的辛酸悲楚與悽苦，一路投奔到肅宗麾下卻又因為做人太直搞到被放逐收場。最苦的時候，杜甫挖野菜、拾橡栗、砍山柴、擺藥攤，只求活命溫飽。也因為這段生命歷練，杜甫將悲痛轉化為創作能量，寫出《三吏》、《三別》等經典代表作，成為最鏗鏘、真實的難民流亡圖，為其博得「詩史」稱號。

後來杜甫遷至成都，於浣花溪畔建起了草堂，沒想到秋雨不歇，草堂漏水不止，更糟的是大風一陣竟然將草堂的茅草屋頂給吹破了！杜甫將這段又濕又寒的辛酸遭遇，創作出《茅屋為秋風所破歌》，細訴草堂在秋雨秋風欺凌下的悽慘景象，然而詩的結尾卻筆鋒一轉，寫道：「安得廣廈千萬間，大庇天下寒士俱歡顏，風雨不動安如山。嗚呼！何時眼前突兀見此屋，吾廬獨破受凍死亦足！」詩人身處困厄卻能胸懷天下寒士陋居甚至無居所之苦，其節操堪稱奇偉。

杜甫的晚年並沒有比較好過，甚至比李白還要淒涼。杜甫老來一家人住在船上，流離在長江中游一帶。西元七七〇年寒冬，杜甫的小船來到岳陽，一代詩聖就在貧寒交迫之中人生謝幕，得年五十九歲。身後遺產除破船一條之外，留下數千首精彩詩作給後世，迄今仍有一千四百餘首詩作在人間流轉，傳唱不歇。

白居易居易不難

除了李杜之外，唐朝的大詩人還有一位就是白居易。白居易，字樂天，以老嫗能懂的淺白詩作開創出「新樂府」，終其一生總計創作兩千八百餘首詩作。

困窘的生活似乎是大詩人必經的人生歷練，白居易年少之時為躲避戰亂，不得不離鄉背井寄居親友家，當時大家都一樣貧困，只能靠著借米、乞討衣物來過活。尤其到了唐代中期涇卒兵變後，長安破壞嚴重，農田荒蕪，糧食價格飛漲，百姓在家鄉活不下去只好流亡他鄉。可是還是有很多文人懷抱著飛黃騰達的夢想奔向長安，想在這兒取得一席之地。當時長安知名的大文學家顧況，每天都有好多年輕人上門遞送作品，希望博得顧況青睞就此天下皆知。白居易正是其中之一。

某日顧況又像往常一樣收到一大疊拜帖，其中有一封署名為白居易，請白先生進來一看卻是個十五、六歲模樣的少年，顧況便以他名字裡的居易二字調侃道：「長安米貴，居大不易。」說穿了就是告訴來人，若你沒兩把刷子是很難在長安混的！話是這樣講沒錯，但是當他翻閱這位少年的作品，讀到《賦得古原草送別》：「離離原上草，一歲一枯榮。野火燒不盡，春風吹又生」時大為嘆服，不禁嘆道：「有才如此，居易不難！」

有才如此，白居易二十八歲便中了進士，兩年後擔任祕書省校書郎，此為九品官。他的詩才頗得憲宗看重，刻意拔擢為翰林學士，之後又擔任諫議大夫。可是白居易的詩人才智並沒有因為做官而銷聲匿跡，反而創作了反映民間疾苦與權貴對照的詩作，如此當然會得罪人，因此被貶到江州（今江西九江）做刺史。倒楣的他連江州都還沒走到，就收到再貶為江州司馬的第二道詔令，真是衰啊！儘管身處逆境，白居易仍不改詩人性格繼續創作，遂在貶謫江州期間寫下傳世名作——敘事長詩《琵琶行》。

穆宗繼位，下令將白居易召回長安擬委以重任。可惜白居易對於官場的虛假與鬥爭已然厭倦，於西元八二二年自請外放杭州當刺史。他在擔任杭州刺史期間，於西湖興築一道長堤，藉以蓄水灌溉農田，並且撰寫《錢塘湖石記》告知民眾如何蓄水泄水云云。人民感念遂將此一長堤喚作「白堤」，現在是遊西湖必訪的景點。

晚唐政治糜爛不可聞問，白居易見大環境已然不允許有所作為，淑世理想難以實現，失落之餘便走向青燈古佛，人生謝幕後葬於洛陽龍門山。詩人皆好酒，凡是來祭拜白居易的民眾都很有默契帶酒來祭拜，所以詩人墳前總不乏酒水留下的濕漉漉痕跡。

第15章

五代更迭，
梁唐晉漢周之世紀混戰錄……

隋唐之後五代—後梁、後唐、後晉、後漢、後周的大混戰時代登場，從西元九〇七年亂到九五九年。

朱全忠於西元九〇七年建立後梁，建都開封，是為梁太祖。

沙陀族李存勖於西元九二三年建立後唐，建都洛陽，是為唐莊宗。

石敬瑭於西元九三六年在契丹撐腰之下，建立後晉，建都開封，是為晉高祖。

劉知遠於西元九四七年建立後漢，建都開封，是為漢高祖。

郭威建後周（西元九五一至九五九年），建都開封，西元九五四年駕崩由養子郭榮繼位，遂恢復本姓柴，為後周世宗柴榮。世宗頗為賢能，讓久經戰亂的殘破中原得以休養生息，恢復元氣，國力亦復增強，得以四處征戰開疆拓土，為即將登場的北宋奠定優質基礎。西元九六〇年「陳橋兵變，黃袍加身」，後周驟然謝幕，趙匡胤建立北宋，是為宋太祖。

亂世的背叛教主——朱全忠建後梁

黃巢之亂雖然平定，唐僖宗回到長安，但李家已經名存實亡。各地藩鎮則在戰亂中，有的擴張有的萎縮，彼此間仍不斷征戰，最後形成河東節度使李克用與宣武（今河南開封）節度使朱全忠兩大陣營。尤其朱全忠（原名朱溫）出身貧賤，性格凶狠狡詐，本非善類，一旦得勢絕不會甘於割據地方。

朱溫最初是追隨黃巢並且受到重用，但是當黃巢敗象漸露時，他毫不猶豫地帶兵降了李唐，也就是在危急關頭背叛了黃巢。由於朱溫的投靠使李唐吃了定心丸，唐僖宗不僅封他高官更給他厚祿，還賜名「全忠」，派他去打前主子黃巢。

黃巢從長安退到河南之時雖是強弩之末，但駱駝死了還比馬肥，所以朱全忠在汴州就被黃巢打到快掛了，不得不向李克用搬救兵。李克用不負所託打退黃巢部隊，風光返回汴州。朱全忠果然血液裡有背叛基因，擺出盛大酒宴款待李克用與其部隊，趁李克用歡喜大醉之際，把驛館團團圍住，準備殺掉這未來的對手。幸虧李克用的親信機靈，拚命護主才驚險突圍。一朝被蛇咬，李克用從此跟朱全忠誓不兩立，不斷互打對幹。只是朱全忠聲勢正盛，李克用只好先求穩住河東地盤，待來日再連本帶利一起討回公道。

唐僖宗駕崩後，其弟唐昭宗李曄企圖利用前朝力量來料理後廷宦官的勢力，結果都以失敗收場。宦官最後乾脆釜底抽薪把唐昭宗軟禁，立個聽話的新皇帝。李唐內廷的亂事讓朱全忠的背叛基因再次活躍，他悄悄與宰相崔胤合謀，以堅強的部隊實力為後盾，讓崔胤在長安殺掉以劉季述為首的宦官勢力，如願迎回唐昭宗。

但部隊又不是只有朱全忠才有，躲過一劫的宦官馬上投靠鳳翔節度使李茂貞，硬是把唐昭宗打包到鳳翔去。崔胤讓唐昭宗逃出手掌心，朱全忠立刻發兵直取鳳翔搶回昭宗。李茂貞哪裡是朱全忠的對手，禁不起大軍圍城只有投降。從此昭宗注定是朱全忠手中的籌碼。

朱全忠恨透了宦官，大權在握後把宦官全殺光，挾昭宗遷都洛陽。遷都茲事體大，朱全忠命人把長安宮室、府衙、屋舍全拆了帶到洛陽，當然京城百姓也要跟著他一起去新都。儘管百姓都不想離開家鄉，但懾於部隊驅趕也只能茫然地搬到未知的新都。昭宗心想走了宦官又來了更糟的朱全忠，不如下密詔讓藩鎮勤王吧！朱全忠一聽到風聲就先下手為強，把昭宗殺了，另立十三歲的小朋友為昭宣帝，這樣應該比較好操控。

上面的處理妥當，還有滿朝臣子在那兒嘰嘰喳喳。朱全忠有位綽號貓頭鷹的謀士李振，這位科考失意登不上唐朝官途的傢伙，建議朱全忠把這批自許清流的朝臣全扔進黃河吧！朱全忠想想也是，就把三十餘位朝臣殺了全扔進黃河結案。

朱全忠於西元九〇七年廢唐昭宣帝自立，改國號為梁，至此朱全忠變身梁太祖，建都於汴（今河南開封）。

一 李克用三大遺願促成李存勖建後唐

朱全忠風光建立後梁，成了梁太祖，其死對頭李克用也沒閒著。

被唐封為晉王的河東節度使李克用，其長子李存勖，小名亞子，自幼即頗有膽識且善騎射，深受父親疼愛。李存勖十一歲就隨父親南征北討，父子還一起進京奏捷，昭宗大大誇獎並賞賜李存勖。西元九〇八年李克用病危，臨終前李存勖承襲齊王之位，並叮囑他務必完成三件大事：一、討伐燕王劉守光並攻克幽州（今北京一帶）；二、征討契丹以解除北境之威脅；三、消滅朱全忠。第三點很重要。

後燕國主劉守光於西元九一一年進攻容城（今河北容城北），反被晉軍攻至幽州城下。情急之下劉守光趕緊向朱全忠搬救兵。朱全忠立即率幾十萬梁軍北上救援。當梁軍大批人馬殺過來時，李存勖估計自己在趙州少數人馬，不能力敵，只能智取。於是他以虛張聲勢之計晃點朱全忠，讓他以為晉之大軍已到，嚇得朱全忠幾十萬兵馬緊急撤退。朱全忠一撤，李存勖放手攻破燕地，活捉劉守光回太原。李存勖完成父親交代的第一項任務，時隔九年，聚足實力之後大舉出兵破契丹，把耶律阿保機趕回北方。經過十多年征伐，李存勖基本上完成父親交代的兩項遺命。現在就剩消滅朱全忠。

西元九二三年後梁內部發生皇位之爭，甚至鬧到兵戎相見，李存勖趁機於魏州（今河北大名北）稱帝，是為莊宗，改國號為唐，史稱後唐。

後梁鬧內鬨，後唐莊宗趁機大舉伐梁，打算一舉滅之。沒想到後梁亂雖亂，但梁軍仍頑強抵抗，莊宗完全占不了便宜。這時後梁指派段凝為北面召討使，精兵傾巢而出全力進攻後唐。莊宗也不是省油的燈，儘管形勢嚴峻，但據他的專業評估，認定後梁國都無兵，現在出兵討伐後梁反而勝算較大。但打仗勝負無絕對，即使沙場老將如莊宗，深知成敗在此一役，遂在出征前把兒子叫到跟前慎重訣別，並交代如果此役戰敗，便要他們在宮中自我了結，以免受辱。

果然情勢如莊宗所料，後梁國都僅禁軍數千人把守。西元九二三年十月，莊宗於大軍直取汴梁，梁末帝見大勢已去，乾脆讓近臣把自己殺了，謝絕受辱。後梁至此滅亡。

一 後晉建國之屈辱始末——從兒皇帝石敬瑭說起

後唐明宗李嗣源死後傳位其子李從珂，為唐末帝。李從珂還沒登上大位時，就跟姊夫石敬瑭（河東節度使）不和，等做了皇帝立刻與石敬瑭翻臉，派兵進攻石敬瑭，石敬瑭只好向遼國搬救兵。遼國皇帝耶律德光很夠意思，立刻派出援兵大敗唐軍，解晉陽（今山西太原）之危。當耶律德光現身晉陽時，石敬瑭特別出城相迎，竟對小他十歲的耶律德光恭敬稱父，而耶律德光也毫不客氣地收下這個老兒子，還正式宣布石敬瑭為皇帝。

石敬瑭這皇帝也不是天上掉下來的禮物，必須履行當初談妥的條件：不但要向遼國上奏章，稱遼國國主為「父皇帝」，自己當「兒皇帝」，還要將燕雲十六州雙手奉給遼國。這位丟臉的兒皇帝在位六年期間，曾派遣使者出訪契丹四十三次，態度極其恭敬如家臣晚輩，謹慎戒懼溢於言表，一副唯恐得罪契丹的乞憐模樣。石敬瑭對外如此懦弱卑下，對內更是始終懼怕握有兵權的大將楊光遠與劉知遠，這樣前怕虎後怕狼地驚恐日子，終致憂鬱上身，於五十一歲帶著屈辱與驚恐離開這人生舞台。

一 後漢建國心機史——步步為營的劉知遠

沙陀族劉知遠，自幼性格內向，沉默寡言，體質羸弱，經常得病。儘管他這般體弱多病，但其雙眼白多黑少，面色紫黑，反而散發出獨特的威嚴氣勢。

青年劉知遠因家中貧困，只得入贅李大戶家，被親朋與岳家看扁，飽受歧視。某次外出牧馬不小心踏壞寺廟屬地莊稼，竟然被僧人捆綁痛打一頓，此事讓劉知遠如夢初醒，下定決心要擺脫困厄的命運去闖一番事業。沒多久，他毅然從軍並投到李嗣源麾下，因英勇作戰升為偏將，後來還與石敬瑭成為同袍，甚至曾兩次救石敬瑭的命。為了報救命之恩，石敬瑭重用劉知遠為兵馬總管。

當石敬瑭做了「兒皇帝」之後，很害怕握有兵權的劉知遠會對自己有二心，費盡心思要削其兵權，遂找藉口把劉知遠調出京城，更進一步免除其禁軍統帥之職。看到鐵桿兄弟對自己動手，劉知遠不得不開始為自己的未來打算，於是全心投入河東地盤的經營與鞏固。

石敬瑭駕崩，其子石重貴繼位，一改父親的作為姿態，以強硬之姿對待契丹，甚至開打三次大戰，玄的是這三次戰役劉知遠都沒有出手聲援，彷彿置身事外，隔岸觀虎鬥，一副看好戲準備坐收漁翁之利的模樣。西元九四七年在部將郭威的建議下，劉知遠在太原稱帝。不過老謀深算的他，為了攏絡軍心、安撫民心，暫時延用後晉石敬瑭原來的年號，而非套用石重貴之開運年號。當劉知遠進駐洛陽後，方才正式改國號為漢，即史稱的後漢。

後周建國戲劇史——黃袍加身是郭威

後漢劉知遠僅做了十一個月皇帝就去世，其子劉承祐繼位，史稱後漢隱帝。

話說當年建議劉知遠在太原稱帝的郭威，字文仲，是邢州堯山（今河北隆堯）人，於十八歲投身軍旅。在屈辱混亂的後晉末期，就是他建議劉知遠稱帝建後漢。郭威時任樞密使，負責打仗征伐，還平定了漢中、永興、鳳翔三鎮之叛亂。然而隱帝年幼即位，當他年歲漸長便對顧命四大臣——楊邠、史弘肇、王章、郭威的約束管教感到不滿，處心積慮想做掉他們當個自主皇帝。不過李太后對皇帝的如意算盤投反對票，沒想到劉承祐竟說：「國家大事妳們閨門婦人知道什麼！」便任性地殺了楊邠、史弘肇、王章三大臣，另外派殺手去到鄴都準備祕密做掉大將郭威。在皇帝的不信任與生死要脅之下，郭威被逼得兵變，出兵攻打汴京。不知天高地厚的年輕皇帝當然招架不住，跟寵臣郭久明一起逃亡，沒想到反而被郭久明給殺了，真是情何以堪啊！進入汴京的郭威，有請李太后出面主持政事，並另立劉贇為帝。

西元九五〇年當郭威率軍出征抗遼，途經澶州時麾下數千名將士突然鼓譟，要擁立郭威為皇帝，硬是將黃旗往郭威身上披，霎時呼喊萬歲之聲震動天地。被兵士擁戴為帝的郭威，遂率大軍調頭返回東京，此刻消息早已傳至京城，後漢的文武百官皆出城相迎，恭候聖駕，勸進之聲更是聲聲入耳。終於，郭威在百官眾臣、軍隊將士擁戴下，客氣表示原則上接受稱帝的建議，但分階段性實施，他先自任監國，翌年正月，由李太后下詔書將皇帝玉符授予郭威，至此郭威正式即位，國號周，是為後周太祖，並改元為廣順。後漢就在李太后手中無奈又落寞地下台一鞠躬。

一 是不倒翁還是吉祥物？五代宰相馮道

大唐壽終正寢後，中原出現了五個政權向大隊接力似的一棒接一棒，史稱後梁、後唐、後晉、後漢、後周，合稱為五代。後梁、後周是漢族人建立的朝代，後唐、後晉與後漢是沙陀族人建立的朝代。掐指一算，五個朝代都很短命，累加起來僅五十四年。然而在這段皇權更迭頻密，將相沉浮迅速的時代，卻有人屹立不搖，宰相俸祿竟能連吃五個朝代，到底是太有本事了？這就是最具爭議話題的馮道。

出身瀛州景城（今河北滄州）的馮道，他的發達之路是由河東監軍張承業起的頭，因為張承業很欣賞他的才華便推薦給晉王李克用。馮道生性節儉，其軍帳係以茅草搭建且內無床席，僅擺放一捆稻草充作床鋪；用餐時，馮道日日與僕役同器共餐，毫無造作。可見其天生勤儉，對人無分貴賤。

後唐明宗李嗣源時，馮道四十四歲時首度拜相。當時因馮道倡議，國子監校訂並印行儒家經典《九經》，首開官府印書先河。明宗駕崩，馮道繼續輔佐閔帝李從厚與末帝李從珂。可是末帝對他並不信任，打發他出鎮同州。馮道到同州倒也隨遇而安，當時還發生一個小插曲：某軍吏在官衙門口大聲罵馮道，馮道絲毫不以為意，只當他是酒醉失態還將之迎進屋內，為其醒酒並設宴款待。未幾這位軍吏還升了官喔！可見馮道之大度，果然宰相肚裡好撐船。

另一則故事也點出馮道的大度！某次馮道請人為其講解《道德經》，首句就是「道可道，非常道」。講經人面露難色，因為當時有規定要避宰相名諱，庶民不能說「道」字，必須用其他說法來取代。於是講經人只好提心吊膽地念道：「不敢說，可不敢說，非常不敢說。」沒想到馮道竟大笑數聲，安慰講經人不要害怕，該怎麼念就怎麼念，不用避諱。

每當皇帝對馮道不信任，刻意讓他離京外放做官時，老天彷彿自有安排似的，這個朝代很快就會滅亡。後唐末帝將馮道外放同州，結果沒多久後唐就滅亡；之後馮道又在後晉做官，當遼國入侵滅了後晉，馮道降了遼國還被耶律德光拜為太師；劉知遠繼後晉建立後漢，馮道返回中原全力輔佐劉知遠；後漢亡，後周立，馮道繼續在後周做官服務。馮道到底是五代的吉祥物？還是政治不倒翁？你說呢？

第16章

十國撩亂，
據地稱王十國點將錄……

如果你覺得五代的歷史已經眼花撩亂，那十國保證會讓你掩卷嘆息，實在太難搞定了。十國係自西元九〇八至九七九年，於五代之後陸續出現的十個政權。話說大唐亡後，朱全忠於開封建梁，之後相繼有唐、晉、漢、周等共計五個朝代，史稱五代。而在五代時期，在其周邊相繼出現了吳、南唐、吳越、閩、南漢、楚、荊南、前蜀、後蜀、北漢，是為十國。

吳：楊行密所建，都揚州。西元九三七年徐知誥廢吳稱帝。

南唐：徐知誥所建，後改姓李，都金陵。南唐二主李璟、李煜皆工於書畫填詞。西元九七五年為北宋所滅。

吳越：唐代鎮海節度使錢鏐於唐亡後所建，都杭州。西元九七八年為北宋所滅。

楚：馬殷所建，都長沙。後梁封為楚王。馬殷死後諸子爭奪王位，西元九五一年為南唐所滅。

前蜀：王建所建，都成都。西元九二五年為後唐所滅。

後蜀：孟知祥所建，都成都。西元九六五年為北宋所滅。

南漢：劉隱所建，都廣州。西元九七一年為北宋所滅。

荊南：高季興所建，都江陵。十國中最弱的小國，西元九六三年為北宋所滅。

閩：王審知所建，都福州。西元九四五年為南唐所滅。

北漢：劉崇（後漢劉知遠之弟）所建，都太原。西元九七九年為北宋所滅。

一　大力士的崛起——楊行密建吳

楊行密何許人也？他是廬州合肥人士，老天爺厚愛給了他一身力氣，成為天生的大力士，讓他在後來的軍旅生涯有了最棒的本錢。最初，楊行密響應黃巢起兵卻被官兵給抓了起來，當時的廬州刺史看這個俘虜是個做兵的材料，把他充作州兵，楊行密就從州兵一步步升到廬州牙將的位置。

果然楊行密不是池中物，西元八八三年他殺了都將，將諸營抓在手上，自號「八營都知兵馬使」，逼廬州刺史讓位，朝廷順勢任命楊行密為廬州刺史。要打天下就要有班底，楊行密麾下勇將輩出，包括劉威、陶雅、徐溫等總計三十六人，人稱「三十六英雄」，就因為有三十六英雄一起拚搏，楊行密才能割據淮南成為一方勢力。

話說西元八八七年，淮南節度使高駢有難，被部將畢師鐸圍攻，情況危急，傳令楊行密趕緊率兵來解圍。就在楊行密救兵趕路之際，叛將畢師鐸已率兵攻進揚州，少不得大肆燒殺擄掠，可憐淮南節度使高駢在當地多年搜括的金銀財物，這會兒一次出清。更慘的是宣歙觀察使秦彥也來參一腳，他率三萬兵馬進入揚州，還自行接收「淮南節度使」地盤與封號，並封叛將畢師鐸為行軍司馬，真是蛇鼠一窩。

鏡頭轉到楊行密這邊，在馳往揚州途中一路收編散兵遊勇，竟然多達一萬七千餘人，聲勢不小，趕赴揚州展開圍城攻勢。結果秦彥兵馬困守城中長達半年，糧食吃光了就殺城中百姓來吃，結果老百姓幾乎被吃光了！據說當楊行密破城之日，揚州城內只剩下幾百戶人家還有活口，而且都餓得不成人形了。那吃人的秦彥到哪兒去了呢？逃跑了。但沒跑多遠這批吃人野獸又集結起來想奪回揚州城。剛拿下揚州這座空城的楊行密不敢輕敵，謹守城池硬是不出戰。結果秦彥這批人又內部自相殘殺，心狠手辣的孫儒把其他人做掉了，集結各部兵馬回攻揚州，楊行密好漢不吃眼前虧，棄城逃回廬州去也。

被蹂躪殆盡的揚州城於西元八九一年這回落入孫儒之手，先是放火燒城，再來驅趕僅存的男丁與婦女跟著部隊一起渡江追擊楊行密，至於軍糧呢？就是城裡帶出來的老弱百姓。這樣恐怖的食人部隊在西元八九二年被楊行密擊敗，一傢伙斬下孫儒的腦袋，總算讓揚州城悲慘的圍城故事告一段落。

孫儒與楊行密的沙場恩怨，從西元八八七年一路打到八九二年，孫的兵馬多於楊行密達十倍，最後卻被楊斬首，其原因何在？胡三省在《通鑑注》歸納楊行密勝出的原因，在於孫儒對百姓太惡劣，燒殺擄掠不說還殺百姓當軍糧，這太恐怖了。人心自然悖離。儘管楊行密也沒好到哪裡，但是好歹對揚州百姓還有憐憫之心，多少接濟饑民一些，這就讓他跟孫儒在百姓心中的形象有了天差地別。當孫儒跟楊行密同時放在檯面上，百姓自然願意站到楊行密這邊，唾棄孫儒那邊。戰爭亂世中，不論是交戰雙方或戰爭目的的大小，兵力雖然決定得了一時的勝負，但最後成王敗寇、統一天下的關鍵仍是民心，得到民心支持才有機會問鼎中原。

打敗孫儒的楊行密，於西元八九二年以大唐淮南節度使的身分率兵回到揚州。歷經秦彥、畢師鐸、孫儒、楊行密來來回回六年攻戰，曾是大唐時代最富庶城市的揚州，如今百姓死的死、逃的逃，幾城空城！放眼望去長江以北、淮河以南，這東西千里之域盡皆成為白地，怎不令人唏噓！楊行密坐鎮揚州，開始修補這座破碎的城市。首先控管財政，節省開支，再來把地方官都補齊，第三步把流亡外地的百姓招回來，給予減輕賦稅徭役的優惠，凡是復耕農桑、運茶、運鹽、與外地通商者都給予獎勵。經過幾年時間，揚州城才慢慢恢復生氣。

軍旅出身的楊行密深知兵力就是實力，於是從孫儒的降兵中挑選五千精銳做為親軍，全員著黑衣，被譽為「黑雲都」。他們武藝精銳、一身是膽，專事衝鋒陷陣。看到楊行密形勢大好，朱瑾、史儼、李承嗣等人於西元八九七年紛紛率騎兵投到淮南陣營。此外，楊行密還得到蔡州兵，以及河東、兗、鄆兵，還有擅長水戰的淮南兵，就兵力而論堪稱強鎮；就勢力範圍而論，楊行密統有北起海州，南到虔州（西元九〇六年江西地入淮南），東起常州，西到沔口（漢口），以及淮水南部、長江東部諸州等皆為淮南鎮占據，占地遼闊堪稱是個大鎮。

楊行密雖然形勢大好，但仍有人不爽他，那就是朱全忠。朱全忠曾三次率兵進攻，皆以失敗收場。

往好的方面想，或許就因為淮南鎮夠大夠強，有效阻滯北方勢力往南發展，讓梁、唐、晉、漢、周等北方好戰統治者無法殺進南方，保住南方百姓免受更多蹂躪。當然也讓這紛亂的五代十國與南北統一絕緣。

一 養子孤兒成龍傳奇——徐知誥建南唐

出身徐州的徐知誥，本家姓潘，可憐六歲喪父，一家流離到淮南，結果母親又過世，獨留他一個小孤兒落得在寺廟裡苟活。一日淮南節度使楊行密於濠州（今安徽鳳陽）邂逅徐知誥，這個長相可愛又聰明機靈小男生很得楊行密喜愛，就安排他給屬將徐溫做養子，跟著養父改姓徐，徐知誥就此登上亂世舞台。

徐溫是楊行密的左右手，楊行密過世之後徐溫逐步掌握軍政大權，進而擁立楊之次子楊隆演創建了吳國。楊隆演駕崩之後，徐溫為楊之四子楊溥擘劃稱帝事宜，堪稱吳國第一大臣，位高權重有絕對的影響力。

鏡頭轉到徐府裡的徐知誥，此刻已長成翩翩少年，性格溫厚誠懇很有人緣，而且有勇有謀，威望與看好度更勝徐家自己生的兒子。徐家兒子也不是瞎子，長子徐知訓就很有危機意識，三番兩次想陷害徐知誥，都被他化險為夷。徐溫倒是對每個孩子都一視同仁，命令徐知誥出任樓船軍使，率領水軍擔當駐守在金陵的重任，而且還隨軍出征立下不少戰功，被養父任命為升州（今南京）刺史。

擔任升州刺史期間，徐知誥努力做出政績，升州因他而民心安定，一切井井有條很上軌道，徐溫看在眼裡樂在心裡，就讓這個優質養子去管潤州（今江蘇鎮江）。鏡頭轉過來瞧瞧徐家大哥的狀況，老爸讓徐知訓駐守重要的揚州，沒想到他竟然對屬下毫無慈心，大肆欺淩，弟兄忍無可忍，終於麾下大將朱瑾跳出來殺了徐知訓。揚州的老大被殺，整個揚州陷入一片混亂。徐溫連忙叫徐知誥過來平朱瑾叛亂，徐知誥果然不負所託彌平朱瑾之亂，徐溫順勢將揚州也交給他管。

為官風評極佳的徐知誥深得百姓與將士愛戴，當養父徐溫仙逝於金陵，他順勢接棒徐溫的權臣大位，順利將楊溥送上龍椅，自己樂得當個掌實權的幕後皇帝。楊溥也不傻，趕緊將徐知誥封為東海郡王。但顯然當個郡王已經無法滿足徐知誥的胃口。西元九三七年楊溥讓位給徐知誥——當年流離失所的孤兒，在楊行密與徐溫兩位貴人的拉拔下，取而代之躍身龍門，正式稱帝，建國號大齊，建都金陵。沒多久徐知誥改名李昪，並將國號改為唐，就是歷史上所稱的南唐。

私鹽販成吳越王傳奇——錢鏐建吳越

出身杭州臨安（今浙江臨安縣）的錢鏐以販私鹽兼掠奪起家。話說西元八七五年浙西狼山守將王郢叛亂，大舉攻掠浙東、西諸州，此時臨安人董昌等號召鄉勇組成土團，力圖抵禦王郢，而那個不事生產的錢鏐就在董昌麾下當個偏將。西元八七八年，王仙芝餘部曹師雄進攻浙西，唐之杭州刺史召募士兵成立了杭州八都，錢鏐的頂頭上司董昌擔任八都長。天該錢鏐走運，西元八七九年黃巢大軍打臨安經過，眼看就要掃到臨安了，沒想到錢鏐竟巧用詭計硬是把黃巢給騙過，保住臨安不受到蹂躪而記上一功。西元八八一年，駐潤州的鎮海節度使周寶讓董昌擔任杭州刺史，遂拉拔屬下錢鏐為都指揮使。

風水一轉，也該轉到錢鏐露臉，西元八八二年駐越州的浙東觀察使劉漢宏，揮軍兩萬企圖奪取浙西，被錢鏐一舉擊敗；西元八八六年氣勢如虹的錢鏐反攻破越州。錢鏐的頂頭上司董昌決定從杭州徙駐新得手的越州，讓錢鏐駐守杭州。西元八八七年，唐僖宗讓董昌擔任浙東觀察使，錢鏐擔任杭州刺史。同年鎮海軍將士發生叛變，將周寶趕走，擁戴薛朗為留後（軍官名，多由節度使之親信擔任）。這給了錢鏐機會以伐叛為名大方出兵，輕易便將蘇州入袋。西元八九三年，朝廷任實力日漸堅強的錢鏐為鎮海節度使，駐杭州，自此錢鏐擁兵自重，割據一方，成為浙西強鎮。

錢鏐的老長官董昌於西元八九五年不客氣地在越州稱帝，錢鏐抓住機會翻臉，以討逆之名攻伐董昌。西元八九六年錢鏐攻破越州，董昌皇帝夢碎被殺。這一仗讓錢鏐在朝廷面前更加露臉，朝廷任錢鏐為鎮海（浙西）鎮東（浙東）兩軍節度使，至此錢鏐據有浙東、浙西等區域，儘管看似崛起，但與強鎮淮南鎮相較仍是小巫見大巫。因此錢鏐對北方的後梁盡力表現恭順，對淮南鎮形成南北牽制的恐怖平衡。西元九〇七年北方後梁之梁太祖（朱全忠）封錢鏐為吳越王。

一 閩地百姓的曙光——王審知建閩

亂世中光州固始（河南固始）人王審知、王潮兩兄弟，投效在壽州人王緒麾下，於攻據固始一役擔任軍官。主官王緒於西元八八五年被秦宗權攻打，率眾一路往南逃去，經江西轉入福建，沿途不斷聚眾達數萬，但軍紀蕩然每每搶掠百姓，風評不佳。主官王緒生性猜忌，只要聽到些許風聲或傳言就任意殺人，使得部屬心驚膽戰，人人自危。在王緒的恐怖領軍之下，王潮率先發難將王緒囚禁起來，被眾將官推上軍主之位。

鏡頭轉到泉州。貪暴的泉州刺史惹得民怨四起，泉州百姓看到王潮的部隊軍紀嚴肅，頗為正派，便出面請王潮來泉州為民除暴。西元八八六年王潮部隊不負泉州百姓所託，大軍攻入泉州。這時福建觀察使陳岩看泉州情勢已定，遂順水推舟任命王潮為泉州刺史。陳岩於西元八九一年過世，其手下都將范暉竟然大剌剌地自任留後，引來泉州刺史王潮的不滿，遂命王審知帶兵前去攻打福州。由於王家兄弟頗得泉州民心，大軍出征還有百姓主動送糧食給部隊以示支持。

王審知不負兄長所託，於西元八九三年揮軍攻入福州，擺平了范暉。識時務的大唐朝廷，順勢將福建觀察使大位給了王潮。王潮軍威正盛，福建境內各據山頭的盜匪、地方勢力，紛紛識相地投降或就地解散，王潮輕輕鬆鬆掌握了福建全境。能征善戰又頗得民心的王潮，於西元八九七年過世，由其兄弟王審知繼位。時勢推移，王審知於西元九〇七年由梁太祖朱全忠冊封為閩王。

王審知也是一位會打仗也會治理國家的賢能之主，連年征戰百姓疲憊，因此施政重點為減輕賦役，與民休息已恢復生產力，同時大力提倡節儉，雙管齊下讓福建快速恢復元氣。王審知在位的二十九年，接受前朝大唐流亡的士人輔政，推廣教育，培養在地人才，建設海港，獎勵商業，開拓海外貿易。在其任內，福建境內太平安寧，百姓生活富足安定，經濟與文化得以萌發茁壯。可惜西元九二五年王審知過世之後，沒有一位像樣的接班人，個個都是殘暴之人，白白糟蹋了兩代累積的富厚國本，搞得福建境內烽煙再起。西元九三三年，當時的閩主為王審知次子王延鈞宣布稱帝，定國號為閩。

西元九四〇年以後，閩國政局再起波瀾，由於閩主王延羲與建州節度使王延政互看不順眼，鬧得兵戎相見。王延政氣不過，建州條件也不輸福建，遂於西元九四三年在建州稱帝，定國號為殷。閩國歷經多年累積，底子就是比較富厚，哪是小小又貧乏的殷國可堪比較?王延政長年征戰搞得民不聊生，經濟凋敝，為了籌措軍費還突發奇想打算鑄造一錢抵上銅錢一百文的大鐵錢，同時差遣楊思恭對百姓加重賦稅，弄得是民不聊生。結果南唐國主李璟抓住時機，出兵攻打殷國。

鏡頭轉到閩國，這兒也不太平。西元九四四年王延羲為朱文進所殺，朱某還自立為閩主，黑了心將王氏一族誅滅，閩國舊臣看不下去，於西元九四五年殺了殘暴的朱文進，把殷主王延政迎到福建變身閩主，王延政撿到現成的大位，乾脆改國號為閩，派自己的姪子王繼昌坐鎮福州。王繼昌這個空降部隊自然招來閩國舊人眼紅，閩將李仁達按捺不住跳出來殺了王繼昌，一舉占領福州。此時建州也被南唐兵壓著打，終於李璟大軍攻破建州，俘虜了王延政。至此，閩國壽終正寢，得年五十三。

時勢造英雄之劉隱建南漢

蔡州上蔡（河南上蔡）人劉隱，其祖父在廣州經商，其父劉謙做到封州（廣東封川縣）刺史之位，西元八九四年劉謙過世，其子劉隱遂接任次史之職。

話說西元八九六年，嶺南東道節度使薛王李知柔前往任所，才走到湖南，就發生廣州牙將叛變事件。劉隱立即發兵幫薛王討伐叛將，並將李知柔迎至廣州。為表達感謝之意，李知柔任命劉隱為行軍司馬一職。從此劉隱運勢大開，當嶺南東道節度使徐彥若於西元九〇五年過世之時，初展露頭角的新星劉隱被推上節度使大位。梁太祖朱全忠於西元九〇七年順應情勢，將劉隱封為大彭郡王。至此，劉隱穩穩統有嶺南、容管（廣西容縣）、邕管（廣西南寧）諸州，由於嶺南遠離中原各方割據勢力，使得轄下區域相對較少為烽煙摧殘。

自唐代以降，嶺南因為離中原甚遠，是朝廷貶謫官員之地，這些罪臣的子孫大多在嶺南安家落戶，不再北返；唐末中原戰火頻仍之際，許多士人都往南至此躲避戰火；還有因為戰亂導致無法歸朝之地方官員，也只能流寓嶺南歸不得也。這三類嶺南新住民都是高級知識份子，劉隱熱情延請這批菁英輔佐自己，再派遣弟弟劉岩將嶺南東、西兩道割據勢力掃平，劉家遂獨占嶺南建立劉氏政權，稱霸一方。

劉隱於西元九一一年過世，由其弟劉岩繼位。劉岩上台，大量起用士人擔任諸州刺史，謝絕武將坐地方官大位，此一舉措乃嶺南情勢相對較為平和安靜的原因。劉岩於西元九一七年稱帝，先立國號為越，次年始改國號為漢，都城設在廣州。劉岩的龍椅一坐就是二十五年，直到西元九四二年過世。

劉岩用士人擔任諸州刺史，看起來應該是位深謀遠慮、準備好好經營國政的好皇帝。錯！劉岩心比蛇蠍，喜歡以灌鼻、割舌、支解、剖剔、炮炙、烹蒸等慘刑來料理犯人，光是看這些充滿惡毒創意的刑罰，就讓人頭皮發麻。此外他還設置水獄，並於池中豢養大批毒蛇，犯人一旦投入池中便再無活路，實在太慘無人道了！南漢自劉岩登基起算，每位國君皆以奢侈殘忍著稱，誇張事蹟罄竹難書。劉岩於西元九三四年建造昭陽殿，以黃金為頂，白銀為地，雕琢水晶、琥珀為日作月，置於東西兩根玉柱之上，宮殿所用之木料皆以銀飾，宮殿下設置的水渠竟以價值不斐的珍珠妝點，奢華到極點。劉鋹更誇張，建造萬政殿時光是一根柱子就耗費銀三千兩來裝飾，宮殿牆壁用銀與雲母相間的昂貴設計來裝潢，真是窮奢極侈堪稱土豪級皇帝。

這樣一個日趨兇殘的土豪王國，末代國君也是暴君的劉鋹於西元九七一年因宋兵打進廣州而投降，南漢結束六十七年國祚正式走入歷史。

一 眾駒爭槽醒世錄——馬殷建楚

許州鄢陵人馬殷的興起，源於一連串的戰爭，一路殺下來讓馬殷逐步占領湖南。

馬殷最初是秦宗權麾下一員小將，西元八八七年秦宗衡、孫儒率領馬殷和劉建鋒去奪淮南；西元八九二年楊行密殺了孫儒，他和劉建鋒率著七千殘兵逃到洪州，並在江西重起爐灶，聚眾達數萬人，聲勢再起；西元八九四年劉建鋒等人再度起兵一舉攻入湖南並取得長沙，唐僖宗還任命劉建鋒擔任湖南節度使，而馬殷也得到馬步軍都指揮使的好位子；西元八九六年劉建鋒被殺，馬殷順理成章接任湖南節度使，從此馬殷一步步攻城掠地，終於掌控了湖南全境。西元九〇〇年馬殷再接再厲，攻下桂管五州皆併入湖南轄下。

成為湖南之霸的馬殷請高鬱擔任策略顧問，當時稱為謀主，其關係就像諸葛亮之於劉備。高鬱就勸主子應向梁太祖朱全忠進貢稱臣，請求封爵，要個正式名分。果然西元九〇七年梁太祖封馬殷為楚王，春風得意的楚王於西元九〇八年出兵嶺南，嶺南劉隱兵敗，六個州拱手讓給楚王。

開疆拓土至此，連年戰爭總算告一段落，楚王將轄下國土採閉境政策以求自保，人我不犯，讓湖南百姓得以暫時揮別兵禍，回到平靜的農耕生活。西元九二七年後唐封馬殷為楚國王，接受冊封代表南楚正式建國，從此一切禮制皆仿照天子之禮，宮殿、百官都到位了，僅名稱上稍作改變以示對朝廷尊重，不敢逾矩。

鏡頭拉大，俯瞰大地，吳國東西兩側為楚與吳越兩國，為了牽制吳國，北方小朝廷頗花了點心思拉攏楚與吳越，讓吳越國王兼天下兵馬都元帥之職，讓楚國每年進貢茶葉數萬斤以換取中原自由通商，可在開封與襄、唐等州販茶，獲利頗豐。

因為與中原貿易賺了大錢的楚國漸漸富庶起來，再加上征戰漸息，當年神勇的馬殷現在鎮日耽於女色逸樂，其子也有樣學樣，一個個驕奢淫逸，而且各自心懷鬼胎，企圖謀奪大位。

西元九二八年吳與楚交戰，徐知誥兵敗求和。此時楚丞相許德勳對被俘吳將語重心長地說，楚國雖然小但是老臣宿將都還在，你們吳國是占不到便宜的，待眾駒爭槽（指馬殷諸子爭奪王位），才是動手之機。果然西元九三〇年馬殷過世之後，兄弟相殘大戲正式登場。馬希聲、馬希範兩個兒子相繼嗣位。馬希範一坐上大位就露出奢侈淫逸的本性，為滿足私慾強徵重賦，百姓怨聲載道，學士拓跋恒勸諫減輕賦稅，惹得馬希範大怒，將其斥退。西元九四七年奢侈可惡的馬希範過世，王位之爭益趨白熱化。

馬希廣與朗州（湖南常德市）節度使馬希萼各有朝臣支持。西元九五〇年，馬希萼沒搶贏，遂轉向南唐皇帝李璟稱臣以求其援助。在南唐幫助下馬希萼帶兵攻進長沙，宰了馬希廣，登上楚王寶座一償宿願。好景不長，馬希崇於西元九五一年撂倒馬希萼，將之關在衡山，喜孜孜地自立為楚王。沒想到馬希萼關在衡山竟搖身一變成了衡山王，大出馬希崇意料，只好趕緊向南唐搬救兵。南唐也很妙，才幫馬希萼，現在又幫馬希崇打馬希萼，結果南唐皇帝決定把這對冤家分開，投降的馬希崇放到揚州去，討公道的衡山王馬希萼放到洪州，把雙馬隔開以免再起爭鬥。

那楚國王位誰來坐？兄弟鬩牆鬧到人家南唐皇帝跳出來作主，可憐馬殷建立的富庶楚國僅僅存活五十六年便匆匆走入歷史。

一 識時務的攔路小國——高季興建荊南

後唐莊宗於西元九二三年滅後梁，識時務的後梁節度使高季興趕緊入朝參拜，自然得到新朝廷特別優待，並於西元九二四年封高季興為南平王。原來便握有荊州的高季興於唐明宗時得到歸、峽二州，三州合併成荊南（又稱南平），成為十國之中實力吊車尾的墊底之國。

話說五代時期，中原統治者的勢力過不了江淮，正是因為有吳國與南唐擋在這兒，把江淮漕路給封鎖住，使得南方諸國必須走海路或是取道江陵，才能向中原進貢。江陵的重要性陡增，瞬間躍居內陸南北物流樞紐，特別是北方商人最愛買的茶，幾乎都走江陵這一路線，因此成為五代時期最大茶市所在。

位置如此重要又熱門的江陵歸誰管呢？竟然是歸十國中國力最弱的荊南管轄。荊南會不會因此遭逢懷璧之罪？一開始還真是如此！楚國於西元九二八年揮軍荊南大敗高季興，識時務的高季興自然趕緊求和。楚國馬殷正是意氣風發，哪裡肯和！根本就想乘勝追擊，吃掉荊南。這時部隊裡經驗老到的將領說話了：江陵的位置確實關鍵，夾在中原小朝廷與吳、蜀之間，四面八方虎視眈眈，荊南肯定是日日提心吊膽。與其吞下它換楚國席不安枕，不如仍放在荊南手中，讓它乖乖防守作為楚國的屏障，豈不省心、省事又省軍費！

荊南小國就靠著大國間微妙的緩衝制衡作用，得以穩住陣腳，不至於被吞併。可是荊南高家也不是吃素的，繼高季興之後的高從海，依然秉持著識時務的座右銘，向南向北、不分遠近通通稱臣，甚至連契丹主耶律德光於西元九四七年入開封時，高從海也立馬稱臣進貢，丟光了漢族臉面。荊南幹嘛卑躬屈膝地到處跟人家稱臣？說穿了就是裝乖巧以換得老大們的賞賜。可是別被荊南的乖乖牌假象騙了！因為荊南利用江陵南北交通樞紐之利，凡是南方進貢到北方的珍寶貢物，高家便不客氣地留下過路寶物、扣住使節，一旦人家生氣派兵來興師問罪時，就歸還寶物且涎臉求和。這等沒格調的卑劣行徑讓各國既生氣又看不起，還替高從海取了「高賴子」這個難聽的綽號。

荊南這個攔路劫財的小國，國主高繼沖於西元九六三年識時務地向北宋納地歸降，結束了荊南五十七年牆頭草、攔路匪的一生。

天險護體十八年——王建建立前蜀

四川盆地自古富庶，又有重山環抱自成天險，每每在亂世成為英雄豪傑據之當作是與中原抗衡自保的基地。話說西元八九一年，據有西川的王建在兼併了東川與漢中等地之後，手中握有四十六州之地，遂於西元九〇七年逕自稱帝，以蜀（史稱前蜀）為國號，都城建在成都。

老實說王建胸無點墨，幸運的是唐朝許多名門士族因避亂入蜀，像韋莊、張格、毛文錫等百餘名士文人匯集於蜀，王建樂得與之交遊議論，致使蜀國之典章文物頗有唐代遺風，當然打包在一起的末代腐朽之氣也隨之附送。憑著唐朝餘緒，王建也樂得把小國皇帝當天朝皇帝扮演，不僅屢次為自己加添尊號還接連改元，並不時爆出龍見、麟見等祥瑞，還好的不學卻學到後宮三千、寵信宦官、收乾兒子等習氣，把蜀國皇帝做得有模有樣。

王建晚年更是不愛江山愛後宮，將朝廷的軍政大權都放給宦官唐文扆去搞。搞到後來，西元九一八年王建將歸天之際，著急的養子王宗弼先下手為強，把大權在握的唐文扆給宰了。但人算不如天算，王建不改寵信宦官的執著，讓宦官宋光嗣擔任樞密使掌握軍政大權，並把大位給自己兒子王衍，而非那群養子更非先出手的王宗弼。

不過王衍也不是善類，這小子擅長的不是治國之道而是浮豔文學，為政作風更是荒淫無度，寵信宦官比老爸有過之無不及，朝政全丟給宋光嗣等宦官去辦，自己樂得跟佞臣飲酒賦詩，還以詩表態：「有酒不醉是癡人。」看到王衍這樣做皇帝，王建的養子嘉王王宗壽忍不住在宴飲席間含淚勸諫，卻被王衍身邊的玩咖解讀成：「嘉王在發酒瘋啦！哈哈哈！」

儘管有天險護體，但這樣為一國之君，國祚焉有不夭折之理！後唐君主李存勖於西元九二五年派李繼發、郭崇韜發兵攻打蜀國。果然沒用的王衍不戰而降，前蜀熄燈下台。

與天子位緣淺的開國天子——孟知祥建後蜀

王衍投降後唐，蜀地幾經折衝，由孟知祥鎮守西川，當西元九二五年後唐莊宗被殺、明宗繼位後，孟知祥漸漸脫離後唐掌控，西元九三四年以蜀為國號稱帝，以成都為都城，史稱後蜀。後蜀強盛之時，據有今日之四川大部、甘肅東南部、陝西南部、湖北西部，疆域不可謂不小。

孟知祥到底何許人也？孟先生為刑州龍岡人（今河北邢臺西南），是個頗有能力的青年才俊，深受晉王李克用看好，做到左教練使，還把侄女嫁給他，從此孟知祥平步青雲，一路飛黃騰達。李克用之子李存勖對富有才幹的孟知祥亦十分欣賞器重，當李存勖繼承晉王之後就想讓孟知祥擔任中門使。這可是晉王身邊的要職，聰明的孟知祥深知「伴君如伴虎」的道理，連忙力薦名將郭崇韜給晉王，自己只願當馬步軍都虞侯，心甘情願做一名高階將領。後來李存勖派兵把前蜀滅了，基於王室的考量以及郭崇韜報答知遇之恩的推薦，孟知祥於西元九二五年奉派前往鎮守蜀地，並於次年的正月履新。沒想到後唐竟發生政變，莊宗被殺！明宗即位之後，孟知祥與後唐關係日趨疏遠，轉變為割據蜀地的霸主。最初孟知祥的職掌區域只在西川，東川是由節度使董璋管轄，沒多久東川也被孟知祥併吞。

孟知祥的小朝廷均為後唐官僚翻版，甚至還有後梁降唐之人，收拾前蜀殘局尚可，若要開創一代新局實無高瞻遠矚的能耐與魄力，僅能以較為廉明的官員治理地方，一方面免除前蜀的苛捐雜稅，一方面招集因暴政流散的百姓，逐步讓蜀中穩定下來，好歹拚個小康局面。經過一番休養生息，孟知祥於西元九三四年正式稱帝，以蜀為國號，史稱後蜀。可惜他沒有天子命，同年病死，帝位傳給其子孟昶。

稱侄稱兒的卑微政權——劉崇建北漢

郭威於西元九五一年滅漢，河東節度使劉崇的兒子劉贇被殺，傷心的劉崇仍以漢為國號，史稱北漢，據河東逕自稱帝。劉崇甚至還向遼國求援，遼主也很敢開口，要求劉崇跟遼建立以父子相稱的國與國關係，但是劉崇不願稱遼為父，只肯尊遼主為叔皇帝，自己當侄皇帝已經是底線了。遼主衷心希望中原愈亂愈好，倒不介意是當劉崇的爸爸還是叔叔，因此從善如流叔侄就叔侄，速速行冊封禮定下來吧！

周太祖於西元九五四年過世，劉崇看機不可失，立刻跟叔皇帝遼主相約進攻後周。沒想到周世宗很能打，不僅於高平大破北漢軍隊，還包圍太原城。待後周退兵後，劉崇過世由其子劉承鈞繼位。劉承鈞比他老爸沒志氣，為了保住北漢，竟認遼主為父皇帝，自己甘願稱兒皇帝。偏偏他又不像自己親生父親劉崇那樣事事向遼主報告，喜歡自己作主過皇帝乾癮，惹得父皇帝不悅遣使興師問罪，嚇得他從此對遼主益發恭敬，而遼主看輕他也就更不假辭色。

劉承鈞於西元九六八年過世，北漢因之陷入內亂，讓宋太祖有了藉口，於西元九六九年親自出兵攻打北漢，不僅將北漢父皇帝遼主派來的救兵擊退，還引汾水灌爆太原城。但遼與北漢這對父子也不是軟柿子，兒子北漢堅守城池不退，父皇遼主持續增援，終於讓北宋軍隊知難而退。

十一年後，北宋已統一南北，想到猶有北漢未清，不死心的宋太宗於西元九七九年御駕親征北漢。鏡頭轉向遼國，父皇帝遼主嚴陣以待，以重兵守衛幽燕，僅派出大同一路兵力援助北漢，自然敵不過士氣如虹的宋軍。當遼兵敗退之後，宋軍全力攻打太原，北漢主劉繼元不敵投降，北漢正式滅亡。

中國大事紀

年代	事件
五八一年	楊堅廢北周稱帝，建隋朝，北周亡
五八九年	隋朝滅陳，中國再次一統
六〇五年	隋煬帝建東都，開鑿大運河
六一一年	隋末暴政倒行逆施，農民紛紛揭竿而起
六一三年	隋煬帝再征高麗失敗。楊玄感反隋，起兵攻打東都
六一七年	瓦崗軍氣勢如虹，占領興洛倉。李淵太原留守（官名），次子李世民勸父李淵起兵
六一八年	隋煬帝被殺，隋亡。李淵稱帝，建唐朝
六二一年	李世民平定東都，統一大業完成
六二六年	玄武門之變，李世民即位，為唐太宗
六二九年	玄奘赴天竺取經
六三〇年	唐滅東突厥，各族君長一致尊唐太宗為「天可汗」
六四一年	大唐文成公主和親，與吐蕃松贊干布成婚
六八三年	唐高宗駕崩，中宗即位，皇太后武則天臨朝
六九〇年	武則天稱帝，成為中國第一位女皇帝，並改國號為周
七一二年	唐玄宗即位，次年任姚崇為相，聽其建議抑佛、整頓財政、提倡節儉

七五五年	安祿山叛亂，顏杲卿、顏真卿發兵抵抗
七五六年	馬嵬驛兵變，楊貴妃香消玉殞。唐肅宗即位
七五七年	張巡、許遠守睢陽；郭子儀等收復長安、洛陽
七六二年	詩仙李白辭世
七六三年	安史之亂終於結束
七七〇年	詩聖杜甫辭世
七八三年	朱泚之亂
八〇五年	王叔文改革，史稱永貞革新
八一七年	裴度、李愬平定淮西
八二四年	文學家韓愈辭世
八三五年	甘露之變
八四六年	大詩人白居易辭世
八七四年	王仙芝起義
八八〇年	黃巢攻進長安，建大齊
九〇七年	朱全忠稱帝，建後梁。唐朝滅亡，五代時期開始
九一六年	契丹耶律阿保機稱帝
九二三年	李存勖滅後梁，建後唐
九三六年	石敬瑭借契丹兵滅後唐，建後晉，割讓燕雲十六州予契丹

九四六年	契丹滅後晉
九四七年	契丹改國號為遼。劉知遠稱帝，建後漢
九五一年	郭威滅後漢，稱帝建後周
九五四年	高平之戰，周世宗大敗北漢
九五九年	周世宗駕崩

第17章

天下歸宋，
趙家稱帝一統南北全紀錄……

西元九六〇至一一二七年的北宋王朝，堪稱中國古代經濟鼎盛、文化藝術臻至高峰的黃金年代。

歷經唐末藩鎮割據、五代十國的割據亂世，北宋在趙匡胤的南征北討下，平定了黃河中下游和黃河以南的區域，納入趙家天下版圖。但北方則由遼、金、西夏等強國把持，成為北宋如影隨行的北境邊患。雖然北宋王朝基本上不算是百分之百的大一統，但有此成績已誠屬難能可貴。西元一一二七年北方的金國攻破北宋東京城，擄走徽欽二帝，北宋滅亡，史稱「靖康之變」。

趙匡胤初得天下，害怕重蹈唐朝藩鎮割據、宦官專政的覆轍，於是訂下北宋治國的基本國策—重文抑武、重內輕外。重文抑武，儒學於北宋復興，使得政治清明、尊師重禮，經濟、文化、藝術、科技都得到十足發展；重內輕外，使得北宋內部安定少動亂，但是脆弱的國防武力讓北方敵國終成致命大患。

一　黃袍加身擋不住——趙匡胤建宋

河北涿州知名的官宦世家趙家，在唐代就有趙朓擔任過縣令、趙珽擔任過御史中丞、趙敬做到刺史，到後周世宗時勇猛善戰的趙弘殷還官拜檢校司徒，而趙弘殷的兒子於西元九二七年誕生，就是名震史冊、黃袍加身的宋朝開國之主趙匡胤。所以趙朓是其高祖，趙珽是其曾祖，趙敬是其祖父，趙弘殷是其父親，果然是不折不扣、步步高升的官宦之家啊！

趙匡胤自幼接受母杜氏嚴格的文武教育，不僅通詩書更有一身好武藝，成為高大英挺、器宇非凡的人中龍鳳。

後漢初隱帝時趙弘殷已升任都指揮使，趙匡胤到鳳翔找父親卻陰錯陽差跑進大將郭威的大營。個頭高大魁梧、方頭大耳的趙匡胤，模樣生得體面再加上又是趙都指揮使的公子，郭威一見他就十分投緣，立馬將趙公子留在自家軍營。郭威帶著青年趙匡胤四出征戰，趙匡胤很快就累積了不少戰功，升到禁軍頭領高位。

郭威建後周，是為後周太祖，但坐上大位三年便因病故去，由養子柴榮繼位，是為後周世宗。趙匡胤在柴榮麾下隨之四處征戰，表現更是可圈可點，戰功不斷漲停板，更被柴榮視為親信，官位升到忠義軍節度使。當柴榮於西元九五九年特別在病逝之前，任命趙匡胤為檢校太尉、殿前都點檢，讓這位親信大將執掌最精銳的禁軍，好讓新帝能夠順利繼位。

後周世宗柴榮駕崩，年紀尚幼的柴宗訓即位。北漢劉崇看小皇帝好欺負，遂於西元九六〇年初與遼勾結興兵來犯。消息傳來，宰相范質稟報符太后，為今之計只有請禁軍頭領趙匡胤出馬對戰。

後周小皇帝當家，手握禁軍精銳的趙匡胤感念柴榮待自己不薄，即使偵知屬下有擁立之心，也不忍不允期期以為不可。當下士兵檯面上雖然不提，但大家早已看準世局，未來絕對是趙家天下，私底下靜待時機。當趙匡胤接下聖命率軍北征，大隊人馬頂著大風雪來至陳橋驛（今河南開封東北陳橋鎮），在此紮營。時值新年，天寒地凍，離鄉出征的士兵心情浮動，忽然有人發難擁趙匡胤做皇帝！一時之間部隊為此議熱烈沸騰。眾將士便推派代表去找在部隊裡舉足輕重的重量級人士趙匡義（趙匡胤之弟）與謀士趙普商量。當晚兩人即派親信速往京城給留守的大將軍石守信、王審琦傳訊，此二人立刻表態支持，應允大軍若有行動願在京城做內應。

小皇帝一即位，謀士趙普就預見後周國祚不長，與其拱手讓予他人，不如讓戰功彪炳的趙匡胤取而代之。不過趙匡胤念及柴榮舊情，遲遲不願點頭。現在情勢成熟，趙普就與眾將領設下計謀，準備一舉把趙匡胤逼上帝位！

翌日晨起，趙匡義與趙普二人來到趙匡胤大帳，聯手把他拉到門口，只見大帳外將士們早已圍得水洩不通，一看趙匡胤出來，二話不說就衝上去把象徵皇帝的龍袍往他身上披，大軍立刻跪下，對趙匡胤行三跪九叩之禮，齊聲三呼萬歲萬歲萬萬歲。事出突然，趙匡胤慌亂中直喊：「這怎麼行？這怎麼行啊！」眼看事已至此，就算脫下黃袍也是死罪，趙匡胤只得先穩住軍心，號令道：「大軍即刻返回京城。進城後不可以對太后、皇上無禮，不可驚動朝臣，不可騷擾百姓，凡有違抗者，斬！」將士們歡喜應諾，趙匡胤在大軍簇擁下浩浩蕩蕩地回到京城，準備改朝換代。

大軍走了三日來到汴京，面對如此遽變朝廷官員個個驚呆，放眼朝中並無猛將抵達來勢洶洶的趙匡胤大軍，倒是侍衛親軍副都指揮使韓通挺身而出，召集自家人馬準備迎戰。沒想到趙匡胤手下一接到消息，立刻殺進韓府通通殺光。事已至此，朝廷公推范質、王博等為代表去見趙匡胤，看這齣戲該怎麼收場。雙方會面，趙匡胤流淚表示，先帝待趙某恩重如山，我也是被六軍所逼，此事乃天地所不容，我該怎麼做才是？范質、王博一聽，不禁納悶這是演哪齣啊？還是范質老江湖，立刻往後倒退兩步，雙膝跪地叩頭呼道：天意啊！趙將軍既被眾將官擁立為帝，實蒼生百姓之福，萬勿推託啦！萬歲萬歲萬萬歲！眾官員眼睛雪亮，風向既然已變，紛紛雙膝跪地三呼萬歲。

眼看大勢已去，符太后是個明白人，隨即著手安排讓小皇帝柴宗訓宣布禪位，趙匡胤名正言順地穿上龍袍、坐上龍椅，登上帝位，正式定國號大宋，年號建隆，國都汴京（今開封），新帝隨即頒布詔書，大赦天下，並封禪位的小皇帝柴宗訓為鄭王。趙匡胤史稱宋太祖。

不殺功臣的帝王手腕——宋太祖杯酒釋兵權

被將士們黃袍加身的趙匡胤，半推半就登上皇帝之位，後周至此下台一鞠躬，眼下大宋天下正待展開。

新朝初建，少不了大封有功之人，趙匡胤手下的將領例如之前的殿前副都點檢慕容延釗升為殿前都點檢，前朝大將石守信也升為侍衛馬步軍副都指揮使，其他將士也都大大封賞。至於對趙匡胤當皇帝有意見的後周將領、官員，趙匡胤料理起來也不會手軟，像潞州（今山西長治）節度使李筠、揚州之淮南節度使李重進，不僅不服氣趙匡胤黃袍加身，他可以這樣搞我們也行！結果自然被趙匡胤派兵收拾，落得兵敗自焚的下場。至此，趙家天下確立，大宋天威正式登場。

天下歸宋之後，胸有城府的趙匡胤把矛頭調轉過來，開始整頓內部，意思就是建國之初封賞的功臣大老，現在要預防他們恃功而驕變成心腹之患。西元九六一年殿前都點檢大位還沒坐熱的慕容延釗就調去外鎮做節度使，而且至此不再設此一職位，慕容延釗算是末代殿前都點檢，禁軍之軍權回到宋太祖手上。

處理了慕容延釗之後，趙匡胤按兵不動了好一段時間，等到西元九六九年的秋天，特別在宮裡設酒宴款待握有軍權石守信與殿前都指揮王審琦等有功將官。趙匡胤與這批一起出生入死、情同兄弟的袍澤，與高采烈地開懷暢飲，氣氛熱絡至極。但沒來由地趙匡胤忽然一聲長嘆：「唉！」趙匡胤弟兄們面面相覷，這是怎麼啦？皇帝也當了、天下也太平了，老大幹嘛嘆氣呢？

趙匡胤淡淡地說：「這幾日夜裡都不能安眠。」大夥兒七嘴八舌問是不是身體不舒服？趙匡胤又嘆了一口大氣，悠悠說道：「大夥兒聽過一句話『皇帝輪流坐，明年到我家！』這年頭皇帝誰不想做，今日是我，明天不知換成誰？」弟兄們嚇了一跳，趕緊拍胸脯、掛保證，表明支持趙匡胤絕無二心。

趙匡胤這個老江湖，不慌不忙補上一槍：「眾位弟兄我當然信得過，可是就怕哪天你們的部下也把黃袍往你們身上一罩，這世上能不動心的又有幾個？屆時天下又將陷入戰亂，搞不好今日歡宴的兄弟、君臣，來日戰場相見廝殺，怎不讓人哀嘆啊！」

大夥一聽冷汗直流，個個俯首請聖上指點明路。趙匡胤看這招奏效了，故作輕鬆說道：「人生在世不就圖個平安富貴，福蔭子孫！不如大家把兵權交回，遠離兄弟猜忌的泥淖，讓朕安心好。朕這邊自然會重重賞賜大家，予你們添置田產，歌姬舞女日日陪伴，天天享樂，安享天年。大家意下如何？」皇上都開口了，眾將官也只能三呼萬歲，俯首接受。至此，趙匡胤目的達到，龍顏大悅。

翌日，出席皇上酒宴的眾將官個個以病為託辭，將兵權交回朝廷，趙匡胤微笑著一一接受，並以無實權的高官厚祿回贈，讓跟著他戎馬半生的弟兄放下刀槍，過著逸樂享福的好日子。這就是歷史上有名的趙匡胤「杯酒釋兵權」的故事，至此京城禁軍與地方節度使軍權通通集到宋太祖手裡，趙家天下從此穩固。

一 愁似春水向東流的亡國之君──李後主

當宋太祖將新成立的宋朝筋骨穩住後，統一中原便成為下一個目標。此時，「十國」於北有北漢，於南有南唐、吳越、後蜀、南漢、南平等國老實說，要全部統一，該先從哪裡下手呢？先打北漢，還是先打南方？老實說，宋太祖心裡也沒底兒，該是找個人商量的時候了。

話說風雪交加的夜裡，正窩在家裡烤火逍遙的趙普，忽聞有人敲門，這大半夜又是風又是雪的會是誰？等家丁傳報，竟是當今天子，唉呀呀！這一夜宋太祖正是來找趙普討論一統中原該從何處著手。君臣二人烤著火、吃著燉肉，敲定先平南後定北做為未來十年統一中原的戰略方針。

平南政策一出，宋太祖滅了南平、後蜀、南漢等國，僅存的有南唐與吳越。十國中堪稱最大政權的南唐，坐擁富庶的江南且甚少遭受戰爭蹂躪，經濟活絡，國庫滿溢，以致南唐國主一脈昏聵無能，耽於逸樂，國力不堪一擊。傳到李煜，就是大家熟悉的李後主，國家已成偏安之勢，以為每年向北宋進貢大批金銀就可以繼當他的富貴國主、逍遙詞人。十幾年光陰在低聲下氣中渡過，儘管聲色依舊但詞中頗見憂憤傷逝之情。當宋太祖出兵把南唐周邊三個小國剿滅時，李煜眼見大勢不妙，立刻派使者去北宋，表達願意去掉南唐國號當個江南國主即可。

宋太祖也不是吃素的，怎會把順帶就可納入碗中的肥肉留在盤子裡呢？西元九七四年九月，北宋大將曹彬、潘美率軍十萬分水、陸兩線進擊南唐。曹彬的水軍沿江而下占池州，駐採石磯，進展神速。潘美率步兵進至江北望江興嘆，此時得到高人指點用竹筏與船隻在江上連成浮橋之法，潘美推敲後覺得可行，立刻著手搭建。

南唐君臣於歌舞正酣之際，聽聞宋軍正忙於搭建浮橋，咸以為此乃聞所未聞的奇特之法，必定不能成事。李煜一聽頗為合理，笑宋軍不善於江南水鄉作戰，浮橋實為小兒笑鬧招數，不值一驚。沒想到三天後浮橋搭乘，宋軍渡江如履平地，很快就兵臨金陵城下。搞不清楚狀況的李煜登城一看，宋軍已呈包圍之勢，連忙下詔上江駐防的十五萬大軍勤王，可惜救兵才到皖口便遭夾擊消滅。

盼不到救兵出現，只盼來宋將曹彬的勸降，李煜還不肯就範，結果翌日金陵城破，自己也被押送到東京做了亡國之君。初期宋太祖對李煜仍是禮遇有加，但李煜從一國之君變成階下囚，心中自是千迴百轉的悲苦。亡國兩年，適逢七夕正是李煜生辰，這位文采橫溢的亡國之君遂填了一闕《虞美人》「問君能有幾多愁，恰似一江春水向東流」寫盡家國之思與亡國之苦。這闕詞傳到宋太祖耳中，聽到的不是文學之美，而是此人不能再留。於是一杯毒酒，送走這位詩酒銷魂的詞人國君李後主。

滅北漢——宋太宗意外收得楊令公

楊家將是北宋的將門傳奇，到底楊家是如何崛起？讓我們往下看。

西元九七八年宋太宗趙光義（即趙匡義）已繼位三年，南方的吳越王錢俶為了保住小小的吳越國，特別進京朝觀宋太宗。既然人家都送上門了，宋太宗也就不客氣地扣留下來，逼其交出所轄州縣。識時務者為英雄，錢俶只得乖乖將吳越國拱手交出。一聽說吳越國拱手讓予北宋，割據泉州、漳州的陳洪進很清楚下一個拱手交地的必定是自己，為求自保也只能主動獻出兩州之地給北宋。南方至此大抵清理完畢，宋太宗矛頭向北準備料理北漢與遼國。

宋太宗於西元九七九年春，出兵攻打北漢。大將潘美受命為北路招討使，領崔彥進、李漢瓊等將領，兵分四路直擊太原；同時令邢州判官郭進阻撓遼軍救援，於太原石嶺關都部署重兵。北漢主劉繼元這邊得知前線緊急，火速向遼國搬救兵。遼國國主一聽好鄰居北漢遭受北宋攻擊，深知今日是北漢，明日就是大遼，立刻由遼太宗四子耶律敵烈協同大將耶律沙率兵馳援。

宋軍早已派郭進領兵阻攔遼軍，雙方在白馬嶺激戰。陣前任性皇子耶律敵烈不顧大將耶律沙規勸，執意要打郭進，結果死於郭進刀下。這次戰役遼軍死傷慘重，倉皇撤退，宋軍大勝。

郭進打勝仗的消息傳來，宋太宗立刻增兵打太原城。遼軍慘敗撤退的消息傳到北漢皇帝劉繼元處，看來已無翻盤希望，只得黯然投降。劉繼元率朝臣一行恭敬地立於北城外恭候宋太宗大駕。雙方見面，大宋舉行受降儀式，就在儀式即將功德圓滿時，太原城樓上竟有人大聲抗議：「我主投降，我不投降！誓死戰鬥到底！」

宋太宗趙光義抬頭一望，好個金盔銀甲的神兵天將。這人大有來頭，乃是戰功彪炳被北漢主劉崇賜姓劉的楊繼業，乃北漢建雄節度使。趙光義對劉繼業大名早有耳聞，今日一見頓生英雄惜英雄之心，特別選派德高望重之士前往勸說，望他切勿再戰以免百姓受苦。劉繼業萬般無奈，嚎啕一場，這才死了心打開城門，北漢滅亡。宋太宗對劉繼業甚是欣賞，不僅封右領軍衛大將軍，還大大賞賜，並讓他恢復本姓楊。楊繼業就是宋代最為傳奇的楊令公，楊家將的故事從此處展開，流傳千古。

中國史上最著名清官——包拯

歷史上最有名也最會斷案的官員，不用說一定是包青天——包拯。

西元九九九年包拯出生於廬州（今安徽）合肥。包家是個官宦之家，小包拯在父親的嚴格教導下努力苦讀，二十八歲高中進士，順利步上仕途！包拯的為官資歷豐富，不僅做過多任地方父母官，還做過權知開封府、三司使、樞密副使等各項要職，可謂仕途順遂，朝廷授予他天章閣待制、龍圖閣直學士等尊貴的官銜，因此又常被尊稱包待制、包龍圖。儘管包老爺在開封只待了一年，但是他鐵面無私、執法如山、清廉剛正、愛護百姓的作風，彷彿一股人間清流，令百姓耳目一新。

包拯關懷民間疾苦，曾力諫宋仁宗「恤生靈之重困」，多次為百姓請命，懇請朝廷將各種假借名號的無名科斂免除、災荒時大力賑濟災民、力勸勿將轉運使等要職落入苛刻官僚之手，可說處處為百姓著想。

西元一〇四一年即宋仁宗慶曆初年，疾惡如仇的包拯調往嶺南任端州任知州。端州盛產自古著稱的端硯，每任端州知州年年都要求百姓送上極品端硯進奉給皇上，此外知州為了作個人公關，還會額外多要數十倍之數送進京城巴結權貴。此一陋規碰到包拯就曝了光，包拯認真了解製硯工匠要製作一方優質端硯，從勘察、採石到加工成硯臺的流程何其辛苦繁瑣，耗費多少心血！歷任知州年年向百姓大量需索，成為百姓連年噩夢，幾乎把百姓都搾成人乾了。包拯為斷絕此一陋規，立刻清點官倉內端硯數量，又命人把歷年所收之端硯與支付給硯工的帳目清出來，還要府內官吏將官紳勾結之事如實報上來。

徹底了解來龍去脈後，包拯明訂：「舉凡州中官吏士紳以不法行徑取得之端硯，一律上交府衙；硯工工資一律由州府付給，從今以後不得向百姓攤派製硯賦稅；庫存之端硯任何人不得擅自動用。」規矩定下來了，包拯自己有沒有遵守？那還用問！數年後包拯離開端州知州任所時，揮一揮衣袖，沒帶走一方端硯。

包拯奉清廉是為官規臬，其親屬、子孫皆遵奉不悖，不敢違逆。話說包拯任廬州知府時，許多合肥百姓都具狀告其舅父強占民田、橫行鄉里。包拯聽了立刻詢問合肥縣令：「為什麼不審理這些案子？」縣令回覆道：「這些刁民俱為無理取鬧，已命人驅之。」包拯一聽火就冒上來：「你問都沒問，怎麼知道他們是無理取鬧？你這父母官就這樣為民做主的嗎？不但不查明案情，還把前來告狀的百姓趕走，這等舉措忝為地方父母官，早該將你依法送辦。念你是初犯，先放你一馬，還不趕快加緊審理此案！」

合肥縣令不清楚包拯這是場面話還是實心話，當下囁嚅道：「包大人，這等無憑無據的案子，就算了別追究了。」包拯一聽氣到冒煙，登時罵道：「你若搞不定可以往上報到州裡，我自會處理。」然後拂袖而去。老實說合肥縣令看到這裡，還摸不清包拯是玩真的還是玩假的。

數日後包拯派員將舅父緝拿到案，親自開堂審理。百姓送上來的狀紙他一份份展開，命衙役請原告與證人到庭。當衙役將舅父帶上大堂，舅父一看坐堂審案的是自己外甥，登時恨不得衝上前去教訓一番，儘管被衙役攔住，但舅父仍是氣得亂罵一通。包拯不等舅父撒野鬧大，立刻怒斥：「大膽，為非作歹，擾亂鄉里，不認罪反污辱本官，拉下去打！」衙役們得令，立刻賞包拯舅父四十大板。此案辦過後，包氏鄉親互相告誡，萬萬不可仗勢欺凌鄉里，否則屁股肯定開花！

包拯對百姓愛護、對親族以高道德標準規範，那碰到當朝權貴呢？哈，一以貫之，並無二致。

話說張貴妃之伯父張堯佐在外仗勢胡作非為，包拯彈劾其「清朝之污穢，白晝之鬼魅」，並直指宋仁宗重用張堯佐是「私昵後宮之過」。此話說得如此之直白又如此之重，搞得宋仁宗只好託詞會跟文宰相討論此事。包拯也不是只會發脾氣的呆頭清官，他知道張文二人素有交情，屆時必定大事化小，小事化了。於是他硬是撐著不退，仁宗扛不住只好再下詔書免張堯佐之職。這回合朝廷對戰惡勢力，包拯又勝。

與包拯同時的司馬光，就曾在書中留下當時京師傳頌包拯的歌謠：「關節（此賄賂也）不到，有閻羅包老。」

包拯堪稱宋朝最符合百姓心目中的理想官員，天子對他也極為看重，任命他為禮部侍郎，可惜包拯賣命做事積勞成疾，西元一〇六一年病重辭官，翌年冬病逝合肥老家，終究無緣上任。

一 莫名其妙的呆呆凱子宋

宋朝終結了唐朝與五代十國最傷腦筋的藩鎮割據，再次把國家大權抓在皇帝手中，但為了維繫中央集權，官僚系統出現疊床架屋情形，凡事都要恭請中央裁示，以致行政效率不彰，堪稱「內憂」；儘管宋朝重現中原大一統局面，可是周邊的遼、金、西夏等國都國力強盛，不容小覷，是為「外患」。

滅北漢後，宋太宗曾對遼用兵兩次，但都鎩羽而歸，從此對遼改採守勢。對党項之戰北宋也是失利挨打之勢，邊防危機如附骨之蛆，揮之不去。

西元一〇〇四年遼軍大舉南向攻打北宋，北宋雖然戰勝卻無意趁勝追擊反而與遼議和，還訂立了讓人跌破眼鏡的「澶淵之盟」，從此北宋與遼為侄叔關係，每年付給契丹白銀十萬兩，絹二十萬匹，還開放雙方邊境貿易等。北宋打了勝仗竟然還簽訂如此屈辱的合約，遼雖大敗輸了面子卻撈得府庫全滿。

宋仁宗時北宋與西夏燃起戰火，不堪戰爭蹂躪，西元一〇四四年雙方簽訂「慶曆和議」，又是一紙匪夷所思的勝者大賠的凱子和議！西夏元昊從此取消帝號，接受宋朝之冊封，但是北宋每年要給西夏白銀七萬兩千兩、絹十五萬三千匹、茶葉三萬斤，還要開放雙方邊境貿易等。看到西夏如法炮製也拿到不少好處，遼哪裡會不吭聲！立刻向凱子呆呆宋要脅抗議，北宋怕戰火再起，寧可加碼歲幣銀、絹各十萬，遼這才滿意閉嘴。

戰爭對百姓生活與經濟、生產影響太大，或許正因如此，北宋才會委曲求全，用銀彈買和平。但北方邊境的遼、金、西夏等國食髓知味，對北宋幾乎到了予取予求的地步。北宋費盡荷包買來和平，卻買不到內政的和諧運作，冗員充斥的官僚系統、龐大的軍費開銷，後者差不多吃掉國庫收入一大半以上，朝廷沒辦法只好拚命巧立名目增加稅收。

一　改革變法的前浪——范仲淹的慶曆新政

北宋命盤走到中期，內外積弊造成的頑病症頭漸漸浮出檯面，有識之士開始振臂疾呼要大宋趕緊重新振作，其中最有名的首推身兼政治、文學大家的范仲淹。

細數范仲淹直言進諫的經典，包括西元一〇二五年，上書直諫朝廷恩蔭過於氾濫，以及西元一〇二七年上疏直批吏治腐敗、武備鬆散；西元一〇二九年再次犀利譏切時政。前面兩次諫言似乎沒啥效果，皇帝老爺沒怎麼甩他，但第三次發言得到尹洙、歐陽修兩位同儕的支持，結果是三位好同學一起被貶官。

然而事實就是事實，大宋也走到紙包不住火的時候。西元一〇四三年，大宋面臨內外窘困、交相逼迫之局，宋仁宗趙禎抵擋不住改革聲浪，欲更天下弊事，遂把十幾年前就呼籲改革積弊的范仲淹找回來任參知政事，還找來富弼、韓琦兩位大員擔任樞密副使，當年一起貶官的歐陽修等則挑諫官大樑。范仲淹得到韓琦、富弼、歐陽修等戰友支持，將自己的改革思想統整寫成改革方案，於當年九月提出《答手詔條陳十事》呈給宋仁宗。

范仲淹的改革方案相當完整，涵蓋政治、經濟、國防，以及人才晉用等五大主要項目，亦即當時所稱的慶曆新政：

1. 考核官吏，整頓吏治：嚴格考核各級官吏，嚴抓貪污，嚴禁特權作怪。

2. 懲辦貪污，裁汰冗官：范仲淹大動作審閱全國各路之地方官政績，汰換無能冗員。各路的轉運使等官吏當時稱作監司，范仲淹大筆一揮整批撤掉。富弼提醒道，這批官員一筆勾去著實容易，但每個人背後都有家庭要養，這樣豈不讓很多家庭頓失經濟來源而痛哭嗎？范仲淹鐵了心地回道，與其放任惡吏蹂躪，令一路百姓哭，不如讓惡吏的家人哭——一家哭總比一路哭好！

3. 改革科舉，選拔人才；

4. 提倡農桑，減輕傜役：范仲淹為了救經濟，開出勸課農桑的藥方以為富國之本。配套設施還有減輕徭役，不該服差役的百姓就回家好好種田，以寬民力。

5.發展軍屯，加強國防：范仲淹主張實行「兵在於民，且耕且戰」的兵農合一制度。舉例而言，士兵一年中有三季耕田務農、一季訓練，既撙節軍費開支又能保持甚至增強軍隊戰鬥力，一舉兩得。對於軍隊裡的升遷主張「擇將於伍」，亦即由士兵中提拔智勇之人擔任將領，這樣才能激勵士兵努力為國效力，爭取晉升之機。

慶曆新政雷厲風行，招致既得利益者的強烈抗議，宰相章得象聯合台諫官員合力大舉反撲，第一波就重砲出擊，指稱范仲淹、歐陽修等人為朋黨，扣上「欺罔擅權」、「懷奸不忠」的大帽子；夏竦更睜眼說瞎話地誣陷富弼，說他密謀要廢仁宗！反對者火力全開之下，范仲淹、富弼不得不下台，而支持他們推行新政的官員也隨之倒大楣，被排擠殆盡。西元一〇四五年反對者展開第二波攻擊，一舉將杜衍、韓琦、歐陽修貶謫出局。至此，慶曆新政只好落寞下台一鞠躬。儘管慶曆新政未竟其功，大宋朝局依然內外困頓，但有了范仲淹等人打頭陣，已然為王安石變法埋下伏筆。

一 改革變法的後浪——王安石變法

宋仁宗搭檔范仲淹的慶曆新政下台一鞠躬之後，大宋的身心靈更加失調，財政尤其岌岌可危。有了第一波改革失敗收場的前車之鑑，士大夫們正醞釀掀起更大一波改革浪潮。

果然第二波改革於宋神宗時登朝，掌舵的是王安石，這個改革專案稱為變法運動。王安石也跟范仲淹一樣，對朝廷與社會的積弊亂象有感，主張大力改革已扭轉走下坡的國運，還寫了《萬言書》表達希望改革的建言。結果也和范仲淹一樣立刻送去冷凍。

宋神宗登基，沉重而且疊床架屋的朝廷官僚體系、軍隊體系，導致政府開銷急遽增加，國庫不堪負荷。更糟的是，大宋國內老百姓生活無以為繼，各地開始出現造反、起義與暴動；大宋北鄰西夏與遼也柿子挑軟的捏，不斷騷擾大宋邊境，直接威脅大宋存亡。

不論改革還是變法，目標都只有一個，那就是富國強兵。王安石變法企圖扭轉大宋積弱不振的頹局，藉以增強對國內各地的控制力，鞏固領導中心，進而抵禦外侮，加強北部邊防。王安石歷經十幾年的夙夜匪懈，大宋竟真的富起來了，百姓重新安定營生，經濟恢復了活力，但軍隊這一塊卻仍是沒有醒過來。

王安石變法中最有名的就是頒行了均輸、青苗、農田水利、募役、市易、方田均稅、保甲、保馬、將兵等法，希望藉由「民不加賦而國用足」的路徑，達到富國強兵的目標，王安石制定新法時希望國富民強。新法立意良善，但是否能達到預期的效果？

變法的第一項首推青苗法。此法規定取息為二分或三分，施行之初放高利者曾被迫借貸青苗錢，還要按期向政府繳利息。所以青苗法的施行不僅有效壓制了放高利貸者的氣焰，朝廷順便大撈一筆利息錢。

募役法係以雇役來代替差役，使用者付費，勞資雙方都有利。

農田水利法更猛，實施七年（西元一〇七〇年至一〇七六年）間，興修一萬多處水利設施，估計民田三十六萬多頃、官田二千頃受益，使許多荒薄之地成為良田。

種種新法產生了綜效，國庫巨額進帳，大宋財政危機解除，宋神宗時府庫積蓄飽滿，足可供給朝廷二十年財政開銷花費，真是太神了。儘管變法期間難免出現用人不當的漏失，百姓也未必全然受益，但總體來看變法的成績還是很值得鼓掌的！可惜，百花齊放的變法遇到煞星司馬光出任宰相，新法幾乎盡皆廢除，變法終究難逃失敗的宿命。

一 好友反目促成的歷史巨著——司馬光著《資治通鑒》

一看到司馬光三個字，就想到《資治通鑑》。

西元一〇一九年著名的歷史學家司馬光，誕生於北宋的陝州夏縣的官宦人家。司馬光自幼聰明伶俐，七歲起專心用功念書習字，一年到頭不分寒暑都勤讀不輟，族人都點頭稱道，這孩子將來一定前途無量。

踏入官場的司馬光喜歡研讀史書，感嘆歷史著作浩瀚如海，竟沒有一部貫串古今的通史，不亦怪哉？而且史書花樣繁多，就算皇帝有心研讀也不知從何看起，若是能有一部縱橫古今的通史，皇帝只要看這本就等於看了一牛車的史書，豈不妙哉！於是司馬光下了一個震動古今的決定要編一部通史。

要編一部通史可不是扮家家酒，司馬光花了兩年時間考證車載斗量的史籍資料，終於完成了一部貫通戰國到秦朝的作品《通志》。《通志》一出爐，司馬光立刻獻給宋英宗品鑑。皇帝讀完之後擊節稱快，直說眼界為之大開，治國大有裨益，立刻為司馬光量身打造一個部門，由司馬光當專案負責人，不僅可以自己找幫手，還准其借閱官府藏書，要他把《通志》從秦朝之後繼續寫下去。司馬光感謝皇帝的支持，特別找來當代史學大家劉恕、劉和、范祖禹等組成超級編輯團隊，同心協力把《通志》往下寫。

宋神宗繼位，司馬光趕緊把熱騰騰剛編好的部分書稿獻給神宗品鑑。神宗是個胸懷大志、亟欲有所作為的皇帝，讀了司馬光的書稿後非常高興，相信此書不僅可以幫助皇帝了解歷朝歷代的盛衰替敗，猶如一面歷史之鏡使後世可時時借鑑。神宗想到這兒便御筆一揮，把《通志》改名《資治通鑑》。「資治」是指幫助治理之意，而「鑑」之原意為鏡子，引申為警惕、教訓之意，因此後人亦將《資治通鑑》簡稱為《通鑑》。

《資治通鑑》採編年體撰寫，按著歷史年代的線性縱向發展作為敘事的順序，自西元前四〇三年戰國時代開始，一直到西元九五九年五代十國止，逐年撰寫這一三六〇年間每年發生的歷史大事。《資治通鑑》取材豐富，考證甚嚴，敘事文筆則精於剪裁，起承有致，用字精練而富文采，是與《史記》齊名的歷史巨著。

《資治通鑑》的輝煌先談到這裡，鏡頭轉向司馬光與王安石二人。他兩人原是好朋友，當王安石因神宗器重得以主持變法施展抱負時，司馬光時任翰林學士屬於保守派，對於變法與王安石看法並不一致。當王安石步步高升當到宰相，大刀闊斧推行一系列新法與改革，司馬光再也無法噤口不語，明白表示了反對立場。歷史大家司馬光都跳出來了，反對新法的人遂奉他為領袖。昔日好友如今因政治看法不同竟打起對台，擺明是朋友都沒得做了。由於王安石正當紅，司馬光遂向神宗請辭離京以避其鋒。之後他落腳洛陽，繼續專心致志編撰《資治通鑒》，共花了十九年光陰才大功告成。

一 打開宋詞新境界的北宋第一大文豪——蘇東坡

文化與藝術高度發展的北宋，孕育無數的文學大家，大才子蘇東坡堪稱其中代表，他在宋詞上的藝術成就更是令詞壇耳目一新！

唐朝是「詩」的黃金年代，發展已臻成熟完備，經典作品多不勝數。到了中唐，民間由「詩」逐漸演變出新的文學類型「詞」，一路發展到北宋已有三百餘年歷史。儘管中唐到五代十國期間已有無數名家創作出傳唱一時的詞作，但取材多在花、酒、情愛、傷別打轉，類似現在說情說愛的流行歌曲，難以與氣勢恢弘、豐富多變的唐詩相提並論，故而始終被稱做「詩餘」並以小道待之。

直到大才子蘇東坡出現，詞的命盤從此改寫。基本上蘇東坡把詞當作詩來寫，取材完全不同以往詞家，舉凡田園生活、歷史詠懷皆可入詞，開創出嶄新的詞風，後人把這種風格的詞家歸類為豪放派。典型的豪放派經典詞作首推《念奴嬌．赤壁懷古》：

「大江東去，浪淘盡，千古風流人物。故壘西邊，人道是，三國周郎赤壁。亂石穿空，驚濤拍岸，卷起千堆雪。江山如畫，一時多少豪傑！遙想公瑾當年，小喬初嫁了，雄姿英發。羽扇綸巾，談笑間，強虜灰飛煙滅。故國神遊，多情應笑我，早生華髮。人生如夢，一樽還酹江月。」

這首詞的意境瀟灑開闊，以自然景物起興，帶出以史詠懷的今昔對照、浮生若夢之感，詞中飄逸曠達的氛圍，縱橫古今的氣魄，反映出蘇東坡不同流俗的人生態度與灑脫的文人性格。

世人是怎麼看待蘇東坡獨樹一幟的豪放詞風？其實就連蘇東坡自己都很好奇。有一次他就問一位歌者，「把我的詞與柳永（婉約派代表詞人）的詞相比，你怎麼看？」如果說蘇東坡是豪放派的開創者，那柳永就是婉約派的扛霸子，這兩大詞派該如何分軒輊呢？這位歌者是位明白人，一針見血點出：「柳永的詞只適合十七、八歲女孩，手拿紅牙拍板淺斟低唱『楊柳岸，曉風殘月』（柳永的名句）；而你的詞則是關西大漢手拿鐵板高唱『大江東去』。」豪放派與婉約派的區別盡在其中矣。

蘇東坡不只詩詞、文章寫得好，書法也堪稱大家，尤其擅長行書與楷書，而且他喜好讀帖吸納名家精華而非埋頭苦練，其用筆豐腴酣暢，跌宕有致，散發天真率性的獨特墨趣，與蔡襄、黃庭堅、米芾並稱「宋四家」，深受後世書家推崇，時至今日仍有許多習書人臨他的帖、習他的字。

大才子蘇東坡性格瀟灑豪放，但為官卻是非常有自己的原則，剛正不屈，堅守立場。所以北宋變法派與保守派鬥來鬥去之際，蘇東坡兩不挨靠，所以兩邊都不當他是自己人，不論哪一派當家他都倒楣，屢屢遭到貶謫，仕途竟有大半都在逆境中浮沉。蘇東坡許多精采之作，正是從波折不斷的人生中淬煉出來的。西元一一〇〇年宋徽宗登基，蘇東坡才蒙皇恩大赦回到常州，便臥病不起，翌年便溘然長逝，其流傳後世的作品有《東坡集》、《東坡後集》以及《東坡樂府》等。

一 「靖康之變」北宋亡

北宋的滅亡早早便有跡可循，西元一一二五年宋徽宗宣和七年金軍出兵攻打北宋，汴京危殆，宋徽宗倉皇中禪位給太子趙桓是為宋欽宗，宋徽宗升級為太上皇。西元一一二六年宋欽宗靖康元年二月，大將李綱率軍力抗金兵保住汴京；四月太上皇看風頭已過，打道返回東京（今河南開封）過他的太平日子。

此刻大局看似轉危為安，主和派講話又開始大聲，不僅強烈阻撓宋軍愈乘勝追擊金兵的計畫，更以撙節鉅額軍費為由，說服欽宗將各地勤王的援兵打發走，還奪走大將李綱的兵權，把人給貶到揚州。

沒想到第一回合灰頭土臉的金兵，八月捲土重來，由金太宗帶大隊人馬往南打，左、右副元帥分別為完顏宗翰、完顏宗望，分成東西兩路進攻北宋。走西路的完顏宗翰率軍強攻太原，打到九月初才攻破太原，十一月從太原南下，因宋軍既無戰力更無士氣，一路勢如破竹，很快就渡過黃河，進度超前。率大軍走東路的完顏宗望僅僅二十天就兵臨東京城下，與完顏宗翰的部隊會合後，兩軍形成包圍東京之勢，並駐紮在東京城南薰門外。

鏡頭轉到東京城內，年初還叱吒風雲的大將李綱早已被貶到揚州，當時各地勤王的部隊也早已回到駐地或就地遣散。留在城內駐守的部隊狀況如何？唉，缺東少西，不堪一擊。那欽宗和滿朝文武在幹啥？像打慌的雞仔金殿上亂亂飛。還沒等北宋君臣回過神，金兵就攻入東京城和不甘心投降的宋軍展開肉搏戰，這邊正打得血肉橫飛、難分難解之際，那邊宋欽宗已經差人去金兵大營求和了。

金國見到北宋的求和使者，便開出要大宋皇帝親自來金營談判的條件。天真的宋欽宗信以為真，竟真的僅帶了幾位大臣前往金營，將降表獻上並向金國下跪稱臣。這樣有換來他想要的和平嗎？當然沒有。金兵進到東京城自然是大肆劫掠，還將北宋各級機關查封順便把財物、圖書、樂器、天文儀器等洗劫一空。這樣還不夠，西元一一二七年初，金兵扣留了欽宗、徽宗二帝，金太宗下詔廢去二人的帝位，一舉將北宋宮廷從太后、皇后、妃嬪、公主到親王、大臣，以及東京城裡各種手藝工匠一行三千餘人，通通帶回金國做奴隸。

當徽欽二帝被金太宗帶回北方的那一剎那起，北宋王朝算是魂飛魄散，從此消滅。而這樁震動歷史的國恥事件就發生在西元一一二七年宋欽宗靖康二年，史稱靖康之變。

第18章

由北遷南，南宋偏安沉淪錄……

大宋王朝自西元一一二七年遭逢「靖康之難」之後南遷，歷史以此難為分界點，之前為建都開封的北宋，之後南遷者史稱南宋，建都臨安（今杭州）。南遷後國土雖然縮小了百分之四十，但位於物產富庶、水路交通便利的江南之地，因此在農業與經濟的表現更勝北宋。一般人總以為南宋不修軍武，孱弱不堪，其實南宋在兵器製作、造船與採礦冶煉等與軍事息息相關的產業都有長足的進步。

其實南宋不是沒有北伐收復中原的機會，西元一一四〇年岳飛等抗金名將中興有望，可惜王室只求偏安自保，主和派用手段作掉岳飛等名將，收復中原的契機應聲破滅。從此南宋便只有在看似繁華的歷史路徑上走向滅亡。

一邊逃邊求和　趙構無奈催生的南宋政權

西元一一二七年亦即宋欽宗靖康二年，發生歷史上有名的「靖康之變」，之後由金國冊立張邦昌為楚帝，看看沒什麼問題了便大軍北返。眼看金國退兵，北宋遺民在東京號召舊臣放棄楚帝，這時各地勤王的人馬都直奔東京，為聲討張邦昌而來。張邦昌看大勢已去，只好趕緊迎宋朝元祐皇后入宮垂簾聽政，坐鎮東京。到了四月，元祐皇后有所行動，親筆手書送往濟州，安排康王趙構接手做大宋天子，速速重振大宋天威。趙構乃宋徽宗趙佶的第九個皇子，接到元祐皇后手書後，五月初一就在應天府（今河南商丘）即帝位，是為宋高宗，改元建炎，史稱「南宋」。

南宋建立後，北邊金國的威脅始終都在，宋高宗這個皇帝做得一點也不輕鬆。尤其舉國上下對金國同仇敵愾，逼得他不得不扛起「中興」大旗，任命主戰派的李綱為相，宗澤擔任東京留任，算是回應民心輿論；另一方面高宗又任命主和派的黃潛善做中書侍郎以參與朝政，並派汪伯彥為執掌兵權的同知樞密院事。可見高宗雖然高掛「中興」大旗，但小朝廷骨子裡盡在琢磨對金求和事宜。管國家局勢艱困，但南宋的經濟依然暢旺，文化藝術也連臻高峰，民間活力相當充沛。

「靖康之變」打趴了趙家天子的干雲豪氣，明明軍民一心想要從頭收拾舊山河，但皇帝偏偏不信自家還有與金國對抗的實力，根本不求力戰，一味閃躲出逃，同時不忘持續派使臣向金國求和。高宗曾在建炎三年派洪皓擔任大金通問使去向金國求和，金國不僅拒絕還扣留來使。不死心的高宗看洪皓沒搞定，八月派杜時亮再接再厲，還讓他帶了一封極盡卑屈的求和信去，連自願削去舊號獨尊金國的話都寫出來了，實在令人傻眼。

高宗忙著逃命求和的同時，大宋軍民也沒閒著。宋軍在岳飛、韓世忠、吳玠等抗金名將的率領下，屢屢給予金兵迎頭痛擊，讓高宗在東逃西跑之際取得喘口氣的空檔。民間的抗金義軍，北方有太行山八字軍、山西陝西一帶的紅巾軍、河北五馬山軍、山東梁山泊水軍等。宋軍與義軍拚死拚活地跟金兵作戰，於紹興二年（西元一一三二年）以後用真刀真槍劃出東起淮水，西至秦嶺的前方戰線，南宋地盤大致成形。宋高宗這才能在紹興八年（西園一一三八年），風風光光、安安全全地建都臨安（今杭州），抱緊這半壁江山做他的趙家天子。

然而在高宗主和的前提下，不論官兵還是義軍都沒得到朝廷的正面支援，抗金名將的下場悽慘，義軍也紛紛被勒令繳械散夥，著實令人不勝唏噓。

一 南宋與金國的和戰事件簿

事件一：南宋抗金名將與義軍VS紹興和議

西元一一三〇年，南宋建炎四年後，金兵集中火力猛攻陝西南部。結果八字不好，時辰不對，碰到超厲害的抗金名將兄弟檔——吳玠、吳璘兄弟，率領宋軍奮勇抵抗，並且在大散關一帶的和尚原與仙人關打敗來犯的金兵，歡喜奏捷報。

西元一一三四年，大家耳熟能詳的抗金明將岳飛，率領宋軍風光收復襄陽等地，大軍進駐襄陽，並發動多次反攻，士氣高昂；同樣有名的抗金名將韓世忠，也在揚州西北的大儀鎮打舉擊敗金兵，更進一步於淮南駐軍；西元一一三六年春天，名將劉光世與張俊進軍直取淮上。

正當朝廷將領拚命反攻，打得金兵節節敗退之際，金國想起宋高宗一直不死心地派使節要來議和，於是西元一一三七年，金國改變武攻南宋的策略，改採誘降策略出手。宋高宗一聽到金國終於接受他的議和，和死黨秦檜開心極了！哪管反攻情勢一片大好、民氣可用，君臣二人不顧朝野軍民的反對聲浪，積極籌畫與金國訂立和約之事。

南宋君臣不同心固然糟糕，但金國那邊的狀況也不怎麼樣。西元一一四〇年，金國政變，由主戰的兀朮掌握大權，自然是毫不留情地揮兵攻打南宋。南宋將領紛紛卯起全力抵抗：名將劉錡在順昌（今安徽阜陽）奏捷；高人氣指標名將岳飛於六月下旬揮軍北伐，不僅直逼開封府，更在郾城（今河南郾城）會戰中把金兵打得灰頭土臉，好不狼狽。此時，北宋故地的義軍紛紛熱烈響應北伐，眼看舊山河光復在望，可嘆的是宋高宗擔心這些手握重兵、功高震主的名將，一旦生出異心將馬頭調轉，自己這把龍椅恐怕就要換人坐坐看了。想到這裡，宋高宗不禁打個寒顫，思忖著應該趁一切還在掌握之中時，下令前線速速撤軍才是。

心意已定的宋高宗與秦檜等人，為了展現與金國議和的誠意，立刻下令解除韓世忠、岳飛等抗金名將的兵權。金國看到宿敵被繳了械，敗戰危機暫時解除，遂於同年十一月與南宋簽訂「紹興和議」。

紹興和議的主要內容有三大區塊，每一塊都讓大宋子民吐血：

1. 稱謂：南宋向金稱臣。
2. 領土：南宋與金國重新劃定疆界——東以淮河中流，西以大散關為界。
3. 賠款：南宋向金國歲貢銀二十五萬兩、絹二十五萬匹。

這令人氣結的和議簽定之後不久，宋高宗、秦檜開始清理戰場。高人氣的抗金名將岳飛首當其衝，被冠以「莫須有」的罪名遭到殺害，其子岳雲與麾下前軍統制張憲也一併被處理掉，成為宋代歷史上最令人齒寒的千古冤案。

事件二：采石之戰VS隆興和議

金國在談判桌上占了南宋的便宜、吃了南宋的豆腐，也別開心得太早，因為惡人自有惡人磨，而且惡人未必是戰場上的敵人喔！西元一一四九年，時為右丞相的海陵王完顏亮弒金熙宗篡位為帝，可惜是個荒淫無道的皇帝，口碑不佳。

西元一一六一年南宋紹興三十一年的九月，完顏亮率百萬之師兵分四路大舉南下伐宋。一路上南宋軍民不斷頑強抵抗，金兵戰事推展的很不順利。前線狀況吃緊，沒想到後院也來失火湊熱鬧——東京留守完顏雍也乘機稱帝，是為金世宗。十一月，完顏亮率軍於采石渡江時被南宋水師大敗，混亂中完顏亮被部將射殺，既然大頭目都掛了，金兵殘部摸摸鼻子退回北方。

西元一一六二年偏安的宋高宗傳位給宋孝宗。接下皇帝棒子的宋孝宗可不想再偏安一隅，立馬重新啟用鬱悶到快發瘋的主戰派來籌謀北伐。可惜空有大志卻沒有實力，北伐以失敗收場，朝廷風向一變又是主和派的天下。西元一一六四年南宋與金國簽訂「隆興和議」。

隆興和議主要條款分三大區塊，每一塊都讓大宋軍民撞牆：

1. 稱謂：南宋不再向金稱臣，世為叔侄之國。換湯不換藥，總之就是矮一輩。
2. 領土：仍維持紹興和議所訂疆界。
3. 賠款：原歲貢改稱歲幣，每年銀及絹減少各十萬兩及十萬匹。

事件三：開禧北伐VS嘉定和議

西元一二〇六年開禧二年五月，南宋權臣韓侂冑想趁金朝國力漸弱之際北伐，可惜以失敗收場。主和派史彌遠等抓住機會宰了韓侂冑，立刻搬出談判桌與金展開和議。西元一二〇八年嘉定元年簽定「嘉定和議」。

嘉定和議主要內容依然為三大塊，這次金國順勢調漲囉！

1. 稱謂：雙方世為伯侄之國。
2. 領土：與紹興和議相同
3. 賠款：歲幣調漲增加為銀三十萬兩，絹三十萬匹。

嘉定和議之後，南宋朝政便由權臣史彌遠長期把持。此時，南宋與金國的內政都亂糟糟，伯侄兩國一起變弱變爛，而眼前的亂局只有靜待漠北日益崛起的蒙古來收拾了。

民間經濟繁榮加上國家財政惡化導致貧富對立嚴重

經濟與文化達到繁華鼎盛高峰的南宋，在農業方面也頗有成績！由於農耕生產與水利灌溉的技術大大進步，圩田面積逐步擴增，而且大量開墾塗田、沙田、梯田等，使得農田面積大幅增加，農作產量普遍提高。南宋時民間已流傳「蘇湖熟，天下足」的諺語，可見南方富庶。

南宋時另一項重要的經濟作物——棉花也嶄露頭角，栽植區域已從兩廣、福建一路往北推進到長江與淮河流域，原料的生產面積大幅擴增，商品經濟自然隨之水漲船高，發展格外暢旺，也帶動了貨幣地租的增多。

欣欣向榮的手工產業

南宋時各種手工產業飛躍發展，生產技術日益精進，市場需求也十分活絡，造就南宋風光繁盛的商品經濟。

中國聞名世界的絲織技術，在南宋時期有了長足的進步與提升，像著名的絲織品產區蘇州等地都有規模宏舉的官營織錦院，生產各式各樣的絲織品，種類繁多，款式優美，產品精美異常。此外，因為棉花種植區域向北拓展，充足的原料供應，促成棉紡織業更上層樓，產品質精而多元。根據出土文物顯示，當時民間已出現製作精良的棉毯。

中國另一項聞名世界的手工業就是陶瓷。南宋的製瓷業不僅規模大，技術更是登峰造極，像浙江龍泉著名的傳統青瓷堪稱當代精品，而景德鎮在南宋已是著名的瓷器製作中心。

偏安南方的南宋在造船業竟也有不錯的發展，西元一九七四年考古隊在福建泉州發掘出一艘載重量在二百噸以上的南宋海船，其船艙竟多達十三個，造船技術之精良可見一斑。造船業發達，製車業自然也不容小覷，優異的車船製造產業為南宋繁盛的經濟發展頗有推波助瀾之功。

南宋時期成熟發達的手工產業，其中造紙、印刷產業對文化傳播有深遠的影響；火器製造則對後世爭戰攻防打開殘酷之門。

商業的繁榮使南宋都城臨安（今杭州）為當時首屈一指的經濟和文化的中心，一片歌舞昇平的氣象。此外，長江沿岸城市如平江（今江蘇蘇州）、成都、建康、鄂州（今湖北武漢）、江陵（今湖北沙市）

等，得水利運輸之便，手工業與商業興旺發達。經濟發展帶動了市鎮、墟市的正向成長，遠比北宋更加普遍。

海外貿易方面，南宋有專門管理海外貿易的市舶司，發展十分迅速，其收入大幅超越北宋時期。至於與金國之間仍保持邊境榷場貿易（受政府控管的邊境貿易），雙方民間私下的商業往來更是頻密。

由於經濟發達，使得南宋朝廷往往貨幣鑄造不及，使得紙幣日益流通，已有取代銅錢成為主要交易媒介之勢。可是南宋朝廷內外開銷實在龐大，為了填補財政黑洞，朝廷只好大量印製紙幣應急解危，結果是飲鴆止渴，引發嚴重的通貨膨脹危機。

繁華背後潛藏的社會危機

南宋時期儘管經濟一片大好，但國家內政上卻有極大隱憂。

財政方面：每年輸納給金國的歲幣，讓財政支出難以平衡，赤字日多，不得不搞很多名目來收稅，如經總製錢、月樁錢、賣紙錢等等，苛捐雜稅讓百姓叫苦連天。

內政方面：南宋疆域因偏安而縮小，但土地兼併之風更勝北宋，使得南宋佃戶比例破表，遠遠超出北宋的紀錄。不論哪個朝代，佃戶都是一連串稅負剝削的最終受害者。不僅地租負擔變重，南宋還想出很多額外的名目來徵收雜捐，這些稅負當然不是地主支付，一定是從佃戶口袋裡搜刮，所謂「有田者未必有稅，有稅者未必有田」，因此南宋的佃戶幾乎都難以翻身退佃。

以上種種內政的難題，老百姓心裡當然不爽，有些受不了壓迫的黔首，像鐘相、楊麼、賴文政、李元礪、陳三槍等等，就以激烈的自救行動（類似揭竿而起，而非只是舉旗、抗議、遊行而已），表達對南宋政府的不滿。

一 精忠報國淚滿襟的岳飛

歷史上有不少民族英雄，但沒有一個像「精忠報國」的岳飛這麼深入民心，數百年戲曲、詩篇歌頌不絕，但他的結局卻又是如此令人唏噓垂淚！

岳飛，字鵬舉，河南省相州湯陰人。雖然家貧，仍樂在苦讀，尤其偏好《左氏春秋》、《孫吳兵法》等書。岳飛的個性自幼便溫厚寡言，重視忠義氣節，及至年長身形魁偉精壯，儘管還未成年就已能操力道三百斤的強弓，還能射力道八石的弩，體能相當驚人。後來岳飛師事周侗勤習騎射，練到能左右開弓的境界，堪稱盡得周侗真傳。當周侗過世，徒弟岳飛每月頭尾都會到師父墳前上香祭奠。岳飛的父親非常了解自己的孩子，慰勉他：「兒啊若能為時世所用，可為國盡忠矣。」

西元一一三三年，南宋紹興三年的秋天，岳飛入朝晉見宋高宗，皇帝御筆親題：「精忠岳飛」四個大字，裁製成大幅旗幟頒贈，鼓勵褒揚之外還升他為神武后軍都統治，仍為制置使，麾下有李山、吳全、吳錫、李橫、牛皋等猛將。翌年，身為荊南鄂嶽州制置使的岳飛再次上書皇帝，請求陛下讓他「直搗中原，恢復故疆」。岳飛更於紹興七年兩次上疏請求陛下准予盡復京畿、陝右，以求達成「長驅以取中原」的目標。

岳飛以收復河山為最大目標，曾多次晉見高宗積極研商收復中原之策，並上疏陳述揮兵北伐的作戰概念與步驟。岳飛指出，金人在河南立劉豫建偽齊國，是想以中原人打中原人，金兵坐收漁翁之利。所以他希望陛下能支持他的北伐作戰，給他時間以待適當時機出手，必能獲得最佳戰果。至於怎麼打呢？當適當時機到來就領兵直取東京、洛陽，再以河陽、陝府、潼關為據守，號召五路投降金兵的叛軍反正後，率領王師進逼金兵巢穴。屆時金兵必然招架不住，只有棄守東京往河北逃竄，如此一來東京、陝右等地皆可收復。重整部隊後再次出擊：分兵浚州、滑州，經營兩河地區，必可生擒劉豫、消滅金兵。整場沙盤推演，岳飛講得清晰，說得透徹，深信大宋天下的長治久安盡在此一舉，衷心懇請陛下首肯與支持。高宗看了岳飛的上疏，不禁熱血沸騰，回應岳飛：「大宋中興之事，拜託予你！」為表誠意還讓岳飛節制光州。

紹興十年金國舉兵進攻拱州、亳州，南宋大將劉琦告急，岳飛銜高宗之命派張憲、姚政緊急馳援。高宗特別賜岳飛手書，表示軍事行動由岳飛做主，皇帝絕不遙控。於是岳飛開始調兵遣將：派出王貴、牛皋、董先、楊再興、孟邦傑、李寶等將領，分別駐守西京、汝州、鄭州、穎昌、陳州、曹州、光州、蔡州等郡；梁興領命渡過黃河，結集太行山忠義社義軍聯手出擊，奪河東等地；另派兵往東支援劉琦，往西兵援郭浩，岳飛則親自親率大軍直指中原。王師出發前夕，岳飛密奏陛下，懇請高宗先正國家之本以安撫民心，勤於理政讓人民知道您沒有忘卻國仇家恨，向金國復仇之心從來不動搖。

岳飛的密奏讓高宗皇帝感動不已，讚賞之餘又加少保銜並任命為河南、河北諸路招討使。岳飛果然厲害，分兵多路通通奏捷。此刻宋軍氣勢如虹，銳不可當，大軍駐守潁昌，旗下將領各自出擊，岳飛則率輕騎守郾城。

鏡頭拉到金國軍營，金兵統帥兀朮也召來龍虎大王等將領商討戰略，擬構思引誘宋軍入甕之計。計策還沒想到，兀朮就被宋軍派來陣前謾罵叫陣的將領給惹毛了，一怒之下將麾下龍虎大王、蓋天大王與韓常兵馬集結，準備以祕密武器——拐子馬強攻郾城。戰場上誰先怒誰倒楣，岳飛一看誘敵策略奏效，立刻派岳雲率精銳鐵騎應戰。拐子馬是將穿著重鎧甲的騎兵三人一組以繩索連成一體，猶如縱橫戰場的活戰車極具殺傷力，所向披靡。宋軍第一次與拐子馬對陣，雙方鏖戰數十回合，宋軍苦苦抵擋，金兵亦死傷慘重。岳飛觀戰之後教步兵拿麻紮刀專砍拐子馬的馬腿，這招果然奏效，拐子馬立刻破功。兀朮看到自己的大絕招被破，仰天悲嘆：「全完了！」

漂亮的郾城大捷，岳飛準備渡過黃河，眼看收復中原的大業就要達陣了！這時素來主和的宰相秦檜著急了，因為他是主張宋金兩國以淮河劃界，將淮河以北劃歸金國。若岳飛一路往北打，搞不好真給他收復中原，那與金國和議必定破局，一急之下秦檜趕緊奏請高宗下旨，讓岳飛回來別再打了。

岳飛接到撤軍的命令大惑不解，不曉得為何形勢一片大好之際，要他調轉部隊回京？秦檜怕光是這道命令無法讓岳飛剎車，於是技術性先讓張浚、楊沂中等將領先率兵回朝，造成前線僅有岳飛這隊兵馬的事實，讓高宗以不可孤軍深入為由，召回岳飛部隊。岳飛眼看金兵已經棄甲而逃，中原唾手可得，哪裡肯放棄！秦檜這邊也鐵了心要岳飛就範，讓朝廷一天之內發出十二道金牌逼岳飛回京。岳飛知道秦檜不把他逼回去是不會死心的，而自己身為朝廷將領不能抗命，但眼看十年征戰將要功成卻功虧一簣，不禁痛哭流涕。這時始終支持宋軍抗金的百姓也陪著岳飛痛哭失聲，因為他們知道一旦岳飛撤走，金兵馬上回頭，大家必定會死無葬身之地。

岳飛回到京城，兵權立刻被收回，父子倆被扣上「謀反」的罪名下獄。就在同年的臘月二十九，宰相秦檜以「莫須有」罪名將岳飛父子伏法。一代名將岳飛享年三十九歲，其子岳雲得年二十三歲。

一 中外奸臣排行榜狀元——千古第一奸的秦檜

中外歷史上最不缺的就是奸臣，但論起排名秦檜絕對堪稱千古第一奸。話說徽、欽二帝被金兵俘至北方，當時官拜御史中丞的秦檜與妻王氏還有侍從等也通通被俘往金國。滑頭的秦檜對金太宗百般順從，努力表示忠誠，讓金太宗把他當個人才看待，發落給麾下大將撻懶。識時務的秦檜立刻對撻懶效忠，很快就成了他的心腹親信。

撻懶於西元一一三〇年帶兵攻打淮北重鎮山陽，還特別帶秦檜一起去。原來撻懶想用「裡應外合」之計來料理宋軍。簡單的說，南宋那邊還搞不清楚有哪些官員隨著徽欽二帝一起被俘往金國，自然也不知道秦檜歸順了金國，這時把秦檜送回宋營，以他的官位與靈機應變，一定可以完成內應任務。果然山陽因此被攻破，不負撻懶使命的秦檜趁著金兵大舉入城之際，悄悄搭船前往鄰近的漣水。正巧水寨統領丁祀手下巡邏時逮到秦檜正欲殺之，秦檜趕緊說自己是朝廷命官御史中丞秦檜，又怕小兵有眼不識泰山，還指點道：「這一帶有無秀才？秀才自當聽聞過老夫名諱。」小兵找來一位在鄉下賣酒的王秀才，結果這王某也是個狡猾之人，明明不認得秦大人卻故意裝熟道：「中丞大人好不容易把您盼回來，一路上辛苦了！」此舉讓秦檜逃過死劫，一家人還被恭恭敬敬地送到臨安。

眾人眼中歷劫歸來的秦檜，自然把自己降了金國的事兒祕密遮掩，謊稱是殺了守衛、搶了小舟逃出來的。但有些官員沒那麼好騙，一直追問為何與他一起被俘的孫傅、何栗、司馬朴等官員都沒能逃脫，只有你秦檜一家從金國的燕山府，一路跋涉近三千里山水險路逃出來？面對這些犀利尖銳的質疑，秦檜的死黨宰相范宗尹和李回跳出來為他緩頰，秦檜本人則拚命表白自己對大宋的死忠可昭天地。

秦檜在南宋小朝廷站穩腳跟後，向宋高宗提議「南人歸南，北人歸北」，方為天下太平之道。為何秦檜要如此提議？這樣做對金國有何益處？對南宋又有何損傷？話說南宋將領與部隊幾乎都是來自西北、河北、山東等地，所以秦檜打的算盤就是把這些主戰派的將領跟士兵通通趕回北方，一傢伙把那些一天到晚心懷故土、嚷著北伐的北方難民送回老家給金國照管，等於把北方故土與人民通通拱手送給金國，咱們南宋不要了！這樣南宋只要顧好自己統領的南方，天下自然太平。沒想到朝廷竟能容忍這等自廢武功的建議，怪哉。第一彈發出，沒想到還挺合宋高宗胃口，所以第二彈寫給金國大將撻懶的求和書也要趕緊送出。宋高宗覺得秦檜的兩大建議真是太合聖心了，連連稱讚他比誰都忠，有此忠臣夜夜都歡喜難眠。就這樣秦檜官運大開，馬上被皇帝任命為禮部尚書，三個月後再晉升為副宰相，半年後榮登宰相大位。

當了一人之下萬人之上的宰相，秦檜賣國賣得越來越順手，益發不加遮掩了。朝臣們也不是都瞎了，自然是交相譴責，巨大的輿論壓力逼得宋高宗不得不罷免秦宰相以息眾怒。可是宋高宗跟秦檜對盤了，沒多久秦宰相就回鍋了。偏偏這時岳飛等將領率軍北伐，氣勢如虹，一路打到朱仙鎮都快把金兵打回老家了。

當舉國為勝利歡騰之時，秦檜害怕到不行，深恐幕後金主老闆翻臉，自己在南宋金國兩邊就沒得混了。秦檜就在宋高宗耳邊嚼舌根，慫恿皇上下令把岳飛從前線退兵。西元一一四一年，秦宰相密奏宋高宗，韓世忠、張浚與岳飛的兵權一夕解除。南宋至此已是自動繳械，秦檜大力促成史上最有名、最屈辱的紹興和議。右手簽完和議，左手就以莫須有罪名將岳飛父子與其部將殺害，此一千古冤案堪稱秦檜千古第一奸的代表作。

為臣子「氣節」立下典範的文天祥

文天祥是歷史上有名的忠臣，一首「正氣歌」是其個人氣節的高度，一句「留取丹心照汗青」是他在歷史地位的高度，近八百年流光也不能磨滅。

話說西元一二七六年，元軍大舉包圍南宋都城臨安，朝廷百官亂成一團，大部分的人都想投降，唯有文天祥與張世傑反對，後者更提議先讓皇室避難海上，再作打算。可惜投降派的聲勢占上風，宰相陳宜中看苗頭不對也落跑了，太皇太后見大勢已去，只好派文天祥代表朝廷與元軍商議投降事宜。文天祥本就不贊成投降，時勢所逼才會出此任務，為守住南宋朝廷的尊嚴與利益，他毫不畏懼元軍的威逼，正氣沛然地堅守立場，惹得元軍伯顏火冒三丈，深恐這位膽識過人的文先生若是放他回南宋，肯定會是一顆不定時炸彈。於是伯顏立刻將文天祥扣押，可是文天祥也不是省油的燈，押解途中機警脫身，從此投入抗元大業。

鏡頭拉到南宋這一邊，臨安被攻破後，落跑宰相陳宜中與主戰派將領張世傑等人跑到南方的福州，擁立年僅九歲的趙昰登基，重新打出大宋名號並把逃離元軍扣押的文天祥找回來。藉著文天祥的號召力，各地宋軍與義軍紛紛往福州集結。在文天祥的領導下，宋軍士氣高昂，戰力大爆發，讓連戰皆捷的元軍受挫。不過雙方畢竟兵力懸殊，再加上元軍鎖定文天祥，視為頭號敵人全力對付，使得文天祥的勝利僅是曇花一現，不久即敗走贛州。

西元一二七八年，小皇帝趙昰病逝，由八歲的趙昺在流亡中繼帝位。落跑宰相陳宜中見皇帝愈換愈小，再加上文天祥兵敗，南宋大勢已去難以挽回，於是再次落跑獨留八歲的小皇帝支撐大局。而在前線孤軍苦撐的文天祥，終於還是難逃被俘命運。

與文天祥對陣過的元軍都知道他的厲害，因此當文天祥被俘時，元軍統帥很想勸他降元，文天祥當然死也不會答應。既然敬酒不吃吃罰酒就公事公辦，把文天祥押上軍船送往燕京，船行到零丁洋時波濤凶險，浪潮顛簸中文天祥回想起殿試時寫下「自強不息」四字，表達大宋唯有自己壯大起來才能抵禦外侮，被主考官與皇上當場定為狀元；又回想元軍攻打南宋，力主抗戰且多次拚死保護幼主。如今身陷囹圄，死亡對文天祥實在不算什麼，但文天祥一死還有誰能繼續保護小皇帝？扛起光復大宋河山的重擔呢？難道一切努力真的都難以挽回南宋滅亡的氣數嗎？傷心之餘，文天祥寫下流傳千古的《過零丁洋》。

辛苦遭逢起一經，干戈寥落四周星。
山河破碎風飄絮，身世浮沉雨打萍。
惶恐灘頭說惶恐，零丁洋裡歎零丁。
人生自古誰無死，留取丹心照汗青。

西元一二七九年南宋小皇帝趙昺投海，得年九歲；宋朝亡，為期三百二十。文天祥被元朝關押三年多被忽必烈殺害，但他忠誠愛國的情操不僅永載史冊，更為氣節二字留下典範！

一 婉約派宗主——女詞人李清照

文學史上最出名的南宋女詞人李清照，號易安居士，章丘明水（今屬山東濟南）人。以詞著稱的李清照，詞風清麗婉約，被推崇為婉約派宗主並著有詞論，詩文亦富盛名，在中國文學史上享有極高的地位。

李清照出生於西元一〇八四年，其父李格非為大文豪蘇軾的學生，進士出身，官拜提點刑獄禮部員外郎。李家藏書豐富，李父不只文章，詞章亦富工巧；其母乃狀元王拱宸之孫女，文學修養亦頗為可觀。

李清照生長在這樣一個文學藝術氣氛濃厚的士大夫家庭，幼年在風景如畫的家鄉度過，童年時光則因父親赴京任職，而舉家遷居東京汴梁（今河南省開封市）。當時東京極為繁華，官宦之家生活富厚，李清照過著無憂無慮的風雅日子，或划著小舟流連於藕花深處，或與家人同往元宵的東京街頭賞如夢花燈。這一切都成為李清照文學創作的豐富養分，使得她在少女時代便嶄露頭角，詩詞散文、琴棋書畫樣樣出眾，尤其所填之詞於清新委婉中流露真摯情感，受到文壇激賞。

十八歲嫁給當朝右丞相之子趙明誠，兩人感情如膠似漆，又對金石書畫有共同的愛好，經常一起搜集、賞玩、整理、研究，堪稱神仙眷屬。在文學創作上，夫婿是最好的學伴與鑑賞者，李清照填詞功力更見成熟。可惜神仙美眷竟遭天忌，拗不過北宋新舊黨爭的變局，趙氏夫婦被棒打鴛鴦兩分散，趙明誠被外放做官去，李清照獨守空閨，相思之苦纏綿難癒。夫婦相隔兩地又逢重九，李清照填了這闕流傳後世、感動無數有情人的《醉花陰》，寄予外放的趙明誠。

「薄霧濃雲愁永晝，瑞腦銷金獸。佳節又重陽，玉枕紗櫥，半夜涼初透。東籬把酒黃昏後，有暗香盈袖。莫道不銷魂，簾卷西風，人比黃花瘦。」

據《環記》所載，趙明誠接到後，雖然讚歎妻子的文采，卻又不願甘拜下風，遂閉門謝客三晝夜填出五十闕詞，特地將妻子的《醉花陰》也放在裡面，請好友陸德夫來點評品賞。結果陸德夫仔細玩味之後，點出這麼多闕詞中只有三句堪稱絕佳。趙明誠趕緊追問是哪三句？陸德夫緩緩吟詠道：「莫道不銷魂，簾卷西風，人比黃花瘦。」

西元一一二七年來自北方由女真族建立的金國大舉南下，攻破汴京將徽、欽二帝俘往北方，高宗立往南逃以延大宋國祚。此時趙氏夫婦為北方難民相偕流落江南，多年收藏的金石字畫自然無法帶著逃難，實在是很大的打擊與損失。南宋在金人武力威逼下，表現懦弱，令渴望返回故土的大宋子民頗為失望。趙明誠沒等到王師北伐中原日便病死建康（今南京），李清照悲痛欲絕。新寡的李清照孤身流離南方，處境艱困，心境孤苦難言。

偏偏屋漏偏遭連夜雨，不肖士人張汝州以為李清照是有錢寡婦，遂百般討好並利用周邊輿論壓力，逼無依無靠的李清照下嫁。成親之後，張汝州發現李清照並沒什麼財產，而李清照也看清張某的真面目，兩人頓時從神仙眷屬變怨偶，張某甚至還家暴李清照，一代才女竟落到如此境地，實在令人不勝欷噓。但李清照也不是省油的燈，明察暗訪揭發張某以行賄等不正當手段謀得官職，立刻狀告張汝州，儘管當時法律是妻子告發丈夫，罪名確認後妻子亦須連同下獄，還好在家人的奔走下李清照入獄九天便獲釋，揮別這段不堪的百日婚姻。此後，李清照於晚年全心投入《金石錄》的編撰，獨力完成趙明誠未竟之志。

綜觀李清照的詞有一大特點，就是在內容上呈現自北宋到南宋的生活變化：前期身處北宋，詞的取材以閨閣生活、兒女感情、山水風光、別緒離愁為主，詞風於清麗明快中散發小女人的幸福滋味；後期身處南宋，此時丈夫過世與亡國傷痛雙重悲苦，詞風一百八十度轉變成懷鄉、悼亡與故國之思的淒清悲痛。

所以李清照前期的詞以生活為主軸，寫愛情也寫自然景物，韻調優美，氛圍幸福風雅，以《一剪梅》等為代表作；後期以感懷為主，寫飄零身世寫故土憂思，感傷低迴而不沉溺，婉約中猶見剛毅，以《聲聲慢》等為代表作。李清楚有《易安居士文集》等傳世，其婉約清麗的藝術風格對後世影響深遠，被尊為易安體，以《聲聲慢》、《一剪梅》、《如夢令》等為代表之作。

李清照的詞作不華麗藻飾為上，專注提煉尋常語度八音律，透過白描手法的質樸表現力，將對世間的敏銳感觸與細膩微妙的心理感受，轉化為多層次、多面向的婉約表達：語盡而意不盡，意盡而情不盡——情味雋永，意境幽遠！此外，李清照雖是婉約派宗主，但作品中卻不乏筆力奔放、渾成豪放之作，被讚譽為「不徒俯視巾幗，直欲壓倒鬚眉」，對後繼的辛棄疾、陸游等詞人產生影響力。

無緣躋身抗金英雄榜的愛國詩人陸游

南宋愛國詩人陸游是越州山陰（今浙江紹興）人，幼年時親身經歷北宋滅亡的紛亂，前線軍民奮力抗金的事蹟，在當時牽動每位大宋子民的心緒，國仇家恨銘刻於小陸游心尖。陸游二十九歲參加兩浙地區科考，高中第一名。此時剛即位的宋孝宗趙　頗思有所作為，特別任用老將張浚做樞密使。果然張浚敦請朝廷發布詔書——出兵北伐，大力號召中原人民奮起抗金，配合朝廷兵馬收復失地。這份詔書就是由擔任樞密院編修官地陸游起草。儘管張浚有心，但才能有限，北伐上路沒多久就在符離（今安徽）吃敗仗，之後一路潰敗，收復中原化成泡影。

北伐夢想破滅，主和派抬頭，在皇上面前不只攻擊戰事不力的張浚，連起草詔書的陸游也被拖下水，安上個慫恿北伐的帽子，結果張浚跟陸遊都被趕回家吃自己的。

在山陰老家悶了近十年，陸游被主掌川陝一帶軍事的將領王炎延攬至漢中擔任幕僚。對北伐充滿熱血的陸游一直希望有機會上戰場殺敵，而漢中距離抗金前線極近，遂欣然接受這份工作。沒多久因王炎調離川陝，陸游隨之調往成都，改於安撫使范成大麾下任參議官。范陸二人係舊識，儘管現在為從屬關係，彼此並不拘官場禮節。離開前線有違當初上前線、戰金兵的初衷，陸游心情相當鬱悶，常常飲酒作詩以澆胸中塊壘。同僚看不慣他行事隨性不講禮數，老是一副鬱鬱不得志的頹廢模樣，便在背後議論數落。陸遊聽到風聲倒也從善如流，乾脆給自己起了個「放翁」的名號，後來大家才會稱他為陸放翁。

時光荏苒，一晃眼二十、三十年就過去了，無法如願成為民族英雄的陸游只能閑居度日，遂將一腔沸騰的熱血寄情於創作之中。終其一生陸游共創作九千多首詩作，堪稱歷代詩人創作排行榜首！西元一二一〇年，陸游已是八十六歲高齡，躺臥病榻仍念念不忘北伐中原之志，還將兒孫叫到榻前寫下他最後一首詩《示兒》：

「死去原知萬事空，但悲不見九州同。王師北定中原日，家祭無忘告乃翁。」

一 印刷術的關鍵字——膠泥活字 & 畢昇

中國四大發明之一的「印刷術」，就是在宋仁宗慶歷年間由畢昇發明的活字印刷術，堪稱世界上第一套活字印刷系統。在此之前要印一本書必須將一頁頁內容雕刻成書版以供印刷，那活字印刷術又是怎麼操作？有比雕版印刷進步嗎？

據《夢溪筆談》記載，畢昇是用膠泥來刻字（反字凸體），每個字就是一個字模（類似印章），字模厚度薄有如鐵錢，經火焙燒變堅硬後就成了活字。排版時先在鐵板上放置松脂、蠟和紙灰於鐵框內，將活字排成書頁內容，每行以鐵條隔開，待活字排滿後用竹條楔入塞緊，然後放到火上加熱，等藥熔掉就用一塊平板按壓於活字表面，等於把整版活字固定並壓平整，最後於活字表上覆墨再壓覆一張紙，就是活字印刷了。印完的活字版放在火上，鐵板上的藥熔化後活字即可取下重複編排。八〇年代報館都還在用鉛字排版印報紙，直到電腦排版出現才漸漸退役。

活字印刷減少反複雕刻書版、字模的過程，膠泥活字堅硬耐用，可靈活排出各種書頁文字而不易磨損，有效提升印刷效益。此後歷朝歷代相繼研發出木活字、銅活字、鉛活字等等，究其濫觴皆是源於膠泥活字。

畢昇發明的膠泥活字，足足比德國約翰內斯・古騰堡的鉛活字早上四百多年。而活字印刷術促成印刷史上的突破性發展，對文明的演進、文化的傳承有極為重大的意義。

第19章

鷹與契丹，遼的前世今生衰亡錄……

西元九一六年，東北地區的鷹之族—契丹建立了「遼」。

契丹族自北魏時期就出沒於遼河上游一帶，到唐末成為強大的地方勢力，唐朝滅亡之後契丹建國（後來改稱為「遼」），統有北方，睥睨長城內外，疆域東抵北海、東海、黃海、渤海，為外興安嶺南麓，北至克魯倫河、鄂爾昆河、色楞格河流域，西到金山（阿爾泰山）、流沙（新疆白龍堆沙漠），南接山西北部、河北白溝河與甘肅北界—足足有宋朝的兩倍大。

遼的歷史從耶律阿保機於西元九一六年見契丹國算起，到西元一一二五年耶律延禧被俘，遼滅亡，國祚二百零九年。西元一一二四耶律阿保機八世孫耶律大石建西遼，撐了九十餘年，於西元一二一八年亡於蒙古鐵蹄之下。

一 契丹立國——天皇帝耶律阿保機

炎帝的後裔契丹族，是源於東胡的後裔鮮卑族柔然部，為活動於東北地區遼河上游一帶的遊牧民族。「契丹」在其部族語言中是「鑌鐵」之意，形象表達這支部族擁有頑強如鑌鐵、無堅不摧的意志與精神。當中原汴京的龍椅換朱全忠坐時，契丹族則大膽選出未到而立之年的年輕首領耶律阿保機，並在其帶領下步上崛起之路。

契丹的耶律阿保機的帶領下，延攬漢人（如：韓延徽等）輔佐政務，有計畫地改革習俗、製作自己的契丹文字（用了近三百年才漸漸廢棄）、發展農業與商業經濟，讓契丹由內而外脫胎換骨，以文化、生產、經濟與軍武為軸心，以武力收編周邊小部族，全心凝聚部族向心力，使得契丹的國力日益強盛壯大。此外，耶律阿保機頗有外交手腕，一邊與唐朝名將李克用結交，兩人還交換衣袍與戰馬，結為交心的兄弟；另一邊朱全忠送來的金銀、珍玩也大方接受，不吝表示彼此關係友好。

西元九一六年耶律阿保機廢除部落聯盟舊制，採用漢族的王朝體制打造嶄新的契丹國，既然國家由他開創，所以稱號就叫做「天皇帝」吧！

天皇帝並沒有急著坐龍椅享帝王派頭，而是繼續率領契丹將士出征，陸續收服了突厥、吐渾、黨項、沙陀、阻蔔等部落，還一舉攻滅渤海國，氣勢如虹，不可一世。

功勳彪炳的天皇帝耶律阿保機於扶餘府（內蒙古）病逝，其子耶律德光繼位。耶律德光漢化已深，登基時著漢服接受百官朝賀，並且將契丹國名正式改為「遼」，改年號「大同」。

一 偉大的女性政治家——蕭太后蕭綽

遼景宗耶律賢於西元九六九年即帝位，改元保寧，遼國這個年輕的王朝也漸漸步上軌道。耶律賢體弱多病，死後由十二歲的耶律隆緒繼位，為遼聖宗，朝政遂由太后蕭綽攝之，也就是遼國史上赫赫有名的蕭太后。

這位蕭太后蕭綽堪稱歷史上著有賢名的女政治家，她出身遼國最為顯赫的蕭阿古只家族，為北院樞密使兼北府宰相蕭思溫之女。話說這蕭阿古只家族到底有多顯赫？翻開遼國歷史細細計算，就知道在九位皇帝統治的兩百年中，有十七位北府宰相、二十一位駙馬、十八位后妃（總共也才二十位），都是出自蕭阿古只家族，故而有「國舅帳」美譽。在十八位蕭姓后妃中有五位是皇后，所以遼國總計出了五位蕭太后，其中最有政治才幹的卻只有蕭綽這位蕭太后。

話說蕭思溫某日在家命幾位女兒掃地，女孩兒家大多嬌生慣養，只拿著掃把做做樣子便算數，唯有蕭綽認真的將負責區域掃得乾乾淨淨，纖塵不染。父親蕭思溫看在眼裡欣慰道：「我這個女兒日後必有能耐當家做主！」果然，蕭綽真的嫁入宮中成為遼景宗耶律賢的皇后。由於耶律賢體弱多病，就讓老婆蕭皇后代為主持國政。後來有戰事爆發，蕭皇后的治國之才開始發光發熱！話說宋太宗趙光義出兵攻打遼南京（今北京），主持國政的蕭皇后立刻調兵遣將，命耶律休哥、耶律斜軫率軍應戰，於高梁河一役擊敗宋軍贏得勝利，也奠定了蕭皇后主政的根基。

遼景宗崩殂，年僅十二歲的遼聖宗即位，此時才三十歲的蕭皇后成了蕭太后，為了穩住大局她流著淚向大臣問道：「孤兒寡母，部族不服，加之邊境戰鼓頻催。眾卿啊！我們該如何是好？」這時老臣如耶律斜軫、韓德讓等人，立刻跳出來說話：「吾等皆為先皇老臣，只要太后信得過我們，一切都好辦！」眾老臣中又以韓德讓對蕭綽最是忠心耿耿，蕭太后也對這位老臣倚仗頗深，恩寵至極，甚至還下詔讓他改名耶律隆運，成為耶律阿保機直系後裔，並對遼聖宗耳提面命，要他以對待父親之心待韓德讓。得到蕭太后母子如此信任，韓德讓更是死心踏地的全力輔佐，於古稀之年還披上盔甲親自出征高麗，於歸途不幸身染重病而逝，葬於蕭太后乾陵旁，算是對其「鞠躬盡瘁，死而後已」的致意。

西元一〇〇四年蕭太后以追討周世宗收復之關南地為由，率軍親征，氣勢先盛後衰，但她看準宋真宗求和心切，訂立著名的「澶淵之盟」，不但讓孤軍深入的遼軍安全撤回，還讓明明占上風的宋朝簽下每年向遼朝繳納白銀十萬兩、帛二十萬匹的和議，實在是太厲害。澶淵之盟簽訂之後，遼宋兩國百姓終於可以太平度日一段時間。

蕭綽執政長達二十七年，作為母親她教導孩子勤習漢文化；作為一國主政者，她治國有方，制訂重農耕、輕賦稅的政策方針，穩定國力厚植根基，將遼國引向繁盛之路，深得朝臣擁護與百姓愛戴，是歷史上難得一見的女政治家。

一　遼國滅亡全紀錄

江湖上新出道的菜鳥，往往藉由挑戰高手之名博取知名度，在江湖上掙個立足之地。北方這片遊牧部落縱橫的場域亦復如是。就在遼國穩坐北方龍頭期間，後起之秀完顏阿骨打如風一般崛起，當其稱帝建立金國之後，立刻下令攻打資深前輩遼國的東北重鎮黃龍府。遼國的天祚帝也不是省油的燈，當即點派二十餘萬步兵與騎兵開拔至東北駐防，沒想到竟被新興的金國打個大敗！

好的開始是成功的一半，完顏阿骨打深諳打鐵趁熱之理，馬上將各部人馬調集至淶流河會師，同時號召所統領的部族共襄盛舉，還特別辦了場盛大的誓師大會，高分貝宣示合力共滅大遼。此刻金國部隊士氣如虹，趁遼軍還未及集結之際，以兩千五百名將士化身快打部隊，搶先出擊打下寧江州；兩個月後又以不到萬人的部眾於出河店給遼國一萬大軍迎頭痛擊。

遼天祚帝看情勢不對，出面要與可畏後生——金國議和，想也知道手風正順的完顏阿骨打怎麼可能放過大遼？自然是死也不肯議和，挑明了就是要天祚帝投降。遼天祚帝覺得金國欺人太甚，十分惱怒，一口氣徵集七十萬大軍，於西元一一一五年御駕親征，直奔黃龍府迎戰金兵。阿骨打守株待兔，讓將士仔細把營壘建牢固，壕溝也趁早挖掘妥當，做好州迎戰遼國大軍的準備。

是年十一月當遼軍浩浩蕩蕩來到駝門時，遼國御營副都統耶律章奴竟率兩千騎兵陣前謀反，轉往上京打算廢掉天祚帝，另外擁立燕王耶律淳為帝。天祚帝陣前獲知後院失火，哪還有心思打仗？立刻調轉馬頭撤兵回家。阿骨打見機不可失，趁遼軍撤退之際發動突襲，遼軍受到重創全軍潰散，死傷極重。御駕親征的天祚帝眼看敗局已定，於兵荒馬亂中沒命地逃了一天一夜，足足逃了六百里路，才勉強撿回小命算是不幸中的大幸。

金太祖完顏阿骨打擬定以遼國五京為目標——東京、上京、中京、西京、南京依序攻打，逐步完成滅遼大業。當遼金鏖戰正酣，宋朝也沒閒著，趁北方勢力洗牌之際將遼國奪走的燕雲十六州奪回來，遂聯合次要敵人金國聯袂攻打主要敵人遼國。兩國使臣為求謹慎，往來均取道渤海，終於在西元一一二〇年，宋、金雙方商定：金取遼中京大定府，宋取遼南京析津府；遼亡後，金國同意將燕雲十六州歸還宋朝，而宋每年例行給遼的歲幣就直接轉給金國。此盟約就是歷史上著名的「海上之盟」。

金太祖完顏阿骨打於一一二三年駕崩，其弟完顏晟繼帝位，是為金太宗。翌年，遼軍終於在宋、金夾擊下潰敗，並於應州新城東擒獲遼天祚帝。叱吒北方的鷹之族——契丹所建的遼國至此壽終正寢，下台一鞠躬。

一 中亞最強帝國現身——耶律大石建西遼

契丹人耶律大石，通曉契丹文、漢文，允文能武，於西元一一一五年中進士步入仕途，歷任翰林承旨與泰州、祥州刺史、遼興軍節度使。當西元一一二二年天祚帝被完顏阿骨打壓著打之後，倉皇敗走夾山（在今內蒙古）；西元一一二四年天祚帝捲土重來，打算自夾山東山再起，揮軍東伐氣勢正盛的金國，妄想一舉收復燕、雲。耶律大石權衡局勢當極力勸阻，可是天祚帝聽不進去？耶律大石攔不住天祚帝輕舉妄動，無可奈何之下乾脆自立為王，僅率兩百精騎往北渡過黑水，在白達達部（汪古部）部長的協助下，直奔遼國西北重鎮可敦城。

話說可敦城一帶的廣大遊牧部族之地，是遼國轄下少數未受遼金戰火摧殘之地。耶律大石在可敦城立足，將邊境內威武等七州，以及大黃室韋、烏古里、敵剌、達密里、阻卜、密兒紀等十八部部眾召集來組成新軍，總計有萬餘精兵、萬匹戰馬，並以新軍兵馬為基礎，開始設置官吏管理，新政權就此誕生，遼國復興大計就在西北邊境悄悄醞釀。在耶律大石的苦心經營下，這兒的名聲在草原上開始傳布，突厥部族有不少人跑來歸順，治理的人口慢慢增加到四萬戶之眾。

耶律大石看麾下兵馬已頗實力，決定展開西征計畫。出發前特別禮貌性致書給西州（高昌）回鶻王畢勒哥，說明此行將借道西州前往大食（意指塔吉克，泛指中亞地區）。回鶻王畢勒哥不僅款待三日，還致贈良馬六百匹、駱駝一百頭、羊三千隻，並護送其出境。耶律大石的西征軍一路西行，凡所經之地膽敢抵抗者就以武力收服，若投降則給予安撫，沿途倒也贏得數國歸附，頗有斬獲。耶律大石於西元一一二六年以八剌沙袞（在今吉爾吉斯斯坦）為都城，稱虎思斡耳朵（意為強有力的宮帳），並將統有喀什噶爾與和田的易蔔拉欣封為「伊利克．伊．土庫曼」——土庫曼王，讓其繼續統治其地。

耶律大石於西元一一三二年終於在新建的葉密立稱帝，改元「延慶」，以突厥族稱號為「古兒汗」（一譯作「葛兒汗」），至此「西遼」正式出現在中國史冊。未幾與耶律大石友好的西州回鶻成為西遼的附庸。此時正值統治八剌沙袞的東哈剌汗王朝，其屬下割錄（葛邏祿）部和康里部趁王朝勢力衰微之際鬧叛亂，王室遂向耶律大石搬救兵，允諾度過此一危機願將王朝統領之地歸附在耶律大石轄下。耶律大石自然順勢取代東哈剌汗王朝、笑納八剌沙袞。

耶律大石一直懷抱復興遼國的使命，經過不斷擴張版圖之後，覺得實力與兵力都達到高峰，復興遼國，並且給金國教訓的時機到了。西元一一三四年他任命六院司大王蕭斡里剌為兵馬都元帥，蕭查剌阿不為副元帥，耶律燕山為都部署，耶律鐵哥為都監，率騎兵七萬浩浩蕩蕩地揮兵東征金國，沒想到老天不幫忙，大軍長途跋涉來到喀什噶爾、和闐，已是兵疲馬困且所帶的牛馬沿途多有死傷，萬不得已之下只好黯然回家。

既然老天不讓耶律大石東征，那就往西繼續開疆拓土吧！耶律大石於西元一一三七年率軍攻打統治尋思干（撒馬爾罕）的西哈剌汗算端（蘇丹）馬哈木汗，馬哈木汗不敵，兵敗於忽氈。敗陣下來的馬哈木汗退回尋思干，重振旗鼓，整裝經武，並向舅父呼羅珊的塞爾柱算端桑賈兒請求援兵。桑賈兒建外甥有難自然不會坐視不管，西元一一四一年夏天率兵十萬渡過阿姆河前來增援，耶律大石即率契丹、突厥與漢軍於尋思干以北的卡特萬展開大戰。雙方大戰到初秋九月初九，桑賈兒不敵，全軍覆沒，流血飄櫓，慘不忍睹，桑賈兒與馬哈木汗勉強逃出保住性命。耶律大石率軍乘勝追擊，揮鞭北攻不哈剌（布哈拉），終於桑賈兒緊握的不哈剌與尋思干宗主權由耶律大石接手，並封馬哈木汗之弟易卜拉欣為「桃花石汗」，耶律大石安排一名「沙黑那」監督並且統治。至此，西哈剌汗王朝亦成為西遼附庸。是年，耶律大石又命將軍額兒布思攻打花剌子模，花剌子模沙赫阿即思識時務地投降在油綠大石帳下，成為西遼藩屬，進貢大量金幣、畜產給西遼以示臣服。

經過耶律大石的不斷西進，西遼版圖大致抵定：東自哈密，西抵鹹海，北到葉尼塞河上游，南至阿姆河。疆域之遼闊、國勢之強盛，堪稱當時中亞地區最強帝國。

第20章

西夏王朝，三強環伺的塊肉餘生記……

西元一〇三八年，西北的党項族建立西夏。

其實早在唐朝中和元年（西元八八一年），占有夏州的拓跋思恭因為協助朝廷平亂，官位節節高升，封夏國公還賜姓李，統有陝北五州之地，儼然一方之霸。西元一〇三八年中原已是宋朝趙家天下，李元昊於此時以「夏」為國號，稱「大夏」，又因其位在宋之西方，故又稱「西夏」。

党項族以畜牧狩獵維生，從太祖李繼遷開始就搶了宋朝的靈州、興慶，又西占涼州、瓜州，這些搶來的土地盛產瓜果糧食，西夏百姓均賴以維生。

西夏領土夾在蒙古、遼國、金國與大漠之間，每每淪為蒙金相爭之地，儘管西夏軍民慓悍堅韌，但最終還是在西元一二二七年被蒙古滅了。

一志在稱帝，不甘對宋稱臣——李元昊建西夏

大宋儘管做了中原天子，終究未能一統天下，北方崛起的遊牧民族契丹所建的遼國，掌控了大宋北境之外的區域，而在遼國的西北方還有一個實力不容忽視的西夏國。

要介紹西夏必須先探究建立此國的党項族是由何而來。党項族其實是源於古老的少數民族——羌族的一支，而羌族迄今仍生活在西南川北一帶。党項族最初在青海東南部與四川西北部活動，於唐朝後居地漸漸往東北移動與漢人混居。一如大部分少數民族，党項族是由多個部落組成，包括東山部落、平夏部落等等。居於夏州（陝西一帶）的是平夏部，屬拓跋氏。唐末平夏部曾協助唐代朝廷討平黃巢之亂，唐僖宗還任命其首領拓跋思恭為定難軍節度使並冊封為夏國公。從那時起拓跋氏就改姓李了。到五代時期夏州党項李氏趁天下局勢混亂之際悄悄占領西北，開始發展為一方勢力。

結束五代亂世的大宋想對付勢力日漸坐大的党項族。平夏部首領李繼筠於宋太宗時過世，繼位人選各方相持不下，其弟李繼捧眼看是擺不平了，興起投靠宋朝的念頭，打算交出四州八縣土地並將全家搬往宋都居住。但弟弟李繼遷提醒道：「先祖在這兒生活了三百年，現在兄長要離開故土遷到大宋都城去，豈不自投羅網嗎？」李繼沖也表示不願離開家鄉。結果李繼遷看兄長心意已決，遂率領部眾往夏州東北三百里的地斤澤（在今內蒙古）奔去，並不斷侵擾大宋邊境。

鏡頭轉向大宋這邊，此刻正是宋遼爭戰不休之際，李繼遷想都沒想就往遼國這邊靠攏並俯首稱臣。宋朝一看苗頭不對，這能征善戰的党項部族往敵營靠攏絕非好事，於是也釋出利多要拉攏李繼遷，還仿效唐僖宗那一招，賜李繼遷新名字趙保吉，算是跟了大宋天子姓趙，拉近彼此的關係。

始終未表態投宋的李繼遷於西元一〇〇四年打吐蕃時過世了，其子李德明繼位後便降了大宋。宋朝也很夠意思，立刻封李德明為平西王又賜姓趙，還每年賞賜豐厚的金帛和茶葉以示拉攏。李德明在位三十餘年，党項族在太平歲月中經濟快速發展，族人生活大大改善。不過李德明之子李元昊卻對父親臣服大宋、唯大宋天子之命是從的恭謹態度頗不以為然。李元昊並非浮誇皇子，他不僅精通漢文與佛學，更胸懷大志，期許自己能成為一位睥睨天下的皇帝！

李德明過世後，李元昊繼位並於西元一〇三八年正式稱帝，國號大夏，是為夏景宗，定都興慶（在今寧夏）。由於大夏國位於宋朝西北方，歷史遂稱西夏。西夏的實權疆域大約在今日甘肅、寧夏、青海，以及陝西、內蒙古的部分地區。躊躇滿志的夏景宗頗思一番作為，大夏朝廷制度皆仿宋制，並於漢字基礎上創制西夏自己的文字，全力發展文化。

大夏建國正是宋仁宗趙禎在位之時，李元昊還高調上書要求宋仁宗承認西夏國地位，此舉激怒宋仁宗，立刻下令撤掉其身上之官職，還於邊關張貼告示昭告天下全力捉拿李元昊。摩拳擦掌的李元昊敢要就敢擔，於西元一〇四〇年就揮鞭出兵攻打延州。宋仁宗氣歸氣，說起打仗還是要盤點一下兵力。眼下大宋部署於西北的兵力總數約三、四十萬，但問題是部隊分別駐紮在五路二十四州的數百個寨堡裡，彼此各自獨立互不搭理，更別談聯手作戰了。當時駐守延州的范雍，遲遲不敢開門應戰，結果李元昊只要了一些詐術就讓范雍放下戒心，西夏大軍趁隙強攻延州，痛宰宋軍萬餘。

延州敗戰讓宋仁宗更加火大，一氣之下撤換范雍，命能文能武的范仲淹和名將韓琦前往西北坐鎮前線。一到延州范仲淹日夜加緊操練，大大拉抬宋軍戰與士氣。西夏軍營將士互相告誡：「小范老子（指范仲淹）胸中自有數萬甲兵，不像老范老子（范雍）那般好欺負。」眼看在延州討不到便宜，李元昊自然不會跟小范老子硬碰硬自討沒趣。

另一位臨危受命的宋朝大臣韓琦來到渭州坐鎮，范仲淹特別叮嚀他以守為攻，莫要躁進。西元一〇四一年李元昊率大軍朝渭州（於今甘肅）出擊。偏偏韓琦把小范老子的提點拋諸腦後，主動出兵攻擊西夏大軍，結果在好水川一役失利，吞下敗戰苦果。

宋仁宗盤點對戰西夏這一勝一敗的成績，從火大中冷靜下來，現在宋朝不是只和西夏對戰，遼國那邊也一直在打，如今兩邊開打都吃了敗仗，大宋自當知所進退，不能再意氣用事，於是宋仁宗便派人前往西夏求和。老實說連年征戰，西夏百姓的日子不僅過得辛苦，而且還鬧上災荒真的是雪上加霜，自然對打仗之事多所排斥。既然宋仁宗派人送來台階，李元昊評估自家實力也確實滅不了北宋，不如見好就收，點頭同意了北宋的議和。

就在西元一〇四四年底，北宋與西夏簽訂盟約，內容包括：

1. 西夏對宋稱臣。
2. 宋每年賜給西夏絹十五萬匹、銀七萬兩、茶三萬斤。

這盟約怎麼看起來怪怪的？還不就是個面子與裡子的權衡，北宋既然拿豐厚的裡子換面子，李元昊自然樂得點頭簽約。簽約之後，李元昊名義上是宋朝所封之王，但說穿了就是西夏土皇帝。盟約簽訂後兩國人民喜迎和平，並於邊境開設不少市場進行商貿，西夏人與北宋的商業買賣極為活絡，經濟發達之後西夏朝廷的根基自然更加穩固。西夏與北宋相安無事多年，直到西元一二二七年蒙古滅掉西夏為止，西夏國祚達九十餘年。

一 西夏倉頡——野利仁榮創制西夏文字

西夏開國皇帝李元昊剛即位時，打算廢除仿自宋制的現行典章制度，改行推動富有党項族傳統與民族性的新制。朝臣們主要分成兩派，一派主張推行唐宋之制，一派則主張應該依據党項族特性與現況逐步改革，不宜全盤使用唐宋之制。兩派人馬針對西夏究竟該用哪一套典章禮儀制度，在朝廷上展開激烈辯論，雙方勢均力敵，各不退讓。

這時李元昊封為謨寧令（天大王）的股肱之臣——野利仁榮說話了。野利仁榮是党項族的大學者，精通漢文化，對西夏建國之初的典章制度頗有貢獻。

野利仁榮表示，國家的繁榮昌盛與長治久安，端賴一整套可長可久的建國方略。大臣中有主張把宋朝典章制度整套搬過來施行，我不能認同。戰國時期秦國推動商鞅變法成為一代霸主，這套新法就是根據秦國實際情況加以擬定改革；趙武靈王也是因應時勢推動胡服騎射，強化軍備，也才步上強國之路。現在看看我們夏國，党項族雖已與漢族雜居，但人民性格仍屬強悍，偏好騎射打獵與武事，缺乏漢族禮樂詩書的文化氣息。只有根據實際情況，順著民族的習性，根據我們黨項族人的風俗習慣進行獎罰。既然党項族尚武喜征戰，寧願戰死沙場也不願老死家中，就應該順應民族之性擬定制度與賞罰。唯有適性而為，夏國才有機會征服其他不足，進而與宋朝相抗衡。若真的把宋制整套搬來夏國，我們又如何靠詩書禮樂去打贏宋朝？

野利仁榮一席話震懾全場，朝臣一時之間啞口無言，倒是李元昊狂點頭。從此李元昊將野利仁榮視為心腹，更加倚重，舉凡建國方略、典章制度等大政方針都由野利仁榮操盤籌謀。

大慶元年（一〇三六年）李元昊決心夏國要有自己的文字，用以紀錄與傳承夏國的文化。如此重責大任自然交給最是信賴的野利仁榮來辦。野利仁榮遂仿漢字形體結構，創制六千餘個西夏文字，稱為國書也稱蕃書，還編纂十二卷國書，囊括佛經、詔令、民間書信等等，皆以西夏文字書寫，並編纂字典以便百姓學習翻查。在西夏，國民幾乎都是國書與漢字通學並用，西夏亡國後其後裔仍使用西夏文，直到元明都還通行，可惜 現今已不再流通使用。

一成吉思汗的遺憾——未能親見西夏滅亡

西夏衰亡的轉捩點，從蒙古人第一次攻破劫掠開始。話說西元一二〇五年，亦即宋開禧元年三月，蒙古建國後成吉思汗第一次率領慓悍的大軍攻入西夏，大肆劫掠牲口財貨，西夏元氣大傷，漸漸走向衰亡。

西元一二〇七年的秋天，蒙古成吉思汗二年，西夏拒絕向蒙古納貢，惹得成吉思汗龍心不悅遂揮軍攻打斡羅孩城（兀剌海城），經西夏軍民死命抵抗，讓成吉思汗無法也不敢貿然深入西夏腹地，於翌年春天退兵。

西元一二〇九年的秋天（又選在牛馬肥壯的秋天），成吉思汗四年再度征西夏。西夏由太子承楨與大都督府今公高逸領軍五萬對戰落敗，蒙古軍俘虜高逸並將之處死。打了勝仗的蒙古軍繼續挺進西夏首都中興府（今寧夏銀川）的外要塞克夷門，這兒有五萬重兵駐守，蒙古軍強攻兩個月，設下埋伏才擒住主帥，先攻克夷門再引河水灌進城去，結果反而因為外堤決口把自家部隊給淹了。不得已蒙古軍只好撤兵與八字超硬的西夏議和。西夏眼看無力還擊，遂承諾納貢並送公主與蒙古和親，後來還在蒙古的調度下多次協同蒙古軍攻打金國。

西元一二一八年，成吉思汗十三年，時隔九年成吉思汗仍不死心，以西夏不配合蒙古西征為理由，再次發兵攻打西夏，大軍長驅直入包圍中興府，其勢銳不可當。擋不住蒙古大軍的西夏國主帥神宗李遵頊遂亡命西涼（今甘肅武威），逃亡中還不忘派使者前往蒙古陣營，表達西夏願向蒙古稱臣、奉蒙古為主云云。

西元一二二三年，西夏神宗李遵頊將帝位讓予李德旺，是為西夏獻宗。李德旺對蒙古很感冒，打算聯合漠北尚未被蒙古納入版圖的部落聯手對抗蒙古，沒想到事機不密被蒙古打探到了，成吉思汗立刻調集大軍直奔西夏，欲滅之而後快。西元一二二四年蒙古大軍一舉攻陷銀州，數萬西夏士兵戰死，大將令塔海被俘遭到殺害。獻宗李德旺為求保住西夏，趕緊向蒙古投降並答應派人質，蒙古這才收手退兵。

可是說好的人質卻始終沒有送來蒙古，對西夏的反覆無常成吉思汗的耐心已到達極限，西元一二二六年就以西夏未依約送人質為理由，親率精兵十萬進攻西夏，將河西地區幾乎全部拿下。是年七月獻宗去世，其侄兒李晛繼位，是為夏末帝。蒙古軍分東西兩路，西路軍於八月占領黃河九渡，東路軍於十月攻下夏州，之後東西兩路鎖定西夏政經中心靈、興地區予以夾擊，至冬月，成吉思汗親自率領大軍圍靈州，駐守靈州的夏兵在李德任指揮下與蒙古軍殊死決鬥，戰況激烈對蒙古軍而言堪稱空前！儘管西夏守軍力戰至最後一兵一卒，終因傷亡慘重敗戰，靈州失守，李德任寧死不屈遭蒙古軍殺害。

西元一二二五年，成吉思汗二十年，從西域返回蒙古的成吉思汗翌年又找了藉口，說西夏接納其仇人桑昆還有賴皮不遣質子，再次出兵西夏。成吉思汗大軍一路勢如破竹，於西元一二二七年即成吉思汗二十二年的正月兵臨中興府。西夏末主李晛眼看西夏已沒有活路可走了，立刻遣使節來到蒙古帳前懇請成吉思汗寬限一個月，屆時西夏將獻城投降。沒想到成吉思汗沒等到西夏獻城，便於七月病死軍中，臨死前成吉思汗特別叮嚀：西夏王室心思反覆，我的死訊千萬保密，不可發喪，務必等到李晛來降將他殺了，我軍再班師回蒙古。不知情的李晛依約投降，結果被殺。蒙古軍一舉攻破中興府，西夏正式滅亡。

第21章

金國稱霸，短暫而絢爛的興亡錄……

西元一一一五年女真族建立了金國，開啟百年基業。十世紀初女真臣屬於契丹；十一世紀中期女真族完顏部崛起；十二世紀初完顏部完成一統女真族大業建立金國，鼎盛時期的勢力範圍，東北到達日本海與黑龍江流域，西北抵達河套地區，西與西夏比鄰，南與大宋以秦嶺到淮河為界；十三世紀中葉在蒙古與南宋聯手下，於西元一二三四年滅亡，國祚一百二十年。

女真族建立金國後採行猛安謀克制度，以三百戶為一謀克，十謀克為一猛安，平日農耕畜牧，一到戰時就迅速集結成軍，形成強勢戰鬥模組，北宋即是被金國的超級動員戰鬥團給擊垮，大遼也是亡於金國鐵蹄之下。金國最輝煌的時候，西夏稱臣，南宋求和，是實打實的霸主。金國看南宋好欺負，幾次發動攻擊卻始終沒占到便宜，結果出乎意料地竟被新興崛起的蒙古與南宋給聯手滅掉，嗚呼哀哉。

硬骨頭的完顏阿骨打建金稱帝

遼國天祚帝耶律延禧於西元一一一二年春天來到春州（今黑龍江）巡視及公費旅遊，還在混同江（今松花江）開心體驗了捕魚，並入境隨俗把這尾春天最早捕到的魚拿來辦頭魚宴——當地女真族習俗會將春季最早捕到的魚供奉給祖先並擺上慶祝酒席稱做頭魚宴。

天祚帝駕到春州，自然要召集女真各部酋長前來晉見，還邀請大家歡聚一堂享受頭魚宴，打算趁此展現主子風範。沒想到主子風範還沒展現，天祚帝就喝成醉貓失了態，竟要各部酋長跳舞給他助興。女真酋長們面面相覷，拗不過遼國強勢只好摸摸鼻子輪流跳。但輪到完顏部時，烏雅束酋長之子阿骨打卻文風不動，完全不想理會天祚帝的無理要求。天祚帝睜開醉眼盯著阿骨打瞧，這小子向天借膽竟敢抗旨，跳，你給我跳跳跳！其他酋長深怕激怒天祚帝，也拚命拱阿骨打跳舞。阿骨打說不跳就不跳，搞得天祚帝很沒面子，一場歡樂的頭魚宴就在這不歡樂的怒氣中草草散場。

天祚帝回到家自然餘怒未消，對大臣蕭奉先咬耳朵：這不聽話的阿骨打日後必成大患，要趁早除掉。蕭奉先想說天祚帝醉意未消，還是不要跟著起鬨，勸天祚帝大人有大量就別跟小小酋長之子計較。天祚帝只好從善如流，把阿骨打之事拋諸腦後。不過此事餘波盪漾，後來天祚帝幾次召見阿骨打，他都百般推託硬是不去。完顏部酋長烏雅束過世後，阿骨打繼任完顏部酋長，開始築城堡、練人馬，一步步將女真各部統一，之後積極整軍經武投入反遼大業，並於西元一一一五年於會寧（在今黑龍江）建金國稱帝，是為金太祖。

一　金熙宗大刀闊斧往中央集權邁進

西元一一三五年，即天會十三年，金太宗駕崩由年方十六的完顏亶繼位，是為金熙宗。金熙宗自幼隨漢人韓昉學習，不僅會寫漢字、作詩賦，對漢文化也有深刻了解。

阿骨打建立金國之後，由女真舊有習俗轉變的「勃極烈制」——由五、六位高級朝官組成最高決策機構，隨著國家政務發展，爭權奪利之事時有所聞。金太宗時期改革勃極烈制，仿漢制在燕雲地區實施漢官制並推行科舉制，政治日漸步上軌道，經濟也有長足發展。

金熙宗更進一步廢除勃極烈制，於轄下之內地、漢地實施漢宮制度。中央官制大幅改革：

1. 皇帝以下設三太（三師），即太師、太傅、太保。

2. 尚書省設尚書令，下設左、右丞相和左、右丞（副相）。

新制抵定，原勃極烈制之宗磐、宗幹、宗翰改任太師、太傅、太保銜，並領三省事。宗磐授予榮譽職銜尚書令，完顏希尹為左丞相，韓企先為右丞相，高慶裔為左丞，遼之降臣蕭慶為右丞。不過新制的實權不在宗磐，而是落入勃極烈制中任其副手的宗翰與宗幹之手。

金熙宗的政治改革腳步不斷往前，天眷元年（西元一一三八年）又針對中央制度調整以加速中央集權，不但皇帝權力大大提升，朝廷裡女真改革派官員與漢人官員的地位也更加穩固，為金國下一盛世打下穩固基礎。

「小堯舜」盛世——勤政的金世宗

西元一一六一年金世宗完顏雍即位，他博覽群書、熟讀經史、尊崇儒學，深諳漢族治理國政之法，施政以百姓為念又能接納諫言，個性寬厚且持身節儉，堪稱金國明君。

即位之初，女真舊部親貴希望世宗能夠北返，建都於上京，但新皇帝卻明白表達於中都建都的決心；新皇帝為免高官們人心浮動，沿襲熙宗與海陵王舊制，沒有把文武百官重新洗牌，同時也下了功夫爭取女真親貴的支持。

西元一一六四年，大定四年冬天，世宗與南宋重新制訂和議，維繫邊境三十年的和平。沒有戰爭消耗國力，世宗得以帶領百姓提高農畜生產，並制定不少新經濟政策。

1.實行通檢推排——即家戶普查，調查每戶人口、動產與不動產，作為徵稅、徭役的分等依據。

2.賦稅徭役公平均等。

3.因戰爭動亂不少戶籍為二稅戶（繳租於官也納課於領主）百姓，被領主隱匿不報充作奴僕差役使用，引起不少紛爭官司。世宗體恤這些百姓，遂提出只要能提出證件者得放為良民。

4.禁止出賣奴隸，訂定除贖方法讓淪為奴隸的良民有機會恢復身分，同時亦放寬奴婢改變身分的限制。

5.金銀礦稅取消，人民可自由開採。

海陵王出征之時徵召很多百姓充作士卒，農牧為之荒廢，戰爭更讓百姓生活陷入困境，敗戰後不少士卒流亡沒能返鄉。世宗第一步先將海陵王搞出的弊政一一廢除，接著努力將流亡的百姓召喚回家鄉，重新投入農牧與生產行列。

一系列的改革與寬政安撫，百姓生活漸漸上軌道，農牧生產也恢復往日水準，社會祥和安定，成為經濟與文化發展的好基礎。金世宗在位期間是金國一片繁盛安穩，史稱「小堯舜」。

不過金世宗在政治上為維護女真族利益，儘管任用漢族人才從政，卻也不遺餘力的打壓，讓漢人官員感受到不公平對待。在內政上只要漢人與女真族有衝突，官府必定維護女真族，漢族百姓的土地更是常被官府拿去分配給女真族人，使得金國內部的種族裂痕不斷擴大，成為隱憂。

金國滅亡

蒙古成吉思汗鐵木真於西元一二一一年，在克魯倫河誓師向金國發動攻擊。鐵木真精挑細選三千驃騎快閃南下，金國將領胡少虎立刻率三十萬大軍迎戰，結果竟不堪一擊！西元一二三四年蒙古滅金國，金亡。

鐵木真過世，其子窩闊台繼位大汗。鐵木真於死前交代窩闊台，可向南宋借道包圍金國京城，滅金可成。西元一二三三年，窩闊台遵照父親遺囑，向南宋借道一舉攻破金國京城，金哀宗出逃蔡州（今河南汝南）。

沒想到這位落跑皇帝到了蔡州，不是積極謀劃反攻大業，反而花心思構思如何整修宮室，甚至還要海選宮女，著實荒唐沒救！是年入秋，金哀宗感覺末路已近正坐困愁城。此時大臣完顏阿虎帶提議，金國應搶先蒙古與南宋打好關係、套好交情，主動向南宋稱臣，乞求糧草支援，蒙古知道消息必定對南宋心生懷疑，藉此達到離間蒙宋聯手默契，為金國爭取到喘息存活的黃金救命時間。

金哀宗立刻修書予南宋皇帝，強調金宋兩國唇亡齒寒，蒙古是敵非友，希望南宋與金攜手共同對付蒙古。可是南宋評估金國氣數已盡，何苦借糧議和徒然惹惱蒙古！

金國的離間計失敗，西元一二三四年蔡州城兵疲馬困，彈盡援絕，糧盡兵疲，眼看大勢已去，金哀宗於元旦夜將帝位傳給東面元帥承麟。翌日一大早，承麟正在行受詔即皇帝位之禮時，傳來南宋旗幟已現身城南的告急軍報，大家顧不得禮儀還沒行完，就匆匆忙忙整裝直奔城南，可惜來不及了，宋軍已攻下南城。

哀宗見為時已晚，遂於軒中自縊；宰相完顏仲德投汝水自盡；大臣們為免受辱，孛術魯婁室、元志、王山兒、紇石烈柏壽等人以及軍士五百餘皆投水自殺；末帝承麟於城破之際被亂兵所殺。猶如絢爛的煙火、畫空而過的彗星，金國在宋蒙聯手之下於西元一二三四年滅亡。

第22章

大元帝國，草原部落崛起實錄……

元朝是中國歷史上版圖最大的朝代，也是第一個由非漢族建立的王朝。

元的前身是成吉思汗於西元一二〇六年建立的蒙古汗國，蒙古四處征戰，逐步統一了蒙古高原、中國、歐亞大陸，大軍所及更造成歐陸中古時代的驚恐劇變。蒙古帝國的疆域東至太平洋、西至黑海沿岸、北到貝加爾湖、南到南海，版圖可謂空前絕後，堪稱世界史上最強的帝國之一。

西元一二七一年忽必烈建立大元，定都大都（今北京）。蒙古等少數民族為漢族帶來極大衝擊，反映在文化上就是出現了表達悲憤與社會不平的「元曲」與「雜劇」。若自忽必烈建元算起，元朝總計國祚九十八年，歷十一帝。

自苦中崛起　完成蒙古統一大業的成吉思汗

蒙古族跟金國一直水火不容，金國強盛的時候版圖統有蒙古族之地，並對其人民施行高壓統治，讓蒙古族人苦不堪言。金國與蒙古族的世仇，起於西元一一四六年，金熙宗將蒙古族首領俺巴孩汗釘死於木驢上，從此蒙古族跟金國的樑子可謂結大了。西元一一六二年蒙古族乞顏部酋長也速該之子鐵木真誕生，這個孩子注定將翻轉蒙古族的命運與世界史的地位。

鐵木真童年的命運有如從雲端掉入地獄，話說乞顏部酋長也速該帶著九歲的兒子鐵木真去朋友家訂親，當晚鐵木真留宿當地，也速該返家途中因腹中飢餓，看到草原上有塔塔爾部人正在舉行宴會，他依習俗打過照面就進入宴會同歡共宴。也速該渾然忘記乞顏部曾與塔塔爾部有過節，可是塔塔爾部的人沒忘記，一眼認出也速該之後便將毒藥悄悄放進食物裡。不知情的也速該吃完飯就繼續趕路，途中腹痛如絞，一踏進家門就一命嗚呼了。

首領突然暴斃，乞顏部頓時群龍無首，當初歸附的泰亦赤部趁機興風作浪，其首領不只宣布要脫離乞顏部，還順道帶走也速該一部分的奴隸和牲畜，但又怕此舉惹來也速該之子鐵木真將來找他復仇，乾脆將其活捉。鐵木真雖然年紀幼小可也不是省油的燈，趁看守防備鬆懈之際，以身上的木枷為武器將之擊昏逃脫。

孑然一身的少年鐵木真，為了報殺父之仇與奪產之恨，拚命將流落各部的親人與族人找回來，大家團結在鐵木真麾下，先求立穩腳跟再來四出襲擊他部，藉此壯大自家聲勢，一步步朝復仇目標前進。

未幾，與鐵木真有殺父之仇的塔塔爾部酋長蔑古真開罪金國，金國丞相完顏襄出面邀請鐵木真聯合出兵攻打塔塔爾部。鐵木真欣然答允，與金兵一舉打敗塔塔爾部，並擄獲大批百姓、牲口與輜重，實力為之大增。鐵木真能打、配合度又高，金國對他很看重，封為前鋒指揮官，繼續為金國掃蕩不聽話的蒙古部族。鐵木真表面上聽命於金國，實際上卻是執行他自己規劃的統一蒙古族大業，西元一二〇五年蒙古高原終於統一在鐵木真麾下，並召開全部族大會，選出鐵木真為蒙古大汗，眾臣特別為鐵木真封上蒙語尊號成吉思汗！

成吉思汗偉大的帝國終於站上起跑線，他親手建立帝國的軍事與政治的體系與制度，一步步將帝國推向強盛的巔峰。可惜的是金國自始至終都把蒙古當作理所當然的附屬國看待，並未察覺蒙古在鐵木真的領導下已非吳下阿蒙，正因為誤判形勢才會不長眼的要成吉思汗向金國進貢，結果當然是自取滅亡！

一 蒙古大汗寶座之爭——忽必烈奪位成功

蒙哥在西元一二五九年戰死於合州釣魚城後，一場爭奪汗位的大戰一觸即發。漢法派領袖忽必烈，以及守舊派領袖阿里不哥，對於大汗之位都勢在必得。

拖雷四子忽必烈是漢法派領袖，手下有劉秉忠、張文謙、王鶚等汗族知識份子為其謀畫，並以中國治理帝國的方法與經驗教導忽必烈。蒙哥汗曾委託忽必烈管理漠南漢地，他陸續網羅了楊惟中、姚樞、郝經、王文統等漢族士大夫為其效力。謀士劉秉忠就曾對忽必烈斷言道：誰能重用士大夫、誰能施行中國既有的治國之道，誰就能坐上中國的龍椅，睥睨天下！這番話不偏不倚正中忽必烈的心意。在這批士大夫的輔佐下，不論官吏任免、經濟舉措、屯田措施，或是對南宋的作戰方略，乃至奪汗、建元朝等事，都靠這批士大夫通盤規劃、推演、執行，成果有目共睹囉！忽必烈網羅人才不限於漢族，其他各族的菁英也極力爭取，例如回族贍思丁、維吾爾人廉希憲、西夏人高智耀等，漢化程度極高的他族人才都受到重用。

在軍事方面，忽必烈刻意跳出蒙古黃金家族的傳統核心權力圈，反而去拉攏北方各族地主的民兵勢力，藉以擴大自身軍事實力並鞏固領導地位，為強力晉升大汗之位做準備。忽必烈在管理漠南漢地時，努力屯田存糧並刻意對流亡百姓予以招撫，讓他們安定下來從事農耕生產，一步步慢慢把糧食與財政收入弄上軌道，成為他厚實的錢糧基礎。忽必烈於西元一二五六年特命劉秉忠到桓州（內蒙正藍旗北）東北、龍崗（灤河北岸），費時三年興建房舍，建成開平府作為謀士擘劃籌謀的基地，儼然是忽必烈的智囊團所在。

蒙哥登上汗位之後，命拖雷第七子阿里不哥於都城和林留守，因此他與外界的接觸不多，自然對南方漢地的政經與文化不甚了解。久而久之這批留守老巢的蒙古人，形成一股以阿里不哥為中心的保守勢力，認為蒙古人應該以既有的方式統治征服之地，至於漢人那套帝王君上之術還是少碰為妙。

蒙哥汗駕崩，遠在和林的阿里不哥籌謀奪取汗位，任命脫里赤擔任斷事官，占燕京（今北京）並號令各方軍隊必須聽其指揮調度，遂指派阿蘭答兒集合漠北各部軍隊，漠南各部軍隊則由脫里赤負責號召，企圖先發制人包圍忽必烈的開平府。

阿里不哥已經在調兵遣將之時，正在南宋圍攻鄂州的忽必烈這才收到蒙哥汗的死訊，心知不妙，和林的阿里不哥必定會有所行動，於是召來將領與謀士商討未來形勢演變，以及我方該如何布局因應。

這時忽必烈採納了謀士郝經提出的務實方案：

1. 派軍迎接蒙哥汗靈車，順勢接收大汗之寶璽，取得繼承汗位的正當性。
2. 速速與南宋議和並簽訂密約，然後大軍調轉馬頭，輕騎先行直奔燕京，以嚇阻阿里不哥往南移動。

此局已開，忽必烈與阿里不哥究竟誰能奪下蒙古國大汗之位？

忽必烈於西元一二六〇年返抵開平府，支持他的西道諸王由合丹、阿只吉率領，東道諸王則由塔察兒率領，兩股宏大的支持勢力於開平會合。忽必烈大膽捨棄蒙古固有的貴族選汗制度，自行宣布即大汗之位，頒定是年為中統元年，開始建元紀歲。是年四月，在和林的阿里不哥召開了忽里勒台大會（部落與各部聯盟的議會），支持者包括阿蘭答爾、脫里赤、窩闊台後王阿速帶、玉龍答失、昔里吉，察哈台後王阿魯忽、旭烈兀子出木哈赤等均有列席，會後阿里不哥宣布自己為新任大汗。

一山不容二虎，一天不容二日，所以蒙古也不可能有兩個大汗！西元一二六〇年的冬天，忽必烈大舉親征和林。阿里不哥自知不是忽必烈的對手，連打都不敢打就落跑到謙謙州（今葉尼塞河上游南），忽必烈輕鬆取下和林，指派亦孫哥駐守之後便返回開平。阿里不哥於西元一二六一年秋天回到和林，向忽必烈表達投降歸順之意，卻趁機行偷襲之實並奪回和林，還想趁勝南下追打。忽必烈也不是省油的燈，一回擊就大敗阿里不哥。由於阿里不哥屢屢被忽必烈打敗，其支持者看在眼裡不禁要為自己的將來打算，於是紛紛倒向忽必烈陣營。眾叛親離的阿里不哥在連續幾個荒年的催逼下，終於在西元一二六四年彎下腰投降忽必烈。

至此，漠北以及中原地區再次復歸統一。躊躇滿志的蒙古國大汗忽必烈，決定不再以和林為都城，於其地改設宣慰司都元帥府治理。

一統中原 忽必烈建立大元接棒南宋

成吉思汗鐵木真建國之後，一直以蒙古族之族名作為國名，直接稱作大蒙古國，並未想到要正式建立國號。直到忽必烈登上蒙古汗位，才正式建元紀歲以「中統」為年號，但依然沒打算建立國號。隨著蒙古鐵騎勢如破竹地南下打掉南宋地盤，蒙古政權也由早年的部族貴族統治型態，轉變為近似中原地區漢族中央集權的帝王統治形態，此一轉變讓忽必烈的統治益發穩固。嘗到帝王甜頭的忽必烈決定要更進一步地「附會漢法」，意圖讓自己領導的蒙古國成為承繼漢族王朝正統的嶄新朝代。

忽必烈於西元一二七一年依據劉秉忠、王鶚等人建言，自《易經》取「乾元」之意，作為正式國號，是為「大元」，並頒布了建國號的詔書。從此這個崛起於北方的部族，在忽必烈的領導下以鐵騎統一北方與中原，建立大元，以自身的實力證明蒙古族不僅能入主中原，更具備正式承繼南宋王朝繼續統治中原的資格。

大蒙古國時期是以和林為政治中心，自忽必烈即位後，地處漠北的和林不適合成為大元的都城，必須另覓適當的地點建都。於是元朝的統治中心開始一路往南移動，最初先遷到忽必烈起家的開平，接著又往南遷到燕京（今北京），由於這裡條件適合，是理想的首都之地，忽必烈遂將燕京定為中都。西元一二七二年在劉秉忠建議下，忽必烈將中都改稱大都，元朝首都正式定案。

忽必烈當上中國的皇帝，主張治理中原應「遵用漢法」，以漢族傳統法制來治理，並依此制定相關律法與各項典章制度，並於地方設置行省；漢族以農業為本，忽必烈對水利興修特別重視，將農桑列為治國要務；經濟建設方面，忽必烈統一貨幣，並疏浚運河、開拓漕運、設驛站，以綿密的水路交通網絡，達到繁榮經濟的目的；邊境政策上，忽必烈以中央集權方式加強控制邊遠地區，例如直接管轄西南邊境的西藏，藉由中央與地方的直達管轄，促進版圖內多元民族的和諧、統一與相互關照、發展。

一 橫跨歐亞的世界最大國家——元朝

不論是中國歷史還是世界歷史，最大的國家就是元朝。元朝的版圖包括中央直轄領地，以及欽察汗國、察合台汗國、窩闊台汗國、伊利汗國等四大汗國。這四大汗國的大汗都是成吉思汗的自家人，亦即來自成吉思汗「黃金家族」的血親，故而死心踏地的奉元朝為主子，透過驛路網絡密切相通。

欽察汗國實際又分為西欽察汗國與東欽察汗國，兩個加起來的領土版圖是四大汗國之首。西欽察汗國由拔都於西元一二四二年建立。當年鐵木真長子朮赤的二子，因長兄鄂爾達覺得弟弟拔都比自己更適合繼承汗位，就把權利讓給拔都。拔都果然能征善戰，一路西征將前蘇聯之歐洲領土、羅馬尼亞、保加利亞、波蘭的加利西亞等地皆納入西欽察汗國版圖。

拔都在部隊都使用金頂大帳，因此當時歐洲史書提到欽察汗國時，都稱之為「金帳汗國」。武功鼎盛的西欽察汗國於西元一三五七年後盛極而衰，內部亂成一團，又是篡弒又是分裂的，苟延殘喘到西元一四八〇年被俄羅斯伊凡三世消滅。

東欽察汗國則是拔都為感謝長兄鄂爾達的禮讓，把錫爾河、阿姆河上游的花刺子模舊地分予兄長創立東欽察汗國，又稱「白帳汗國」，西與西欽察汗國比鄰，南為察合台汗國相接。東欽察汗國傳至第十一汗托克泰咪失時，於西元一三八一年吞併察合台汗國西半部領土。不過東欽察汗國仍是難逃汗國內部分裂的魔咒，托克泰咪失雖力圖振作，不幸於西元一四〇五年戰死於西伯利亞。托克泰咪失死後二十年，東欽察汗國也隨之從歷史舞台上消失了。

察合台汗國與窩闊台汗國皆有部分國土在中國境內，算是與元朝距離較近的汗國。不過兩國在地理上雖然距離元朝雖近，心理上卻是距離極遠，因為他們都堅決反對忽必烈推行漢化政策，不惜與之為敵。此一心結要等到十四世紀察合台汗國將窩闊台汗國併吞後，這才放下身段鬆口認了元朝為主子。

四個汗國中最小咖的窩闊台汗國，也是最短命的汗國，領有今蒙古西部、新疆北部，還有額爾齊斯河、額敏河與亦列河（今伊黎河）三河下游之地。窩闊台之子海都對元朝的宗主地位嗤之以鼻，甚至還公開嗆聲。不過諸大之間難為小，窩闊台汗國只傳到窩闊台之孫察八兒便畢業淡出歷史了。

相較之下略大於窩闊台汗國的察合台汗國其歷史也比較長，前後共傳承三十位君主，不過其中有兩位是窩闊台的後裔，並非察合台嫡系。察合台受封時領地的範圍：東至亦列河，西抵錫爾河，南到阿姆河，垂河流域是其核心區域。

至十四世紀察合台汗國第十汗篤哇時，窩闊台汗國大部分舊土劃歸察合台汗國。原來這位篤哇汗是位戰神，一直很挺窩闊台汗國的海都，兩國一起跟忽必烈作對。元成宗鐵穆耳時，篤哇汗對元朝態度一百八十度大轉變，他和海都之子察八兒相偕歸順元朝，不久兩人即反目成仇，篤哇汗一不做二不休就把窩闊台汗國吞了。

拖雷之子旭烈兀建立伊利汗國，由於元朝皇帝也是拖雷後裔，因此與元朝中央的關係自然更為親近，文化與經濟交流更是頻密。伊利汗國的版圖包含今之伊朗、伊拉克、阿富汗與部分敘利亞，以及土耳其的小阿美尼亞等地，西元一二五二年旭烈兀攻下巴格達，還曾一度占領敘利亞的阿勒坡與大馬士革。傳到合贊汗時改奉伊斯蘭教為國教以爭取當地領主和穆斯林支持，更進一步廢除「大汗」稱號改稱「蘇丹」，當地蒙古人遂快速伊斯蘭化。

四大汗國為元朝皇帝之藩屬，基本上與元朝的關係算滿友好的，彼此之間東西驛路暢通，使節來來往往如家常便飯，大大促進了經濟與文化的交流。大元帝國最強盛時的疆域儼然囊括亞洲、歐洲大部分疆域，若說元朝是世界最大國家，相信沒有人能反對。

一 在威尼斯說中國傳奇爆紅的馬可．波羅

忽必烈在中土建立了元朝，這只是他偉大帝國的一部分！他的帝國到底有多龐大？老實說，幾乎囊括了亞歐大部分地區，使得東西貿易有如直達快速通道，西方商隊絡繹不絕於途，許多歐洲小國便藉由忽必烈的大帝國為導體，跟中國展開更頻繁的接觸。這些異國商人來到中土，不僅受到元朝禮遇，甚至還有人得到官職，成為元朝官僚系統的一份子，馬可．波羅正是其中最有名的一位。

馬可．波羅十五歲那年（西元一二六九年），從事東西貿易的父親與叔叔從遙遠的東方、神祕的中國返回故鄉威尼斯，照例帶回珍貴的香料與珠寶，但這次還帶來一件非常重要的東西就是元世祖忽必烈自遙遠的中國寫給教皇的一封信。馬可．波羅著了魔似地聆聽父親和叔叔如何歷經千辛萬苦抵達遙遠的東方、進到神祕的中國、見到中國最尊貴的忽必烈皇帝，當然還有中國的山水美景、自然風土與特別的人情風俗，每一樣都讓馬可．波羅聽得入神，心生嚮往，悄悄下定決心要像父親、叔

叔看齊，成為一名縱橫歐亞的商人，去看看神祕富庶的東方世界！

父親和叔叔於西元一二七一年拿到教皇給忽必烈的回信與回禮，這次特別帶著小馬可．波羅與商隊同行往東方出發。商隊自威尼斯取道地中海，再渡過黑海來到中東地區的兩河流域，進入古城巴格達。從霍爾木茲開始，商隊轉走陸路繼續向東，穿越伊朗沙漠的寂寥荒涼，翻過帕米爾高原的險峻酷寒，沿途還要跟疾病、飢餓、缺水、強盜、野獸糾纏戰鬥，好不容易一行人進入新疆，等於踏進中土的西玄關。但是前途仍是一片艱苦，商隊戰戰兢兢穿過會吃人的塔克拉瑪干沙漠，抵達古城敦煌。在敦煌，大家被眼前宏偉的石窟佛像造像與壁畫震懾到說不出話來。下一站來到玉門關，眼前逶迤千里盤旋在山脊深谷的萬里長城，驚呼連連份兒。一行人繼續往東走，穿過河西走廊到達上都（元朝的陪都在今內蒙古境內），已是西元一二七五年的夏天，一行人已經馬不停蹄地走了四年。

遠道從威尼斯來的商隊，畢恭畢敬地呈上教皇給忽必烈的回信與禮品，馬可．波羅的父親和叔叔完成任務後，特別向忽必烈介紹馬可．波羅。時年十九歲的馬可．波羅生得聰明機伶，深得忽必烈青睞，特意讓他們在宮廷裡講述這一路東來的奇異見聞，還帶著他們一起回到大都（今北京），甚至還加封官職讓他們留在元朝。

既然皇帝要留客，馬可．波羅一行人就順勢在中土大展鴻圖。天資聰穎的馬可．波羅學語言最快，一下子蒙古語、漢語都學會了，朝廷的一應禮節也都快速掌握，非常適應在中國的官家生活。深得忽必烈寵信的他，更藉奉旨巡視的名義，遊歷中國的名山大川，足跡遍及新疆、甘、內蒙古、晉、陝、川、滇、魯、蘇、浙、閩與北京等地，還出海前往越南、緬甸、蘇門答臘等東南亞國家考察。馬可．波羅東奔西走到處考察，不僅親身感受中國疆域之廣、地理之豐、民生之富、風俗之奇、人情之厚，每件都深深烙印在他的腦海裡。當他返回大都，忽必烈早就等著聽他精彩的考察報告呢！

在中國發展順遂、富貴無雙的馬可．波羅，已離鄉背井十七個年頭了。正巧西元一二九二年的春天，忽必烈委託馬可．波羅與其父親、叔叔護送一位蒙古公主前往波斯成婚。這件差事正合這家人的心意，就向皇帝提出返鄉之請。忽必烈也很爽快，只要他們圓滿達成任務就可以回威尼斯。

西元一二九五年底，他們如願回到闊別二十四年的故鄉，頓時全城轟動！親人興奮地圍著他們，一如當年小馬可．波羅般，聽著遙遠東方帝國的故事與見聞。而他們帶回來的中國珍寶，不僅讓威尼斯人大開眼界，更讓他們搖身變成巨富。後來馬可．波羅因為參加西元一二九八年威尼斯與熱那亞那場戰爭而淪為俘虜，在獄中巧遇作家露絲梯謙。馬可．波羅便把在東方的所見所聞口述給他，整理集結成《馬可．波羅遊記》一書。

《馬可．波羅遊記》告訴大家在遙遠的東方，有一個偉大的帝國叫中國，國勢強盛，經濟發達，文化昌明，藝術鼎盛，建築宏偉，驛道四通八達，市集繁華有趣，絲綢華麗而便宜，大家買東西不用真金白銀而是紙幣……。太多新奇的事物、數不盡的壯麗美景與人文風流，讓每一位讀者都心馳神往那遙遠的中國。隨著《馬可．波羅遊記》的大賣，歐洲人開始對富庶繁盛的中國產生無限憧憬，激起無數歐洲人心中的冒險熱情，埋下日後開闢新航路與發現新大陸的伏筆。馬可．波羅這位偉大的旅行家，也因這本書大受歡迎而恢復自由之身。

一 不做傀儡屈成刀下魂——元英宗南坡之變

元朝第四位皇帝元仁宗愛育黎拔力八達，對漢法推行較為積極，偏偏太后答己是位認同舊法的保守人士，其親信鐵木迭兒、失烈門等人總是想方設法要讓元仁宗施政回歸舊法，放棄漢法。不過元仁宗是個有主見的皇帝，而且朝中大臣有不少他的親信，太后眼看仁宗沒辦法成為她的傀儡，便開始動皇太子的腦筋。

說起皇太子的身世還真有點複雜。原本仁宗應該立其兄元武宗海山之子和世　為皇太子，但太后覺得和世　已是大人，可能不那麼好操控，於是說服仁宗找自己的稚子來當皇太子，這樣未來才會對祖母言聽計從。最佳人選就是仁宗年方十三的兒子碩德八剌，這孩子十分乖巧，最重要的是他性格柔弱，是個當傀儡的不二人選。太后既然找到傀儡了，下一步就是說服仁宗將之立為太子。仁宗當年跟兄長有約定要把皇位傳給和世　，所以對於太后的建議不同意。可是太后及其黨羽鼓起如簧之舌，給仁宗洗腦說：「當初這個皇位是您拿下之後讓給兄長的，現在您要傳給自己兒子也是天經地義，誰敢說話？」

終於仁宗被說服了，立碩德八剌為皇太子，原先講好的準皇太子和世　則改封周王，一紙派令就傳送到遙遠的雲南。

西元一三二〇年元仁宗駕崩，年方十七歲的皇太子碩德八剌登基為元英宗。祖母答己立刻任命自己的親信鐵木迭兒當右丞相，下一步自然就是把仁宗的親信一一剪除，讓英宗乖乖聽祖母的吩咐辦事。不過英宗終究是仁宗的孩子，耳濡目染之下深受漢文化浸潤，對於漢法治國頗有憧憬，並不想聽祖母的話用舊法治天下。

後來發生了幾件事，讓答己警覺英宗並非想像中的聽話：

其一，鐵木迭兒有位親信犯罪，讓答己去跟英宗關說一下。沒想到英宗搬出祖宗法制訂下的刑罰，豈可隨便更改云云。結果就把那位親信做了殺雞儆猴的雞。答己是個明白人，對英宗的弦外之音很清楚，於是對自己捧英宗上位的算計深感後悔。

其二，殺雞儆猴事件後數月，祖母答己的親信失列門和平章政事黑驢等人密謀推翻英宗，沒想到風聲走漏，英宗先下手為強，將密謀政變的一夥人抓起來，訊問之下才知幕後黑手是捧自己登上大位的祖母。英宗念及祖孫之情不願張揚，只將謀逆的失烈門等人處死。

其三，英宗體認到自己身處險境，為求自保開始有所布局，首先任命安童之孫拜住任左丞相，在朝政上與其互為奧援；鐵木迭兒仍任右丞相無實權的虛位，徹底架空。英宗與祖母的鬥法愈演愈烈。西元一三二二年的秋天，右丞相鐵木迭兒與祖母答己先後過世，英宗開始清理二人留在朝廷的餘毒，遂下詔追查鐵木迭兒罪行，並將其子八里吉等處死，另一子鎖南則將之罷官，最後將鐵木迭兒家產全數充公。左丞相拜住等人處理鐵木迭兒餘孽時，偏偏放過他掌管禁衛軍的義子鐵失。逃過一劫的鐵失哪裡會謝陛下不殺之恩，發誓只要一有機會一定要把英宗殺了好為義父報仇。

鐵失要殺英宗的念頭其實早在西元一三二二年夏天就埋下了，那時鐵木迭兒尚未過世，英宗去上都避暑因心神不寧想做一場佛事安心定神，左丞相拜住就勸皇帝，國家財政吃緊還是省一省吧！這時鐵失就收買了一批喇嘛向英宗下功夫，不但鼓勵他辦佛事還要大赦天下廣積福德。左丞相一聽氣炸了，罵道：「你們這些人想撈錢還不說，怎麼還要包庇罪人！」說者無心聽者有意，鐵失及其黨羽以為拜住已經發現他們在背後搞鬼，要追究他們問罪。鐵失想想既然都要被揭穿了，乾脆就找機會發動政變，或許還有翻盤的機會。

是年八月初五避暑告一段落，英宗一行人自上都要返回大都，大隊人馬走到南坡時天色已晚就在此地住下一宿。夜裡鐵失開始部署，首先安排親信站崗把風，他跟鎖南總計十六人一舉闖進英宗與左丞相拜住的大帳。拜住聽到帳外有聲響，就出來問一下到底有甚麼事情？結果一出帳就看到鐵失手中的大刀，立刻怒吼道：大膽，你們想幹嘛！鐵失等人用大刀回答了這個蠢問題。這時英宗已警覺狀況不妙，準備起身探詢，剛好跟衝進來的鐵失正面相對，年輕的英宗不幸吃了一刀，提早人生畢業。史書上稱此一事件為南坡之變。

鐵失如願殺了英宗報殺父之仇，但國不可一日無君，於是便擁立忽必烈太子真金之孫也孫鐵木兒坐上帝位，是為元泰定帝。

燕鐵木兒一手導演的三帝紛爭

鐵失發動的南坡之變，把元英宗與左丞相拜住都殺了，讓忽必烈太子真金之孫也孫鐵木兒登上帝位，是為元泰定帝，立八八罕氏為皇后，兒子阿剌吉八為皇太子。但是很玄的是泰定帝所做的種種安排頗有大和解的味道！

其一，讓前左丞相拜住之子答兒麻失里為宗仁衛親軍都指揮使，徹里哈為左右衛阿速親軍都指揮使。

其二，將遠遠外放的諸王全都召回來。

其三，將武宗次子圖帖睦爾封為懷王。翌年，讓懷王搬去建康（今南京），並遣使赴北境對周王和世㻋釋出善意，希望雙方大和解。果然，年底時和世㻋就遣使向元朝進貢，關係重修舊好。

西元一三二八年春天，以和為貴的泰定帝於春獵時染病。沒想到武宗舊臣與手握兵權的樞密院同知燕鐵木兒，以及諸王滿都等，竟然密謀發動政變，想擁立武宗的後裔做皇帝。為防止武宗一系被有心人搬出來奪取帝位，遠在建康的懷王就必須動一動，於是倒剌沙等便將懷王遷去江陵。是年三月二十五日，泰定帝在倒剌沙、滿都等人護送之下自大都前往上都，把大都交給心懷叵測的燕鐵木兒與西安王阿剌忒納失里留守。泰定帝不幸於七月初十於上都駕崩，國家不可一日無君，國政暫時交由倒剌沙、梁王王禪、遼王脫脫等暫代處理。此時遠在大都的燕鐵木兒與阿剌忒納失里便暗中調動兵馬，一場政變似乎在所難免了。

同年八月初四黎明，當文武百官正聚集在興聖宮，燕鐵木兒夥同阿剌鐵木兒、索倫赤共十七人，手持刀槍衝進來便高喊當立武宗之子登基，不服者斬。在刀槍脅迫下，中書平章烏伯都剌、伯顏察兒等人當場便被扣押，政變功成。後續就是一連串的接收動作，包括：佔內廷、封倉庫，收印信，之後才下令百官上朝宣示效忠新君，並宣布中書左丞相由前湖廣行省左丞相別不花擔任，中書平章由太子詹事塔失海涯擔任，中書左丞由前湖廣行省右丞帶還擔任，樞密副使由前陝西行省參政王不憐吉台擔任，與中書右丞趙世延、同僉樞密院事燕鐵木兒、翰林學士承旨亦列赤、通政院使寒食分典機務等人，調集部隊負起守衛大都及其周邊的重任。

在同一天內，燕鐵木兒還做了哪些重要的手段呢？馬上派前河南行省參政明里董阿、前宣政使答里麻失里趕赴江陵，將懷王迎回大都。其中明里董阿先趕去汴梁（今開封），於初九抵達便向原為武宗舊臣的河南行省平章伯顏報告京師政變功成，並傳達密諭請伯顏派兵護送懷王返回大都。伯顏一聽心中大喜，表示會力挺到底。接著他先把反對政變結果的官員押起來，然後開始調集兵馬與糧草，第一波先派五千人大陣仗迎接懷王，伯顏再率領大軍隨後趕到。明里董阿等到達江陵後，陪同懷王圖帖睦爾風光啟程回大都。

八月初五，燕鐵開始收攏人心，派發錢鈔賞賜宿衛京師有功的軍士，並於居庸關、盧兒嶺、白馬甸、泰和嶺、遷民鎮等地加強防備，以免有人勤王搗亂。

八月初七，燕鐵為安撫人心，再派使節撒里不花等人裝模作樣地南行迎接懷王，還放出消息說懷王已抵達京郊，請百姓靜心期待。

人算不如天算，燕鐵在大都政變雖然得手，可是地方上卻不一定認同。懷王一行人北上途中，於八月十八日遭遇反政變的陝西官員，馬上傳令伯顏帶兵屯駐潼關。翌日上都諸王禿滿等人也都支持武宗之子登基，密謀在上都發動政變聲援大都，可惜風聲走漏被殺。八月二十二日，上都的阿建衛指揮使脫脫木兒率部投奔大都以示支持，燕鐵木兒馬上派他守衛北口。二十三日，上都諸王及執政大臣展開弭平行動，率領大軍分兵攻打大都，上都與大都兩大勢力這時免不了一場短兵相接。

九月初一，泰定帝的親信大臣倒剌沙將皇太子阿速吉八緊急推上皇帝寶座，改元天順。九月十三日，在燕鐵木兒等人的殷殷請求之下，懷王圖帖睦爾言明自己登基純粹是為了安定人心與軍心才勉強即位，絕非貪圖皇位，等周王回京就會立即讓出帝位。圖帖睦爾登基是為文宗。然而迎接圖帖睦爾與阿速吉八雙雙登基的慶祝活動，是上都派與大都派的火拼。

十月十三，上都遭受齊王月魯帖木兒、東路蒙古元帥不花帖木兒大軍的圍困。眼看大勢已去，倒剌沙等只得捧著皇帝印璽出降，上都陣營的梁王王禪逃跑了、遼王脫脫被宰、年輕的天順帝去那兒了沒人知道。上都派徹底吞敗，陷入群龍無首的窘境，各路效忠上都的部隊也都無心無力再戰。大都派的文宗與燕鐵木兒同心擊潰上都軍，眼看勝利在望，迅即派遣使節往北境迎回周王。周王和世㻋順應大勢欣然歸來。

西元一三二九年初，奉文宗之命撒迪等人勸進周王，正月二十八日，和世㻋即帝位於和寧之北，是為明宗。三月初四，文宗派中書右丞相燕鐵木兒將皇家印璽送往明宗行宮，未幾燕鐵木兒本人也抵達。明宗很識時務，當即下詔凡大都所封之一切官爵一律照舊，大家都很開心滿意。隨著大勢底定，反對政變而起兵造反的四川行省平章囊加台反於三月十二日投降，上都派殘餘亦一併消滅。

明宗果然是個老江湖，很快就派徹徹都等擔任使節趕往大都，馬上宣布立文宗圖帖睦爾為皇太子。圖帖睦爾也是個聰明人，平靜地接受明宗的好意成了皇太子。皇太子準備妥當便於次月啟程北上親迎明宗返回大都。八月初一，位在王忽察都的明宗行宮熱鬧非凡，明宗設宴款待僕僕風塵趕來接他的太子，以及諸王、大臣。誰知明宗再世故圓滑還是不敵潛藏野心、老謀深算的燕鐵木兒，就在八月初六，與太子見面不到一週的明宗，就被燕鐵木兒下黑手毒死。原來燕鐵木兒自始至終就是要擁立圖帖睦爾，明宗一駕崩就名正言順地擁立太子回上都，無可奈何的文宗圖帖睦爾只好於上都再次即位，為熱鬧滾滾、殺戮震天的三帝紛爭畫下句點。

中國戲劇鼻祖——雜劇大家關漢卿

元代最傑出的雜劇家關漢卿，名列「元曲四大家」（關漢卿、鄭光祖、馬致遠、白樸）的第一人。不過關於關漢卿的個人檔案，只知道他是大都（今北京）人，號已齋叟，其生日忌日皆付之闕。

儘管關漢卿自幼便讀書、作詩，與一般書香子弟無異，但他通曉音律且會作曲，自己也愛雜劇又頗有文采能編寫劇本，還曾向當代名優朱簾秀請益，甚至粉墨登場過戲癮，這樣的資歷不成為戲曲家也難吧！

關漢卿堪稱中國戲劇的創始人，創作頗豐，總計編寫過六十七部雜劇，比英國莎士比亞還多！傳世至今十八部，代表作品有《竇娥冤》、《救風塵》、《望江亭》、《拜月亭》、《調風月》等。其中最知名的當推《竇娥冤》，堪稱古代中國四大悲劇之一。這是關漢卿目睹阿合馬、桑歌等權臣為奸作惡，遂藉戲劇之筆以女主角竇娥遭逢惡人勾結貪官陷害入獄，行刑前對老天爺賭咒，六月天竟飄下鵝毛大雪可見其冤之深，結局當然是竇娥之冤得到昭雪，但現實社會裡的亂象與冤屈呢？此戲一推出便造成轟動，可見有多麼觸動人心，對後世的影響更是深遠，時至今日一看到哪個地方夏天飄雪的新聞，大家就會說：「有冤情！」

不負元曲狀元之名的馬致遠

打開元代著名雜劇家馬致遠的檔案，大都人，晚號東籬，年少時對經世濟民懷抱熱情投身科考，官場漂泊二十載，於不惑之年對人生幡然醒悟。之後與文士王伯成、李時中，以及藝人花李郎、紅字公等人組了「元貞書會」，自詡為「酒中仙」、「風月主」，生活好不浪漫。

馬致遠在雜劇創作圈名氣響亮，素有「曲狀元」雅譽。馬致遠生活在宋末元初的年代，元朝雖然對「遵用漢法」、任用漢族文人有所標準但並未貫徹，令許多漢族文士對投身官場一展鴻圖懷抱希望，卻很快便理想幻滅。馬致遠非常了解這種由熱情到幻滅的人生跌宕，所以創作中以「浮生如夢」不如入山修道的「神仙道化」類型戲劇為大宗。馬致遠依據記載有十六部，現存的有《漢宮秋》、《薦福碑》、《岳陽樓》、《青衫淚》、《陳摶高臥》、《任風子》等六部，有名的《黃粱夢》則是數人合著之作。不過，除了雜劇創作之外，馬致遠寫得元曲小令最為膾炙人口，文學價值極高。

一 上知天文、下知地理的郭守敬

西元一二三一年於順德邢臺（今河北邢臺）出生的郭守敬，字若思。郭家世代書香，祖父郭榮對郭守敬的影響最大，自小就對天文有濃厚興趣，經常動手做些簡易的小型測量儀器。家人看郭守敬是可造之才，從很小就將他拜在當時名儒劉秉忠門下。劉秉忠對天文、地理、音律、術數亦頗為精通，讓郭守敬在學習過程中如魚得水，打下良好的天文與水利專業根基，少年郭守敬不知不覺便往這條專家之路走去，一路上還結交了張文謙、王恂等學者，使他年紀輕輕便名氣在外。

青年水利專家閃亮登場

西元一二五〇年郭守敬十九歲，多年苦學終於有了嶄露頭角的機會——邢臺城外有條長年淤積的河流因河堤滑落成了堵塞的泥河，只有一碰上大雨就會氾濫成災；河上橋樑因洪水沖走連橋墩都沒入水中，以致兩岸交通中斷，想要重建卻根本弄不清原來橋樑的確切位置，要找新地點建橋又找不到適當的位置，許多專家都搞不定，令官府傷透腦筋。年輕的郭守敬挺身而出，為了找出橋墩，不但爬上河堤還親自潛入泥水中，最後不僅找出橋墩，連原來的河道範圍也加以確認。這兩項重要資訊得手後，郭守敬立刻將百姓編成清淤、疏通、築堤等多個小組，依順序完成工作。造橋的部分則經過多次精密測量與會勘，一座美麗的石橋重現邢臺。郭守敬治河築堤造橋的功力從此天下皆知。

元朝中書丞張文謙與郭家世交，非常喜歡郭守敬這位世姪，看到他在邢臺治水的表現更是激賞有加。西元一二六〇年張文謙要出發巡視大名、彰德等地時，有感這一帶水利建設欠佳，以致洪水氾濫造成百姓生計困難，便請郭守敬隨行。一路上郭守敬超級認真地觀察地形、勘查水域，並細心將勘查的結果與資料彙整後繪製成地圖，每天都忙得不亦樂乎，他的表現讓張文謙讚許有加，回到都城面見元世祖時便向其大力推舉郭守敬。

此時忽必烈正為河南、河北連年水患發愁，一聽到連名重天下的張文謙都如此推崇郭守敬的治水功力，立刻召郭守敬進宮面聖。忽必烈與郭守敬相談甚歡，郭守敬還向陛下提出六大治水建議，深得聖心。當下忽必烈就將各路河渠整修業務交給郭守敬負責。新官上任，郭守敬立刻展開河南、河北河道的修繕作業，之後再將戰亂破壞失修的西夏古灌溉渠道修復，還疏浚八十餘條渠道，包括唐來渠四百里、漢延渠二百五十里等。據《寧夏新志》記載：逮今西壩橋樑，尚其遺制，工作甚精。

西元一二九二年鬧大旱災，元朝大都民生飲水供應吃緊。找遍城內城外都沒有足夠的水源。經張文謙舉薦，忽必烈只好請郭守敬出馬，協尋消失的水源。郭守敬接到命令馬上出發，在大都周邊各地進行探勘，最後在昌平縣東南神山找到一泓白浮泉（即今之鳳凰山山麓之龍泉），不僅水清且水量也豐沛，將之引至京西，大大抒解了大都飲用水問題。單一解決方案似乎不足以無慮，於是他另外再將西山幾處小泉眼匯集，引導向南再沿西山東麓流入甕山泊，即為今日昆明湖之濫觴；再接梁河（長河）引入大都，蓄積成潭，就是現在有名的什剎海；再將潭水引往東南，接通州高麗莊與大運河銜接。這一連串環環相銜的舉措，只用了短短一年的時間就築成長一百六十里的運河，不僅達到抗旱，解除大都水荒，更具有防洪功能，真的是一舉兩得。

上知天文修訂曆法

水利學家郭守敬同時也是一位了不起的天文學家，真是太有才了。西元一二七六年忽必烈下令由郭守敬負責執行修訂曆法任務。一般來說就是在歷代曆法基礎上加以微調校準，但郭守敬不走這條中規中矩的傳統路徑，他潛心研究兩漢以來七十餘種曆法，經過嚴密篩選從中挑出十三種為基礎，再加以取捨改良研發出元朝曆法。曆法更新了，依舊制打造的天文儀器也要更新，郭守敬就捲起袖子自己打造新設計的天文儀器——簡儀、仰儀、立運儀、證理儀、渾天象、窺幾、星晷等。據《元史》記載郭守敬的天文儀器：「皆臻於精妙，卓見絕識，蓋有古人所未及者。」最後壓軸的就是在大都城東修一座司天臺，作為觀測天文的基地。

到底郭守敬在天文學上有哪些成就？其一，對「黃赤大距」宿距度的測定，以及新曆法「授時曆」之編訂。這兩項都是很不得了的成就。

郭守敬這位誕生在十三世紀的科學奇才，於機械工程、地理學、數學皆有精彩的貢獻。天文學界為紀念郭守敬，西元一九七〇年國際天文學會特將月球背面一座環形山命名為郭守敬山；中國科學院南京紫金山天文臺也把欣發現的四顆行星之一命名為郭守敬星，藉此向郭守敬致敬。

獨眼石人的造反預言——紅巾軍揭竿而起

話說元朝末年，黃河經常決口氾濫，受災地區多集中在河南、山東境內，水患再次成為元朝政府頭疼的大問題。再頭疼還是必須面對，西元一三五一年的春天，來自汴梁、大名（汴梁即今河南開封，大名即今河北大名）等十三路的十五萬民工，被政府徵召投入整治黃河的行列。由於水患影響民生甚鉅，政府限定此一治河工程必須四月動工，而且只給三個月時間，也就是說七月就要全部完工。

治河工程素來就是肥缺，治河官員又都貪得無厭，將政府撥下來的經費層層瓜分，最後落到民工身上的伙食津貼往往少得可憐，往往連飯都吃不飽。由於短短三個月就要整治好河道，民工在官員的催逼下沒晝沒夜的拚命趕工。偏偏河工是花力氣的粗活，吃不飽就沒力氣做工官員就會責罵還會遭到鞭打，搞得民工苦不堪言。

一條黃河整治出如此民怨，看在當時信眾頗多的白蓮教首領韓山童、劉福通眼裡，絕對是個造反抗元的好時機。由於中國人普遍相信皇帝是天子，所以老天爺會自己決定由誰家做皇帝。可是老天爺的決定，百姓如何得知呢？老天爺會藉由各種祥瑞或異象的呈現，最會搞這套的就是王莽了。

現在就來看看韓山童、劉福通打算怎麼做。首先弄清楚整治河道的路線，斟酌後選定黃陵崗（今河南蘭考東北）作為老天爺賜符命的地點；地點選定後要準備所謂「符命」，他們特地雕了一尊獨眼石人，在背後刻上「莫道石人一隻眼，挑動黃河天下反」，搞定後先埋在黃陵崗。「局」已鋪墊好了，現在該白蓮教登場。幾百個白蓮教友混進工地做挑河民工，一邊幹活一邊唱道：莫道石人一隻眼，挑動黃河天下反。

民工聽了半天搞不清楚甚麼是石人一隻眼，但天下反倒是聽得真切。這天河道終於挖到黃陵崗，吭的一聲可能挖到石頭吧？繼續挖下去竟出現一尊獨眼石人雕像，登時大夥兒都了過來，竊竊私語道石人一隻眼莫非就是指這個？突然有人喊石人背後有字：「莫道石人一隻眼，挑動黃河天下反。」原來那些人唱的歌謠如今應驗在眼前，莫非元朝真的氣數已盡，老天爺要我們揭竿而起？消息如野火燎原般迅速在十幾萬民工之間傳開。韓山童、劉福通趁機鼓動大家：老天都說話了，咱們現在不反更待何時？

眼看時機成熟，劉福通建議韓山童，人心思宋，不妨以恢復宋朝為號召，會吸收更多人加入。韓山童覺得很有道理，就當眾宣布自己其實不姓韓，是隱姓埋名的宋徽宗八代孫；劉福通的真實身分則是南宋大將劉光世後裔。老百姓竟也不疑有他。

韓劉二人挑了黃道吉日，當天便將一干人等聚集起來，煞有介事地宰了一匹白馬、一頭黑牛以祭告天地，當場韓山童被推為領袖，自號明王，大家敲定某日於潁州潁上（今安徽阜陽、潁上一帶）起義，屆時以紅巾裹頭為記。一切進行到這裡堪稱順利，都照著預定的流程走，當大夥兒正歃血立誓之際，大批官兵衝進來抓韓山童！大夥兒只得硬著頭皮跟官兵對幹，結果韓山童被捕伏法，其妻帶著兒子韓林兒逃到武安躲避官府追捕。

另一邊劉福通帶著一幫兄弟殺出重圍，躲躲藏藏地回到潁州老家，按原訂計畫揭竿而起。沒想到順利拿下潁州等地，挑河民工聽說劉福通真的造反了，便群起殺掉河官，投到劉福通麾下。這群頭裹紅巾的雜牌軍被百姓稱為紅巾軍。僅僅十天就增加到十萬餘人，一個月攻下不少城池，氣勢如虹，銳不可當。

白蓮教在江淮一帶信眾頗多，大家一聽劉福通已經揭竿而起紛紛跟進。頓時群雄並起，有蘄水（今湖北浠水）的徐壽輝、濠州（今安徽鳳陽）的郭子興等，都以紅巾軍旗號開始抗元。暴雨將至，元朝即將身陷末世的狂風暴雨之中。

上應天命，崛起於江淮的朱元璋

古人只有皇親國戚、達官貴人、士大夫才有名有字有別號，一般升斗小民的名字多以家中排行或父母年齡相加總合為名，簡單明瞭，算是江淮一帶的風俗吧！話說住濠州鐘離（今安徽鳳陽東）的朱五四，為兒子取名為重八。別笑人家名字，這朱重八長大後改了名字，就是赫赫有名的明代開國君主朱元璋。

朱元璋十七歲時淮北地方大旱成災，接著蝗蟲來湊熱鬧，最後又爆發了瘟疫，實在是禍不單行。就在這一年父母和大哥都感染疫病過世，留下朱重八與二哥相依為命。兄弟倆手邊連買棺材的錢都沒著落，全靠鄰里慷慨解囊才讓親人入土為安。面對未來，朱重八腦袋一片空白，還是鄰居提了個醒，建議他去鄰近的皇覺寺出家，這樣吃飯就不成問題了。就這樣朱重八糊里糊塗地當了和尚。在寺裡混了一陣子，聽說紅巾軍已經揭竿而起，朱重八當下決定還俗去投靠郭子興。

朱元璋是一塊當兵的料，敢衝敢殺又有謀略，投身軍旅算是走對了路，很快就得到郭子興的賞識並收為心腹，出兵打仗前都會先找他商量，最後還把養女馬秀英許配給朱重八，這位小姐就是歷史上有名的馬皇后。這時朱重八在部隊裡已小有名氣，覺得自己的名字不登大雅之堂，遂改名為朱元璋。

此時群雄並起，各路紅巾軍都有自己的勢力，光小小一個濠州城就分了好幾個派系，只顧著勾心鬥角哪有時間攻城掠地！西元一三五三年朱元璋決定另起爐灶，回老家招兵買馬。他登高一呼，一起長大的好友徐達、吳良、周德等都投到他的麾下，短短十天不到就有七百人加入。這批同鄉弟兄與之後陸續加入的鄧愈、常遇春、胡大海等人，都是朱元璋打天下的鐵桿夥伴。

武將陣容敲定之後，現在需要的是謀士幕僚。朱元璋找到定遠名士——馮國用與馮國勝兩兄弟，專門向他倆請教打天下的策略。馮氏兄弟提點朱元璋，應該先取下戰略位置重要又是歷代帝王定都之地——金陵（元稱集慶，今之南京），拿下金陵後先安撫民心，待民情穩妥之後再派大軍往四面八方出兵，得天下又有何難。馮氏兄弟的意見朱元璋牢牢記在心裡。

鏡頭跳到西元一三五四年，朱元璋的部隊已經增加到兩、三萬人。郭子興於西元一三五五年病逝，韓林兒遂任命郭子興之子郭天敘為都元帥，右副元帥由部將張天祐擔任，左副元帥由朱元璋出任。是年九月攻打集慶（金陵）時，郭天敘、張天祐陣亡，左副元帥朱元璋升為都元帥，等於接收了郭子興的部隊。

除了朱元璋之外，江淮一帶還有徐壽輝、張士誠、雙刀趙和李扒頭等多支紅巾軍，他們各據山頭，都想擴大勢力範圍，彼此之間攻伐不斷。朱元璋一直惦記著要攻取集慶，想從和州（在今安徽）渡江攻打采石、太平（今安徽），然後直取集慶。這條路線會經過江淮一帶紅巾軍的地盤，朱元璋順勢收編雙刀趙和李扒頭的巢湖水軍，讓自家水陸作戰能力大幅提升，更有勢力攻取集慶。

西元一三五六年，朱元璋親自指揮水陸大軍數十萬人全力攻城。元朝守將福壽看到大軍壓境，立刻緊閉城門死也不出來應戰。可是城已被圍，又能撐得了多久呢？終於集慶失守，福壽在混亂中被砍死。拿下集慶之後，朱元璋便將集慶改名為應天府，取上應天命之義，藉此宣示自己是天命所授的天子。

朱元璋是個很會觀察局勢且能屈能伸的亂世人物，懂得利用他人的勢力來保護自己，在保護傘下默默發展實力。例如劉福通在北方勢力最強時，朱元璋就聽從小明王韓林兒的命令，遵奉大宋的龍鳳年號，甚至打著大宋旗號方便自己謀事。但他的部隊仍維持一定的獨立性，並未收編在劉福通麾下。後來劉福通出兵北伐時，朱元璋趁老闆不在家就自行出兵直取集慶，拿下這兒做為自家根據地的核心。接下來的三年他又拿下常州、寧國（今安徽宣城）、揚州、處州（今浙江麗水）等地。此時的朱元璋已非當年吳下阿蒙，江淮一帶幾乎成了他的勢力範圍。反觀小明王韓林兒與劉福通則是盛極而衰，退守安豐時還得向朱元璋搬救兵，真是此一時也彼一時也！

一巨艦朱靈啟示錄——陳友諒飲恨鄱陽湖

元末群雄並起，現在來看看他們的勢力範圍：

1. 朱元璋：以應天府為根據地。
2. 方國珍：浙江。
3. 張士誠：吳地。
4. 明玉珍：四川。
5. 陳友諒：湖廣。

這五股較成氣候的勢力，算是拿到爭奪天下的入場券。其中大家最熟悉的就是朱元璋與陳友諒。

陳友諒最早是拜在反元大將徐壽輝麾下作部將。可是陳友諒是個兇狠奸詐又有野心的人，後來他乾脆謀殺徐壽輝自己稱王。陳友諒掌控了湖南、湖北、江西等地，堪稱南方較為強大的割據勢力。當時朱元璋的聲勢也不弱，陳友諒密謀聯合統有吳地的張士誠，預備兩軍自東西兩方夾擊朱元璋大軍。朱元璋陣營得到情報，軍師劉基根據當前局勢與敵方兩軍統帥性格，分析道：張士誠生性膽怯多慮，不打沒把握的仗；陳友諒空有野心卻欠缺智謀。再者，敵軍長途奔襲必定疲累，不妨採用誘敵深入之計，我軍以逸待勞將之殲滅。朱元璋覺得劉基的分析很有道理，就送了降書給陳友諒。陳友諒不疑有詐，深入朱元璋陣營，結果自然是被朱元璋甕中捉鱉，狼狽不堪地落荒而逃。

陳友諒也不是省油的燈，受此挫敗後他休兵三年重新蓄積實力，不僅兵力達到六十萬，並下令打造數百艘大戰船，把小朝廷與眷屬全都移居船上。陳友諒勵精圖治，朱元璋也沒閒著，正率兵直奔安豐救駕小明王。陳友諒得到情報，立刻率水軍船隊沿江而下包圍洪都（今江西南昌），展開攻城之戰。洪都軍民頑強抵抗，終於等到朱元璋安豐救駕回頭，率二十萬大軍來解洪都之圍。陳友諒得到情報便將水軍撤到鄱陽湖，積極備戰，擬一舉消滅朱元璋主力部隊。鏡頭轉到朱元璋這邊，他正著手封鎖湖口，也摩拳擦掌準備與陳友諒決戰鄱陽湖。

開打前先來比較對陣雙方的實力：一是戰船，陳友諒手握船體高大的戰船數百艘，朱元璋的戰船相對小了許多；兵力上朱元璋也僅有二十萬。

如此實力懸殊的對戰，竟然也打了三天三夜，朱元璋自是寡不敵眾，不僅折兵損將，自己也差點被俘。看來不出殺手鐧不行了，朱元璋下令火攻陳友諒的大船隊。果然龐大的戰船運轉遲鈍，要逃開火攻談何容易，遂陷入一片火海，陳友諒的兵將不是被燒死就是狼狽跳湖逃生，連陳友諒也遭亂箭射殺，退出奪天下的擂台。

此後朱元璋陸續收拾了張士誠、方國珍，東南半壁江山漂亮入袋。回過頭端詳被奉為神主牌的小明王，看來已沒有必要了，朱元璋想想既然已決心要走自己的路，便悄悄派人送小明王回老家賣鴨蛋去了。已然大權在握的朱元璋，現在要自己粉墨登場當男一了。

一 元朝滅亡

元朝最後一位皇帝是元順帝，他是一個只圖後宮享樂全無危機意識的不上朝昏君。此時全國各地烽煙四起，眼看都要打到大都了，皇上還渾然不覺，著急的皇太子愛猷識理達臘決定與皇后、左丞相哈麻聯手，密謀將元順帝廢掉，讓自己早日登基理政，說不定元朝還可以存續下去。沒想到元順帝雖然日日玩樂，但消息還是很靈通，發現左丞相哈麻要推翻自己，搶先下令讓哈麻充軍廣東，充軍途中哈麻就讓人給打死了。皇太子與皇后見事跡敗露，哈麻也掛了，只好再找時機出手。此局已開，分成皇帝與皇后兩派的後宮，鬧起嚴重的內訌。

鏡頭調過來看元朝天下，各地百姓紛紛揭竿而起，情勢混亂不堪，手握兵權的大將——擴郭帖木兒（本名王保保，察罕貼木兒義子）、孛羅帖木兒、李思齊、張良弼等，不但不幫朝廷平亂反而擁兵自重，還四處爭搶地盤，鬧得民不聊生。元順帝雖多次下詔要他們別再自己人打自己人，但誰也沒理會他，反而打得更厲害。元順帝自忖手中兵力甚弱，還須依賴這些大哥壓制各地暴動的百姓，沒辦法只好隨他們鬧去。

元順帝裝聾作啞的結果，就是後宮跟前朝串成一氣，元順帝這一派的支持者為孛羅帖木兒與張良弼；皇太子這派的支持者為擴郭帖木兒、李思齊。兩派纏鬥不已，皇太子出黑手把孛羅帖木兒做掉，由自己人擴郭帖木兒上位掌握軍權。皇太子的安排可惹惱了同一掛的李思齊，因為後生小輩的擴郭帖木兒竟然坐到自己頭上，是可忍孰不可忍，於是他與皇帝派的張良弼等將領聯手，反過來掣肘擴郭帖木兒，兩派人馬對峙關中打了一百多場大小戰役，互有勝負但誰也贏不了誰，可雙方兵馬損失都不少，這又是何苦呢？

正在應天府積極準備北伐的朱元璋，見元朝大鬧內鬥且內耗嚴重，正是天賜良機，遂於西元一三六七年發出北伐檄文，文中點明元順帝昏庸無道，元朝氣數已盡，現在上天指派他收拾中原，拯救蒼生於倒懸。檄文表達了朱元璋是天命所在，讓出兵攻打大都名正言順。此役由徐達任征虜大將軍、常遇春任副將軍，統領二十五萬大軍直取大都。大將徐達迅速打下山東、河南，元軍望風而逃根本不堪一擊。

西元一三六八年朱元璋在應天府登基稱帝，國號明，建元洪武。嶄新的大明王朝正式誕生。

看完明太祖登基大典的轉播，鏡頭再轉到前線。現在明軍已攻下潼關，大都（今北京）岌岌可危。日前受到張良弼與李思齊聯手杯葛的擴郭帖木兒，其大軍就駐紮在太原，此刻正是元朝危急存亡之秋，他卻按兵不動毫無援救大都的意思。反觀李思齊與張良弼二人見朱元璋大軍如此會打，當下就率殘餘部隊往西逃竄。是年七月，各路明軍齊聚山東德州大會師，幾十萬大軍在此分水、陸兩線沿運河展開北伐，直指大都。明軍一路勢如破竹，攻下長蘆、青州續破直沽。元順帝得知直沽已然失守，駭然心驚；接著大都前哨站通州失守的快報傳來，大都已是朝不保夕了。

元順帝知道大勢已去，徵詢滿朝文武有何對策，太監伯顏不花哭道：大都是世祖留下的京城，唯有死守才不負祖宗！吾等願率禁衛軍出戰，還請陛下務必固守京城！元順帝尋思良久歎了一口氣，說道：「局勢已然如此，朕可不想像當年宋朝的徽欽二帝淪為俘虜！」元順帝擺明了就是要落跑，趁夜色他帶了后妃、太子和大臣百餘人，由建德門逃離大都，回北方大草原的老家。

不日明軍攻破大都，朱元璋遂將元之大都改名為稱北平，元朝正式滅亡，新的中原共主之位由明朝取得。元朝自成吉思汗建國至元順帝北逃，得年一六二年，歷十六帝。

中國大事紀

年代	事件
九六〇年	趙匡胤稱帝，建北宋。後周亡。五代至此告一段落
九八六年	北宋征遼失敗，楊業戰死
一〇〇四年	寇準力勸宋真宗御駕親征，雖然打勝仗但仍與遼簽訂澶淵之盟
一〇三八年	党項族李元昊稱帝，建西夏
一〇四三年	范仲淹推行新政
一〇六九年	王安石推行變法
一〇八四年	司馬光完成巨作《資治通鑑》
一一一五年	女真族完顏阿骨打稱帝，建金朝
一一二〇年	方臘起義
一一二五年	金滅遼
一一二七年	金兵攻入東京，北宋亡。宋高宗即位是為南宋伊始
一一三〇年	韓世忠在黃天蕩阻擊金軍
一一四〇年	岳飛在郾城之戰大破金軍
一一四一年	宋金紹興和議
一一四二年	岳飛遇害
一一六一年	采石之戰，虞允文大敗金軍

一二〇六年	韓侂胄北伐失敗；鐵木真統一蒙古，稱成吉思汗
一二一〇年	愛國詩人陸遊去世
一二三四年	蒙古滅金
一二七一年	忽必烈稱帝，國號為元
一二七九年	元軍攻占 山，南宋亡
一二八三年	文天祥就義
一三五一年	紅巾軍揭竿而起

第23章

明朝崛起，
漢人重回中原掌權實錄……

明朝，是中國歷史上最後一個漢人稱帝的王朝，自西元一三六八年至一六四四年，剛好夾在元朝與清朝兩大北方部族在中原建立的政權之間。

明朝初年在洪武、建文、永樂三朝的努力下，天下太平，國力強盛，直到明宣宗時期的百年間，大明王朝南征北討，版圖北至西拉木倫河與陰山，東北至外興安嶺，西北至哈密，西境涵蓋西藏與雲南，東與南抵海。大明疆域包括內地兩京十三省、南海諸島，還曾在東南亞舊港等地設置羈縻管理機構，當時對亞洲與非洲東岸都有一定的影響力。

一天下統一稱「大明」——明太祖朱元璋

朱元璋在江淮一帶站穩之後，便開始向四方拓展。首先將西邊的陳友諒擊敗；接著打掛東邊的張士誠；至於南邊殘餘的幾個小勢力，由徐達指派湯和直取方國珍，方國珍見明軍如此大陣仗，肯定打不過乾脆就投降了。湯和下一役是南下攻打廣東。此外，胡廷瑞率明軍攻打福建，大將楊璟率兵攻下廣西。在明軍勢如破竹地南征北討下，長江以南已然都在朱元璋掌控。這時李善長率文武百官建言朱元璋，江山大半在握，足以稱帝了。眾臣足足請求了三次，朱元璋才勉為其難地點頭答應。

朱元璋於西元一三六八年在應天（今南京）稱帝，國號明，建元洪武。並將應天改稱南京。朱元璋就是歷史上有名的明太祖，同甘共苦的髮妻馬秀英（郭子興養女）立為皇后，就是歷史上有名的馬皇后，又立長子朱標為皇太子。

徐達帶領幾十萬大軍於西元一三六八年直取元朝京城，元順帝與駐防的士兵聽到風聲皆驚駭不已，徐達不費吹灰之力就攻下大都（今北京）。此刻，朱元璋算是真正統一天下了。

朱元璋一向視漢高祖劉邦為偶像，更何況自己跟劉邦還是同鄉，因此他有樣學樣先將皇長子立為皇太子，其他二十四個兒子全都封王，給予領地，還允許他們在領地設置官署與護衛隊；跟著他出生入死打天下的功臣將領也都分封為公侯，其中七位封公的是魏國公徐達、鄂國公常遇春、韓國公李善長、曹國公李文忠、宋國公馮國勝、信國公湯和、衛國公鄧愈，而軍師劉伯溫的功勞並不亞於前面七位，朱元璋也想封他為公，但劉伯溫堅持不受，請求告老還鄉，朱元璋從善如流地賞賜一筆財帛讓他返鄉去也；至於軍功烜赫封侯的總計有二十八位。

大封功臣固然讓朱元璋嘗到做皇帝的爽滋味，但這些人都是會打仗帶兵的，萬一生出異心難保不會造反，為了監控這些公侯動向特別設置錦衣衛。這個帶有濃厚特務色彩的單位直屬皇帝一人，負有監視大臣公侯動態的職責，並將監視結果直接向皇帝會報。在內政方面，朱元璋讓百姓休養生息，社會秩序漸趨安定，經濟與農業慢慢復甦。

由明太祖開創明朝後揮師北上，歷八個月攻下元大都，繼之以二十年時間武力掃平各地殘餘勢力，完成統一天下的大業。明朝極盛時疆域：東至大海（含臺灣及附近島嶼），南及南海諸島，西南到雲南、西藏，西至巴爾喀什湖，北抵大漠，東北及鄂嫩河、外興安嶺以北與鄂霍次克海。

一 胡惟庸加上藍玉，將淮西親貴株連殆盡

隨着朱元璋出生入死打下江山的淮西親貴，在明朝初年加官晉爵、封為公侯者風光無限。但是朱元璋為了鞏固自己的皇位寶座，藉由兩件赫赫有名的大案——「胡惟庸案」與「藍玉之獄」，將明初開國功臣武將一舉殺盡還株連無數，後世更言其「株連天下」可見因這兩案送命者有多少啊！

胡惟庸案

出生淮西定遠的胡惟庸，跟朱元璋稱得上是故舊。朱元璋得天下後，胡惟庸在李善長的推薦下於西元一三七〇年進入中書省任參知政事，由於甚得皇帝寵信，在幾年內連升三級，做到中書左丞、右

丞相、左丞相，官運亨通，聖上恩寵無人能及。至西元一三七七年短短七年的時間，胡惟庸已是皇帝之下、萬人之上的大明第一人，亦是明朝首位也是唯一的「平民丞相」，甚至獨居相位長達四年。位極人臣對於胡惟庸真的是才能卓絕？還是深通為官之道？其實這傢伙不是無才卻真的是個奸臣嘴臉——假借皇上好惡以報復個人恩怨。他這點本事，朱元璋並非不知，只是未說破罷了。為什麼不說破呢？只因時機未到。西元一三八〇年初朱元璋見時機成熟，遂以「擅權枉法」之罪將胡惟庸逮捕，不僅他個人被處極刑，胡氏一門全家抄斬；還累及御史大夫陳寧、御史中丞塗節等數人，皆因此案遭殺身之禍。

但是朱元璋是個面子裡子都要的皇上，他要整肅胡惟庸，光靠「擅權枉法」還不足以做成必死鐵案，於是便給已經處死的胡惟庸再追加私通倭寇、陰謀造反等罪名，反正死人又不會喊冤，罪名扣上後胡惟庸便是死有餘辜。

別以為朱元璋料理完胡惟庸一門，此案便告終結，不！此案對朱元璋而言是方興未艾呢！因為此後的十數年間，朱元璋以「胡惟庸案」為由，「查」出不少「同謀」，牽連幾乎把當年從淮西跟著他出來的文臣株連殆盡，一直殺到西元一三九〇年竟宣稱胡惟庸謀反案的線索直指已高齡七十七的太師、韓國公李善長！這可是他的兒女親家、臨安公主的公公啊！可是案子都已經追查到眼前了沒有縱放的道理，朱元璋硬是將李家七十餘口給殺了。唯一例外的是竟然留下四個活口——親生寶貝女兒臨安公主與駙馬爺李家長子李祺，還有他們生的兩個兒子。「胡惟庸案」到此劃下句點了嗎？並沒有！雖然朱元璋於同年宣稱肅清奸黨，並以此為由主持編寫了《昭示奸黨錄》頒布天下，可是西元一三九二年還是忍不住以坐通胡惟庸為由捕殺了靖寧侯葉升。至此胡惟庸案總算結案了，前後殺戮達十二年，株連之文武官員達三萬餘人（其中包括一位「公」、二十一位「侯」），等於將淮西親貴在文臣一掛的勢力徹底剷除乾淨，讓朱元璋不用擔心老鄉們恃寵而驕了。

「文」的拔毒已盡，下一步就要來拔「武」的餘毒啦！這次朱元璋找了「藍玉」當引子。

藍玉之獄

出生淮西定遠的藍玉，是位英勇善戰的武將，深得朱元璋器重，還冊封其女為蜀王朱椿妃，與皇室結為姻親。胡惟庸案鬧得正凶時已有人舉告藍玉與胡惟庸有聯繫，當時朱元璋卻是按下不問。為什麼呢？因為此時藍玉還在沙場上攻伐北元並贏得大勝而歸。朱元璋盛讚藍玉驍勇善戰，是大明朝的漢衛青、唐李靖，將他封為涼國公。不過藍玉似乎有點頭腦發熱，竟然私納元王妃作妾，讓主子朱元璋頗為不滿。當朱元璋建明朝後，藍玉驕縱之態更是變本加厲，不僅莊園裡養了數千名莊奴、家丁，在鄉里恣意橫行不說，還玩起侵占民田的把戲，風評極差。朝廷御史前來查問不但被轟出莊園還挨了幾鞭。藍玉北征班師回朝，於喜峰關關口時，嫌守關官吏開門太慢，不耐久候竟讓手下破關而入，這等膽大妄為之舉令朱元璋大為不滿，皇帝主子終於不想再隱忍了。

「藍田之獄」的手法跟「胡惟庸案」手法如出一轍，但殺戮的節奏更為快速狠辣，因為此時的朱元璋已經年邁，感受到日暮途遠的壓力故而倒行逆施。西元一三九三年藍玉被告發謀反，朱元璋馬上將其逮捕下獄，三天就判他淩遲之刑再加碼滅三族。這次被株連的範圍頗廣，連藍玉家的西席或為藍玉題畫者都算同黨，殺之。此後兩個多月裡，因為被冠以同謀而輾轉株連丟命者達兩萬餘，包括一位國公（開國公常升）、十三位侯（景川侯曹震、鶴壽侯張翼、舳艫侯朱壽、定遠侯王弼、會甯侯張溫、瀋陽侯察罕、宣寧侯曹泰、懷遠侯曹興、西涼侯濮口、東平侯韓勳、全寧侯孫恪等）、兩位伯（東莞伯何榮、徽先伯桑敬）、十餘位都督等等。幾乎與藍玉同事過的勳臣都被除掉，就連案發前已駕鶴西歸者也無法逃掉株連厄運，硬是被溯及既往連子孫都殺。朱元璋比照胡惟庸案，亦頒布了《逆臣錄》一書昭告天下。

歷史上將胡惟庸與藍玉這兩件大案合稱「胡藍之獄」，總計五萬餘人遭殺身之禍。說到底，朱元璋就是趕在自己駕崩之前，把有可能恃寵而驕的淮西親貴、開國功臣宿將一一翦除，以免威脅朱家天下。

明初冤獄不斷，捕風捉影之事更令人膽寒。話說某年元夜，朱元璋偶然瞥見一幅畫，畫中婦人懷抱西瓜騎於馬上，妙的是這匹馬兒的蹄子被畫得特別大。朱元璋循思道：馬皇后乃淮西人士，淮、懷諧音，在看到大的出奇的馬腳，遂將之解讀為：馬皇后腳大！這還了得——譏諷當朝皇后，真是膽大包天。於是下令徹查京城官民中所謂不守本分者，保守估計以萬為計，通通殺掉。其他幾大冤獄送命者也有好幾萬人！經過幾趟篩檢下來，功臣宿將差不都清理乾淨。影響所及讓明初的文武百官莫不膽戰心驚，每日上朝成了生死未卜的賭局，出門時彷彿與家人生離死別般忐忑。

朱元璋羅織罪名、濫殺朝臣的惡劣作為，等於給子孫做了最壞的榜樣，繼位的第四子明成祖朱棣有樣學樣，以同樣殘酷的誅殺手段料理建文帝（朱元璋嫡長子朱標之子允炆）時期的朝臣，還真是有樣學樣。

恐怖啊恐怖——明朝嗚呼連天的文字獄

若論「文字獄」高手，明太祖朱元璋肯定是第一把交椅。說到底還是因為他崛起於民間草莽，最慘時為了活命還做過和尚、乞丐，這些不堪回首的過往成為朱元璋最痛、最敏感的神經——自卑到了極點就時時刻刻都覺得那些文臣士子話中都帶刺，對他的出身暗中譏諷。影響所及，大臣們跟朱元璋對話、上奏章都萬分仔細小心，以免朱天子從中揣摩出蛛絲螞跡，給扣上譏諷當朝天子的帽子，自己掉腦袋也就認栽了，可憐九族皆受株連那就太慘了！因此之故，明初還真鬧過不少奇怪的文字獄，冤案錯案更是多不勝數。

文字獄檔案1

話說朱元璋年幼家貧，給人家放過牛、做過小和尚，後來還跟著村子裡的農民揭竿而起，走上東西闖蕩、南征北討的抗元開國之路。這段成功之前的艱辛之路總讓他覺得不夠體面，跟現在的九五之尊不太相稱，深怕他人提起而看輕自己。故事是這樣的，明朝初年皇后冊封、立太子、天子誕辰與年節等大典，朝臣都要獻上《賀表》以示祝賀。杭州替杭州知府進獻由府學教授徐一夔代擬的《賀表》寫道：「光天之下，天生聖人，這世作則。」基本上這些都是不痛不癢極安全的諂媚好話，沒想到朱元璋一看就抓狂，搞得滿朝文武一頭霧水。原來賀表中的「光」、「生」、「則」這三個字招災了——「光」者暗指「禿」、「生」者諧音「僧」、「則」者音似「賊」，所以就是譏笑天子是禿驢、和尚、鬧民變的亂賊！這樣污辱天子實在罪該萬死，大臣們莫不為之語塞，眼睜睜看著徐一夔被拖出去砍了。

文字獄檔案2

倒楣鬼許元撰寫《萬壽賀表》，文中寫道：「體乾法坤，藻飾太平。」結果掉了腦袋。朱元璋的解讀是「法坤」與「髮髡」同音，罵老子剃光頭做過和尚；「藻飾」與「早失」諧音，咒大明江山「早失太平」，不砍他腦袋還得了！

文字獄檔案3

懷慶（今河南）府學訓導寫了「遙瞻帝扉」，此「扉」與「非」諧音，朱元璋合理懷疑他在暗諷當今天子，所以當斬。

歸納一下朱元璋該死的文字獄邏輯：一、字義相同；二、字音相近。這範圍還真是「聖心獨裁」啊！逼到後來掌管禮儀的大臣只得冒死上奏，請皇上裁示日後奏章書表該怎麼避諱，訂個格式也好遵奉。朱元璋覺得這提議不錯，就在西元一三九六年命人撰寫賀表格式頒布天下，日後臣子要慶賀謝恩就照抄了事。可惜此舉並沒有杜絕文字獄作怪，朱元璋還是手癢又殺了不少倒楣鬼，不過這次是因為臣子寫了錯別字，犯到皇上的忌諱。

文字獄檔案4

山東兗州知州盧熊上奏書，結果不知識自己粗心還是書吏手誤，把「兗」誤植為「袞」。朱元璋勃然大怒，認為盧熊是要天子「滾蛋」。可憐盧知州就這樣送了命。

在此簡單總結會觸及朱元璋逆鱗的關鍵字：

1. 僧、盜、光等字，連同音同義的生、道、亮、禿等字也不行。凡上奏章表有這類字者皆誅之。
2. 朱元璋抗元時被元朝罵為「賊」，因此凡「賊」及與之因近之「則」、「責」、「擇」都不行說、用或指涉。

3.明朝之人禁用：天、國、君、臣、聖、神、堯、舜、禹、湯、文、武、周、秦、漢、晉等字為名；隨後再補一槍，禁用：太祖、聖孫、龍孫、黃孫、王孫、太叔、太兄、太弟、太師、太傅、太保、大夫等為名。

朱元璋大興文字獄導致嚴重後果：

1.官員一旦被牽連就腦袋難保，上朝宛如與家人訣別。

2.讀書人怕受到牽連都無意出仕，搞得人才都不肯做官。

3.朱元璋大搞文字獄之外，更糟的是後繼的明朝皇帝也頗好此道，朱棣曾對元雜劇出手，而朱祁鎮則是對民間傳奇出手，成果都異常慘烈。

明末文人張岱曾於《石匱書自序》中沉痛指出：「有明一代，國史失誣，家史失諛，野史失臆。故二百八十年，總成一誣妄世界。」可見文字獄荼毒之烈不僅對文人、文化造成嚴重斲傷，更在社會投下巨大陰影，成為無人敢說實話、真話、針砭之語的朝代，加速其走向滅亡。

政治風向正不正確大有關係——明初南北榜事件簿

明朝大勢底定之後，人才需求殷切，朱元璋全面恢復了宋元科舉制度，並於西元一三七〇年舉辦大明首次科考——鄉試，翌年二月於南京舉行會試，總計錄取一百二十名進士。這一批進士與會試錄取的舉人，朝廷馬上授予官職，趕緊讓他們上任，為新朝效力。明朝還頒布「科舉程式」，將關乎人才晉用的科舉考試加以制度化、定型化，儘管部分細節與前朝有異，不過在「會試」這一級大致與前朝無二，基本上仍是開放全國士子公平競爭，寒窗苦讀看誰脫穎而出。西元一三八二年科舉制度經朱元璋頒訂，有關規則包括應試答卷的八股文形式也一併確立，也加以制度化。從此八股文一路沿用到清朝，內容也圍繞著四書五經打轉，此一規範固然讓考生好準備，卻也限制士子的思考格局與靈活應用。

儘管科舉制度在朱元璋的精心校準下復原上路，可是元末戰亂影響所及造成北方動盪，使得士子在程度上與相對較安定的南方產生落差，因此引發了朝野震驚的「南北舉子爭科考」事件。

話說西元一三九七年由劉三吾、白信蹈擔任主副考官的會試，自數百名舉人中點出五十二名貢生，並以宋琮為貢生第一，名單上報皇帝經御覽後放榜。當貢院門口貼出黃榜立刻一片譁然，因為榜單上全都是江南士子，竟無一位北方士子上榜；貢生參加殿試，狀元由來自福建閩縣的陳某拿下。搞得參加會試的北方舉子群情激動，認為主副考官都是南人，故而刻意打壓北方舉子，不僅對黃榜扔泥球，一行人還聲勢浩大地跑到禮部請願、遞陳情書，控訴主副考官私取同鄉。儘管禮部請出錦衣衛鎮壓示威鬧事的北方舉子，但讀書人也不是好惹的，眼看紙包不住火，禮部權衡之下趕緊上奏陛下。朱元璋一看奏報大怒，親自查問主考官劉三吾，為國舉才的科考怎麼會鬧得如此不可收拾？劉三吾老實回覆，實在是北方連年戰火，民生與教育大受影響，北方舉子的文章程度自然不如南方舉子。

劉三吾是說了實話，但是沒聽懂朱元璋的弦外之音，政治敏感度也沒跟上，沒看出陛下要穩住北方民情與國境，這場北方舉子的示威事件正好拿來做點文章。

朱元璋先下令由翰林院侍講張信主持會試複查，結果自然仍是南方文章優於北方，朱元璋大為不滿，認為是他們故意做手腳來騙他，立刻下令捉拿劉三吾、張信、白信蹈三人，要他們吐實。可是事實就是事實，不論刑部怎麼審，三人的口供都一樣，政治風向正確的刑部官員很清楚陛下的目的，最後搬出辦文字獄的手段，前後扯出六百餘人涉案的徇私舞弊大案，這才敢向陛下呈報結案。朱元璋當然知道這些人是冤枉的，不過安撫北方為第一要務，只能犧牲這六百餘人了。

結果這一榜的進士全部廢除，可憐新科狀元硬是被安上行賄罪掉了腦袋。是年四月底，涉案二十餘位考官正法；五月，士子的文章改由朱元璋親自閱卷，點出六十一名進士全為北方士子，由河北韓克忠為第一，山東任伯安第二，北方士子的洶洶之情才算平復。不過從此以後，為了避免再生事端，明朝辦科舉一律採行分南北榜取士，果然南北士子都開心滿意。以上就是明初有名的「南北榜之爭」案。

一 四叔父與姪兒——朱棣奪下侄子的大明江山

朱元璋的嫡長子不幸早逝，所以由孫兒朱允炆繼承帝位。這位年輕皇帝一上位就開始鞏固中央之權，磨刀霍霍拿祖父分封的諸王藩鎮開刀，一下子削奪了五位藩王，正準備向第六位——四叔燕王朱棣出手時，不只踢到鐵板，簡直是不要命！

話說朱元璋四子朱棣一路隨著父親四處征戰，表現傑出，是一位很厲害的少年將軍。朱元璋一統天下之後，將這位能征善戰的四兒子封在北京，是為燕王。姪子登基當皇帝，老實說四叔心裡挺不是味道，偏偏姪子還把削藩大刀直指自己，是可忍孰不可忍！於是朱棣一不做二不休，乾脆在西元一三九九年以靖難之名起兵，說好聽一點是幫皇帝平定禍亂，說難聽一點平什麼亂？不就是他自己在作亂造反嗎？

善戰的燕王先將北京城控制在握，一路招降通州守備將領、奪薊州、破居庸關，攻勢實在淩厲。姪兒皇帝能夠防備四叔父南下的只有駐軍開平的宋忠，可是由於狀況未明，宋忠謹慎以對，先將大隊人馬移防懷來，沒想到部隊裡竟有人臨陣倒向燕王，結果宋忠敗北被俘。將宋忠搞定之後，燕王在北方沒有後顧之憂了，可以毫無顧忌地揮師南下啦！

朱允炆是個文弱的文人皇帝，根本沒想過會有諸王興兵作亂。可是臣子黃子澄覺得狀況不妙，勸皇帝要趕緊有所行動，於是長興侯耿炳文、駙馬都尉李堅等人奉派北伐。出發前皇帝還對即將出發到前線的將士叮嚀：「別殺傷燕王，朕不要背負殺叔父的惡名。」

將領們面面相覷，戰場之上刀槍無眼，要活命就得把敵人殺掉。現在皇帝這樣交代，這場仗到底是要真打還是做做樣子？皇帝讓北伐的將領束手縛腳，但燕王可是火力全開，毫不留情，結果當然是把姪兒皇帝打得無招架之力。燕王看形勢大好打得更來勁兒，西元一四〇一年直取守備薄弱的河北地區。此時情報顯示朝廷部隊都派出來抵禦燕王，京城南京大鬧空城，燕王當機立斷，馬上繞過山東直攻南京，果然翌年就攻到南京城下。皇帝趕緊派出姑姑慶城郡主與四叔談判，希望與叔父劃江而治。可惜四叔拒絕，皇帝這才開始著急，哭著要大臣想辦法。皇帝著急歸著急但做的決策仍是糊塗的居多，例如讓官二代曹國公之子、出名的大草包兼美公子李景隆與谷王朱橞鎮守南京的金川門。

朱棣果然是用兵高手，一拿到情報後立刻決定大軍猛攻金川門，果然李景隆一點也不耐打，馬上開城門投降四表叔，南京城破。偏偏這時皇帝朱允炆不見了！只好由兵部尚書茹瑺帶領幾十位識時務的大臣出來投降，還忝不知恥地揣測朱棣心意，叩請外加勸說表態要英武的燕王稱帝。禁不起眾臣的再三敦促，朱棣順天應人地在南京即帝位，是為明成祖，年號永樂。靖難至此圓滿落幕。

一旦從南京遷北京——明成祖遷都北京城

來自北方的燕王於「靖難之役」如願登上皇帝之位，但南京怎麼喬都不如自己經營三十餘年的北方老巢安穩。這時有如雷達探針敏銳的臣子就上書建議遷都北平。不過遷都茲事體大，不是搬家搬公司，要考量的面向包括政治、經濟、民生與國防，皇帝必須好好評估，以免走錯一步萬劫不復。

明成祖不是頭腦發熱之人，評估遷都北平有兩大思考面向：

1.經濟與貿易：北平地處農業與遊牧兩大區塊交接之處，南來北往交通便利，是漢族與北方各族的主要貿易城市。

2.軍事與國防：北平不僅是出關管控東北地區的重要門戶，更因為形勢險要，是北方部族——尤其是蒙古人入侵時，北平首當其衝是軍事防守與進擊的重鎮。

經過縝密的分析之後，遷都北平有利於維護全國統一，對北方虎視眈眈的蒙古可就近監視，同時亦可藉由北境邊貿穩定與北方部族間的和平，以及兩邊民生經濟之提升。終於遷都北平之議由明成祖朱棣拍板定案。

遷都不是皇帝把龍椅搬過去這麼簡單，整個北平必然大興土木、脫胎換骨，才能與氣勢正盛的大明朝速配！明成祖於西元一四〇六年下詔興建北平宮殿；翌年北平城正式展開修建工程。可想而知整個北平城現在是一個超級大工地的概念，光是接到朝廷調集令的工匠就有三十萬人之眾，徵調傜役的民伕更是接近百萬之譜，可見工程之浩大。人力已然全國總動員了，建築宮室的木材也接到動員令，老遠從湖廣、江西、山西等省的深山老林中匆匆上路，趕往北平共襄盛舉；建造宮殿不可少的漢白玉石料，就近從北平近郊的房山取材，其他珍貴石材，像五色虎皮石是從薊縣盤山運來，花崗石則是從曲陽縣送來；宮殿的鋪地方磚也很考究，特別在蘇州燒製運來；至於砌牆用的磚塊就近在山東臨清燒製；粉刷宮牆的紅顏料取自山東魯山，送往博山加工製作；宮室內美麗的杏黃色牆壁，顏料則是由河北宣化的煙筒山產出供應。

偌大的京城光是皇室與文武百官的吃喝與生活用品就是一大工程，一般都是從米糧富庶的南方北運而來，當時沒有高速鐵路，光靠海運風險極高。明成祖果然有魄力，西元一四一一年命工部尚書、刑部侍郎等官員成立「疏通會通河」專案小組，主理運河淮南段整治工程。經過整治後，大大提高了運河的運輸能量，使得漕運取代高風險的海運，成為南北運輸的主力。

北平的米糧與生活物資的物流配送問題解決了，整座北平城的建都工程於西元一四二〇年大功告成，翌年年輕的大明王朝很有效率地完成遷都事宜，明成祖與文武百官在新都北京（此時北平已正式更名為北京）正式啟用。

北京城的首都規劃係以氣勢雄偉的皇宮（即現在的紫禁城）為城市中心，中軸線貫穿前門、午門、景山、鐘樓，街道極寬且嚴整規律，其他如官方單位、住宅區與商業區於四周展開。北京城是經過完整都市規劃之後，傾全國之力打造的首都，將中國傳統的城市理念與建築思維完美表達，堪稱世界建築史上的曠世之作。

一 沒有完成的超級尋人任務——鄭和下西洋

鄭和是中國最有名的航海家，但是成就他的卻是奪位成功的朱棣，朱棣為什麼會讓鄭和七次下西洋？很簡單，表面上是下西洋宣揚國威，實際上是到海外找尋失蹤的朱允炆。因為在國內一直沒找到朱允炆，時日一久便生出許多傳說，讓朱棣非常不安。

傳說一、當時宮中大火但朱允炆並未燒死，而是從地道潛逃出宮，躲到一間寺廟出家去了。

傳說二、逃出皇宮的朱允炆跳上小船一艘，逃到海外去了。

不管是出家還是出海，總之生要見人，死要見屍，於是朱棣叫來心腹袁忠徹，想聽聽他的意見。袁忠徹便建議主子，不妨派支大明朝船隊出訪西洋各國，既可宣揚國威又可以打探朱允炆蹤跡！朱棣覺得這法子不錯，可行。這個重責大任該派誰擔綱？這時「鄭和」的名字浮現朱棣腦海，沒錯，就是他。

鄭和，本姓馬，乳名喚作三寶，雲南昆陽人士。馬家自祖父輩開始便是伊斯蘭教徒，甚至還到過麥加朝聖，可謂虔誠至極。鏡頭拉到西元一三八一年，當時朱元璋率軍攻打雲南，俘虜了才十歲的馬三寶，看他聰明機伶便將他給了燕王朱棣，從此成為燕王府的小宦官。朱棣對這位小三寶甚是喜愛，南征北討都帶著他，小三寶見多了沙場征戰，不僅視野、見識與膽識都有所增長，就連兵法也相當熟稔，帶兵打仗頗為上手，所以朱棣認為鄭和是大明朝寶船訪問團團長的不二人選。船隊主要出訪的目標範圍在西洋，也就是現在的汶萊以西和印度洋沿岸各國。

鄭和接下出訪西洋的重任，還包括打造大型寶船等繁重的行前準備工作，當一切準備就緒便於明成祖永樂三年（西元一四〇五年）的六月十五，寶船船隊在鄭和與副使王景弘率領下，自蘇州劉家港

（今江蘇）啟航。船隊規模極大，由六十二艘船身長四十四丈、闊十八丈，可容納千人的寶船組成。這在十五世紀堪稱是世界上獨一無二的大海船了。船隊除了水手與船員外，還有為數不少的士兵，以及翻譯、醫生與技術人員，總計成員多達兩萬八千八百人之眾。既是出訪自然會帶上很多餽贈友邦的禮物，例如中國最出名的瓷器、絲綢、紙張與金銀財寶等，可說是名符其實的寶船。

鄭和船隊的出訪路線：占城（今越南）↓爪哇↓舊港（今印尼）↓錫蘭等國。

拜訪友邦的流程：

1. 到達一個國家先拜訪國王。
2. 獻上珠寶禮物。
3. 以船上的中國特產絲綢、瓷器與當地人交換在地特產。華麗的絲綢與精美的瓷器果然深受各國喜愛。
4. 鄭和船隊返航時，經過曾拜訪的國家時，其國王就會派使臣隨船隊到中國朝見大明天子朱棣。

西元一四〇五至一四三三年鄭和先後七次下西洋，走訪印度洋沿岸三十餘個國家，最遠曾抵達非洲東海岸與紅海沿岸，以及伊斯蘭聖地麥加。鄭和下西洋的時間足足比西方發現新大陸與好望角的年代早了半個多世紀，是世界航海史非常重要的一頁，可惜最首要的隱藏版任務尋找朱允炆，始終沒找著。

聚寶盆加持的明朝首富沈萬三

很多人都聽過元末明初巨富沈萬三致富的傳奇故事，如果能有一只聚寶盆那該多好啊！人將來能不能成富翁，取名字真的很重要，沈萬三，名「富」，字仲榮，俗稱「萬三」，起家於周莊，本來也是一般的躬耕之家，由於元代鼓勵土地交易、採輕商稅政策，以土地打下基礎的沈富，坐擁數千頃田產，以自家種的糧食為貨源到各地經商，輾轉於徽、池、寧、太、常、鎮等地，賺進可觀的財富。

當時周莊鄰近的蘇州商業十分興盛，貨物齊備又有港口可出海，元政府大推海外貿易，沈萬三自然貿易不落人後，將江南的精美絲綢、茶業與陶瓷藝品從周莊白蜆江上傳，經大運河由劉家港出海銷往海外，讓沈萬三財富倍增，成了富甲天下的大富豪。

細細分析沈萬三的致富之路，主要是天時、地利、人和讓財富集中到他家！

天時：生在元代大利商業

元代重商輕商稅，政策寬鬆不打壓商業，鼓勵商人從事海外貿易，沈萬三把握機會投入商場，以周莊的水路交通之便，在京杭大運河沿岸開設多家沈萬三商號，經營內需市場；政府對海外貿易控管寬鬆，他便把生意觸角伸向南洋，將周莊的鹹菜、浙江的茶、江西的陶瓷、江南的絲綢、西北的藥材、運到南洋販售，再將南洋的珍珠、瑪瑙、象牙、紅木等珍寶運回大陸販售，這搬有運無之間賺取巨幅差價，不成巨富才怪。

地利：出身周莊大力水運

沈萬三立足急水江邊的周莊，水路交通網絡非常便給，急水江往西入白蜆江即可輕鬆串聯蘇州，往東連結吳淞江可達太倉。所以沈萬三的船隊不論是往太倉劉家港，抑或取道京杭大運河北上貿易，又或者往東南出東海做海外貿易，都非常方便通暢，可以想見當時沈萬三船隊啟航時「急水揚帆」的盛況，堪稱周莊勝景。

人和：政府支持大利外貿

沈萬三所處年代，雖是元末明初的亂世但江南一帶的海外貿易幾乎不受影響，依然十分暢旺。元政府特設專司海外貿易的行泉府司，極盛時期在海上往來的貿易海船多達一萬五千餘艘，貿易航線廣及日本、南洋、中亞、非洲等地。沈萬三將江南各地的精美製品運往海外熱銷，再收購南洋珠寶珍品回中土販售，獲利豐厚，不成巨富也難。

塵封一百五十年的曠世奇書——施耐庵《水滸傳》

西元一二九六年蘇州城閶門外，懷胥橋施家巷裡住著孔子七十二弟子之一施之常的後裔，這戶家徒四壁的施姓人家生了兒子，由老秀才為他起名彥端，期許他將來能做個行為端正的君子。施彥端，就是華人社會如雷貫耳的《水滸傳》作家——施耐庵。

施家生活貧困，施耐庵到了七歲該啟蒙時，仍無法像其他孩子一樣去私塾上學。但血液裡留著好學基因的他，藉由到府學偷偷旁聽、向人家借書，刻苦累積學識，到了十三歲已經能在盛大場合得體應對，還在鄰里提議下斗膽提筆，代替遲遲未趕到的滸墅關教私塾的季秀才，為鄰居老丈寫祭文。當季秀才匆匆趕到時祭文竟然已經寫好了，他忙不迭地拿起來仔細讀了一遍，連聲讚道真是好文——盡管文字中有些稚氣，但對一位十三歲少年而言已是極為難得了。事後季秀才提議讓施彥端（耐庵）到滸墅關上學，不收學費。這位季秀才實在太欣賞施耐庵的才學，後來連女兒都許給他了！

在滸墅關讀書這段日子，施耐庵博覽群書並將諸子百家讀得精熟，對於當時刊行的暢銷名著《大宋宣和遺事》中「晁蓋智取生辰綱」、「宋江殺閻婆惜」、「楊志賣刀」等幾篇故事特別感興趣，甚至還認真地跟同學習武練藝。此外，話本、雜劇在當時已是流行的戲曲娛樂，蘇州城裡流行的劇目有《石頭孫立》、《青面獸》、《花和尚》、《武行者》、《同樂陪燕青捕魚》、《李逵負荊》等，是當時很有人氣的折子，施耐庵自然也是粉絲。這些戲曲跟話本小說裡講的「行俠仗義」、「英雄好漢」等有情有義的俠客精神，深深烙印在施耐庵心裡。

飽讀詩書的施耐庵於三十六歲那年春天（西元一三三一年），終於背起行囊上京城趕考去也。季秀才果然沒看走眼，施耐庵確是人中龍鳳無誤，秋闈金榜題名高中辛未榜進士。進士們在京中進行一連串拜謝活動時，他與同榜的劉姓進士結為好友，這位來自浙江青田的劉公子就是後來明朝開國的大名人——劉伯溫。兩位讀書人惺惺相惜，交往甚是投契，常泡在一起評論當前情勢，對於未來有著無限的熱情。朝廷開始分發職缺，施耐庵奉派到錢塘當縣尹，沒想到有一副俠膽的施老爺才做了兩年就受不了官場的污濁之氣，憤而掛冠求去。歸隱返鄉的施耐庵，跟岳父大人一樣開館教書，地點就在蘇州東南一帶的施家橋，過起閒雲野鶴般的教書生涯。

這天施耐庵的學堂來了一位自山西太原的新同學。羅先生是往來山西與蘇杭的商人，久聞施先生的才名，特別把兒子從家鄉帶來投到施先生門下讀書。施先生跟季秀才一樣頗有識人慧眼，看這位少年談吐不俗很是喜歡，而這位十四、五歲的新同學就是全華人社會都如雷貫耳的「羅貫中」。

某日施耐庵逛書店時看到一本《張叔夜擒賊》的話本小說，裡面講的都是梁山泊宋江這一百零八位好漢的俠義故事，施耐庵心中一動——既然官場污濁不是我的天下，那梁山好漢的俠義天下才是他理想中的世界！於是他以《張叔夜擒賊》為藍本，把歷來聽過梁山好漢的話本故事匯集起來，準備編修一本《江湖豪客傳》。執教鞭年間施耐庵之父與妻季氏相繼辭世，續絃家境不錯的申氏也是位書香風雅的女子，見施耐庵對梁山故事如此著迷，特別依宋末龔開《宋江三十六人贊》請畫師臨摹成三十六張畫像，讓夫婿可時時抬頭欣賞三十六位好漢的風采與身形，說不定能觸發更多寫書靈感。在申氏娘家的支持下施耐庵關閉了學堂專心寫作，只把羅貫中這位高足留在身邊當小助理，師徒二人不時討論切磋。

鏡頭轉到劉伯溫這邊，施耐庵選擇退隱而劉伯溫則在朱元璋身邊當軍師，劉伯溫刻意向朱元璋舉薦好友施耐庵，朱元璋從善如流還派劉伯溫向施耐庵多次傳達召請誠意。可惜施耐庵早已看透官場百態避之唯恐不及，悄悄搬回蘇州閶門外施家巷繼續寫他的《江湖豪客傳》。明初各地仍有大小戰事，施耐庵權衡之後認為留在蘇州終究難逃干擾，若想清心寫書必須找一處更隱密的所在才行。於是聯繫上曾任松江同知、嘉興同知但已辭官歸隱興化的好友顧逖。興化是處環山繞水的偏鄉，遠離戰火騷亂最適合安心寫作。施耐庵便偕婦申氏與弟子羅貫中一同北上前往興化，顧逖特別安排他們一家住到靠近黃海的白駒鎮去。

不死心的朱元璋一路征戰，當大將常遇春攻破平江時，朱元璋再度派出施耐庵的好友劉伯溫，帶御旨去找施耐庵，時年西元一三六七年。劉伯溫找了好久，好不容易找到施耐庵的新居所在，聰明如劉伯溫心裏明白，要把施耐庵請出來已是不可能了，便回去復旨。施耐庵看新地址曝光了，連忙在白駒鎮西十八里、自家田地裡建了一座蘇州莊園，一家人和學生羅貫中搬過去住。新居的村子西邊有處十餘畝大小的蘆葦蕩，茂密的蘆葦叢每到秋冬就成了候鳥樂園。施耐庵與羅貫中師生二人常常划著小船，在蘆葦蕩裡悠然而行，最愛登上湖中的迷你小島，把這兒想像成梁山好漢聚義的梁山泊，靈感不斷飛進腦海，一幕幕好戲就這樣一章章成形。

終於《江湖豪客傳》歷經多次修潤，即將大功告成，只是施耐庵對書名覺得不甚滿意，總覺得味道不對，就跟學生羅貫中討論。羅貫中果然聰明伶俐有默契，就提議：《水滸傳》如何？施老師推敲道：《詩經》有歌頌周朝發祥的詩句「古公亶父，朝來走馬，率西水滸，至於歧下」，詩中的水滸既有水邊之意，又寓有在野意涵，《江湖豪客傳》講得是亂世英雄的故事，水滸二字確實合適！

就這樣曠世奇書《水滸傳》橫空出世。新書還未上市就吸引民眾爭相傳抄，轟動一時。西元一三六八年冬，朱元璋也湊熱鬧拿到了《水滸傳》抄本。朱元璋可不是個心胸寬大的開國之君，不只多疑更是愛記恨，一看《水滸傳》講的梁山好漢個個都跟朝廷作對，立刻判定這是一本倡亂之書，作者施耐庵肯定有謀逆之心，必須除之才能讓天下無患。可憐的施耐庵被捉拿到南京下獄。劉伯溫一聽到消息趕緊到天牢探監，施耐庵趕緊拜託好友想辦法讓他脫困。劉伯溫語帶玄機地說：師兄啊！您是怎麼進來的就能怎麼出去。施耐庵反覆推敲劉伯溫打的啞謎，終於想通了：我是寫書身陷囹圄，要出去自然也得寫書囉！

《水滸傳》寫梁山好漢與朝廷對抗，當朝皇帝必定反感，所以我只要筆鋒一轉，把造反的梁山好漢像張士誠那樣接受朝廷招安，皇帝不就放心了嘛！於是施耐庵把寫作計畫提給刑部，獲得首肯後即提筆開工，在張士誠降元的背景鋪陳下，把《水滸傳》繼續發展下去，帶出宋江等人接受招安、歸順朝廷的故事。轉眼一年過去，《水滸傳》後五十回續篇完成，熱騰騰的書稿送到朱元璋面前，劉伯溫適時在一旁敲邊鼓，施耐庵終於獲釋。不過坐牢寫小說已讓垂垂老矣的施耐庵健康大受打擊，只盼返家安心養病。

此時施家因男主人入獄，境況也好不到那兒去，當施耐庵回來時只能在淮安賃屋養病。西元一三七〇年春，施耐庵病危，二弟彥才從白駒場趕，不禁傷心難言。施耐庵臨終前對彥才說，自己一生都被這部《水滸傳》拖累！死後別讓施家子孫寫書、做官，老實種田最好。交代完遺言，大作家施耐庵駕鶴西歸，享年七十五歲，葬於淮安，後人將其墓遷葬白駒場施家橋。

耗盡施耐庵畢生心力的《水滸傳》其實始終未能付梓，是施耐庵最感遺憾之事。學生羅貫中繼承老師遺志，於淮安致力整理老師的《水滸傳》遺稿。歷經數月終於有點成績，羅貫中便前往刻板印書業興盛的福建建陽，準備幫老師這本書找家印書場付梓上市。可惜當年施耐庵這件案子太出名了，竟然沒有一家印書場敢接這份有可能被殺頭的書稿。眼看一時之間僵局無解，若連建陽都找不到願意印書的印書場，其他地方自不殆言。羅貫中想想，不如在此間租屋暫住，一方面重複整理校訂《水滸傳》書稿等待機會，一方面也為自己的作品《三國演義》展開準備。此刻，羅貫中就如同當年老師施耐庵為《水滸傳》大量收集資料一般，鎮日浸淫在三國的史料中，腦筋裡不斷想著如何為《三國演義》構思、布局，積極創作。果然《三國演義》與《水滸傳》雙雙躋身中國四大奇書之列。羅貫中後來又著手創作《三遂平妖傳》，然而因為身體罹病，不得不在第二十回處停筆，未幾便與世長辭。至此《水滸傳》仍束之高閣，未曾面市。

時光飛逝，匆匆一百五十年過去，一百五十多年過去了，來自興化的宗臣奉旨擔任福建提學副使，羅貫中的後人便以同鄉名義前往拜訪，針對當前倭寇為患，請其准許刻印《水滸傳》，希望藉此鼓舞民心士氣共同打擊倭寇！這一說法正合宗臣之意，因為當時他正積極整備軍備抗倭，立刻大允此請，《水滸傳》終於得以問世！《水滸傳》的問世，鍥而不捨的羅貫中一族，以及興化同鄉宗臣，堪稱讓施耐庵《水滸傳》得以傳世的貴人。可惜《水滸傳》最早的福建版本散佚殆盡，僅餘一部五回殘本，幸好在明神宗萬曆十年（西元一五八二年）時，流傳在民間的《水滸傳》傳抄本被熱心讀者收集來，將其重新刊印出版還以筆名「天都外臣」寫了序言，這便是我們現在看的《水滸傳》版本。多謝天都外臣的熱心與使命感，讓《水滸傳》這部奇書得以流傳後世。

一 穿越十九個世紀的永恆傳奇——羅貫中《三國演義》

從章回小說紅到京戲、電影、電視劇、電玩、手遊，更紅到日本乃至全球，《三國演義》絕對稱得上是藝術也是異數！《三國演義》全名《三國志通俗演義》，是元末明初時期的小說家羅貫中，根據史實為主軸結合民間傳說、戲曲、小說、說書人口傳，以及虛構的添枝加葉，融合創作而成的演義小說。

羅貫中，名本，字貫中，號湖海散人，為山西太原人。《三國演義》前後一百二十回，七十五萬言，是羅貫中的代表作。故事發生背景為東漢靈帝建寧二年（西元一六九年）到西晉武帝太康元年（西元二八〇年），其間一百一十餘年發生的大小戰爭與權謀鬥爭的精采故事，許多歷史事件與典故都從這本曠世巨著中得到不同於正史的呈現，對後世影響深遠，千年猶不絕。

《三國演義》塑造了令後世讚嘆的三國人物群像，充滿義氣的劉關張、智謀與忠誠完美結合的神算諸葛亮、有情有義的趙雲，以及老謀深算的曹操與機關算盡的司馬懿，還有英姿颯爽的周瑜等大牌角色，都生動又有個性。羅貫中最厲害之處是將三國錯綜複雜的大小戰爭，賦予各自的風貌與特色，深刻描寫戰爭背後盤根錯節的外交與政治之布局與角力，也凸顯參與人物的特性和成敗關鍵，藉此串聯起全書跌宕百轉的脈絡，讓讀者印象深刻。

第24章

由盛轉衰，
從高樓拔地到樓塌塗地實錄……

大明王朝自西元一四三五年永樂朝開始，一直到一五〇五年間因宦官亂入，受寵幸的宦官長期掌權管事，永樂種下的禍根使得明代宦官為禍之烈勝過歷朝歷代，成為大明王朝由盛轉衰，乃至走向滅亡的重要原因。

朱元璋雖然極力禁止宦官讀書識字、干預朝政，但是在其晚期這項規定已經有鬆動之勢，靖難之時燕王得利於內庭宦官之助，以致永樂朝宦官勢力抬頭，日漸專權。一四三五年明英宗即位後，宦官王振更把持國政；憲宗成化朝年間，宦官汪直更是權傾朝野；武宗正德朝則是宦官劉瑾的天下，其誇張程度更勝王振、汪直之流。但最讓後人瞠目的，還是明末登場的大宦官魏忠賢，不僅當時天下為之觳觫，直到現在武俠電影最常出場的大壞蛋非魏忠賢莫屬。有了大宦官魏忠賢，明朝江山真的毋須外敵，便以自內腐朽敗壞到底了。

給明太祖打臉的專權宦官——王振

史書上宦官專權的斑斑血跡，明太祖朱元璋都知道，所以大明王朝一建國就訂定下規矩：內官僅供灑掃驅使，不許習字。從源頭堵住宦官參與政事的念想。接著更明令宦官不許干預朝政，違反命令者，斬。還將此一鐵則「內臣不得干預政事」鑄成鐵牌，矗立在宮門之側，讓進出的皇族都看清楚明白。因為如此三令五申的警惕，所以朱元璋在位期間，宦官與朝政涇渭分明，沒有絲毫混入。

但是開國之君為求基業永固自然戒慎恐懼，然而接棒的君王就未必有此警覺。話說燕王朱棣發動「靖難」時，後宮的宦官有不少人帶著朝中情報投到其麾下，對朱棣奪得帝位頗有貢獻，待朱棣登上帝位後對宦官的態度當然與朱元璋大不相同。明成祖朱棣不僅允許太監讀書習字，甚至還委以重任，信任有加；晚年更下詔允許學官（已婚有子也沒關係）自願淨身入宮，所當差事就是當宦官與宮女的教師。史上著名的大宦官王振，就是這一波進宮的學官，於內學堂當差一段時間後，就前往東宮伺候太子朱祁鎮。

太子朱祁鎮很快就被這位「先生」收服，登基為明英宗後更將之視為心腹。但他的祖母張太后畢竟是歷練過的人物，一眼就看出王振不簡單，在朱祁鎮登基之初便當著他的面把王振喚來，怒目斥責他伺候皇帝有諸多不合規矩，說罷諸位女官抽刀架住王振的脖子，準備當著皇帝的面賜死王振。英宗趕緊跪求祖母放過王振，拗不過孫兒的懇求，讓王振留下一條小命。張太后擔心後患，一再叮嚀英宗要認清王振這種小人的面目，以免危害江山社稷，這次饒他不死，但請皇帝切記萬萬不可讓其染指國政。王振懾於張太后的威儀，在太后有生之年都老實不敢作怪，但是張太后一駕鶴西歸，王振立刻變臉——不僅大膽插手國政，甚至連明太祖朱元璋掛在宮門上警惕子孫「內臣不得干預政事」的鐵牌，都被王振拆了！

某日英宗在皇宮大擺宴席，款待文武百官，依例宦官不得參與，所以王振並未獲邀參加。沒想到王振為此怒氣衝冠地開罵，自比周公，對英宗猶如像成王般盡力輔佐，皇上設宴為何不能參加！立刻有好事之人將話帶給英宗，英宗一聽馬上派人登門邀請，王振這才氣勢洶洶地從東華門來到會場，百官竟然向這位紅牌宦官行拜見禮，真是令人傻眼又欷噓啊。

不過大家別以為英宗是怕王振才對他如此，不是的，英宗信任這位從小作伴的「先生」，更完全相信他對自己與大明王朝是鐵膽忠腸，因為自登基後王振每日勤懇地為皇帝分憂解勞，協助處理龐雜繁瑣的政務，形同皇帝的左膀右臂。從英宗寫給王振的敕書中有云：「朕自在春宮，至登大位，二十幾年。爾夙夜在側，寢食弗違，保護贊輔，克盡乃心，正言忠告，裨益實多。」可見英宗真的覺得自己給王振再高的禮遇都不足以表達對其之尊寵。

儘管後來英宗因土木之變被俘又復辟，依然對始作俑者王振深信不移，甚至公祭並給予厚葬，還將王振親自監修的智化寺拿來專門祭祀王振，還親題「精忠」巨型匾額，算是英宗對王振一生的由衷評價。

大明王朝盛衰一瞬間——土木堡之變

北方蒙古族瓦剌首領也先於西元一四四九年，派遣三千名使者至北京進貢若干馬匹，便要明朝皇帝打賞。此時明朝當家作主的是大宦官王振，接見瓦剌使者後精明的王振察覺也先多報了使者人數，於是把賞金減少，同時也把馬價降低。此舉自然讓也先不爽。後來也先向明朝提親，希望能幫兒子娶位大明公主，結果王振這關沒過。此舉自然讓也先不爽。儘管也先兩次派人來明朝都是別有用心，但連續被王振打臉兩次自然臉上無光，正好給也先發兵明朝的名目。也先帶兵率先攻打大同，守將連忙發告急文書給朝廷，請求速速派兵馳援大同。

英宗收到告急文書連忙召開緊急會議，王振力主皇帝御駕親征，原因有二：其一，王振真的相信明朝大軍所向披靡，也先部隊只要一碰到明軍立刻就會土崩瓦解；其二，大同離王振的老家不遠，如果皇帝御駕親征來到大同，打仗之餘還可以為皇帝導覽老家風土，順便讓家鄉父老看看我王振有多，連皇帝都請得來！

但是朝廷反對御駕親征的聲浪也不小，兵部尚書鄺埜、兵部侍郎于謙、吏部尚書王直等人都認為也先有備而來，不可輕敵，再加上救援兵馬倉促成軍並無十分勝算，若貿然御駕親征只怕後果堪慮。但英宗素來聽信王振之言，而且自己對馳騁沙場也躍躍欲試，於是力排眾議，將國政交給弟弟郕王朱祁鈺，指派大將于謙留守北京，自己興高采烈地偕王振、鄺埜等人率五十萬大軍，於七月十六日自北京御駕親征直驅大同。

這次出兵雖說由英國公張輔擔任統帥，可是倉促成軍的散漫部隊，再加上太上元帥王振恣意亂發號令，搞得五十萬大軍走得倉促，糧草補給也七零八落完全跟不上進度，偏偏天候奇差暴風雨攪局，士兵餓著肚子淋著寒雨，本就沒甚麼士氣現在更是低落不堪，拖拖拉拉終於來到大同。派出的探馬帶回來的情報令人吃驚，瓦剌部隊竟然憑空消失了！王振開心地認為，瓦剌部一定是懾於大明天威嚇得落荒而逃，咱們還不趁勝追擊！正要發兵時探馬急如星火地回報道：先前派出的兩支先鋒部隊被敵軍在大同城邊殲滅，我軍各路也都潰敗逃散了。其他各路明軍紛紛潰退下來。他又得到消息：此番也先率領的都是剽悍的騎兵，而且兵力雄厚，銳不可當！這時王振才知道害怕，上戰場拚搏不是自己想的那麼簡單，一時慌了手腳，等他下令大軍回朝時，明朝大軍負責殿後的部隊已經被瓦剌軍追上打敗了。

幾十萬的大明軍隊邊撤邊打，好不容易退到土木堡（今河北懷來西南），天色未暗，王振救命大軍在此紮營。土木堡一帶為丘陵地形，既無險無碉堡等防禦工事可守，又無水源可供補給，士兵儘管苦不堪言，但連日急行軍實在累壞了，也就顧不了這麼多人。不少隨行官員都看出在此紮營實非上策，建議英宗趁天色尚可行走之際趕緊搶進懷來城，據城防守方為上策啊！可惜英宗只相信王振，其他人的建言一概不聽。

翌日拂曉，明軍還沒從睏倦中清醒，瓦剌部隊已將營地團團圍住，瞬間殺到眼前。激烈的戰事打到入夜明軍還在奮力抵抗。也先看一時之間拿明軍不下，便擺下詐和之計，於是派出使者去明軍大營談和，果然王振跟英宗上鉤了，忙著趕寫議和詔書跟也先使者前往瓦剌大營談判。那邊去談判，這邊鬆了一口氣的王振就命士兵去找水。渴得要命的士兵立刻亂糟糟地四出尋水，這時瓦剌的伏兵從四面八方一湧而出，明朝士兵登時亂上加亂，爭相奔逃甚至互相踐踏，傷亡慘重。亂軍之中，英國公張輔、駙馬都尉井源、兵部尚書鄺埜、戶部尚書王佐、內閣學士曹鼐、張益與侍郎丁銘、王永和等將領重臣五十餘人奮戰而死，護衛將軍樊忠看到這般亂局實在嚥不下這口氣，一掄大槌就把一切亂源——王振給送上西天。

鏡頭轉到英宗這邊，在衛兵的護衛下眼看無論如何都無法突圍，英宗也很妙，竟然下馬盤坐在地，擺出聽天由命的架式，瓦剌部隊也就不客氣地俘虜英宗，帶回北方。這就是史上有名的「土木堡之變」始末。

經過「土木堡之變」，明朝精銳大軍一次出盡，連配備的二十餘萬匹騾馬與大量的盔甲器械輜重，也都肥了也先，還把大明朝的英宗皇帝一併俘走，此役堪稱大明王朝的盛衰轉捩點。

一要留清白在人間的民族英雄——于謙

于謙，於明太祖洪武三十一年（西元一三九八年）的錢塘（今浙江杭州）出生，並於永樂十九年（西元一四二一年）中進士。于謙是在明宣宗朝嶄露頭角。

鏡頭來到西元一四二六年即明宣宗宣德元年，明宣宗朱瞻基御駕親征朱高煦，當時擔任御史的于謙隨駕出行。古代戰爭開打前照例要派員到陣前，宣讀逆賊之罪狀，在氣勢上先行壓制對方，然後才是兵戎相見。宣宗欣賞于謙口才無礙、才思敏捷、嗓音宏亮，就派他到陣前擔當聲討逆賊罪刑的重任。于謙一到陣前便氣勢懾人地細數朱高煦罪狀，義正而嚴辭，犀利而不讓，不僅朱高煦聽得渾身戰慄，討逆兵將聽得血脈賁張，就連宣宗也聽得頻頻稱道，結果朱高煦被震懾得出城投降，一場叛亂就此收場。經此一役，于謙在宣宗心中的地位大大躍升，成為皇帝極力拔擢的大才。

于謙曾經擔任過地方官，諸如山西、河南等地巡撫，清廉又會做事，風評極好。朝廷裡「三楊」——楊士奇、楊榮、楊溥對不送禮、不打通關節的于謙很賞識，互動極佳。于謙清廉自持的品格，可以從其詩句：「清風兩袖朝天去，免得閭閻話短長。」中窺出端倪。

「土木堡之變」是大明氣數的一大轉捩，值此危急之際，于謙便成了大家寄予救亡圖存厚望的關鍵人物，其份量可從一次朝中事件得到印證。

土木堡之變後由明代宗朱祁鈺攝政，某日朝中大臣有人倡議王振黨羽應該加以追究，不可放過。這時王振黨羽馬順立刻跟倡議大臣對罵，大家你來我往互不相讓，給事中王告一時氣急攻心竟衝上前揪住馬順怒罵不止，其他官員見勢一擁而上，竟把馬順當場打死，嚇得代宗轉身就想往宮裡逃。眼明手快的于謙驅前阻止代宗落跑，勸諫皇上要把握機會因勢利導，將局面掌控住才行，萬不可趁亂走人。代宗這才鎮定心神向眾臣宣諭，馬順本該處死，今日也算罪有應得，今日之事不予追究但希望眾位臣子好好冷靜下來。一時之間場面總算穩住了，于謙這才發現自己的官服在混亂中被扯裂了。事後吏部尚書王直到于謙身邊緊握著他的手，衷心表示國難當頭，正需要于謙這樣處變不驚的人才啊！

朝廷內的狀況還不止馬順掛掉一端，不少朝臣認為天命難違，應該遷都回南方避難！有的則是認為成祖遷都北京，焉能再遷回南方！兩派聲音勢均力敵，難分軒輊。鏡頭轉到朝廷外，京城的狀況又如何？英宗被俘、也先逼近，京城百姓亂成一團。這局面真是千頭萬緒，不知從何整理啊！

這時兵部侍郎于謙說話了：「誰說要遷都回南方者，斬！京師為天下根本，輕舉妄動必引起多方揣測與民心不安，萬不可輕動，動則大勢去矣！君不見南宋殷鑑不遠，自當記取教訓。眼下最重要的是號召天下各路兵馬勤王，我等必當死守！」

于謙話一說完，立刻得到過半官員附議，孫太后也點頭贊同，並親自出面召開會議，做出兩項重大決定：

1. 立英宗長子朱見深為皇太子。

2. 任命英宗之弟朱祁鈺暫代主持國家大事。

後來為斷絕也先挾英宗要脅大明的念頭，大臣議請孫太后立朱祁鈺為帝。朱祁鈺見燙手的皇位要拉他去頂，立刻表明推辭之意。這回又是于謙出面勸說：「這是為大明王朝的命運著想，絕非個人打算！」此時英宗也透過管道祕密傳話過來，要弟弟即位以維持皇統。

終於朱祁鈺拗不過天意，同意登基即帝位是為明代宗，並將英宗舉為太上皇帝。至此大明江山算是暫時穩住，滿朝文武、舉國軍民皆以于謙馬首是瞻，團結一心，代宗亦將保衛京城的重責大任交給于謙。

英宗率領五十萬精銳御駕親征，結果全軍覆沒於土木堡，如今北京僅存的是不足十萬的老弱殘兵。代宗宋召開會議時，負責守城要務的兵部尚書于謙流淚進言：眼下瓦剌必定直逼京城而來，可是京城精銳之前已隨太上皇出征，如今京中軍資器械匱乏至極。當務之急有四：

1.建議徵召民夫接替治河漕運官軍工作，讓官軍到神機營報到，聽候指派。

2.工部必須日夜加班，務必盡快把造好的防守器械送來部隊。

3.為加強京城防護圈，京師九門應派遣都督孫鏜、衛穎等親自率領士兵出城，將士兵營帳一字排開，時時操練，以此展示軍威。

4.文臣也要出一份力，應派給事中官員等帶隊分頭出巡，補部隊防守之不足。

5.應把城外居住的百姓遷入城內保護，以免遭瓦剌燒殺劫掠。

值此用人之際，代宗百分百支持于謙調兵遣將的規劃：

1.宣府守將楊洪和萬全守將石亨當初因坐不救乘輿（英宗皇帝）之罪，于謙特別將他們救出詔獄，並命楊洪回守宣府，石亨則統管京營兵馬。

2.兵部要官分派至居庸關、紫荊關等重要關口守衛。

3.數位文臣巡撫奉派至各地，一方面安撫軍民，一方面為朝廷招募兵馬。

經過于謙的全國總動員，好不容易於京城內外增加了近三十萬兵馬。

也先也沒閒著，部隊經過修整後，在英宗正統十四年十一月假裝要送英宗回京，實際上卻與可汗脫脫不花合兵出擊紫荊關，消息傳來北京立刻戒嚴。

也先此番用兵，依然三道分兵：主力由其親率自中路進發。兵臨大同時，先讓被俘的太監喜寧與指揮岳謙去叫門，告知瓦剌部隊親送明英宗回國。大同守將郭登第一時間回覆也先：大明已立新君，切勿再以太上皇要脅。

也先看明朝早有準備，一時之間占不到什麼便宜，便轉向紫荊關殺去。紫荊關守軍單薄很快就被攻破，指揮韓清等人力戰至死。消息傳到京城，朝野人心浮動。于謙看到這情形，立刻下令：

1. 諸將皆背門列陣並緊緊關閉各城門。

2. 于謙身穿全套甲冑至德勝門外建部隊指揮中心，等於在京城防線的最前線設立大帳，宣示主帥已下定必死之心，藉此激勵將士奮戰到最後的決心。此外，于謙親自前往各營，流著淚激勸三軍將士，務必以忠義報國。

3. 于謙下軍令：一是臨陣將領凡不顧士兵率先後退者，殺主將；二則是軍士不聽將領指揮先後退者，後隊斬前隊。

大敵當前，于謙多管齊下，對軍民恩威並施，朝廷內外終於得以同心協力，一致對抗外侮。看到于謙如此竭心盡力地謀化，尚寶司丞夏　也針對擅長騎兵野戰的瓦剌部隊提出對戰的四項策略：

第一，瓦剌軍以騎兵為主力，擅長在曠野快速作戰，但並不擅長步兵之攻城作戰，所以我方備戰之初應強化城牆守備、築高壁壘，讓其難以迅速攻破，士氣必然受挫。

第二，若敵軍深入我境，應組敢死隊派其夜襲敵軍大營；於腹地較深之區域設伏兵，守株待兔，伏擊敵軍之追兵。

第三，瓦剌此番出兵必定傾巢而出，後方必定空虛，不妨令防邊士兵與京城守軍內外夾擊，瓦剌擔心後路被截斷之際必定浮動而致驚慌潰散。

第四，明軍主要依城為營，老實說退無可退，建議將軍隊分成前、中、後三隊，若前隊戰退，中隊必須遵守軍令上前「斬」前隊退兵以為儆戒，若中隊不斷前隊退兵者，與前隊退兵同罪論處。後隊突前斬之的軍令，目的在讓士兵心生畏怯，反正往前往後都是一死，不如力戰殺敵還能博得生路、立下軍功的機會。

面對眾官諸將提出的各項建議，代宗皆批示：「詔趨行之」，只盼望朝廷與軍民同心一志度過難關。

現在讓我們來到前線盤點一番。明軍總計二十二萬，旗幟烈烈，盔甲鮮明，繞城列陣，威嚴赫赫，就連猛攻而來的瓦剌部隊都為之震懾，不敢冒進，只派出小股騎兵前來擾之。

于謙深知第一次接觸至關重要，於是也派出騎兵，但任務是誘敵而非求勝，所以交戰數招便佯裝敗陣退下，也先看明軍果真只是空架子，立刻派萬餘鐵騎追擊，結果隱身於空屋中的明軍伏兵箭弩齊發，瓦剌軍大敗且死傷達數千，損失可謂慘重。也先攻城初嚐敗績，著實鬱悶難平，原來大明王朝的京城沒有想像中那麼好打，於是打算趁夜色準備悄悄地撤圍移營，其中當然也包括一路被也先帶著走的英宗。

明軍派出的探子此時回報，也先帶著英宗同時移轉撤走，於是立刻派石亨等人燃起火把，搬出巨炮向城外猛轟正在悄悄拔營的瓦剌部隊，登時萬餘瓦剌部隊血肉橫飛，好不驚心。

由於于謙力排眾議，堅持主戰，提出「社稷為重，君為輕」的大原則，對邊境守將耳提面命，切勿擅自與瓦剌議和，也不准代瓦剌傳信，即使是英宗親筆信也不行。此舉固然穩住大明不被議和派與邊將出賣，但于謙也惹火了兩個小人——徐有貞、石亨，為自己埋下殺身之禍的引信。

先說徐有貞，他因提議遷都南京而被于謙訓斥，後來又厚顏要于謙幫忙向皇帝說情升官，于謙依諾向代宗報告，但皇帝並不糊塗沒點頭，徐小人就認為是于謙從中作梗。再說說石亨，他曾是大同之戰的陣前逃將，京城守衛戰被于謙重新啟用且立下戰功，後來他想讓兒子進京見皇帝，被于謙以不秉公行事退回所請，結果石亨為此心生不滿。

西元一四五七年明代宗景泰八年，代宗重病，兩位小人與宦官曹吉祥等密謀英宗復辟之事。緊鑼密鼓之際，瓦剌騷擾北境的戰報傳來，石亨假保護京城之名帶兵進城，直指南宮，破門後敦請英宗登輦，前呼後擁中直驅大內。

守門兵卒原欲攔阻，英宗登時現身，兵卒尚在錯愕之中，英宗一行人已直驅皇帝朝會的奉天殿，眾人快手快腳將英宗送上龍椅。此時午門外準備朝見的眾朝臣，依鐘鼓聲魚貫入朝，站定之後抬頭一看，不得了了！怎麼代宗變成英宗啦？徐有貞立刻朗聲喊道：「太上皇復辟了」。眼看木已成舟，眾朝臣無奈只得行禮如儀，跪地三呼萬歲。於是大明天下又回到英宗手上。

英宗復辟，改元天順，對于謙自不會輕易放過，扣上個謀逆罪就把這位保住北京的忠直大將給殺了。兩個小人趁勢去抄于謙家，結果家徒四壁，連英宗知道了都大吃一驚。反觀數年後石亨長兵部的親信陳汝言因罪被抄家時，錢財多到讓英宗大發雷霆，同樣是掌兵部，怎麼于謙跟陳汝言差異如此之大。

相傳于謙被處死當天，北京城日昏月晦，百姓痛哭，連死對頭宦官曹吉祥的手下，都有人流下淚來。

于謙在刑場態度從容，據記載他是被施以先剁手腳再處死的酷刑，正如他在《石灰吟》詩中寫道：

「粉骨碎身全不怕，要留清白在人間。」然而憲宗為父親英宗遮掩，將于謙處死後的記述皆予以刪除。于謙的屍骨由無名兵將為其收殮，一年後歸葬杭州。

皇帝帶頭搞特務——明獻宗設西廠

東廠、西廠是明朝的特色獨具的惡質設計，堪稱「明代獨有弊政」。

成化十三年（西元一四七七年）明憲宗於西城靈濟宮前一處灰廠內成立西廠，與東廠都是屬於朝廷的特務組織。可是好端端地幹嘛在東廠之外另設西廠？難道一個東廠還不夠憲宗運用？沒錯，憲宗朱見深確實認為光靠東廠是無法滿足他對外界「知」的需求。

凡事總有緣起，西廠的設立其實事出有因。話說明憲宗成化十二年（西元一四七六年）七月，北京出現自稱李子龍的「妖人」，在太監鮑石、鄭忠協助下，竟然進到內府還登上萬歲山，東張西望之餘似乎別有所圖。還好，妖人隨即被捕，憲宗指示將其交付太監汪直，由他帶至灰廠審訊。事情既然已經起了頭，不如就在灰廠另外設立了全新的特務機關「西廠」，一事不煩二主，直接由汪直提督廠事。

汪直為了執行特務工作，經常變裝成老百姓在京城內外到處走動打聽，再將收集到的情報向皇帝報告。汪直借錦衣衛之力佈建西廠的全國情報網絡，動員的特務人數之多、滲透之深更勝東廠，連東廠太監尚銘也不得不聽命於西廠。

西廠初立為展現實力就辦了幾件大案，郎中武清、樂章、太醫院院判蔣宗武、行人張廷綱、浙江布政使劉福、左通政方賢等人都栽在西廠手裡，成了儆猴雞，甚至連從二品的各省左、右布政，只要西廠想辦即可不經皇帝同意逕自抄捕。

大學士商輅、兵部尚書項忠看西廠愈來愈囂張，連三品以上京官都敢擅自抄沒，是可忍孰不可忍，商輅便以此為由上疏明憲宗提議撤銷西廠。許多人以為西廠只是針對官員蒐證、告發、抄沒，對於平民百姓並無動作。其實西廠管得可寬了，甚至連民間打架這等小事也施以重刑，可見其恐怖手段又豈止在官員間造成恐怖而已。

儘管商輅講得有道理，但憲宗並不以為然，就憑一個宦官有本事能把事情搞到多大？不過，既然商輅都說話了，連兵部尚書項忠也上疏做此提議，看來皇帝對此事非得表點態度不行。西元一四七七年，明憲宗成化十三年五月，皇帝下令撤銷西廠，讓汪直回到御馬監任職。但事情還沒完，同年六月提出此議的商輅、項忠先後遭到罷免，然後西廠敗部復活，重新登場。西廠一直風光到西元一四八二年，即明憲宗成化十八年，大頭目汪直失寵才徹底銷聲匿跡，結束五年餘特務耳目遍天下的囂張歲月。

無獨有偶，憲宗之孫明武宗也喜歡祖父搞特務這一套，不但重建西廠還加碼增設內行廠，致使原本僅為廝役末流的旗尉，竟然囂張到可以隨興凌辱大臣，這也算是明朝皇帝獨創的特色。

一 暖男皇帝明孝宗的弘治中興

喜愛搞特務的憲宗於西元一四八七年，成化二十三年九月初六由皇太子朱祐樘接棒登基為孝宗。

翌年，明孝宗改元弘治並大赦天下，六科給事中及十三道監察御史上書彈劾憲宗寵信的李孜省貪贓枉法、以符籙求進；太監梁芳以萬貴妃為靠山，和李孜省勾結把持朝政；萬貴妃兄弟萬喜等外戚所行不法之事罄竹難書。生性寬仁的孝宗以宅憂（服喪期間）為由，將一干佞倖僅予以貶謫——李孜省與同一掛的鄧常恩、趙玉芝等謫戍陝西邊地，謫梁芳為少監，降萬喜為指揮使。看到奸佞受到懲罰，百官士氣為之一振，朝廷氣象一新，但孝宗對於眾臣要求追究萬貴妃之罪則按住不表。新帝登基短短不到一個月裡汰傳奉官兩千餘，罷遣禪師、真人、國師與西番法王等千餘人，朝廷由裡到外整整瘦了一大圈。

同年十月，以直言敢諫著稱、被民間讚頌「兩京十二部，獨有一王恕」的王恕，於憲宗朝被迫去職，現在得到孝宗重新起用，入主吏部，對朝廷官吏晉用政策產生根本性的影響。

明孝宗這一連串以朝臣推薦舉用人才的措施，讓朝政為之一新。其實孝宗會如此堅定地推動革新，主要是受到一位關鍵人物的影響——太監懷恩。憲宗朝時懷恩掌司禮監，與權傾一時、掌西廠的汪直，以及梁芳、韋興等佞幸共事，甚至懷恩的地位還排在前面，只是正直耿介的懷恩常為了保護直言敢諫的朝臣（如王恕之類清流）而與憲宗爭辯，使得這些佞幸都對他有所忌憚與防備。同為直言敢諫一族，懷恩對王恕十分折服，常歎道：「天下忠義，斯人而已。」

憲宗晚年寵幸萬貴妃，受其慫恿曾想改立太子，懷恩不以為然，向憲宗據理力爭以保全太子，結果搞得自己被斥居鳳陽。正因為懷恩的忠直感言，太子朱祐樘即位後，立刻把他召回京城，仍請懷恩掌司禮監，還接受懷恩的建議起用王恕，將與憲宗朝那批佞幸同一掛的大學士萬安予以斥逐。

孝宗第一波改革的主力在整頓吏治：

1. 以外戚萬安為首的「紙糊三閣老」將之罷免。
2. 成化朝凡以賄賂、拍馬獲得安插職務的官員，一律撤換。

3.禮部侍郎李孜省、僧人繼曉等佞幸之臣，或殺或貶，或斥逐出京。至於罪責較輕的官員，或貶官或放逐或流放邊地或孝陵司香。

這整頓吏治的三箭射出，證明孝宗是玩真的，不是虛晃兩招，滿朝文武與黎民百姓通通有感，年輕的新皇帝立刻得到朝野好評，慶幸終於盼到清明的好日子到來。

整頓吏治不只是懲處佞幸、杜絕賄賂拍馬歪風，若要用心治國重點還是在任用正直賢能的大臣。孝宗將成化朝因直言敢諫被貶謫的官員，像王恕、馬文升、徐溥、劉健、謝遷、李東陽等賢臣都被召回重新起用，還特別為死得冤屈的前朝功臣于謙建旌功祠平反冤屈，贏得朝野交相稱讚。因為孝宗的改革有決心有方法，所以弘治朝人才輩出，許多賢能之士都樂意為朝廷做事，像內閣大學士就有劉健、謝遷、邱濬等名士，六部之尚書亦由賢能的謙謙君子擔任，其中六卿之長吏部尚書王恕更是聲名極佳的能臣，一改成化朝「紙糊三閣老，泥塑六尚書。」的惡譽。

孝宗即位一個月，就把沒品的大學士萬安罷免，請徐溥入閣，次月又延聘劉健入閣；弘治四年請邱濬入閣；弘治八年邱濬過世由謝遷、李東陽入閣；弘治十四年九月請秦濬入閣。

徐溥於弘治五年後擔任首輔大學士。其輔政以安靜、守成法為上，與孝宗的理念不謀而合，更令人讚嘆的是徐溥與同朝為官的謝遷、李東陽等人同心輔佐孝宗，完全不搞鬥爭奪權，實在難得。

孝宗對待臣子尊重、恭敬有禮，較明代其他皇帝對臣子動輒鞭撻真是好太多了！對於德高望重的大臣如劉健、謝遷等，孝宗總是恭敬地稱「先生」而不呼其名諱；下朝時孝宗都要親送兩位大臣，站在門口直到兩人走遠才回宮休息。私生活方面，孝宗童年過得辛苦，年紀輕輕便已髮禿，然而即使登上帝位依然自奉儉樸，每餐均為兩菜一湯。儘管皇帝自己過得儉省，但是對大臣的生活卻是掛心得很，因為明代公務員薪水不高，即使為朝廷的股肱之臣大學士，一年薪資也僅僅幾百兩銀子，實屬微薄。

體貼的孝宗每次召見劉健、謝遷等重臣時，臨別都會悄悄從袖筒裡摸出兩錠銀子，塞給兩位大臣，悄聲說是私下從大內取來的，拿予兩位先生稍做補貼之用。如此體貼明理的暖男皇帝，滿朝文武都對他愛到不行。

孝宗致力整頓吏治、進用賢能，君臣相處融洽，形成皇帝與文官體系的良性制衡。話說西元一四九五年即弘治八年，孝宗覺得「視朝漸晏」，於是上朝就向後推遲一點時間，結果文臣認為這是步向墮落的癥兆，應該防微杜漸，這就是君臣良性制衡、互相提醒的好範例。

弘治十年二月，徐溥等人發現一些敗壞的癥兆，立刻上疏皇帝請其遠離宦官李廣，勸說皇帝應該把精力放在朝政上，而非李廣大力鼓吹的齋醮之事上面。對於朝臣的諫言，孝宗都能虛心接受，風度與雅量堪稱一流。同年三月，孝宗召見內閣大學士徐溥、劉健、李東陽、謝遷等人於文華殿共商政事。會後孝宗還賜諸位親貴大臣喝茶，君臣盡興而歸。這場君臣議事盛會在當時被譽為「盛事」。孝宗弘治朝期間總計有過五次盛事，可見孝宗與儒臣關係之好，不只互信更互相激勵，硬是了得。

興修水利是孝宗在內政的第一要務，因為水利對農業與經濟的發展至關緊要。西元一四八九年即孝宗弘治二年五月，黃河於開封段決口，孝宗下令戶部左侍郎白昂率領五萬民夫整頓治理；西元一四九二年孝宗弘治五年，由於蘇松河道淤塞以致氾濫，災情慘重，孝宗令工部侍郎徐貫負責治理大任，經過三年大功告成，蘇松得以脫離水患惡夢，變身富庶的魚米之鄉。除了水患之外，孝宗對於救荒工作也相當看重，下令各級官府皆設常平倉，以備災荒之年賑濟之用。

由於孝宗秉性寬仁，在刑罰方面力求慎重施刑，影響所及錦衣衛等特務機關也都謹慎辦案，一掃前朝東西廠的黑辣之風。于謙之婿朱驥時任錦衣衛使，審理大案時就相當謹慎，悉心查證，毋枉毋縱，不輕易定人死罪。

孝宗對自我的要求又高又嚴，雖然自小體弱多病的他卻是異常勤於政事，每天上早朝從不缺席，還重開午朝與經筵侍講，有請學養俱豐的大臣天天為自己講解「聖賢經旨，帝王大道」，還喜歡向儒臣請教治國之方，等於開闢很多通道讓大臣多接觸皇帝以輔佐政務。皇帝鎮日忙於政事，自然少有時間跟後宮的妃嬪與宦官混在一起，私生活變得十分單純，對前朝的干擾與影響自然減到最低。

勤政愛民尊賢的孝宗在位期間，吏治清明有禮、社會安定和諧、人民安居樂業，是明一代少見的繁榮盛世，史家稱之為「弘治中興」。

第25章

怪胎、怪咖、怪人當道的朱家天子們……

細數明朝中期登場的昏君還真不少，從西元一五〇五年到一六二〇年間連續出了好幾位，簡直是為大明氣數算命啊！

武宗荒淫，奸臣當道；世宗求仙，權臣誤國；穆宗酒色過度，中風掛點等等。明朝再強也禁不起朱家天子們數十載不理朝政，衰敗之勢已是不可挽回。不過絕望的年代還是有希望存在，之後繼位的天子有所振作，賢臣也現身拉拔國運，硬是將大明王朝的末日時鐘往後推遲。

多面難斷的荒唐天子——明武宗

少年天子朱厚照登基，是為武宗，骨子裡是個百分百貪玩的小子。坐上龍椅沒多久，就摸清皇帝權柄該如何耍，為了讓自己不受內宮牽絆，一聲令下就把尚寢官和在文書房侍從皇帝的內官廢掉；無聊乏味老在跟皇帝說教的經筵日講，他是能蹺課就蹺課；當皇帝每天要打卡上早朝，可是起一大早去聽老頭子講天下講蒼生，聽了都累了，能不去朕就不去。武宗不上早朝的毛病，算是給後來的世宗、神宗長期缺席罷朝起了頭。

細數武宗的荒唐之舉

武宗好武貪玩，為達目的不擇手段，祖制、天下蒼生皆可拋諸腦後。正德二年至七年（西元一五〇七至一五一二年），任性的武宗耗資二十四萬餘兩銀子，另築一座擁有兩百餘間房、宛如迷宮的神祕宮殿在西華門，還特別於兩廂建造密室，並以讓人摸不著頭腦的「豹房」與「新宅」稱之。此外宮殿內還設有校場、佛寺等，功能相當齊全。

「豹房」並非用來養豹，也不是傳統印象裡皇帝出遊駐蹕的離宮，應該說是武宗依從自己心意打造的住所、狎妓之所與辦公室。所以當朝的政軍中心嚴格來說並不在紫禁城而是在豹房。

正德五年（西元一五一〇年）北京鬧大旱，此時武宗正忙於興建宮殿，哪有時間管老天爺下不下雨啊！大臣羅僑懷看不下去，抱著必死的決心寫了奏章要面見皇帝，就算陛下聽了不爽要殺人，他還是堅持懇請陛下莫再玩樂，更要遠離小人，尤求劉瑾之流務必嚴懲。要知道當時呈給皇帝的奏章都要先經過劉謹這關，果然劉謹看了大發雷霆，立刻矯詔下旨議罪。還好大學士李東陽拚命求情，才改為降職到江西原籍任教職。所以羅老上奏之前備妥的棺材沒派上用場，大家都覺得羅老撿回一命算是僥倖。

豹房新宅玩膩了，武宗於正德十二年（西元一五一七年），在江彬等人的慫恿下毅然放下京城，前往北方抵禦蒙古入侵的第一防線「宣府」，建造新的「家裡」——「鎮國府」，頗有長期在此居住的意思。既然是新家，自然要把豹房的珍寶、女子、家當都搬過來，鎮國府才會像個家嘛！為什麼武宗放著京城裡兩大宮殿不住，偏要跑來宣府家裡？看來尚武好玩的武宗內心深處，仍是想效法太祖、成祖立下赫赫戰功，留名史冊。不過天子住在京城就不能立戰功嗎？這道理又有點說不通。其實武宗來鎮國府之前已在朝放話，朝臣一個都不許跟來，只有豹房親隨能來家裡，所以武宗根本就是躲到宣府來放風——就算玩得再誇張，也不會被群臣嘮叨、諫言給煩死。

正德十三年（西元一五一八年）武宗在宣府舉行立春的行迎春儀式，以往就儀式性地由臣子將排有吉祥圖案的竹架進獻給皇帝，皇帝接過來就算「進春」了。這次沒有朝臣在旁邊囉唆，武宗便完全依自己的意思舉辦了別開生面的「進春」儀式——數十輛載滿手持彩球的美女與光頭和尚的馬車，浩浩蕩蕩地遊行而來，馬車上美女的彩球與和尚的光頭不斷撞擊推擠，纖纖玉手把持不住，彩球就自馬車上沿路飄落，猶如馬路上綻放繽紛的花朵般，別有一番風流。

荒唐天子多面人

看到這裡，大家一定認定武宗就是個沉溺女色、貪玩、好武的壞皇帝，其實人都不只有一面，武宗也不是單單只有壞的一面喔！武宗處理政事上十分剛毅果斷，以迅雷不及掩耳的霹靂手段誅殺掌權弄權的宦官劉瑾；而安化王與寧王的叛亂，及應州小王子之亂也都是武宗出手平定。此外武宗也是相當聰明博學、禮賢下士，不僅精通佛學、熟諳梵文，對賢能之士以禮相待，大臣生病也會親自前往探視，都是中規中矩的表現。至於感情生活也不是始亂終棄的浪蕩天子，也曾為藝妓癡情無限。

所以，武宗是個複雜而多面的皇帝，戲劇性十足，難以武斷地說他是全然的好還是百分之百的壞。

四十五年帝王生涯如夢——迷信修道的世宗

明朝歷史上以瘋狂追求長生不老而有名的嘉靖皇帝，就是明世宗朱厚熜。世宗雖然沒有真的長生不老，但在位四十五年這個記錄在明代十六位帝王中算數一數二，只有其孫明神宗贏過他。

雖然世宗擔任皇帝這個職務四十五年，但實際上有一半時間並未住在宮中，而是在專門煉丹、齋醮的西苑居住，這一點倒是跟武宗頗為類似。儘管皇帝沒住宮中，可是大權卻是抓得牢牢的，雖說玩起權術略遜於太祖，私生活的荒唐不及武宗，行事作風也不及成祖殘忍，但是世宗卻是集荒誕、自大、殘忍、刻薄寡恩與熱衷玩弄權術這五大特色於一身，堪稱明代負面特色集大成的驚世皇帝。

沉迷道教長生不老術的世宗還為自己取了幾個很長的道號，像「靈霄上清統雷元陽妙一飛元真君」、「九天弘教普濟生靈掌陰陽功過大道思仁紫極仙翁一陽真人元虛圓應開化伏魔忠孝帝君」，又號「太上大羅天仙紫極長生聖智昭靈統元證應玉虛總掌五雷大真人元都境萬壽帝君」。

世宗從十六歲就迷上道教的齋醮——建壇向神祈福的活動，應該是受太監崔文的誘引，進而開始沉迷其中。群臣也不是白領薪俸的，從嘉靖二年（西元一五二三年）起，給事中張嵩、楊廷和等官員開始針對十七歲少年皇帝熱衷的齋醮活動提出勸諫，順帶也對其沉溺女色提出勸誡。但是言者諄諄，聽者藐藐，世宗完全不予理會。

世宗對於道教的熱衷對政治產生極大的影響，就連大奸臣嚴嵩的倒台，都是因為道士藍道行假借扶乩之名，直指嚴嵩是奸臣，位極人臣、權傾朝野的嚴嵩，竟然真的就一夕倒台。真是太玄了。

在世宗漫長的四十五年修道生涯裡，眾多服務皇帝的道士中，就屬邵元節、陶仲文這兩位道士最為受寵，對他影響也最大。世宗求道前期以長生之道是唯一的主軸，後期則以房中術掛帥，至於其他求雨、求子都是枝微末節，不足掛齒。追求長生的火力主要集中在齋醮與採陰補陽。

齋醮

程序是先建道壇，世宗齋沐後向神仙祈福。

道士齋醮時向上天呈奉的祝詞，等於是上奏天神的奏章，必須用朱筆寫在青藤紙上是為綠章，也就是有名的「青詞」。上有所號，臣下必會迎合，世宗晚年對齋醮情有獨鍾，大臣裡如嚴嵩、袁煒、李春芳之流，都以擅長撰寫漂亮的青詞，皇帝看了喜歡自然能平步青雲，其中袁煒、李春芳還被人戲稱「青詞宰相」；至於筆下功夫不優、寫不了青詞的人，如高拱之流，就涎著臉懇求陛下恩准他們為齋醮打打雜、盡盡心。

採陰補陽

說穿了就是皇帝想要長生又不想斷絕女色，藉口房中術養生的一種說法，並不違背求長生之道。

關於養生之道，邵元節、陶仲文等道士主張必須靜、誠、敬，但無須節慾，反而可以透過房中術的技巧與處女交合以採陰補陽，達到延年益壽的境界。為達成此一目標，道士使出渾身解數為皇帝煉製丹藥（其實是春藥），其中以「紅鉛」（先天丹鉛）煉製的「紅色小藥丸」最有名。

要煉製紅鉛丸並非易事，因為其中最主要的成分必須取自十三、四歲妙齡少女的初經經血。為此嘉靖時期曾經多次大規模選宮女入宮，一次就要數百人，進宮後首要任務就是貢獻初經經血給陛下煉丹藥，然後就是當陛下練房中術的實驗對象。初經經血還只是「紅鉛丸」的主要成分，另一項成分「秋石」也很勁爆，相傳是以童男、童女的尿液煉製。好了，以上是最重要的兩項成分，其他就是一般的中草藥、礦物，沒啥稀奇的了。

世宗在位晚期更是沉溺道中，宦官為討其歡心會趁皇帝出神時抛下大桃子，然後大家齊聲報喜「天賜神桃」，皇帝一高興就花大錢辦上好幾日報恩醮禮。此後連兔生雙崽、庭生狗尿苔等等二百五的祥瑞，都能讓皇帝龍心大悅，大肆慶祝一番。這樣胡鬧的事層出不窮，嘉靖四十五年（西元一五六六年）初，歷史上有名的大清官——戶部主事海瑞看不下去，上疏狠狠地把皇帝、道士痛罵一頓，期盼能夠達到震聾發聵之效，讓皇帝振作起來好好辦公。

世宗看完海瑞的上疏，氣得要砍他的腦袋。這時太監黃錦跳出來說話，告訴皇帝海瑞這個人以剛直死腦筋出了名，聽說他要上疏前已經跟老婆訣別，連棺材都備下，就是要來向皇帝討死。假如陛下您一氣之下真把他殺了，正好成就了他的名聲，還害自己背上殺直言進諫臣子的惡名，何苦呢！世宗想想，於是只判海瑞收監論死。命大的海瑞在牢裡關到年底，世宗竟然駕崩了！穆宗繼位翌日就把海瑞放出來，還尊其為忠耿直臣，海瑞的命真是夠硬的了。

世宗之死，跟道士脫不了關係。話說道士王金獻上仙丹，宣傳藥性兇猛，死也不肯透露祕方。這仙丹剛開始服用，世宗覺得效果非常好，可惜當時沒有衛福部提醒他——若連續服食腎臟會出問題！果然連吃一個月，這位追求長生為人生目標的皇帝就真的飛升成仙了。

一 表現不差卻受聲色拖累的六年皇帝——穆宗

明穆宗朱載坖即位，新皇帝新氣象，宣告天下將世宗時期的所有弊政廢除，實效所致頓時朝野大振，對新君寄予厚望。誰知真的只高興了幾天，穆宗便踏上朱家天子的老路——寵信太監滕祥等人，之後的情節就照著揮霍零節制、聲色零極限、朝政不用理的劇本走下去。

穆宗初即位的勤政似乎只有三分鐘熱度，然後懶散本性就遮掩不住，乾脆把權力放給高拱帶頭的內閣去處理，此後穆宗僅召見過閣臣兩次，其他時間都窩在後宮做他的快樂天子，要不就大修宮苑，要不就像小蜜蜂一樣在後宮到處嗡嗡嗡找美人。穆宗出了名的好色，平日愛用春藥助興，就連日常器用上的圖案也都像春宮畫似的，令觀者臉紅心跳。大臣對陛下這種生活態度十分有意見，紛紛上書進諫，呼籲別再沉溺。可是穆宗神回答：「國事有先生，朕就放心了，家事就不勞先生費心。」

穆宗的原配李夫人，乃是在做裕王時便明媒正娶的，並為穆宗生下兒子，可惜母子兩人福澤不夠，裕王還未坐上龍椅就雙雙病逝，裕王為此異常悲痛。後來續弦的陳夫人就有皇后命，穆宗一登基她就成了現成的陳皇后。但世間事有一好沒兩好，雖然當上皇后卻偏偏生不出兒子，還好穆宗也不甚在意並未因此廢后。所以總的來說，穆宗對待妻兒頗重親情，比起世宗真是好很多。陳皇后沒有生下皇子，大家正擔心穆宗沒有子嗣如何繼承大統？莫要急莫要慌，穆宗在裕王府時曾臨幸一位美麗的李姓婢女並誕下一子，就成了穆宗存活下來的長子、世宗的長孫，亦即後來的萬曆皇帝朱翊鈞。裕王登基為穆宗後，朱翊鈞生母的位份是為僅次於陳皇后的李皇貴妃。李皇貴妃總共為穆宗誕下兩位皇子，眾人想當然爾地認為李皇貴妃自然要比陳皇后受寵幾分。

宮裡有些事情大家心照不宣，不說破就各安其份過太平日子。偏偏某日就起了個莫名其妙的由頭！話說雲南道監察御史詹仰庇巧遇宮中太醫，上前細細打探後宮情況，太醫只說陳皇后近日病重，已自翊坤宮遷至其他宮室居住。抓住這個由頭，詹仰庇立刻上奏疏，直指皇帝沉溺聲色，不理皇后，致使皇后病重，身心受創，並指出皇后遷出翊坤宮亦是受到穆宗逼迫云云。這份奏疏傳遍朝野，言官個個有了精神，紛紛議論陛下好色且不好好對待皇后，搞得京城沸沸揚揚。後來這件事怎麼收場的不重要，重要的是「穆宗好色」儼然已成史家定論。

穆宗是否因為沉溺女色未能善待皇后，後人不得而知，可是穆宗之死卻絕對跟女色、春藥有直接關係。穆宗隆慶六年（西元一五七二年）閏三月，穆宗傳出病危，經過兩個月休養又好轉了，遂復行上朝視事，可是仍以體力不支被扶回後宮。穆宗自覺離大去之期不遠，趕緊召高拱、張居正與高儀三人來見，不僅令三人為顧命大臣，還指定由太子朱翊鈞繼位大寶，交代完大事後駕崩於乾清宮。

穆宗僅當了六年皇帝，便在女色的折騰下於英年三十六歲早逝，傳位給僅僅九歲的太子朱翊鈞。穆宗諡為莊皇帝，廟號穆宗，葬於北京昌平昭陵。

《明史》對明穆宗朱載垕的評價他「寬恕有餘，而剛明不足」，其實還不算太差喔！也有人認為比起太祖、成祖、宣宗、孝宗雖然不足，但表現仍是不錯的。假設穆宗在位期間不是那麼好女色，能再多活個十幾二十年，朝政必然有所可觀。不過歷史已然如此，就接受吧。

殺死大明王朝的真正兇手——神宗

西元一五七二年明朝第十三位皇帝的大位由朱翊鈞承繼，是為明神宗，年號「萬曆」，後人又稱其為「萬曆皇帝」。萬曆皇帝在位長達四十八年，比其祖父世宗的在位期間還長上三年，堪稱明代在位最久的皇帝。

在位僅六年的穆宗雖有好色評價，但國政料理得還不錯，有賢臣如大學士張居正、高拱等在朝輔政；後宮穆宗之陳皇后與神宗生母李太后，相處和諧；寵幸的大太監馮保乃賢明之士，大力支持前朝賢臣張居正。前朝後宮和諧清明，使得穆宗主政期間大明王朝呈現一片繁榮盛景。可是輪到其子神宗主政，一切就走樣了。

神宗十歲登基到五十八歲駕崩，這四十八年期間，前十年因為年幼遂由大臣輔政，成年後事事親政，起初還滿勤快的，但後期就完全不行，不只沉溺酒色，怠忽政務，還橫征暴歛，窮奢極侈，甚至長達二十八年不上朝，其懶散墮落也算是破了紀錄，被史家指名痛罵。

神宗由勤轉惰可以其對張居正改革的態度作為轉捩點。當神宗全盤否定張居正的改革，說穿了就是亟欲掙脫張居正的束縛與管控，想自己當家作主。

一旦真的把張居正搞走了，神宗就像把老師趕走的學生，什麼課業正途、什麼勵精圖治都丟到腦後，生活頓時失序，窩在宮中一味懶散吃喝、縱情享樂、想法子征斂財物以供享受。大學士張居正在朝府政頗有政績，人品極受推崇，可是神宗在位後期對張居正侮辱有加，令繼任首輔大學士的張四維、申時行步步謹慎，順從神宗指示辦事，盡力把文官系統穩住別崩潰了。

來自蘇州府的嘉靖狀元郎申時行，字汝默，行事力求清靜，是典型的和事佬，評價極為兩端。為了討好神宗，申時行開了「章奏留中」和「經筵講義進呈」這兩大惡例，是造成神宗荒怠政務的始作俑者。

1. 章奏留中：即皇帝對大臣送來的奏疏不予理會，逕自放於宮中，不批示也不發還。

2. 經筵講義進呈：即皇帝不用親自參加經筵，經筵講官只要將講義整理好送到宮中即可。

章奏與經筵一直是皇帝與大臣交流的重要管道，如今申時行開了留中與講義進呈的方便之門，等於徹底切斷了皇帝與大臣的交流管道。

神宗在朝亂搞，必然會引發江山危機，果然惹出了「萬曆三大征」——萬曆二十年（西元一五九二年）二月之寧夏副總兵官哱拜起兵叛亂；萬曆二十年（西元一五九二年）五月之日本侵略朝鮮之戰，以及西南播州楊應龍叛亂！神宗兵分三路出戰，結果經過十餘年才弭平亂事，數十萬將士犧牲性命、軍資耗費千萬，國庫幾乎掏空，大明王朝的國力元氣大傷，從此開始走下坡。

神宗一味貪懶、不務政事時，東北邊境的部族——滿洲女真部落，由愛新覺羅．努爾哈赤以三十年時間逐步統一，於萬曆四十四年（西元一六一六年）建立後金，在大明王朝的東北方迅速崛起，與明朝呈區域性對立之勢。神宗看苗頭不對，戰事在所難免，為籌措軍費，三次下令加派全國田賦，當時被稱作「遼餉」，此舉搞得民不聊生，民心開始浮動。後世遂有史家評論，「明之亡，不亡於崇禎之失德，而亡於神宗之怠惰。」

神宗親政晚期那二十年，在近代史學家孟森《明清史講義》裡稱之為「醉夢之期」：「怠於臨朝，勇於斂財，不郊不廟不朝者三十年，與外廷隔絕」。

神宗除了不理朝政之外，最糟的是過度縱慾、沉溺酒色財氣。大臣不斷上書勸諫，神宗惱羞成怒，下旨這些不上道的奏章一概留中不發。

神宗以好色出名。萬曆十年（西元一五八二年）三月，神宗仿祖父世宗作法，於民間廣選妃嬪且日娶「九嬪」。光是這樣還不夠，神宗連小太監也不放過。特別從宮中挑選十個相貌俊俏的小太監稱之為「十俊」，專門伺候皇上一如妃嬪。

神宗的貪財在明朝朱家天子中也很出名。比方說神宗親政後查抄太監馮保、首輔大學士張居正之家產，全數搬進宮中由他親自支配。此外，神宗還以采木、燒造、織造、採辦為名，在民間大肆搜刮，光是萬曆十九年（西元一五九一年），僅景德鎮御窯廠燒造的瓷器就多達二十三萬多件，令人嗔目。尤有甚者，神宗還多次指派宦官為礦監稅使，到民間恣意搜括，其徵稅名目之多、之怪為世所罕見，讓百姓根本活不下去。

過度縱慾的結果，掏虛了神宗的身體，萬曆十四年才二十四歲的神宗，就說他會一時頭昏眼黑，力乏不興。禮部主事盧洪春還正經八百地上疏，說這是「肝虛則頭暈目眩，腎虛則腰痛精瀉」。萬曆十八年（西元一五九〇年）正月初一，神宗說自己「腰痛腳軟，行立不便」；萬曆三十年（西元一六〇二年）神宗還曾因病情沉重，召來首輔沈一貫入閣，事先囑託後事云云。看來神宗從二十啷噹歲開始就因為酒色過度掏虛身體，然後狀況愈來愈糟，所以這可能也是神宗甚少上朝的主要原因之一。皇帝無法上朝怎麼處理國事？神宗就以諭旨形式向屬下傳遞裁示，包括打了十餘年的「萬曆三大征」，期間各項事務都是如此處理，並沒有直接找大臣來「召對」。三大征好不容易打完，神宗對大臣上的奏章更加懶得批覆。所以神宗已從不願上朝聽政的階段進入連奏章都不願批覆、直接留中不發的境界。

明朝制度規定，政府的唯一決策者是皇帝，若皇帝不願處置又不輕易授權給太監或大臣，會導致文官體系運作陷入停頓，而發生在神宗朝的問題是缺官太多。按正常編制，南、北二京六部應當有尚書十二名，侍郎二十四名，但萬曆三十年（西元一六〇二年）南、北兩京總共缺尚書三名、侍郎十名；各地缺巡撫三名，布政使、按察使等官共缺六十六名、知府缺二十五名——總共缺官近三分之一，狀況實在嚴重。萬曆四十一年（西元一六一三年）十一月，南北兩京缺尚書、侍郎十四名；地方行政管理有時知縣還得被迫兼任鄰縣知縣。由此可見神宗時期政府的行政效率有多糟。

儘管朝廷缺官嚴重，但「黨爭」依舊熱鬧火爆。舉凡東林黨、宣黨、昆黨、齊黨、浙黨等等，不僅名目多，鬥得更是如火如荼，幾乎將大明王朝搞到半癱，滅亡之相已然敗露。這筆亡國爛帳在歷史上可都是算給神宗，一如《明史》所述：「論者謂：明之亡，實亡於神宗。」

神宗萬曆四十八年（西元一六二〇年）三月，神宗長年因酒色過度敗壞的身體，再加上遼東戰爭的大敗，國事紛亂如麻之際，終於病重難返，於七月二十一日在弘德殿與世長辭，得年五十八歲，葬於精心修建的「壽宮」——定陵，謚為顯皇帝，廟號神宗。

倭寇的剋星——戚繼光與戚家軍

明朝一直有倭寇騷擾沿海的問題，在西元一三六九年太祖洪武二年，蘇州、崇明等地就已經遭到倭寇劫掠多次，飽受騷擾。關於明代的倭寇之禍，大致可分為：第一階段從洪武至正德年間；第二階段倭寇鬧得最凶的嘉靖年間；第三階段萬曆年間。

其實倭寇為患早在元朝時便不勝其擾，元武宗至大元年（西元一三〇八年）已記載有日本商盜大肆劫掠慶元（寧波）事件。當時騷擾的倭寇算是百分百的日本倭寇，並沒有中國人混充其間。到了元末，不只中國這邊亂成一團鬧著改朝換代，就連日本那兒也正值鬧分裂的「南北朝」時期，當時南朝的「征西府」與據地自雄的地方勢力打來打去，了無寧日，民不聊生，搞出大批的流民、浪人、海盜、武士等流竄到中國南方沿海，很快便與被朱元璋擊潰的張士誠、方國珍等勢力串成一氣，開始在大明沿海燒殺擄掠。儘管倭寇鬧得海境不寧，但比起元朝在北方的殘餘勢力，朱元璋選擇先徹底掃除北方元朝餘孽，對沿海的倭禍只採取被動的防禦守勢，甚至下令禁止軍民「私通海外」，不過貢船貿易仍可繼續。

世宗在位期間，大明王朝日益腐敗，周邊強鄰外寇看在眼裡，哪會放過掠奪中國這塊肥肉的好時機，其中又以日本倭寇出手最快最狠，經常於明朝沿海一帶侵擾搶奪，這就是歷史上惡名昭彰的「倭寇」。民眾對倭寇深惡痛絕，大明朝廷更派出精銳部隊全力驅逐打擊倭寇，其中最出名的就是享有「民族英雄」美譽的戚繼光將軍。

出身將門的戚繼光，自幼習武，熟讀兵書，曾寫出「封侯非我意，但願海波平」的千古名句。十七歲襲父職任登州衛指揮僉事，二十五歲實授都指揮僉事，麾下領有山東登州、文登、即墨三營二十四衛所兵馬，積極整頓軍備、操練水軍，鎖定侵擾山東沿海的倭寇給予迎頭痛擊。

西元一五五六年足智多謀又幹練的戚繼光擔任浙江都指揮使司參將，負責鎮守寧波、紹興與台州三府。戚繼光果然厲害，在龍山（今屬寧波）、縉雲、桐嶺與倭寇三度交戰皆捷，民心士氣為之一振。幾場戰役打下來，儘管都打了勝仗，但戚繼光仍然非常憂心，因為明軍作戰猶如少爺兵，紀律鬆散，素質參差，戰力低落不可靠，遂上書朝廷懇請招訓新軍以力抗倭寇。

西元一五五九年戚繼光於義烏招募了四千名生力軍組成新軍，在戚將軍的嚴格操練下，新軍成為軍紀嚴明的鐵戰部隊，就是歷史上有名的「戚家軍」，大明抗倭主力全靠他們！有了戚家軍這支生力軍，戚繼光開始針對沿海多沼澤地形，以及倭寇習於小股分散作戰的模式，研究適合特定地形、地物使用的各類型兵器裝備，還設計了攻守俱佳的「鴛鴦陣」！

「鴛鴦陣」以十二人為一隊，配備長短兵器，陣式可依地形與敵軍攻勢隨時變換，攻守兼顧，成為大敗倭寇的關鍵絕招。戚繼光還利用作戰訓練的空檔，撰寫兵書《紀效新書》，將自己的實戰練兵經驗整理出來，詳細闡述選兵、編伍、操練、出征等理論與方法，名震天下的戚家軍就是這樣訓練出來的。

西元一五六一年在台州、仙居、桃渚等處戚家軍與倭寇交鋒，九戰皆捷，擒斬倭寇一千四百餘人，對戰中焚死溺死者更多達四千餘人，這一系列勝仗史稱「台州大捷」。台州大捷之後，基本上浙江地區的倭寇之患算是警報解除。

西元一五六二年變成福建倭患日益嚴重，朝廷趕緊將戚繼光調援福建。戚繼光一入閩就先攻下橫嶼，立馬斬首兩千六百餘人，算是給倭寇的下馬威；緊接著攻下牛田，直搗倭寇巢穴，嚇得倭寇慌忙逃往興化，戚繼光緊追不捨，連夜作戰絲毫不放鬆，一連攻克倭寇六十營，斬首者不計其數，所向披靡。之後，戚繼光回師福清殲滅登陸倭寇二百人，如有神助。

戚繼光大顯神威之際，明將劉灦也不遑多讓，連敗倭寇並將盤踞於福建境內者盡數殲滅。沒想到戚繼光掃清福建倭寇才剛回到浙江，倭寇又死灰復燃大舉侵擾福建。

西元一五六三年，俞大猷、戚繼光領命為福建正副總兵，率戚家軍再入福建剿倭寇。兩軍在平海交戰，戚繼光率先登城，俞大猷、劉灦斬殺兩千二百餘倭寇，救出被倭寇掠奪的三千餘百姓。西元一五六四年，倭寇捲土重來又糾集萬餘人圍攻仙游，戚繼光率先大敗倭寇於城下，趁勝追擊，倭寇被大量殲滅。之後，倭寇又在福寧被戚繼光打得落花流水，戚繼光與俞大猷聯手肅清福建境內倭寇餘孽。福建倭寇清乾淨了，這回輪到廣東鬧倭寇了！俞大猷遂奉命前往廣東平定倭寇。幾經奔波反覆，至此東南沿海的倭患終於逐一掃平。戚繼光的抗倭功績舉國為之振奮，「民族英雄」當之無愧，英勇事蹟也流傳史冊。

一 強人首輔的榮耀與哀愁——萬曆首輔張居正

大明王朝歷經兩百餘載的風雨，步履蹣跚地走到嘉靖年間，青煙繚繞的紫禁城裡皇帝的長生不老大夢未醒，哪有時間過問人間朝政？乾脆全都丟給丞相嚴嵩父子打理。既然天子都不聞不問，嚴嵩父子倆正好上下其手，貪個徹底、污個痛快！大明王朝既然已經從金字塔尖端開始腐敗，位於底層的黎民百姓還有啥盼頭？但劇本總是在跌宕至谷底時出現轉折——張居正出場了。

張居正（西元一五二五至一五八二年），字叔大，號太嶽，湖廣荊州府江陵人，是位不折不扣的平民。張居正就是在天子沉迷修道、嚴嵩父子貪贓枉法的昏暗時代登上政治舞台。這位平民出身的內閣首輔（宰相）張居正，以其對天子的無比忠心、個人的魄力、氣度與智慧，大刀闊斧整飭朝綱，對外徹底鞏固邊境國防，對內落實推行「一條鞭法」，為低迷不振的大明王朝注入振作的新血與活力。

為什麼張居正身處低迷不振的時代，卻能無怨無悔為天子、國家全力以赴？這要從張居正的信仰說起。張居正篤信佛教，尤其偏好禪學，還曾自號太和居士，在佛教經典中對華嚴宗的《華嚴經》

特別有心得。張居正曾在神宗萬曆元年（西元一五七三年）寫給朋友李中溪的信函裡寫道：「前年冬，偶閱《華嚴》悲智偈，忽覺有省。即時發一宏願：『願以深心奉塵剎，不於自身求利益。』」現在將鏡頭轉到神宗萬曆元年至十年（西元一五七三至一五八二年）這段期間，張居正確實全心全意、無微不至地輔佐小皇帝，甚至將彼此的君臣關係比擬「恩若父子」——他視年方十歲的小皇帝如父，而四十歲的自己則為兒子——就這樣一點一滴地累積出後世對其的歷史評價——「工於謀國，拙於謀身」。

萬曆皇帝對張居正始終尊敬，總是敬稱「先生」，詔令中只要提及張居正必寫「元輔」，可見君臣間的互相敬重。

有一則小故事說明張居正與皇帝之間的互動模式：元宵節將至，皇帝想熱鬧一下。張居正就算給小皇帝聽：「未來幾年有許多大事要辦，像皇上大婚、潞王出閣等等，每件大事花費都不在少數，民力有限還是撙節著點好。其實在殿上掛些花燈一樣很有過節氣氛，何必一定要大搞燈棚才叫過癮呢？」小皇帝朱翊鈞順從應聲道：「朕極知民窮，按先生的話辦吧！」

萬曆二年（西元一五七四）五月八日講讀完畢，皇帝聽聞張居正腹痛不適，想到何不以辣熱之效為先生攻治腹痛！遂親手調製辣麵一碗給先生，還讓次輔呂調陽陪張居正一起吃。熱辣攻腹痛的效果如何後世不得而之，但皇帝對張居正的用心體貼盡在不言中。

萬曆朝的前十年朝政由張居正總攬，在小皇帝的全力支持下開始大刀闊斧推行改革，讓王朝政務氣象一新。改革內容包括：

1. 政治方面：推行考成法。內閣稽查六科↓六科稽查六部、都察院↓六部與都察院稽查巡撫、巡按↓巡撫、巡按考察地方官員。透過考成法讓整個官僚體系以內閣為中軸運轉，吏治大為改觀。

2.經濟方面：推行清丈田糧，推動「一條鞭法」。此法施行之後清查出大量隱匿、遺漏未上報的田地，大大增加了耕地與賦稅來源。

3.稅收方面；所有徭役皆可折銀，按丁、糧加以攤派。此法不僅將稅收條目簡化，也將賦役不均的舊弊消除。

張居正的改革對明朝的經濟大大振興，光是戶部管轄的太倉庫收入，就從穆宗隆慶時期每年兩百萬兩白銀左右，提升至神宗萬曆初年平均每年三、四百萬兩白銀之譜；京師糧食貯量更三倍於穆宗隆慶年間。

萬曆初期十年大明王朝快速累積財富的同時，小皇帝也由十歲的童子長成二十歲的青年，他還會像之前那樣對張居正百依百順嗎？難道他不想當個真正大權在握的皇帝？神宗親政時機是要等的，不急。

神宗萬曆九年（西元一五八二年）七月張居正生病，當時有傳言張居正的病情不單純，可能是為國事操勞所致，但也有人說他是生活糜爛、服食藥物過度所致。總之從神宗萬曆九年至十年間，張居正一直挺著病軀上朝辦公，不曾告假。萬曆十年二月舊疾復發，六月二十日病逝，神宗不只為這位一代名臣輟朝一天，還特別予其崇高禮遇：謚文忠，贈上柱國銜，蔭一子為尚寶司丞，賞喪銀五百兩。

張居正看似備極哀榮，但是當萬曆十年（西元一五八二年）已大婚四年的皇帝終於開始親政之後，幹的首樁大事就是：清算已駕鶴西歸的張居正。

張居正之死猶如一個大轉場，當年因為改革而失勢的守舊派大臣看機會來了，迫不及待地向皇帝上奏彈劾張居正，連同夥的馮保也一併參了。翅膀硬了的神宗想起昔日張居正為政的點點滴滴，此一時也彼一時，不禁全變了模樣，種種不滿與壓抑瞬間爆發，面對守舊派的大鳴大放，神宗總得表個態度——要當個百分百的皇帝，就要徹底擺脫「張居正障礙」。不過當年兩人關係好時，留下不少「佳話」，現在要翻盤總得找個理由，於是馮保就當了替死鬼。

萬曆十年十二月，神宗以欺君蠹國之罪免馮保東廠提督之職並抄沒家產。馮保垮臺，張居正雖死也在劫難逃。萬曆十二年（西元一五八四年）八月，都察院參劾張居正的奏疏中，神宗批示：「張居正誣衊親藩，侵奪王墳府第，鉗制言官，蔽塞朕聰……專權亂政，罔上負恩，謀國不忠。本當斷棺戮屍，念效勞有年，姑免盡法追論。」未幾又詔奪張居正所封官職、諡號，家產全被查抄，家人盡被謫戍。張家後來有多慘？查封張府時尚有十餘口來不及離開者皆餓死府中；張家長子自縊；張居正八十歲老母端賴首輔大學士申時行之請，方才留一棲身之所與十頃田地過活。張居正應該作夢都沒想到，自己全心全力輔佐的皇帝，會在他死後如此嚴厲的懲處張氏一族。

既然「張居正障礙」掃除，接下來就是罷免所有張居正重用之人，而當年反對張居正者一律官復原職、恢復名譽。

一代名臣張居正，為何死後會落到被彼此關係水乳交融的皇帝清算呢？細細分析有兩大原因：

1. 張居正過度自信，不能虛己待人，致使威權震主，沒有給神宗足夠的自信與發展空間，物極必反，才引來皇帝的終極報復。

2. 張居正執政時過於專權且刻薄專制，對人僅憑一己好惡便驟下論斷，以致得罪太多官員。

得罪丘橓：影響最大、最惡劣的就是得罪丘橓，其性格剛直又頗好爭論，張居正很不欣賞他。神宗萬曆初年有言官向朝廷舉薦當時罷官在家的丘橓，為張居正所阻。張、丘之間的水火不容，以致張居正死後神宗特地任命丘橓與太監張誠去清算張家。丘橓自然用上兩百分的力氣、毫不避諱公報私仇的質疑，全力來抄張居正家，如此方才能出胸中惡氣。

得罪士大夫與讀書人：張居正「奪情」（即「奪情起復」，張居正父喪訃至，卻為國家奪去了孝親之情，為此可不必去職，以素服辦公，不參加吉禮。）一事，讓許多士大夫看不過去；禁講學一事更得罪許多讀書人。

對太后親族不夠周到：張居正對慈聖皇太后之父李偉等人未給予充分的方便，以致神宗清算張居正時，慈聖皇太后完全不吭聲也不為張居正說句公道話。

綜上所述，或許會讓後世覺得張居正身後種種盡皆咎由自取，其實亦未必如此！從政治的角度來看，如果神宗親政要站穩腳跟，必定要徹底拔除張居正的影響，神宗的皇帝形象才能獨立出台，否則永遠都在張居正勢力集團的陰影下走不出來。所以當神宗批判張居正「罔上負恩」時，想起十年來輔佐之情心中不知作何感想？

一百九十萬字的東方醫藥巨典——李時珍《本草綱目》

李時珍，字東壁，號瀕湖，湖北蘄州（今湖北蘄春）人，出生懸壺世家，歷代皆行醫濟世。祖父保留了許多民間祕方，包括偏方、單方等等；父親李言聞則對醫學醫理頗為專精。李時珍一開始也是準備讀書求取功名，十四歲中秀才，十七歲後參加武昌府試卻連連名落孫山，遂改弦更張不再執著功名，決定承繼家族行醫濟世的衣缽，跟隨父親抄寫藥方、上山採藥。

西元一五四五年蘄州一帶發生洪災，洪水退去又有瘟疫橫行，災民根本無錢請大夫看病抓藥。但凡醫者皆有仁人之心，李時珍既已立志懸壺濟世，便在蘄州為災民診病，藉此充實臨床經驗。李時珍經過這次實戰，醫術大有進展，救人無數不說，又肯下功夫鑽研，才三十七歲就成為荊楚名醫，求治者絡繹不絕於途。

李時珍行醫期間，深感古代醫書流傳數百年卻未嘗有專家學者為之修訂，難免有錯且不敷今時之用，嚴重時誤人性命也是有的，因此李時珍決心要重新修訂醫書經典，以濟厚生。

機緣所致，楚王慕名請李時珍為其子治病，果然妙手回春，楚王甚是歡喜，想留他擔任王府「奉祠正」兼做楚王專屬醫生，李時珍點頭了——因為楚王交遊廣闊，與藏書頗豐的郝、顧兩家交好，如果自己搭上楚王的線，就有機會看到這兩家珍藏的《神農百草經》、《征類本草》等珍貴的歷代藥典古籍來研究，既長了個人的醫學底子，又能為日後修訂醫典打基礎，所以爽快接下楚王給的差使。

未幾，世宗讓太醫院邀集全國名醫，楚王收到命令只好把私人專屬李醫生推薦去任職。李時珍在太醫院跟來自全國各地的名醫交流、切磋，還有機會讀到民間沒有的珍貴善本醫學經籍，真是如魚得水。在太醫院期間，李時珍曾多次提案請求編撰《本草》，但都被擱置否決，一年過去依然未能如願，於是李醫生就以生病為由回家相。在家鄉他繼續行醫，也繼續收集藥典資料並到各地採藥，舉凡河南、河北、江西、安徽、江蘇等地都有他的足跡，還曾攀上天柱峰、茅山、武當山等名山採集藥草，不時向藥叟、果農請益，所下的功夫不輸神農嚐百草，所遇到的危險藥草、植物、花果也不計其數。

就這樣走遍大江南北、翻過無數名山，李時珍耗費近三十年的寶貴光陰，終於在六十一歲達成畢生宏願將《本草綱目》編成。這本多達五十卷的曠世醫藥巨著，共一百九十萬字，記錄一千八百九十二種藥，廣蒐一萬一千零九十一個藥方，真是一本藥草界的百科全書！層次條理明晰地介紹各種藥材，依礦物、植物、動物的順序編排；內容則包括藥草之產地、形態、栽培、採集等，連炮製方法、性能與功用，講解則是由簡單到複雜，務求清楚詳盡。難怪兩百多年後西方的達爾文翻開李時珍的巨作，對其分類之科學大為嘆服，可見將《本草綱目》譽為「東方醫藥巨典」實非溢美之詞。

可惜巨作雖成，但奔波了十數年好不容易找到一家書局願意承刻，然而一直到李時珍七十六歲駕鶴西歸之時，還未能看到《本草綱目》的刻印本。不過《本草綱目》終究還是在李時珍過世三年後順利出版刊行。又經過十年，《本草綱目》飄洋過海傳入日本、朝鮮，而且陸續還被翻譯成拉丁文、法文、俄文、德文、英文等多種文字通行於世界，光是英文版就有十數種版本。此等殊榮，《本草綱目》可謂當之無愧。

一　讓孫猴子永垂不朽的奇書——吳承恩《西遊記》

中國歷史上最有名的猴子非「齊天大聖」莫屬，這隻孫猴子就是明代小說家吳承恩創造出來的。吳承恩字汝忠，號射陽山人，一生創作詩詞文章無數，還曾仿唐傳奇寫下志怪小說《禹鼎志》，但如今只留下後人蒐羅遺稿彙編的《射陽先生存稿》四卷，儘管如此，但他所著的長篇神話小說《西遊記》，幾百年來影響全世界華人深遠！

其實有關孫猴子的故事在民間流傳已久，說書人每個都為之加油添醋讓故事更豐富、更精彩也更加天馬行空！吳承恩的《西遊記》就是以百姓與民間藝人集體編織的故事拿來加以整編再創作，加入自己的想像力與人生感悟，以白話口語完成這本融合神性、人性、物性於一爐的長篇神怪奇書，不僅情節曲折跳脫、故事精彩跌宕、脈絡主副清晰，人物塑造與描述更是鮮活生動，全書藝術成就無與倫比。

第26章

明末朱家天子
瑜難掩瑕的亡國之歌……

西元一六二〇至一六四四年，大明王朝歷經萬曆朝的怠惰，官場糜爛不堪，地方上地主恣意蹂躪百姓，就連富庶的江南都民變頻仍，明朝江山陷入末世情境。

若說萬曆朝中期是大明走向衰敗的轉捩點，那麼對女真族的努爾哈赤而言，則是他崛起的起飛點——因為女真的崛起，大明的衰亡已成定局。

明熹宗天啟年間，因為皇帝寵信宦官魏忠賢，這批野心勃勃的宦官把朝政搞得烏煙瘴氣，而早已病入膏肓的明朝至此氣息奄奄。

思宗繼位是為崇禎皇帝，亟欲思有所作為，儘管解決了魏忠賢，偏偏崇禎年間連年災荒，百姓不造反也餓到造反了！而且東北的後金也沒閒著，五次突破長城防線闖入關內。

西元一六四四年，崇禎十七年，李自成打入北京，思宗於煤山自縊，至此明太祖朱元璋一手打拚出來的大明王朝，歷經十二世、十六帝，國祚二百七十六年的明朝宣告滅亡。明朝亡後，大明宗是在南方先後建立若干政權，史稱「南明」。不過最終也在西元一六八三年清朝拿下台灣、寧靜王朱术桂自殺，為南明劃下句點。

明朝晚期的西方世界，影響深遠的文藝復興、地理大發現、宗教改革、科技發展正如火如荼地展開；值此同時，明朝國勢雖衰弱，卻出現了徐光啟、宋應星、徐霞客、馮夢龍等震爍古今的科學家、地理學家與文學家，照亮中國的文化蒼穹。

一 史上最專權的宦官——閹黨龍頭魏忠賢

想想之前在明朝皇帝身邊專權的大太監，如王振、劉瑾、馮保之流多少還有點眼界與本事，可是魏忠賢卻百分之百是個不學無術，毫無品德，熹宗既然有膽重用他，便註定天啟一朝將是明朝最黑暗的一頁。

魏忠賢自神宗萬曆十七年入宮到光宗泰昌元年（西元一六二〇年），整整在宮裡待了三十一年，這漫長的歲月足以讓他一步步爬到皇帝身邊成為大紅人。歸納熹宗寵信魏忠賢的原因：

1.朱由校從小就由魏忠賢伺候。魏忠賢於神宗萬曆十七年（西元一五八九年）入宮為太監，在當時司禮監掌東廠太監孫暹麾下工作。神宗之皇孫朱由校誕生後，據說自小就由魏忠賢小心伺候著，還陪著小皇孫遊玩，深得皇孫歡心。之後在太監魏朝的媒合下，魏忠賢前往熹宗生母孝和王太后這邊擔任專管膳事的太監。小皇孫朱由校後來成了太子，魏忠賢在乳母客氏的協助下正式升任東宮典膳。別小看典膳之職，這可是太監裡最貼近太子——未來皇帝身邊的職位。

2.太子正式登基前，魏忠賢竭盡全力結交太子身邊有影響力的重要人物，如乳母客氏、養母李選侍、太監王安與魏朝等。當熹宗登基後，魏忠賢自然順勢成為宮中太監第二把交椅——司禮監秉筆太監兼掌東廠太監，宦官界裡就只有先皇朱常洛之近侍王安的地位比他高了。

魏忠賢到底是何方神聖？絕不可能是一般生活無著才被送進宮的小太監吧？沒錯，他確實不是自幼進宮的小太監。根據朱長祚《玉鏡新譚》記載，魏忠賢的本名叫做李進忠，原籍河北肅寧縣，是個市井無賴之輩，曾經娶妻生了女兒，結果他沉溺酒色不學好，把家財敗光，乾脆自宮去宮裡做太監去。所以魏忠賢與一般太監大不相同，他的儀表豐偉且會射箭、彈棋、蹴踘這些玩意兒，嫖妓賭錢也都上手，世俗鬼混的歷練讓他成為標準玩咖——即使玩很大也面不改色，很有架勢與膽氣，這些年輕時浪蕩的本領讓他侍候皇上相當得心應手。

最重要的一點，也是明代太監專權的一大特徵——魏忠賢不管做多少壞事、搞死多少人，但對熹宗卻是絕對效忠，絕無二心！魏忠賢伺候熹宗始終小心勤謹，熹宗還特別在天啟二年（西元一六二二年）賜名「忠賢」以示表彰，可見君臣感情之深厚。

魏忠賢在主子身上下足功夫，對於外廷朝臣也沒少費心，不僅培植了像崔呈秀、魏廣微之流的文臣勢力，全盛時期據說有「五虎」、「五彪」、「十狗」、「十孩兒」、「四十孫」等黨羽，遍布朝廷各部門從內閣到六部，乃至到各地方總督、巡撫，「閹黨」實力不容小覷。朝廷中難道沒有可以相抗衡的正義之聲？有，反對魏忠賢最有力的就屬「東林黨」，尤其以楊漣、左光斗為首的「東林六君子」，更為扳倒魏忠賢火力全開，但有沒有成功？你說呢？

閹黨對東林黨恨得牙癢癢的，在朝不遺餘力地對其展開排擠，將內閣、六部控在手中，終於讓魏忠賢大剌剌地以皇帝代言人之姿出台，手握朝臣生殺大權，將宦官專政的歹戲推向最高潮。國政糜爛至此，凡正直朝臣都被扣上「東林黨」的帽子向閻羅王申冤去，被貶、被殺的東林黨人更是多不勝數。這時輪到「東林六君子」倒大楣了！不論是退休的還是仍在官場打滾的，都被魏忠賢抓去關，而且酷刑伺候，以報當年打壓之仇。

當鏡頭往後跳到明思宗崇禎二年（西元一六二九年），看其所訂之逆黨名單中，內廷外廷總計三百一十五名官員在閹黨名單之列，試想明朝官僚體系有這麼多人聽命於魏忠賢，當一個如此龐大的官僚集團集中在魏忠賢的周圍，而皇帝朱由檢本人卻不理朝政，魏忠賢要引導皇帝、矇騙皇帝，從而達到自己專權的目的，簡直易如反掌。

浙江巡撫潘汝楨於明熹宗天啟六年（西元一六二六年）拍魏忠賢馬屁，說要為他建生祠——沒想到竟然引起全國跟風，更絕的是生員陸萬齡還提議，要請至聖先師孔子配祀這位大字不認一字的魏忠賢。從這些官員的離譜行徑可知熹宗天啟年間的宦禍有多慘烈！

魏忠賢在內廷外廷興風作浪之餘，皇帝乳母客氏在後宮也沒閒著——張皇后的三位皇子二位公主都被害死，其他妃嬪與皇嗣的處境自然更加悽慘，客氏之狠毒絕不輸魏忠賢。正因為客氏的惡毒，日後繼位的明思宗朱由檢才會對其二人如此痛恨。鏡頭再拉到皇城之外，大明江山在魏忠賢與客氏的蹂躪下，老百姓苦不堪言，紛紛揭竿而起。關外的後金也沒閒著，從遼東一步步往山海關進逼，眼看大明氣數已危在旦夕。

風雨飄搖中明思宗崇禎皇帝即位，儘管他對魏忠賢與客氏恨之入骨，但是權力鬥爭不是你死就是我亡，初登基的崇禎皇帝即使再急切竟也能深沉隱忍，暗中蓄積實力，只等時機一到「豬羊變色」，讓魏忠賢與客氏萬劫不復。

一　八方風雲盡在掌握的寧遠大捷

儘管熱愛木作手工藝、不愛管朝政的明熹宗朱由校，「昏君」標籤注定貼牢牢，但是打開《明史》讀到大明王朝晚期幾場重要的大型戰爭時，就會發現明熹宗朱由校其實對於戰爭還頗有天分，尤其在思考和決策的品質上有令人驚訝的好表現。

明末薩爾滸戰役失敗後，明朝在戰略上明顯由原本的進攻轉為防守，更務實地將防禦後金列為第一戰略要務。此一重要轉捩點，熹宗朱由校居於戰略布局的主導地位。熹宗在位的七年期間，遼東戰爭可以約略分為三個部分：

孫承宗任督師，壯志未酬告老還鄉

西元一六二二年，明熹宗天啟二年初，遼東明軍因王化貞之冒險行動慘敗，讓愛新覺羅・努爾哈赤率軍攻陷廣寧，情勢相當不妙。遠在京城的明熹宗朱由校對遼東戰場的劣勢深感焦慮，於是積極派人針對遼東戰場提出詳細深入的實地勘察，並寫成書面報告直接呈給皇帝審閱。明熹宗收到遼東戰場勘查報告認真審閱並思考該派何人前往遼東督師。正在傷腦筋之際，皇帝的老師、大學士孫承宗竟然上奏自請督師，對老師素來敬重的明熹宗，相信老師絕對有能耐搞定遼東戰場，將一切重歸大明掌握，遂欣然應允讓老師赴遼東前線督師。

深得皇帝信任的孫承宗抵達遼東後，大力整頓遼東軍務，而且只要是老師提出的需求，皇帝學生是要錢給錢、要糧給糧、要人給人，可謂是有求必應，通通照准。果然在孫承宗戮力整飭下，使得天啟初年遼東戰場的明軍氣象一新。

孫承宗曾上奏皇帝，擬對後金發動主動攻擊，請皇帝速速撥付所需軍餉。素來支持孫承宗的明熹宗仔細思考推演後覺得此舉可行，可惜因為部分官員堅持己見，以消極拖延的手段加以抵制，以致皇帝學生也只能乾瞪眼，幫不上老師的忙。儘管因此孫承宗無法實際發動此一主動攻擊，但熹宗對於老師的信任始終如一，而孫承宗在遼東的地位與影響力完全不受影響。

不過在前線時日一久無所作為終究不妥，即使皇帝完全信任孫承宗，也難保遠在後方的朝廷不會出現雜音。偏偏這時，孫承宗的愛將馬世龍，誤信降兵帶回的假情報，冒然渡過柳河進攻金營而中埋伏，折損四百餘名兵將。這場敗仗頓時引發朝野的緊張神經，朝中彈劾馬世龍的奏章如雪片般堆在皇帝案前。事情發展到如此地步，皇帝也不得不對老師的表現感到失望，當孫承宗上奏要回籍養病，皇帝也就順勢准其所奏，給孫承宗台階好下台。

高第替代孫承宗，竟是個怯戰咖

孫承宗求去，明熹宗拚命找尋接手的人才，遍尋不著之下只好將此大任交付魏忠賢與一干大臣薦舉的高第，命其任遼東經略。

某年冬日，努爾哈赤出兵擺明要與明軍對幹。遠在京城的明熹宗得到情報，趕緊要前線的高第把糧草運往內地保護，以免被金兵搶走，同時命令高第「嚴飭道將，倍修戰守，務保萬全」，意思就是要高第率領守軍守住前線。沒想到高第竟是個貪生怕死之徒，竟然棄皇命於不顧，帶部隊跟糧草一起回到山海關躲起來，只留袁崇煥一人孤軍守衛寧遠重鎮。高第的膽小怕死，給了大明晚期最閃亮的戰神——袁崇煥登場的機會。

袁崇煥死守抗金，高奏勝利樂章

前線與京城因為距離遙遠，使得訊息傳遞有時差；兩個地方因為壓力急迫性不同，發命令的往往很難在第一時間察覺命令執行狀況，有時甚至連命令是否被執行都搞不清楚。當熹宗這廂還在京城裡努力籌謀部署之際，前線的高第已經在第一時間嚇得落跑，而努爾哈赤的大軍眼看就快打到寧遠城下。

此時寧遠猶如孤城一座，只剩袁崇煥帶著兩萬明軍死守，而努爾哈赤數倍於兩萬明軍的大軍已經兵臨城下。然而直到寧遠開戰之後一、兩天，熹宗才得知高第從前線落跑躲到山海關的消息，於是立刻讓總兵楊麒派軍隊前往寧遠支援袁崇煥守住寧遠。但這時大戰已開打至少三天。

再來看看朝廷大臣的反應，幾乎一面倒看衰寧遠之戰，都把注意力轉移到如何守住山海關上，甚至認為應該把寧遠的大砲調回山海關增強防禦力。好在熹宗腦袋清醒，始終把寧遠當成對抗金兵的關鍵，認為不應該把寧遠的大炮撤到山海關，同時嚴令各部軍隊馳援寧遠不得有誤，務必保住寧遠。

四天之後，來自寧遠前線的捷報送抵朝廷。熹宗對袁崇煥與守軍表現大為讚賞，不僅下旨慰問、嘉獎，還加升袁崇煥和滿桂。從此袁崇煥深受熹宗倚重，成為遼東戰場上的長城。熹宗還讓後宮、王室與皇子、宦官捐輸錢銀十六萬兩以充實遼東軍費，朝廷則調集大量火器運往遼東前線鞏固防守。至於高第陣前落跑一事，熹宗派人前往徹查，而高第的靠山魏忠賢也氣他不成材不再包庇。事已至此，高第上疏請辭，熹宗就順勢照准，好言慰問之後就讓他打包回鄉。

寧遠之役讓「戰神」努爾哈赤受重傷，回師後傷重不治逝世，由其號稱戰爭天才的兒子皇太極繼任。熹宗在位期間，皇太極與明軍對陣並未取得絕對優勢，皇太極於是改變對明朝的策略：議和明朝，進攻朝鮮。

熹宗支持袁崇煥並派薊遼總督閻鳴泰前往協助，這兩人都反對議和，所以熹宗謹慎而明確地對兩位前線大將表示：議和只是手段，絕非目的。由於明軍對「議和」心裡有數，導致議和陷入膠著難以突破，終於皇太極受不了，開始對明軍發動攻擊。

熹宗收到情報馬上召集軍事大臣廷議，迅即作出防守部署：

1. 令駐紮山海關的滿桂往前屯駐紮。
2. 原駐紮前屯的侯世祿與三屯總兵孫祖壽則移駐山海關和宣府。
3. 戰略位置最重要的寧遠布署兵力三萬五千人，由袁崇煥直接駐紮並全域指揮。
4. 另從昌平調軍隊一萬人，還從天津、保定、宣府、大同各調兵五千援助關內守軍。
5. 熹宗同時命各重鎮備戰準備就緒，以便隨時聽候調遣。

熹宗完成通盤部署，擺出堅強陣仗恭候皇太極駕到。鏡頭轉到後金這邊，皇太極第一步先包圍錦州，他勸趙率教投降反被奚落：「你要打就打隨你便，想要我投降門兒都沒有！」皇太極看勸降無望就下令攻城，希望藉由圍攻錦州城誘使其他城鎮馳援，把戰場拉到平原以利金兵鐵騎施展戰力。偏偏明軍各城守將都收到熹宗之令，關外四城各自堅壁自守，除非寧遠告急，否則誰也不許妄動。各守城大將有據城死守的默契，趙率教更是固守錦州城抵死不出城迎戰，完全沒達到誘敵至平原作戰的效果。結果不擅長爬牆的金軍，在攻城戰疫中死傷慘重，還被大砲轟得七葷八素，戰況可說毫無進展。

眼看錦州被圍困多時，一直耗著也不是辦法，熹宗命滿桂自山海關調一萬精兵馳援錦州。滿桂援軍火速抵達，立刻與金兵激戰，雙方打得難分難解，最後金兵退出，錦州之圍得以解套。

皇太極歷經半月苦戰，眼看沒有任何具體戰果，擬打出全面撤軍的幌子來個引蛇出洞，將明軍誘出城好好修理一番。可惜，明軍早有部署，根本沒人理會他的誘敵之策，皇太極氣急攻心，不顧眾將反對直攻寧遠，因為當年重創父親努爾哈赤致死的袁崇煥就在裡面！只是寧遠也不好惹，現在袁崇煥兵力與當年不可同日而語，而且城下城上擺出火炮大陣仗，火力全開招待皇太極，讓金兵攻了老半天竟連寧遠城的城牆都無法靠近。眼看在寧遠討不到便宜，皇太極還在考慮是否繼續打下去時，明軍已經找到金兵的罩門，寧遠城衝出一支突擊隊殲滅金兵兵力最薄弱區位，沒等其他區位金兵反應過來，突擊隊迅速回到寧遠城。

在寧遠被打得灰頭土臉，皇太極馬頭一轉只好又跑回錦州，想再勸降趙率教。趙率教自然懶得搭理。激戰一天，金兵被大砲轟得抬不起頭，皇太極損失慘重遂放棄進攻，認敗回營。

綜觀皇太極發動的這場戰役，大軍圍困錦州、寧遠達二十四天，傷亡慘重，無功而返，只好撤兵。退軍途中只要看到明軍修築的防禦工事通通搗毀，以洩心頭之恨。

寧遠之戰讓明軍士氣大振，也將戰略防禦階段扭轉為與金兵「戰略僵持」以「防禦」為主的階段。明熹宗的表現可圈可點，他對局勢的清醒認知，對部署的合理安排，對前線指揮官完全信任，再加上袁崇煥出色的指揮，以及明軍團結同心、正確運用我方優勢等，均為明軍取得「寧遠大捷」的關鍵。

一 古典科技與哲學的完美演繹——宋應星《天工開物》

談到明代的科技，一定要抬出宋應星的大作《天工開物》。話說宋應星，字長庚，是南昌府奉新縣（今江西境內）人氏，從小就聰穎且對於科技事物非常著迷，特別愛自己動手做東西。一如傳統讀書人，宋應星也不能免俗地投入科考求取功名，就在二十九歲那年與同胞兄長同科中舉，之後他五次從江南迢迢千萬里赴北京應試，可惜都沒金榜題名。不過行萬里路勝讀萬卷書，宋應星五次應試的長途旅行，打開了農業與相關科技的見識與眼界。明朝科舉沒有給宋應星進入升官的進士門票，卻讓中國誕生一位不可多得的科技大家。

興趣歸興趣，生活還是要顧，宋應星四十九歲出任江西省分宜縣教諭，之後又擔任福建汀州推官與南京亳州知府等職。在江西做教諭那三年任期的公餘時間，宋應星致力將中國古典科技（含括農業、工業等）做有系統地整理與總結，終於在五十一歲這年寫成《天工開物》。西元一六三七年，書稿完成經友人協助得以刻版付梓，時為明崇禎十年，所以初版《天工開物》又稱為「崇禎版」。

巨著問世之後，宋應星彷彿歷史任務完成，至此史書鮮少有他的紀載。直到西元一九七〇年左右，在江西宋應星故鄉有了新發現——《宋氏宗譜》、《宋應星行略》，以及宋應星遺作《思憐》、《野議》、《談天》、《論氣》等四種明朝刊刻之海內孤本。而宋應星這位古典科技集大成者的生平，至此終於完整而真實呈現在世人面前。西元一六四四年明朝滅亡，年近六旬的宋應星遂隱而不仕，並叮嚀子孫三代不應大清科舉。宋應星活到約八十歲，葬於奉新北鄉故里（今江西奉新城東南的宋埠鄉牌樓宋村）戴家園祖塋。

明末《天工開物》問世曾大為風行，但到了清代尤其乾隆之後，因複雜的政治因素而逐漸為世人遺忘。儘管在華夏大地沒有得到應有的重視，但東傳到日本卻大受推崇，並於西元一七七一年在大阪出現刻本，爾後再從日本西傳至歐洲，譯為多國文字在西方世界廣為流傳，法國更盛讚《天工開物》法譯本為《中華帝國古今工業》。

當代知名的英國學者李約瑟博士將宋應星譽為「中國的狄德羅」。狄德羅為法國學者，亦是世界知名《百科全書》的主編，可見在李約瑟眼裡《天工開物》正是「中國科技全書」。反觀中國竟然直到中華民國成立之後，才有學者意識到《天工開物》的科學價值，可惜偌大的中國竟找不到這本煌煌巨著，後來好不容易在日本找回菅生堂本，《天工開物》終於在初版發行近三百年後的西元一九三〇年，再次在中土影印發行。

爾後從原浙江寧波李氏墨海樓捐贈給北京圖書館（今中國國家圖書館）的一批古籍善本中，發現《天工開物》崇禎版原刻，學界為之振奮！西元一九五九年將《天工開物》崇禎版原刻影印出版，此一孤本印行讓炎黃子孫得以窺見宋應星古典科技巨著的原始面貌。

講了半天《天工開物》有多偉大，到底厲害在哪裡？

《天工開物》共十八卷，內容極其豐富，涵蓋多元面向的生產技藝，並詳述各種產品自原料到加工之全部工序、方法等。舉農業為例就包含了穀麥豆麻等農作的栽培與加工；談紡織則包括蠶絲棉線之紡織與染色；工業方面從與民生至關重要的製鹽、製糖、榨油，到與工作器用相關的紙、蠟、鑄銅、冶煉、開礦等，還有與住居有關的磚瓦、陶瓷、器具、車船之製作，以及軍事戰爭相關的石灰、硫磺、白礬、兵器、火藥等。

如果光是文字記敘，很可能時隔日久便不知所言為何，但《天工開物》最棒的是全書附有一百二十三幅精緻插圖，這些圖畫不是寫意或強調藝術表現的插畫，而是針對科技工藝說明專門繪製的圖畫，不僅結構準確、比例適當，甚至還有強烈的立體感。讀者閱讀文字時對照插圖所示之圖樣與資訊，幾乎就能將書中所載的各種機械、設備重製出來，十分厲害。特別是書中繪製的提花機、鑽井設備、軋甘蔗機、大型澆鑄，以及鍾鍛千斤錨、階梯式瓷窯、玉石加工磨床等等，堪稱世界最早之科技圖錄，極具研究價值。

有一點要聲明，《天工開物》不是只蒐集、整理、彙整、總結古今傳統科技，其實宋應星對當代的新科技也很關注並加以研究，更積極進行全面性研究，提出相當多寶貴的見解。例如：

1.化學：書中所記錄的煉鋅技術，可說是當時世界上最先進的科技。關於這一點，歐美化學家早已注意到，因此但凡化學文獻論述到金屬鋅的最初冶煉莫不提及《天工開物》。

2.生物學：宋應星依農作物品種往往因環境不同而引起差異，像蠶蛾就會因為不同性狀的品種雜交引起後代變異等情況，提出「土脈歷時代而異，種性隨水土而分」，堪稱人類對動植物生態變異認知的一大躍進。之後，達爾文在談及生物進化與變異時，就曾引述宋應星此一見解。

3.物理學：宋應星研究聲音的傳播，以投石擊水引動水波由中心向外擴散的現象，進而推斷聲音在空氣中的傳播原理亦復如是，遂提出聲音氣波之概念，堪稱世界最早提出者。

4.化學：宋應星以汞與硫黃可化合煉出朱砂之化學過程與結果為例，得出「品質守恆」的初步看法。同時，宋應星還以鐵失（意指磨損、風化、腐蝕等）而化為土做比喻，亦是「物質不滅」觀念的先驅。

5.哲學：宋應星在《談天》一文談到太陽並非靜止乃是不斷變化的，進一步提出「今日之日非昨日之日」的哲學命題，為古人說「日月之形，萬古不變」，是「刻舟求劍」的謬誤。宋應星此一「日日新」的哲學思想，後來由清初哲學家王夫之接受而加以發揮。

看到這裡，您是不是也覺得宋應星不止是彙整中國古典科技而已，他還深入研究提出看法與觀念，甚至還跨入哲學領域探討更「大哉問」的命題。在理解這一點之後，就可以來談談為什麼宋應星要把自己的著作命名為《天工開物》！

什麼是「天工」？宋應星認為世間一切資源皆是大自然所造就的，乃「天然工就」，故稱為「天工」。什麼是「開物」？大自然所造就的天然資源並不是拿來就能派上用場，還必須經開發、加工，才能成為人類所需之物質器用，故稱為「開物」。所以《天工開物》為書名，係以「天工」為基礎，由人去「開」發資源，生產出可用之「物」。宋應星在科學中提煉出來的哲學思想，實為世界最早之科學哲學觀也。

讓旅行不只是旅行——地理學家徐霞客

正當大明王朝內外情勢都很糟糕之際，有位名叫徐弘祖的青年放棄科考仕途，選擇背起行囊踏上漫遊中國的旅程，一路上留下精彩的遊記文字，終於成為中國最有名的旅行家與地理學家。這位徐弘祖就是大家耳熟能詳的「徐霞客」。

徐弘祖，號霞客，自幼熱愛閱讀史地類書籍與圖冊更勝儒家經典。十幾歲時父親過世，這位愛讀史地的少年，渴望有朝一日能夠親身前往書中所記述的名山大川實地遊歷，只是母親年老無人照料怎麼行呢！遂將自己的旅行夢想與渴望深深藏在心底。俗話說：「知子莫若母」，徐母很快看穿兒子心底的祕密，便告訴他：「男兒志在四方，不要為了老媽媽困守家園。」並立刻著手為兒子準備行裝，還親手特製一頂旅遊冠給他戴著去旅行。

徐霞客終於在二十二歲出發去旅行，首先鎖定名山大湖——太湖、洞庭山、天臺山、雁蕩山、泰山、武夷山、五臺山和恒山等。每趟旅行歸來，徐霞客總不忘與頭號粉絲徐母，以及親朋好友分享旅途中的驚險故事，以及各地聞所未聞的奇異風俗，眾人莫不聽得入迷。徐母過世後，徐霞客全心投入旅行志業，還在知天命之年——五十歲，踏上長達四年的大旅程。

徐霞客在四年大旅程中，走訪了湖南、廣西、貴州、雲南這四省，甚至直抵中國邊境城市騰衝。旅途中經歷了許許多多冒險的故事：

1. 在騰衝變身猿猴：在騰衝攀登險峰時，看到陡峭的懸崖上有個神祕的岩洞，大概只有猿猴鷹鳥可以進入，徐霞客不信邪，像猴子般冒險攀爬懸崖，如願爬進那個神祕洞穴。

2. 勇闖湖南麻葉洞：相傳在湖南茶陵有個麻葉洞，裡面住著神龍、精怪，除非大法師否則沒人敢靠近。大膽的徐霞客才不信怪力亂神，花大錢雇了當地人做嚮導準備進洞去考察一番。進洞前嚮導為慎重起見，特別問他是何方神聖？沒想到徐霞客老實說自己只是個平凡的讀書人，並非大法師之流。嚮導一聽嚇得扭頭就跑。沒有嚮導沒關係，徐霞客率僕人擎起火把，照原計畫進洞勘查。徐霞客勇闖麻葉洞的消息傳出，周邊百姓都聚集到洞口來守候。進洞後徐霞客一直走到火把燃盡才肯出來。洞口看熱鬧的百姓見許久都沒人出來，以為徐霞客一定被妖怪給吃了！當徐霞客從黑暗的洞穴裡走出來時，大家又驚又喜為他鬆了一口氣。

3.西南遇劫一身空：在西南漫遊時，徐霞客有隨身僕人一名，另外還與靜聞和尚結伴同行。但是在湘江乘船時碰上強盜打劫，不僅搶走行李財物，靜聞和尚還被殺傷不幸於旅途中過世，最後連唯一跟隨的僕人也跑了。儘管遇上不少凶險波折，徐霞客依然堅持繼續他的探索之旅。

徐霞客每晚休息前，不論是住旅店或是野地露宿，他都會將當天所見所聞詳細地記下來。這些數量驚人的旅行日記，是徐霞客旅行中國大地的地理考察實錄，不但把舊日地理書籍的錯誤予以更正，還記下許多新發現的地理現象：

第一：自古大家都認為長江上游是岷江，徐霞客親身實地考察發現長江的上游應該是金沙江！

第二：旅行到雲南騰衝打鷹山時，發現此處曾發生火山爆發的遺跡。

第三：在西南一帶旅行，徐霞客考察最多的是岩溶現象，例如在桂林七星岩，對岩洞裡讓人眼花撩亂的鐘乳石、石筍等都有詳細記載，堪稱是世界上最早研究岩溶現象之記錄。

西元一六四一年旅行家徐霞客辭世，後人將其日記——實際上是地理考察記錄編成《徐霞客遊記》。《徐霞客遊記》是中國古代地理學珍貴的第一手文獻，更是一部動人心弦的文學著作！

明末亂世大魔王出場——李自成

來自陝西米脂的農民李自成，少時喜騎射，練就好武藝。父親過世後家境艱難，李自成就去銀川驛站當馬夫掙錢養家。他人緣不錯，在驛站頗得同僚喜愛。李自成家一直擔當代官府收租稅的差使，可是米脂連年歉收，家戶繳不出租稅，當地的艾姓大地主打算放高利貸，趁機從窮苦的農民收上榨取更多錢財。李自成乾脆自己向艾大地主貸了一筆款，幫大家繳清租稅，艾大地主很快就開始逼李自成還債，還不出來馬上送官打個死去活來，還加上手銬腳鐐，餓著肚子在烈日下曝曬。村民跟驛站同僚看不下去，到官府請求縣老爺給李自成吃點米水、移到樹蔭下去，沒想到縣老爺半點也不通融。憤怒的村民忍無可忍一擁而上，把李自成的鐐銬砸毀，大家一起逃出米脂到甘肅當兵去。

西元一六二九年，後金舉兵南下，都城北京戰況大為吃緊。朝廷召集各地軍隊馳援京城，從甘肅開拔的參將王國經過金縣（今甘肅省榆中縣）時，王國拒絕兵士提出的發餉要求，引起兵變。殺掉王國後士兵一哄而散，當時在王國麾下當差的李自成，帶著幾十個兵士投奔揭竿而起的王左掛，還當了個頭領。

眼看各地揭竿而起的隊伍愈來愈多，朝廷派總督楊鶴一邊帶兵鎮壓，同時釋出高官厚祿召降訊息，希望起事的民兵將領歸順朝廷。王左掛覺得朝廷開的條件不錯便投降了，李自成不願意歸順朝廷，只好另覓頭家。之後李自成聽說高迎祥這邊是玩真的，已經自稱「闖王」，於是帶兵投靠，立刻被高迎祥授命擔任帶一支隊的將官，封為「闖將」。從此，李自成在明末亂世取得參賽入場券，準備大開殺戒！

一有心但缺乏智慧的末代皇帝——明思宗崇禎

鏡頭來到西元一六四〇年，明思宗崇禎十三年，陳新甲破格被升為兵部尚書；同年，已於西元一六三六年建立大清國的皇太極決定發兵攻打明朝，戰略擬定先攻取錦州，再奪山海關，最後直取北京。戰爭開打，清兵大舉包圍錦州，大明邊關告急，思宗緊急調派洪承疇馳援錦州。

翌年即明思宗崇禎十四年，率八總兵、領十幾萬軍隊的洪承疇已在寧遠集結完成。起初，洪承疇主張持重緩進，且戰且守，步步進逼錦州清兵陣營，不可貿然出兵。對此明思宗亦表贊同。但兵部尚書陳新甲反對，堅持主動出擊、速戰速決，應兵分四路夾攻清兵。雙方意見大相逕庭，洪承疇自己對打持久戰的心志並沒有想像中堅定有把握，再加上相關人士遊說，扛不住各方壓力之下遂出兵進師松山。

皇太極得到洪承疇出兵的消息，立刻親率大軍馳援錦州的清兵，同時迅速派兵切斷明軍糧道。原本就擔心準備不足的洪承疇，一看糧道被清兵切斷，全軍上下頓時慌了手腳，兵敗如山倒，洪承疇降清。

洪承疇兵敗松山、錦州失守，思宗心急如焚之際，國內李自成等造反民兵的聲勢也愈來愈盛。內外交相煎迫之下，思宗思前想後決定派陳新甲主持與清兵議和事宜，務求祕密進行。陳新甲強力主張主動出擊造成今日敗局，思宗未加追究也就算了，沒想到此番擔任祕密議和重任，這位兵部尚書竟將消息走漏，引發朝廷與輿論爭議，和談破局。消息走漏的原委十分荒謬，當時實際與皇太極談判的是郎中馬紹愉，和議密報送到陳新甲手上，他看過後就放在案頭沒有收起來，家僮以為要發塘報（明朝之新聞傳播工具）就發抄，機密消息變成人盡皆知的新聞。思宗被這個陳新甲氣到不行。

另外還有一件大事的命運也跟此次的祕密議和一樣糟糕，那就是周皇后提出的南遷之事。當時皇帝與大臣商議南遷之事，思宗表態不允南遷，朝臣的內心也很糾結：

糾結一：誰也不敢力主南遷，怕皇帝發火。

糾結二：就算思宗同意南遷，京城很難守得住，屆時北京失陷，這罪過誰也擔不起。

糾結三：也有朝臣提第三種選擇——皇帝不願南遷，不妨讓太子朱慈烺先去南京，以防有個萬一時，不至於全盤皆輸。

討論了這麼多，糾結得那麼慘，結果呢？思宗不願南遷，也不放太子去南京，思宗不放太子去南京的理由也很瞎，皇帝爸爸認為他自己搞了十幾年都搞不定的天下，讓一個孩子去南京又能幹什麼？結果北京失守，皇子們一個也沒逃出來。看到這裡，大家就知道為什麼南明回冒出那麼多小王朝，爭權搶皇位都來不及，哪談得上反清復明啊！倘若當時思宗肯聽朝臣建議，讓太子先往南京，一旦北京失守，太子即可在南京繼位，明朝還可偏安江南，不至於讓清兵贏者全拿。

思宗對大清國錯估形勢已經很糟，對國內造反的民兵更是一籌莫展，明軍不僅打不過清兵，竟也打不死造反的民兵，明軍的士氣早已潰散一地。

西元一六四四年，明思宗崇禎十七年三月十七日，李自成率兵圍攻京城。翌日夜間，趁夜色架飛梯攻西直、平則、德勝諸門，戰況吃緊。沒想到太監曹化淳竟打開彰義門，放造反軍進城；此時太監張殷在後宮勸明思宗投降，被盛怒的皇帝一劍刺死。

思宗慌慌張張地回到宮裡，將十六歲的太子、十一歲的定王與年僅九歲的永王朱慈炯變裝成平民，派太監帶諸皇子速速逃出紫禁城，希望他們平安逃出，日後再圖反攻大業。送走孩子，思宗把周皇后與袁妃傳來，自己連飲幾十杯酒後，為防愛妃落入敵人之手遭到蹂躪，遂揮劍砍死袁妃，周皇后見狀自知該如何處理，連忙回坤寧宮自縊身亡。長平公主看父皇母后慌亂的模樣，嚇得嚎啕大哭，思宗悲嗚：「妳為什麼要生在我朱家！」隨即一劍砍下，長平公主嚇得以臂擋劍，當場右臂被砍斷，昏死過去。瘋狂的父親——思宗接著又把幼女昭仁公主，以及幾位妃嬪都殺了。後宮都料理完之後，思宗變裝換服混在太監裡，出東華門至朝陽門，謊稱王太監奉命出城，打算悄悄逃出城去。可是守門人不肯放行，要等天亮後驗明正身再放出城。思宗連忙派人到負責守城的戚國公朱純臣家，戚國公家人稱其赴宴迄今未歸。眼看這條路行不通，思宗又趕去安定門，想自己打開門閘，可是門閘太過沉重，即使用盡吃奶的力氣也打不開。

十九日破曉十分，太監王相堯於宣武門投降，李自成之部下劉宗敏率隊入京，守衛正陽門的兵部尚書張縉彥、守衛朝陽門的朱純臣先後開門迎降，北京內城陷落。思宗得到消息於前殿鳴鐘想召集百官上殿，但已沒有一位臣子現身上朝了。思宗見大勢已去，與太監王承恩一同登上煤山（景山）壽皇亭——此處乃昔日檢閱內操之地，現在卻成了思宗在人間的離別月台。最後，思宗與太監王承恩面面相對自縊身亡，明朝滅亡。

後來人們在思宗上吊處，發現一封皇帝親筆血書。據《甲申紀聞》記載，血書寫道：「朕在位十有七年，薄德匪躬，上邀天罪，至陷內地三次，逆賊直逼京師，諸臣誤朕也。朕無面目見祖宗於地下以髮覆面而死，任賊分裂朕屍，勿傷我百姓一人。」發現屍體的太監悄悄將思宗遺體與周皇后放在一起，下葬之時僅兩位和尚為前朝末代皇帝皇后念經，並由幾位太監守衛，昔日對皇帝效忠的大臣至今也僅二十餘位前來哭靈，令人不勝欷噓。李自成想想還是應該顧全傳統禮法，於是下令改殯人行帝后之禮，將明思宗與周皇后之棺材重新刷漆，為他倆換上袍冠，然後埋到三個月前新喪的田貴妃墓裡了事。

西元一七三五年，清高宗乾隆初年清廷官方編著《明史》，史家對明思宗的同情明顯多過譴責。《明史》有道：「帝承神、熹之後，慨然有為，即位之初，沉機獨斷，刈除奸逆，天下相望治平……

可謂不幸也已。」史家咸認明思宗比之前的明神宗、明熹宗更有作為，只是大明氣數已盡，就算沒有李自成、皇太極、多爾袞來作亂，不管明思宗怎麼勵精圖治，亡國已是注定的結局，這個亡國之君的罪名無論如何是躲不掉的。

中國大事紀

年代	事件
一三六八年	朱元璋稱帝，建明朝；明軍攻入大都，元朝滅亡
一四〇二年	燕王朱棣一三九九年以「靖難」之名起兵，一四〇二年進應天，建文帝朱允炆下落不明
一四二一年	明成祖朱棣遷都北京
一四〇三～一四三三年	三寶太監鄭和七次下西洋
一四四九年	土木堡之變，明代宗朱祁鈺即位，于謙領導軍民保衛北京
一四五七年	奪門之變，明英宗復辟，于謙遭殺害
一四七七年	明憲宗設立特務機構西廠
一五四〇年	明世宗沉溺神仙之術，明朝廷財政開始捉襟見肘
一五四七年	倭寇侵擾東南沿海，騷擾掠奪，危害加劇
一五六五年	倭寇剋星戚繼光、俞大猷肅清倭寇
一五六六年	超級敢言的清官海瑞，抱必死決心抬棺上書死諫嘉靖皇帝
一五七二年	張居正任首輔開始輔政
一五九三年	《本草綱目》作者李時珍過世
一六一六年	愛新覺羅・努爾哈赤於遼東建立後金

一六一九年	薩爾滸之戰明軍大敗，明朝對北方邊境之戰略布局由進攻轉為防禦
一六二五年	「東林黨」以楊漣、左光斗為首的「東林六君子」被閹黨殺害
一六二六年	寧遠之戰，袁崇換嶄露頭角從此獲得重要、擔當北境邊防重任，後金頭領努爾哈赤於戰役中重傷，返回後金傷重不治而死
一六三三年	明代科學家、政治家徐光啟去世
一六三六年	李自成稱「闖王」；後金皇太極稱帝，改國號為「清」
一六四一年	李自成攻破洛陽，張獻忠破襄陽。明代大旅行家徐霞客過世
一六四四年	李自成於西安建「大順」，攻占北京，明朝滅亡

第27章

明清交替時刻的各路英雄男女……

西元一六三六至一六六一年，中國出現第二個由少數民族建立的統一大帝國一大清帝國。

明朝中期以後，皇帝表現欠佳，皇權不彰，關外遼闊的東北地區已經控制不住，給予女真族可趁之機，努爾哈赤統一女真各部後，儼然已是東北區域的首領，而且其勢正盛還不斷地向外擴張。努爾哈赤於西元一六一六年建「後金」， 西元一六三六年皇太極率兵入關，改國號「清」並稱帝；西元一六四四年大清定都北京。之後，清朝逐步將民變與南明料理完畢，完成統一大業。

清朝採獨創之「八旗制」為社會制度與統治基礎，當八旗興盛則清朝強大、開疆拓土，一旦八旗衰弱則清朝滅亡。

女真後金政權開創英雄——努爾哈赤

西元一五五九年，即明世宗嘉靖三十八年，赫圖阿拉（今新賓滿族自治縣永陵鎮老城村）的女真部落之貴族塔克世家，誕生了改變女真命運的人物努爾哈赤。努爾哈赤童年時期受到父母萬般疼愛，騎馬射箭表現優異，不僅鍛鍊出健壯的體格，更培育了勇敢與堅毅的性格。

可惜美好童年到十歲便畫下句點，母親早逝，父親續絃的繼母對努爾哈赤兄弟姊妹怎麼看都嫌礙眼，挨罵可說是日常小菜，在父親面前告狀挑撥才是苦難的開始。沒娘疼的努爾哈赤幾乎一夜之間變成大人，在不溫暖的家裏扛起保護弟妹的擔子，因此他天天在老林子裡忙著挖人參、採松子、撿榛子、拾蘑菇拿去山外撫順的馬市販賣換錢養弟弟妹妹。努爾哈赤在馬市結交不少漢族朋友，接觸到漢族文化與生活習俗，還學會說漢語、寫漢字，程度不錯還能閱讀書籍，使得努爾哈赤的眼界大開，對自己的未來有了不一樣的期許。

西元一五七三年，即明神宗萬曆元年，努爾哈赤十五歲了。繼母對前任留下的子女益發厭惡，努爾哈赤終於受不了繼母的虐待，決定帶弟弟離家出走，跑到外祖父王杲那裏。努爾哈赤的外祖父王杲為建州女真部落首領。在外祖父家住了兩年，碰上明朝施行壓迫女真的政策，王杲大為反對而起兵反抗，結果遭到朝廷派兵鎮壓，王杲與其親族全被明軍抓起來，並於西元一五七五年即明神宗萬曆三年遭遼東總兵李成梁處死，當時十七歲的努爾哈赤處變不驚，不但保住小命一條，還被李總兵拔擢為貼身侍衛。明神宗萬曆五年，努爾哈赤託辭揮別李總兵，返回父親塔克世的身邊，還娶了本部塔本巴晏之女佟佳氏為妻。

這時的女真部落各方勢力正在角逐，最大的兩咖就是愛新覺羅・王杲之子、努爾哈赤舅父阿台任城主的古勒城，以及城主為阿亥的沙濟城。古勒城主阿台因父親王杲被明朝所殺，一心想為父報仇，曾多次於明朝邊境發動戰爭，由於古勒城易守難攻，讓明軍吃了多次敗仗，使得阿台被明朝視為眼中釘，尤其李成梁更是欲除之而後快。

除了古勒城、沙濟城兩大咖，女真部落第三大咖就是城主為尼堪外蘭的圖倫城。野心勃勃的尼堪外蘭，一直肖想當女真部落的首領。但是單憑圖倫城第三名的實力，很難坐上部落首領的大位，所以尼堪外蘭利用阿台、阿亥對明朝的痛恨，在其中搧風點火，企圖讓明朝當自己的打手收拾掉女真部落的第一名、第二名，這樣第三名的圖倫城就有機會當女真老大了。尼堪外蘭的陰謀正中遼東總兵李成梁下懷，西元一五八二年即明神宗萬曆十年，尼堪外蘭領李成梁出兵突襲古勒城，並在城內大開殺戒，努爾哈赤的父親、祖父未能逃過死劫，雙雙罹難。

努爾哈赤得到家中噩耗，趕到李成梁帳前，表明父親與祖父對明朝廷素來一片忠心，為何要殺害他們？心虛的李成梁不得不低頭致歉，解釋當時並非有意，純粹是誤殺，不僅賜努爾哈赤敕書與戰馬，還特別上表朝廷懇請讓努爾哈赤繼承其祖父職位。努爾哈赤儘管怒火中燒，但現在形勢比人強，君子報仇三年不晚，現在只得假裝順服，才有機會爭取時間、培養實力，靜待復仇時機。

努爾哈赤識時務的表現很快便贏得明朝廷信賴，一路從左衛都指揮使晉升到都督，又封「龍虎將軍」。明神宗萬曆十一年，時機成熟，努爾哈赤以為父及祖父報仇之名發兵攻打圖倫城，尼堪外蘭不敵敗逃。努爾哈赤從此役開始逐步展開統一女真部落的一系列征戰。

西元一五八九年，明神宗萬曆十七年，明朝廷封努爾哈赤為都指揮僉事；西元一五九三年，萬曆二十一年，努爾哈赤統一海西女真各部族；西元一六一六年，萬曆四十四年，愛新覺羅・努爾哈赤建國號「金」，稱「奉承天命撫育列國英明汗」，年號定為「天命」，定都赫圖阿拉，成為真正屬於女真人的政治實體，史稱「後金」。同年正月初一努爾哈赤舉行盛大的登基儀式，封賞諸部族還下令全城歡慶。

西元一六一八年，清太祖天命三年，努爾哈赤正式向明朝出兵，於薩爾滸打了一場以寡擊眾的漂亮勝仗，即為著名的「薩爾滸戰役」。西元一六二一年，清太祖天命六年，努爾哈赤鎖定遼河流域，發動奪取遼陽、瀋陽的遼瀋之戰，金兵銳不可當，明軍大敗。西元一六二五年，清太祖天命十年，努爾哈赤將都城遷至瀋陽，並更名為「盛京」，展開一系列改革措施，包括「計丁授田」、「按丁編莊」等，從此後金脫胎換骨往真正的國家邁進。

西元一六二六年，清太祖天命十一年，努爾哈赤碰上旗鼓相當的對手袁崇煥，不僅在寧遠之戰敗陣還被火炮炸傷，儘管他特別於七月前往清河溫泉療傷，但傷勢似乎並未好轉，於返回瀋陽途中過世，一代英雄得年六十八歲。

一　女真族高效率作戰的祕密——努爾哈赤獨創之八旗制度

大家常看清宮劇，對於「八旗」一定聽得很熟，「八旗制度」是努爾哈赤依據多年征戰經驗，為女真這支戰鬥民族獨創的社會制度。八旗制度集軍事、政治、生產等功能全都含括在內的人事編制，是清朝崛起稱霸與統治江山的根基，所以「八旗興盛，清朝發展；八旗衰落，清朝滅亡」。

努爾哈赤從早期女真族狩獵的人力編組形式得到的啟發，獨創了空前絕後的「八旗制度」。當時女真族外出狩獵，每人出一支箭，每十個人選一個總領出來，稱為「牛錄額真」。「牛錄」乃指大箭，「額真」乃首領之意。努爾哈赤獨創之「八旗制度」組織架構如下：

1.牛錄，最基層組織。最初一牛錄為三百人編組，至西元一六一四年即明神宗萬曆四十二年，每個牛錄人數增為四百人左右。「牛錄額真」變為一級官名稱。努爾哈赤施行屯墾田地、征丁披甲、納稅服役等政策，皆以「牛錄」為單位來計算。

2.甲喇，比牛錄高一級的單位。每五個牛錄為一個「甲喇」，設一名「甲喇額真」。

3.固山，比甲喇再高一級。每五個甲喇為一個「固山」，而設一名「固山額真」，另設兩名副職。「固山」在漢語中就是「旗」的意思，「固山額真」又被稱「和碩貝勒」，主管一旗之大小事務。

所以「固山」是滿洲軍事與戶口編制之最大單位，當時努爾哈赤統領之滿洲軍隊與滿洲百姓共有八個旗，以努爾哈赤為八旗首領，乃八旗最高統帥，而八個旗主皆由努爾哈赤的子侄擔任。所以八旗旗主是各旗之軍事統帥、政治首領，亦是努爾哈赤之臂膀輔臣，舉凡軍事、政務都由各個旗主共商議決。所以努爾哈赤的八旗制度，保留有原女真族部落貴族首領與幹部共同議事傳統。

「八旗」以八種顏色、外觀相異的旗子為代表，因為當時滿族文字尚未出現，便以醒目好辨識的旗幟作為部隊標記。起初一共只有四旗——黃、白、紅、藍四色旗子，隨著麾下兵將增多只好擴大編組，努爾哈赤就在原本四種顏色旗子上鑲邊成為鑲黃（鑲紅邊）、鑲白（鑲紅邊）、鑲紅（鑲白邊）、鑲藍（鑲紅邊）四旗，於是四旗變成八旗。

八旗的統率配置如下：

1.正黃旗、鑲黃旗由努爾哈赤直轄，共六十五個牛錄和一支五千餘騎類似禁衛軍之部隊。

2.正紅旗、鑲紅旗由努爾哈赤次子代善統領，共五十一個牛錄。
3.鑲白旗由努爾哈赤第八子皇太極統領，有二十個牛錄。
4.鑲藍旗由努爾哈赤的侄子阿敏統領，有三十三個牛錄。
5.正白旗由努爾哈赤長孫杜度統領，有十八個牛錄。
6.正藍旗由努爾哈赤第五子莽古爾泰統領，有二十一個牛錄。

八旗制度將女真族百姓與軍隊合而為一，每個人都被編入一旗，由旗主統率管理——平時為民，戰時為兵，旗民與幹部有事都要上報旗主，得到批示才能行動。八旗制完全符合當時努爾哈赤統率女真部落南征北討的戰鬥需求。努爾哈赤初創八旗制時，純粹出於緊密集結族人與方便管理，因此八旗之間並無尊卑高低之別。但隨著統領旗主地位不同，漸漸分出高下——正黃旗、鑲黃旗、正白旗稱「上三旗」，地位尊貴，是統治核心；其餘則為「下五旗」。

八旗制有效將女真這支本來比較分散的部族組織起來，成為嚴密的、高效率的作戰軍隊。清兵入關前，八旗旗民肩負打仗之責外，還要從事耕種、放牧等生產工作，所以旗主管轄下的旗員有獲得土地、奴僕、牲畜與財產等權力，有助於平時之生產。八旗這種兵農牧合一的高效率組織，入關後八旗的人才遂轉變成職業軍人保衛大清帝國。

由「金」到「清」的偉大帝國之路——皇太極建大清

後金版圖在努爾哈赤時期已打下強大的基礎，其子皇太極時期承繼父志繼續開疆拓土，八旗也不斷將蒙古族與漢族編入持續擴大編制，不僅有效融合各種族以增強後金實力，各種族之間的緊張關係也得以緩和。皇太極就這樣一步步把後金從氏族部落導向強大的帝國之路。

當時以「金」之後裔自詡的努爾哈赤本無國號亦無年號，最先他是自稱「女真國建州衛管束夷人之王」，後來又自稱「建州等處地方國王」，接著再改稱「建州國汗」，後來又自稱「後金天命皇帝」。西元一六一六年即明神宗萬曆四十四年，努爾哈赤於赫圖阿拉稱汗時，自號「天命汗」。所以愛新覺羅‧努爾哈赤時期所立的國號並非「清」，而是「金」。可是為什麼繼位的皇太極要將國號由「金」改成「清」呢？原因有三：

1.國號、年號乃朝代與國家之代表，象徵嶄新的朝代、嶄新的國家登場。所以用已經出現過並消失過的朝代名稱，何以展現新朝代開國的新氣象？

2.國號「金」僅代表滿族，而國號「清」則在滿族之外更包容了蒙古族、漢族等，更具有大一統的包容胸襟與氣魄。

3.將國號「金」改為「清」象徵努爾哈赤與皇太極父子極力開創的新國家進入嶄新的時代與境界。西元一六三六年，清太宗天聰十年四月十一日，皇太極將國號正式改為「清」，隆重舉行慶祝儀式；翌日皇太極尊父親為「承天廣運聖德神功肇紀立極仁孝武皇帝」，追諡廟號為太祖。

一 大清國母——清朝第一賢后孝莊

清朝歷史劇最受歡迎的主人翁，除了雍正、康熙、慈禧之外，就屬「大玉兒」了！其實就是皇太極的莊妃、順治的母親、康熙的祖母——孝莊！

孝莊，姓博爾濟吉特氏，名「布木布泰」，為蒙古科爾沁部貝勒塞桑之女。布木布泰嫁給皇太極時，當時中宮皇后哲哲為其姑姑，之後其姊海蘭珠亦嫁給皇太極，即關雎宮宸妃，布木布泰則封為永福宮莊妃。

孝莊所處的正是清朝由亂而治的關鍵年代，因此終其一生共輔佐過三代皇帝——崇德、順治、康熙。孝莊曾協助皇太極說服明將投降大清，然崇德皇帝駕崩時並未敲定繼位人選，登時大清朝廷陷入風雲詭譎的奪位風暴中，孝莊憑藉高超的政治手腕讓六歲的福臨繼位為順治帝並盡心輔佐，在多爾袞事件的處理更展現高人一等的政治智慧，而且在順治皇帝駕崩後扭轉動盪危機，順利讓八歲孫兒繼位為康熙皇帝，之後更輔佐康熙平三番之亂，為大清王朝開創盛世。孝莊的表現早已超越一位太后的格局，讓世人對其佩服有加，肯定孝莊正是奠定大清二百餘年基業的重要人物。

西元一六二五年，天命十年，布木布泰（孝莊）年方十三便肩負滿蒙聯姻重任，從科爾沁草原出發，前往建州與年已三十五歲的皇太極成婚。此時皇太極已經與布木布泰的姑姑哲哲結褵十一年，所以現在等於是姑姑與姪女一起侍奉皇太極。等到西元一六三四年，天聰八年，布木布泰的姊姊海蘭珠也從蒙古嫁到建州，與姑姑、妹妹一起侍奉皇太極。蒙古科爾沁部為什麼願意讓哲哲、布木布泰、海蘭珠姑姪女三人嫁給皇太極，說穿了就是政治聯姻，讓蒙古與滿洲親上加親，共創大清天下。

西元一六二六年，布木布泰嫁到建州的第二年，皇太極繼汗位，這位十四歲的貝勒福晉搖身一變成了大汗福晉。西元一六三六年，皇太極改國號「金」為「大清」，並改年號為崇德，二十四歲的布木布泰由大汗福晉成了崇德皇帝永福宮的莊妃。皇太極膝下共有十一位皇子、十四位公主，其中布木布泰就為他生了四位公主（皇四女、皇五女、皇七女），又於西元一六三八年，崇德三年，二十六歲時為皇太極誕下皇九子福臨，而福臨正是之後繼位的順治皇帝。西元一六四三年，崇德八年，皇太極駕崩，莊妃時年三十一歲，皇太極之弟多爾袞為三十二歲。

崇德皇帝皇太極駕崩得突然，因此來不及訂出皇位繼承人，一場奪位風暴眼看就要爆發。在這場風暴中，實力最強的兩位競爭者：

皇位競爭者一：皇長子三十四歲的肅親王豪格，長年隨父南征北戰。擁護者有兩黃旗和伯父代著的鑲紅旗、堂叔濟爾哈朗的鑲藍旗。

皇位競爭者二：三十二歲的皇太弟睿親王多爾袞，雄才大略的他曾西征河套察哈爾林丹汗殘部，得到元朝傳國璽獻給兄長皇太極，此外還迫降朝鮮，皇太極甚為倚重信賴。擁護者有英親王阿濟格、豫郡王多鐸和正、鑲兩白旗將領。

這兩位皇位競爭者實力旗鼓相當，叔姪之爭，奪位之亂，一觸即發。鏡頭轉到後宮的孝莊這邊，她正陷入如何避免大清內亂的艱難長考中，思考著如何緩和雙方的對立情緒？又該如何滿足兩黃旗大臣立皇子豪格的要求？但又不能讓皇太弟多爾袞的權力慾落空！

孝莊在僵持不下的兩大對立陣營中，拚命尋找異中求同的關鍵點，終於找到了——扶立幼主！這樣豪格與多爾袞誰也沒輸，但誰也沒有全拿。在孝莊說情也說理的積極斡旋下，雙方點頭同意了扶立幼主的提案，於是皇九子福臨在孝莊懷裡登上御座成為順治皇帝，一場看似不可避免的內亂竟然奇蹟似地和平過渡。當然，叔父多爾袞在整個事件中做出極大退讓，發揮了關鍵作用，順治對叔父十分感激，不僅稱多爾袞為皇父，更封為攝政王。

順治皇帝親政後大清帝國最大的難題是「財政拮据」。西元一六五一年，順治八年三月，當時國庫僅存二十萬兩儲備銀，眼看四月要支付六十萬兩的京師各部院文武百官年俸銀，差額足足有四十萬兩，皇帝該上哪兒去找錢銀？情急之下順治只好取皇宮內庫銀頂上，這才按時將官俸發出。可是官俸只是政府財政支付的一部份，最大的那一塊應該是兵餉。

西元一六五三年，順治十年，清廷陝西增兵，這一年光發餉就發出近三百六十萬兩；而同年陝西賦入一百八十六萬兩，僅夠支付當年一半的兵餉，但這時民生百廢待興，根本不可能增稅加賦，反而應盡可能減賦減稅，讓百姓早日恢復生產。西元一六五六年，順治十三年四月，據吏科都給事中奏章寫道，現今兵餉年缺額四百四十餘萬兩云云，可見當時兵餉負擔之重。此外，皇室內外王公貴族之俸銀、祿米等等，還有各地賑濟災民、治理江河、接待外賓、宮廷所需花用開支等，算一算也夠順治頭大了。既然賦稅難以增加，唯有「節流」才行。

孝莊在順治親政時，叮嚀皇帝施政應以民為本，時時關愛人民。值此國家財政困難之際，皇太后率先節用，表達共體時艱與愛民之心。北京及周邊等地連年鬧災荒，順治必定在第一時間前往慈寧宮向皇太后報告。西元一六五三年，順治十年七月十三日，皇太后特別面諭順治，將宮中撙節的八萬兩拿去賑濟滿漢兵民。西元一六五四年，順治十一年二月二十三日、二十五日，順治連諭戶部要求鬧災荒的地方除了已經減免錢糧之外，重災區還要另加恩恤，命戶禮兵工四部察發庫儲銀十六萬兩。孝莊聽聞後，再加碼宮中節省的費用與各項器皿——銀四萬兩，皇帝一聽再加碼將御前節省下來的銀四萬兩，合計共二十四萬兩，交付滿漢大臣十六員分赴受災八府賑濟百姓。西元一六五六年，順治十三年，畿輔近地從夏到秋，天災不斷，八月十二日，順治赴慈寧宮向皇太后奏報災情。皇太后立刻將所有宮中節省下來之銀三萬兩撥付有司，趕快拿去賑濟災民。孝莊與順治多次將宮中節省之銀兩用來賑濟災民，此舉儼然成為大清傳統，康熙、雍正兩朝亦多沿襲。

孝莊、順治與群臣靠著撙節與愛民之心，渡過財政困難的歲月，之後推動一系列停建邊外避暑城、免除地方貢品、精簡機構、裁撤冗員、裁減冗費、停罷非急需開支項目等節用愛民，不僅緩解了財政窘迫使之好轉。西元一六五四年，順治十一年六月二十五日，戶部呈給皇帝的收支報告中，國庫內餘銀已有二百六十餘萬兩。

西元一六六一年，順治十八年正月初六，順治帝因罹患天花去世，得年二十四歲，傳位給八歲皇三子玄燁，即康熙帝。孝莊有過攝政王多爾袞專權的前例，這回不再找皇室護航，改弦更張，安排四位效忠皇室的滿洲老臣——索尼、遏必隆、蘇克薩哈與鰲拜輔佐小皇帝。

孝莊中年喪夫、老年喪子，傷心不已，但孫兒玄燁還年幼，為了大清江山社稷，孝莊不得不打起精神於正月初九為玄燁持登基大典。新帝登基兩個月時，江南桐城縣生員周南至皇宮門前，援引宋代皇太后臨朝稱制的先例，條陳十款議請孝莊太皇太后垂簾聽政。第一時間孝莊拒絕了此一提議，只願好好教育、輔佐孫兒，待其長大親政後當個好皇帝。

康熙帝八歲即位，生母佟佳氏於其十歲時亡故，照顧、撫育康熙之責由孝莊一肩扛起。祖母孝莊對康熙的管教寬嚴並濟，尤其重視言行舉止，稍有失儀便嚴加訓誡，不寬不縱不溺愛。康熙在孝莊的教誨下，奠定一代大帝的傑出素養，親政後孝莊安然放手，讓康熙放手去做，不再介入朝政。在康熙的治理下，大清王朝從草創的艱困步向繁榮興盛成就了歷史有名的康乾盛世。

料理鰲拜

康熙登基後，輔政四大臣中的鰲拜見康熙年幼可欺，漸漸不再遮掩其專權的野心，在朝中培植黨羽，剷除異己，一步步把持朝綱。西元一六六七年，康熙六年，依祖制已屆十四歲的小皇帝玄燁可以親政。皇帝都已親政了，鰲拜完全沒有交出大權的打算，甚至更加肆無忌憚，而四大臣中的蘇克薩哈受鰲拜壓制，當皇帝親政之後立即上奏請辭，並請求准予為先帝陵寢守陵。看蘇克薩哈想一走了之，鰲拜遂揑造二十四條大罪，欲置蘇克薩哈於死地。在獄中的蘇克薩哈送出申訴，康熙獲悉後堅決不同意殺蘇克薩哈，鰲拜完全沒把康熙當回事，雙方僵在那兒，誰也不讓步。

此刻康熙已確定鰲拜是皇權的威脅，而鰲拜也確定廢除康熙勢在必行。孝莊看苗頭不對，悄悄提點康熙暫且先隱忍下來，明知蘇薩哈克是被冤枉的，為了爭取對付鰲拜的時間，仍不得不將蘇克薩哈處絞刑，而且九族株連，抄沒家產。西元一六六九年，康熙八年五月某日鰲拜進宮晉見，孝莊事先埋伏了衛士，抓住時機一舉擒住這位「滿洲第一勇士——巴圖魯」。至此，康熙皇帝不僅拿回朝政大權，同時也為蒙冤的蘇克薩哈報仇。

平定三藩之亂

料理完鰲拜，康熙朝的隱憂只算去其一，因為更難搞的三藩之亂登場。三藩作亂一下子就鬧很大，吳三桂一年不到就占領南方，還於衡陽稱帝，這時手中握有兵權的都按兵不動。孝莊為了孫兒再次出馬，親自遊說開國元動借調護院人員為康熙籌組平亂部隊，向擁兵自重的大將講明朝廷立場——絕對會平定叛亂，切勿加入叛軍。前後歷經八年征戰，康熙才平定三藩之亂，事後孝莊還特地將宮廷節省的銀兩拿出來犒賞士兵。

或許您看到這裡，會疑惑能省下這麼多銀子，宮中開銷到底是多大？其實孝莊皇太后晚年自奉極簡，宮中開支與太監、宮女數量幾乎只有明朝的零頭，恐怕還不及百分之一呢！即使宮中已如此節儉，孝莊還是堅持把點滴積攢的銀兩拿去賑濟災民，滿朝文武與黎民百姓都對皇太后的恩澤感念在心。

康熙對祖母孝莊「晨昏依戀三十餘年」，祖孫二人感情深厚，遇事聽聽祖母的見解已成為康熙的習慣。西元一六八七年，康熙二十六年十一月孝莊聖體違和，孫兒康熙親奉湯藥三十五晝夜，讓太皇太后頗感欣慰，但終究年關難過，西元一六八八年，康熙二十六年臘月二十五日午夜時分，孝莊太皇太后於北京紫禁城慈寧宮病逝，享年七十五歲。

孝莊皇太后居於皇宮六十二載，經歷天命、天聰、崇德、順治、康熙五朝，少時輔助夫婿崇德帝皇太極；中年輔佐兒子順治帝福臨，老年輔佐孫子康熙帝玄燁，平安渡過兩次奪位之爭；明明有機會垂簾聽政，卻心甘情願輔佐小皇帝直至親政，並協助順治解決攝政王之禍，幫忙康熙處理鰲拜專權之禍，乃至於處理震動大清的三藩之亂！孝莊的一生對清初影響深遠而正面，堪稱「大清國母」。

一 滿清入關遷都北京城 完成統一中國大業

歷經努爾哈赤和皇太極兩代人的努力，「清」已經初具規模，正秣兵厲馬準備進攻關內奪取中原政權。

西元一六四三年，清太宗崇德八年，皇太極突然病逝。由於未立繼承人，一時之間奪位之戰一觸即發。後來由莊妃（孝莊皇太后）所生的皇九子、年僅六歲的福臨於八月二十六日繼位登基，翌年改年號為順治元年，由皇太弟多爾袞和濟爾哈朗共同輔政。至此大清國避免了奪為內亂，新帝登基，局面算是穩定下來。

雖說是輔政，但誰都看得出來真正的朝政大權是握在多爾袞手中，而順治不過是個傀儡皇帝。不過在大清準備入關的關鍵時刻，多爾袞絕對是推動大清國往統一中原之路上前進的最佳推手。

鏡頭來到中原，當時闖王李自成大軍攻入北京城，大明王朝末代皇帝明思宗朱由檢於煤山自縊，留下一片亂局。

西元一六四四年，明朝派駐山海關的將領吳三桂投降清朝，引多爾袞所率領的清兵入關。闖王李自成一看苗頭不對，打不贏就躲吧！當即決定退出北京，為長期抗清做準備。四月二十九李自成臨別秋波，於北京城明朝皇宮的武英殿逕行登基稱帝，滿足他在京城稱帝的虛榮之後，翌日清晨率軍往陝西撤退。兩天後清朝大軍來到北京城下，京城裡留下來的明朝文武官員都忙著出城迎接，從離城門五里地處的大道兩旁跪起，對著馬蹄揚起飛塵的清軍不停磕頭，場面令百姓鼻酸又羞憤。

多爾袞命令明朝官員帶路，自朝陽門經正陽門進入明朝皇宮。多爾袞終於實現父親努爾哈赤和兄長皇太極的夙願，一舉占領明朝的北京。西元一六四四年十月，順治皇帝也從盛京（瀋陽）來到北京，在北京發布詔書——大清以北京為國都，並以多爾袞任攝政王。順治帝是為大清帝國第一位進入北京紫禁城的皇帝，而清朝也從偏居東北區域的小朝廷，一躍成為統治全中國的大清帝國。

西元一六五〇年，清世祖順治七年十一月，大清國立下汗馬功勞的攝政王多爾袞，於出獵時受傷，在十二月去世。多爾袞的英年早逝，由他把持多年的朝政得以回歸少年天子順治手中。之後順治繼續為大清帝國征戰，完成大清統一中國的基本輪廓。

為位內政上順治做了不少改革，目的是穩定朝政，讓百姓好好發展生產。有哪些改革呢？

1. 清世祖順治十年（西元一六五三年）設屯道廳，於北方推動屯田開荒政策。
2. 清世祖順治十二年（西元一六五五年）預防宦官干政，於工部設十三衙門鐵牌。
3. 清世祖順治十四年（西元一六五七年），為防止地方私自加稅，順治頒發《賦役全書》。

清世祖順治十八年（西元一六六一年），順治皇帝駕崩，儘管在位僅短短十八年，卻為大清帝國在中原奠定穩定的基礎，繼任的康熙就是在父親打下的良好根基上開創大清鼎盛之世。

一 收復臺灣的民族英雄——「國姓爺」鄭成功

西元一六二四年荷蘭占領臺灣做為東方殖民地，並在臺灣西南海岸安平灣一帶修築赤崁城、臺灣城兩大據點。殖民帝國以武力護持貿易的作法，到處占領海外殖民地，主要就是為了攫取資源以及作為經商貿易的基地，對於殖民地居民的死活毫不在意，因此不僅重稅盤剝，更掠奪百姓的牲畜資產，甚至抓百姓強賣為奴，痛苦不堪的百姓遂揭竿而起，奮力反抗荷蘭人的統治。然而荷蘭武力強大，農民的竹棍鋤頭實在難以對抗，始終未竟其功。

鄭成功的身世

赴日經商的鄭芝龍娶妻田川氏，於日本平戶生下鄭成功。之後鄭芝龍回國擔任明朝福建總兵，西元一六三〇年年僅六歲的鄭成功也從日返國。鄭成功自幼習文練武，漸漸通曉兵法，二十一歲受南明隆武帝朱聿鍵看重，倚為重臣並賜姓「朱」，改名成功，封忠孝伯，擔負御營中軍都督重任，世人尊其為「國姓爺」，之後永曆帝封其為「延平郡王」。

西元一六四六年南明隆武帝遭受清軍進擊，鄭芝龍不戰而降，鄭成功大為反對，遂在南澳（今廣東）繼續抗清，並於福建沿海一帶與清軍交戰不斷。清朝對鄭成功統兵打仗之才頗為看重，頻頻遣人誘降均無功而返。清朝不死心，派鄭成功之弟攜其父鄭芝龍的勸降書信給鄭成功，並強調若鄭成功不投降則父親性命堪憂。面對親人的壓力遊說，鄭成功毅然寫下斷絕父子關係的回信，以示抗清到底的決心。

西元一六五九年六月，清軍對南明永曆小朝廷發動三路圍攻，情勢危殆，鄭成功為牽制清軍遂與張煌言攜手，率八十三營十七萬水陸大軍取道崇明入長江，大破清軍之滾江龍（橫江鎖鏈）與木浮營（於江上木柵置兵設炮的浮動基地），一路攻克瓜洲，取下鎮江，進一步圍攻南京，鄭成功大軍勢如破竹，銳不可當，清廷為之震動，順治帝本來打算御駕親征以安軍心，但大臣們見態勢危急不宜親征紛紛勸阻，順治帝便以內大臣達素為安南將軍，讓其率兵南下增援江南。

決心收復臺灣

西元一六六〇年於福建海門港（今龍海東）明鄭部隊與清軍發生激戰，鄭成功殲滅清將達素麾下水師四萬餘人，為低迷的士氣打了強心針。為長期對抗清軍，鄭成功於西元一六六一年初鄭成功在於廈門舉行軍事會議，決定率水師收復臺灣作為反清復明根據地。大方針既定，鄭成功下令調整部署，全員整修船隻，緊鑼密鼓為收復臺灣做準備。

鄭成功於三月底在原荷蘭翻譯何廷斌，以及熟悉航路的漁民的引導下，率軍兩萬五千人、戰船數百艘自金門料羅灣出發，悄悄橫渡臺灣海峽，翌日抵達澎湖。四月初先派出四千餘人搶占鹿耳門港（今台南安平港北）南側之北線尾島；接著親自率領主力部隊萬餘人，通過大海灣直入赤崁城（今台南市內）北的禾寮港，以迅雷不及掩耳之勢登陸臺灣本島。

一登陸上岸，鄭成功首先指揮部隊包圍赤崁城，立刻切斷赤崁城與臺灣城之間的聯繫。大軍壓境，荷軍總督揆一連忙增援數批軍隊，結果均為鄭成功殲滅，揆一看情況不利，便派使者前往鄭成功大營議和，承諾提供大量犒軍物資與白銀，殊不知鄭成功要的不是物資、白銀，而是要求揆一無條件歸還臺灣——因為這個島來自中國疆土，荷蘭必須將之歸還，關於這一點完全沒有談判空間。

西元一六六二年年初，增援而來的荷蘭軍遭到鄭成功強力圍攻並予以迎頭痛擊，頑強抵抗的揆一原來還期望援軍解圍，如今希望破滅，再不甘心也只能繳械簽下降書。就這樣鄭成功收復了被荷蘭強占三十八年的臺灣。既然要將臺灣作為反清復明的基地，鄭成功首要之務便是建立完整的行政機構，並改赤崁為東都明京，設置承天府與天興、萬年兩縣，將臺灣城改稱安平鎮。之後，鄭成功發出屯墾令，讓部隊有計畫地墾荒屯糧，同時整頓法紀。這一連串的作為不僅安定臺灣，更讓生產穩定、經濟發展，臺灣島綻放一片欣欣向榮的新氣象。然而天不假年，當年六月鄭成功竟因病逝世，得年三十九歲。一代抗清名將、驅荷復台的民族英雄就此長眠臺灣。

第28章

康乾盛世
暗藏盛極而衰的不變道理……

西元一六六一至一七九六年，大清王朝最輝煌的黃金歲月——「康乾盛世」。

「康乾盛世」係指從清聖祖康熙二十年（西元一六八一年）之後，到清高宗乾隆四十年（西元一六七五年）之間將近百年的繁盛年代。期間歷經康熙、雍正、乾隆三位皇帝戮力「養民」，推動多項高瞻遠矚的政策，尤其居於康熙與乾隆之間的雍正，在位十三年不只勤政務實，更努力將父親用到快見底的國庫補滿，為兒子留下富厚的根柢，進而成就中國帝王政治最後一次燦爛回眸。

康熙、乾隆、雍正施行鎖國政策，終止明代蓬勃的西學交流，並為了鞏固皇權大興文字獄，扼殺了國內科技與文學的發展，渾然不知西方世界的科學正飛似地大躍進，舉國猶沉醉在康乾盛世的榮光。

一 名列中國最偉大的帝王金榜的清聖祖康熙大帝

清朝歷史具最愛取材的康熙皇帝，為清世祖順治皇帝的皇三子，全名愛新覺羅・玄燁。西元一六六一年，順治十八年，年僅八歲且擁有滿、蒙（來自祖母孝莊皇太后）、漢（來自母親）血統的玄燁登基，成為清朝第四位皇帝，亦是清軍入關、遷都北京後的第二位皇帝。

天資聰穎的康熙自幼便展現強韌的個性，這位八歲的少年天子每日苦讀，甚至用功到嘔血也不歇息。就是這樣的堅韌意志，讓康熙皇帝統治期間解決了清朝五件重要大事：

1.平定吳三桂等三藩引發、長達八年的三藩之亂。

2.從鄭成功手中收復臺灣。

3.驅逐強占黑龍江地區的沙俄勢力，簽訂《中俄尼布楚條約》確定中俄東段邊界。

4.出征蒙藏平定準噶爾部蒙古貴族動亂。

5.大清帝國係由多元民族構成，為求種族間和諧相處，特建立會盟制度與避暑山莊外藩朝覲制等以穩定國家內部。

康熙皇帝完成這五件廓清大清疆域版圖的大事，治理多民族帝國長達六十一年，將國力推向鼎盛，堪稱十八世紀前後中國最偉大的帝王！

在內政方面，康熙以國計民生與農業經濟發展為前提，推動三項重大政策：

1.為鼓勵民眾墾荒，特廢止圈地令並實施更名田。所謂圈地令乃滿清貴族將近京州縣田地圈為己有之特權，廢止圈地令就是將土地貴族所圈之地讓予百姓耕種生產。所謂更名田，就是說民眾耕種的田地如果原先屬於明朝宗室，皇帝特下照讓農民可不支付田價照常耕種，僅更名不過戶，依規定徵糧。這些措施讓大批農民成為自耕農，農業生產大幅提升。

2.西元一七一二年，康熙五十一年，康熙皇帝宣布「永不加賦」，取消對新增人口徵收的人頭稅，之後演變為「攤丁入畝」制度，大大促進農業經濟發展。

3.致力整修黃河、淮河、運河之水利工程，打通帝國的水利動脈。康熙皇帝執政期間，耕地面積與糧食產量都大大超越其父順治皇帝，為即將到來的「康乾盛世」打下豐厚的基礎。

在文化方面，康熙這位歷史上有名的學習型皇帝，不僅重視漢族文化，對漢族知識份子提供相當的優遇，並對席捲全球的西學也給予高度關切。其在文化上的具體舉措包括：

1.多次舉辦博學鴻儒科：三藩之亂平定後大清國勢日趨平穩，康熙十七年下詔各地薦舉博學鴻儒，藉以懷柔明朝遺儒士人。

2.創建南書房制度：南書房是康熙皇帝書房也是御用的機要祕書機構，簡單說就是皇帝的漢族士子人才智庫。

3.親臨曲阜拜謁孔廟：表達對漢族文化的尊崇禮遇。

4.下令編纂《明史》、《全唐詩》、《康熙字典》、《古今圖書集成》、《曆象考成》、《數理精蘊》、《康熙永年曆法》、《康熙皇輿全覽圖》等圖書、曆法和地圖，對後世影響深遠。

5.注重西學，身體力行：康熙皇帝不僅注重漢文化，對西學亦復深度涉獵，造詣頗深，尤其於天文學、數學（幾何學最受康熙看重）、物理學、化學、藥學、醫學等方面終生愛好，勤學不輟。其中數學一項對幾何學情有獨鍾，醫學、藥學方面曾在皇子公主身上種痘以預防天花，更在宮中推廣金雞納霜以治療瘧疾呢！

西元一七二二年，康熙六十一年十二月二十日，康熙皇帝於暢春園駕崩，享年六十九歲，諡號「天弘運文武睿哲恭儉寬裕孝敬誠信中和功德大成仁皇帝」，廟號聖祖，葬於河北遵化之清東陵「景陵」。康熙皇帝在位六十一年是中國歷史上在位最長的皇帝，堪稱中國歷代帝王中最有作為的皇帝之一。

一　討除鰲拜障礙——康熙親政迎盛世

康熙八歲即位，遵順治帝遺命由索尼、遏必隆、蘇克薩哈、鰲拜等四位顧命大臣輔佐治理。但後來朝政大權漸漸握在四位大臣手上，其中名列第四的鰲拜野心勃勃，積極籠絡遏必隆、搞死蘇克薩哈，等排名第一的索尼病死之後，他便獨攬朝政大權，益發囂張難搞，黨同伐異，滿朝文武都要看他臉色。鰲拜掌權，繼續推動圈地令與遷海令（令沿海居民內遷五十里以斷絕百姓提供補給給鄭成功），百姓苦不堪言，怨聲載道；對三藩等割據勢力刻意縱容，終成康熙朝心腹之患。所以當少年天子十四歲親政之後，如何除掉鰲拜障礙成為實質親政的第一道關卡。

康熙皇帝從小就用功讀書，學問根柢扎實深厚，而滿族素來尚武，康熙在武藝方面也沒偏廢，每每在木蘭圍場勤練騎射，練就一身精湛武藝。當他十四歲親政，滿腔治國安民的熱血，頗思有所作為，偏偏碰上以鰲拜為首的守舊派掌權，不但常把官員叫到自己府內議定國事，還老把皇帝看成小孩子、阿斗之流，時常強迫康熙照他擬的底稿發布命令，如果康熙不從便大吵大鬧，甚至揮拳示威。鰲拜種種專橫無理的舉措，讓年輕氣盛的康熙氣憤不已，但是顧忌自己翅膀還不夠硬，一時之間無法剷除鰲拜在朝中盤根錯節的勢力，再加上還沒掌握到鰲拜二心的確切證據，因此只有「忍」。忍，並非無作為地等待。康熙不動聲色，與鰲拜的互動一切如常，但加派人手祕密監視鰲拜的動靜，看他下一步到底想怎麼對付康熙，屆時再擬定對策。

話說鰲拜連續兩天稱病沒來上朝，但監視人員傳回情報說：今日上午鰲拜的親信們入府，鰲拜府邸馬上閉門謝客，殊為可疑。康熙聽完簡報立刻起駕，輕裝簡從直奔鰲拜家去，不讓守衛入內通報，一行人逕自往鰲拜臥室衝去。鰲拜很快收到康熙駕到的訊息，趕緊讓親信退下，當他急急忙忙收拾臥室準備接駕之際，康熙已帶著侍衛跨進門來。

鰲拜神色自若地向康熙行叩見之禮，侍衛依康熙眼色指示開始搜查臥室，當他們一揭開床上的棉被，赫然出現一把閃著寒光的鋒利匕首，侍衛全都緊張地緊握配劍。此時鰲拜臉色大變，眼神開始不定，康熙皇帝的腦袋也沒閒著，評估此刻若逼急了鰲拜，可能會一不做二不休地召來親兵跟康熙拚了。事情若往此方向發展，康熙絕對難以全身而退。所以絕對不能讓這個情況發生。

這時康熙一邊喝茶一邊搖扇，態度從容地說道：「刀不離身是滿族的老習慣，是祖宗要子孫習武練功莫荒廢的告誡。沒想到輔政大臣即使臥病在床，依然遵循聖訓，實在是大清之福，值得嘉獎！」鰲拜一聽康熙如此稱讚自己，不禁鬆了一口氣。康熙殷殷垂詢鰲拜的病情，要他好好休養，等病好了歡迎到御花園欣賞盛開的豔麗牡丹。鰲拜完全放下警戒，開心地連連謝恩。康熙心知此地不可久留，隨即擺駕回宮。

摸清了鰲拜的心思，康熙立刻派小太監宣索額圖等數位大臣進宮「奕棋」。當康熙一回宮，大家已候在午門外。明眼人都知道弈棋只是幌子，商討如何料理鰲拜才是正題，幾經磋商後康熙已有腹案，可以開始下去部署了，記住要悄悄地，不要打草驚蛇。

認為自己把康熙吃得死死的鰲拜，渾然不知康熙打什麼算盤，當他接到皇上邀他賞牡丹的聖旨，竟真的就傻呼呼地去御花園賞花。當鰲拜一如往常氣燄高張地入午門、過太和殿，跨進御花園之際，康熙早已在太監簇擁下恭候鰲拜「入甕」。囂張的鰲拜叩見康熙還沒來得及起身，耳邊響起康熙嚴厲的斥責，仔細一聽居然字字句句都在指控自己的罪行，鰲拜登時明白大事不妙了，立刻跳起身就向康熙撲過去。

說時遲那時快，忽然周圍跳出十餘名少年將鰲拜圍住。這些少年可不是好惹的，一個個都經過康熙嚴格挑選，苦練「布庫戲」——滿族摔跤武術，以及武人必練的十八般武藝，個個身手不凡，三不五時還要進宮陪皇帝練武，驗收訓練績效。最重要的是這項訓練計畫全都祕密進行，沒露出絲毫風聲。被少年武士圍住的鰲拜，即使擁有「滿清第一勇士——巴圖魯」封號也無法靠近康熙半分。幾回合打下來，鰲拜敗下陣來被五花大綁綑綁起來。最後鰲拜被指控十三條種大罪狀，被革職拘禁，永不敘用，而他的死黨鐵桿亦被逮捕處死。鰲拜障礙至此徹底拔除，這一年康熙皇帝十六歲，真是英雄出少年。

康熙親政後平定三藩叛亂、收復臺灣、反擊帝俄侵略，消滅噶爾丹叛亂，展現驚人的氣魄與能耐；在內政上陸續施行有益民生與經濟發展的政策，展現卓越的治國長才。「康乾盛世」的序幕就此揭開。

一 承先啟後的盛世銜接關鍵——清世宗雍正皇帝

清世宗愛新覺羅・胤禛生於清聖祖康熙十七年（西元一六七八年），是康熙皇帝的皇四子，於清聖祖康熙六十一年（西元一七二二年）四十五歲時繼位，是為清朝入關後的第三任皇帝。清世宗總計在位十三年，於圓明園駕崩。

老實說，在康熙皇帝眾多皇子中最受倚重的首推皇太子胤礽，而皇四子胤禛並非最得寵的皇子，最初也只封為貝勒，直到清聖祖康熙四十八年（西元一七〇九年）才晉封為雍親王。由於康熙的皇子眾多，為爭奪儲君之位，兄弟間鬥得如火如荼。胤禛採取鴨子划水策略，明面上恭謹盡孝，與世無爭，私底下結交朝臣與江湖術士，藉此贏得康熙青睞。

皇四子胤禛年輕時跟隨顧八代、徐元夢等習經史，又親近禪僧對佛學有所涉獵，禪學更是精通。他曾隨康熙皇帝巡幸江南、朝佛五臺山、秋獮（打獵）熱河（承德），並奉命祭曲阜孔廟與盛京（瀋陽）祖陵，在在顯示康熙的器重。皇四子的好表現贏得部分朝臣支持，朝廷內有理藩院尚書隆科多罩他，軍方又有四川總督年羹堯的兵力支持，皇四子之實力不容小覷。諸皇子奪位之爭最後在隆科多宣讀康熙遺詔——「傳位於皇四子」，由胤禛繼承皇位，改年號雍正。

夾在康熙、乾隆兩大盛世之間的雍正，僅在位十三年，比起父親康熙的六十一年與兒子乾隆的六十年，實在很是短暫。但是雍正勤政務實、整頓吏治、嚴禁朋黨，所以在位時間雖然短暫卻交出可觀的政績單。雍正在政治、經濟上實行了幾項很有影響的改革：

1. 攤丁入畝：將人頭稅併入土地稅中，結束徵收人頭稅的數千年歷史。此一舉措讓人口大幅增加。
2. 改土歸流：在西南等地將世襲土司廢除，改由朝廷派遣官員管理，藉此對少數民族地區加強控制。
3. 軍機處：在中央設立由皇帝直接控制的軍機處，作為處理軍政大事的核心機構。
4. 吏治改革：雍正不僅加強懲治貪官污吏，更對官方機構與吏治進行系列改革，舉凡耗羨銀歸公、建立養廉銀制度等，大大提升廉潔之風，吏治環境也為之清明。

大清帝國經過雍正十三年勤政務實的統治，開啟並銜接了「康乾盛世」。

雍正登基後，為表明自己是合法繼位，特別舉辦極為隆重的喪禮，風風光光地將聖祖康熙帝葬於景陵，成為清代第一位採取土葬的皇帝。雍正以不忍動用先皇遺物為理由，將處理政務辦公室從乾清宮搬到養心殿，從此養心殿成為真正的君權核心重鎮。至於曾與雍正競爭皇位的皇八子胤禩，其黨心有不甘到處散布不利雍正的謠言，生出無數事端，意在動搖雍正還沒坐熱的龍椅。雍正對付這位兄弟毫不手軟，不僅削其爵位還開除出皇族，更改其名為「阿其那」（意思是「俎上肉」）並囚禁於宗人府。在料理完奪位之爭的兄弟們，雍正開始對當年助其奪位的功臣隆科多和年羹堯出手。因為他們在雍正即位後，「居功自傲，蔑視皇權」成為雍正的心腹之患，等龍椅坐穩、西北戰事告一段落，雍正開始料理二人，從削權、調任、抄家、遣戍到處決，毫不手軟。

與少數民族的關係和外交事宜深受雍正相當注重。雍正四年（西元一七二六年）雲貴總督鄂爾泰建議「改土歸流」，大動作將雲南、貴州、廣西、湖南、四川等省的部分土司予以取消，以此加強中央對這些地區的實質統治。翌年，清廷與俄國簽訂《布連斯奇條約》與《恰克圖條約》，據此劃定中俄邊界並有效處理兩國通商等問題，維護了大清國主權。

西元一七二九年，雍正七年，出兵青海平定羅卜藏丹津叛亂後，雍正為有效提升軍務之效率，特別在距離養心殿僅百步的隆宗門內設軍機處，至此軍政大權徹底掌握在雍正手中。在設立皇儲的問題上，雍正記取康熙朝諸皇子爭奪儲位的教訓，創立祕密建儲制——將選定的儲君姓名寫好密藏匣內，置於乾清宮「正大光明」匾後，若雍正遭遇不測，誰是儲君馬上揭曉！雍正之後的乾隆、嘉慶、道光、咸豐幾朝都是靠祕密建儲制，讓帝位順利傳承，平安過渡。

雍正登基後不僅努力收拾父親康熙的爛攤子，更為兒子乾隆留下豐厚的根底——富裕的經濟、廉潔的行政團隊、清明的吏治環境，雍正皇帝可謂承先啟後的最佳中繼！

一 豪門賈家的流金歲月與衰敗末路——曹雪芹與《紅樓夢》

《紅樓夢》是華人耳熟能詳的清代文學巨著，賈寶玉、林黛玉、薛寶釵的情感糾葛，還有劉姥姥進大觀園的滑稽，都是膾炙人口的戲劇取材。研究《紅樓夢》甚至成為一門獨立的學問——紅學，而作者曹雪芹更是眾家學者深感興趣的研究對象。

曹雪芹的曾祖曾經得到康熙寵信的曹璽，奉命派到富庶的南方當江寧織造，曹璽過世後，江寧織造的肥缺就由兒子曹寅、孫子曹頫接替，曹氏一門三代總計擔任織造官長達六、七十年，曹家的財富愈聚愈多，漸成稱霸一方的鉅富豪門。但花無百日好，當雍正帝繼位後，記得江寧曹家曾經反對過他，於是將曹頫革職並抄其家業。這時曹頫之子曹雪芹年方十歲。雖說官職被革、家業被抄，好歹曹頫還保住小命，然而三代積聚的財富被雍正一次出清，可憐曹家一門不敢再待在江寧，遂灰溜溜地「裸」回北京老家，過起陌生的窮日子。俗話說「屋漏偏逢連夜雨」，曹家的景況亦復如是，搞到後來曹頫也落寞謝世，留下年幼的曹雪芹，窮困催逼下從城裡搬到北京西郊，在破屋陋室裡苦讀詩書。家道中落的曹雪芹，對照今昔的天壤之別的生活景況，心中感觸良多。《紅樓夢》正是曹雪芹追憶昔日流金歲月，藉由描寫顯貴皇親家族賈家的興衰替敗，對照當前社會情境的小說。

創作《紅樓夢》時，曹雪芹早已不復童年貴家公子的風采，如今只是個被生活與疾病交相煎熬的末路書生。就在曹雪芹寫完第八十回之際，其愛子因病夭折，痛失愛子的他承受不住這巨大的打擊竟撒手人寰，留下未完成的巨著《紅樓夢》。曹雪芹身後其小說稿本經由朋友傳抄，慢慢在民間流傳開來，感動了無數人間男女。但遺憾的是這部小說沒有完成！之後，文學家高鶚跳出來接棒，接續曹雪芹的筆意，續寫後四十回讓《紅樓夢》成為一部完整的小說。經由兩位文學大家接力完成的《紅樓夢》自清代風行至今，堪稱中國古代傑出的長篇小說之一。

開盤走高終場跌停的清高宗乾隆帝

雍正帝胤禛育有十六位皇子八位公主，但皇長子和皇次子均在幼年早夭。雍正帝於臨死前藉由祕密建儲方式，將皇位傳給皇四子寶親王弘曆。弘曆即位，改年號乾隆，開始大展其治國的能力與氣魄。弘曆深受父祖喜愛，雍正時已經常常參與軍國要務，所以雖未正式立儲但皇儲身份早已獲天下默認。由於雍正經歷過血淋淋的奪儲之爭，因此不願重蹈覆轍，於是他便將傳位詔書放在乾清宮「正大光明」牌匾後面，必須待其駕崩後才能開啟，這就是雍正創立的祕密建儲制度。西元一七三五年，清世宗雍正十三年，雍正駕崩，清高宗弘曆依雍正密藏的傳位詔書繼承皇位，在位六十年後退位（因不擬超越祖父康熙），之後乾隆又當了三年太上皇，西元一七九九年清仁宗嘉慶四年時崩殂，得年八十九歲，諡號「高宗法天隆運至誠先覺體元立極敷文奮武欽明孝慈神聖純皇帝」。乾隆帝正式在位六十年雖不及祖父康熙長，但加上三年太上皇，其實際統治中國的時間超越康熙，堪稱中國握有實質統治權時間最長的皇帝。

天資優渥、性格堅毅的乾隆堪稱文武雙全。先說文的部分，他自年少時即好學不倦，學識淵博，擅長詩、書、畫、文，著作極豐。最重要是學問深厚的乾隆十分勤政，在他的治理下大清國經濟繁盛，百姓富庶。此外，他還頗有語言天賦，不只精通滿文、漢文，隨著帝國疆域的拓展，更努力學習蒙文、回文、藏文、安多（藏語的四川西北部方言）與西番文，長年精進不鬆懈，每每於「番酋」會面時，都能熟練地以「番」語交談，毫無隔閡。乾隆的語言天才，不論在政治或用兵上都產生很大的影響力。

乾隆在武的部分，乾隆致力平定叛亂與安定邊疆，運用清朝強大的軍力為後盾，少數民族間的衝突隔閡為助力，兩征大小金川、兩次平定西北的準葛爾部、兩次出征尼泊爾的廓爾喀、一次平定新疆回部、一次平定臺灣林爽文之亂、一次出征緬甸，一次出征越南，功績彪炳！這就是乾隆自豪的「十全武功」，也因之得「十全老人」美譽。

因為積極向四疆拓展，所以自乾隆八年（西元一七四三年）以後，他為了更加了解這些民族，特別下功夫誦習蒙古與西番字經典，前後長達五十餘年；繼而又勤習「回語」（維吾爾語）、「唐古特語」（藏語），竟成為通曉滿、漢、蒙、維、藏等多種語言文字的帝王與語言學者。這等語言成就不僅當時罕見，就算今日也是少有的成就。

近百年的「康乾盛世」約一半屬於清高宗乾隆朝。這位盛世君主在發展經濟與「養民」的表現絕佳，推動許多見識深遠的舉措。例如在發展經濟方面，以實現「養民之道」為目標，推動以農業為主之自然經濟，提倡並獎勵開荒種地，強調「勸課農桑」為君王的第一要務，「墾田務農」更是為政之本。由於國家安定，到了乾隆六年（西元一七四一年），中國人口已達到一億四千萬人，為配合人口增長，糧食持續擴大生產與供應，耕地面積亦隨之不斷擴大。截至乾隆三十一年（西元一七七六年）中國的耕地面積已達到七百四十餘萬頃。

水旱災一直是歷朝歷代影響農業、民生乃至國祚的重要變數。乾隆期間不時發生旱災的地區為陝西、甘肅、雲南、貴州等地；常為水災所苦的有廣東、湖北、河南等地；遭受海潮威脅的有浙江、江蘇等地；旱澇交相折磨的苦難地區則有河北、山東、安徽，以及蘇北地區。當時人口持續增加，若不幸碰上水旱災，糧食生產必定大受影響，百姓勢必受苦受難受飢荒，因此乾隆把水利興修視為施政重點。

戲劇最愛的「乾隆下江南」與微服出巡的故事，其實乾隆出遊除了遊山玩水之外，視察各地水利設施、水利修造工地、關注水利建設效能，應該也是出行重點吧！

乾隆晚年對於自己的功業志得意滿，又寵信貪腐無上限的和珅，導致朝政敗壞，赫赫盛世只存夕陽餘暉的失溫光影。乾隆登基時國庫僅三百萬兩白銀，但是到乾隆四十年（西元一七七五年）之際，國庫有七千三百九十萬兩白銀，大大超越其父祖兩朝。可是乾隆好大喜功，任內發動數次遠征、六次南下出巡、多次出兵平叛，以及興建諸宮室、喜愛奢侈豪華的生活等，凡此種種，就耗費了一億五千萬兩白銀。此外，乾隆忽略了鴉片貿易逆差帶來的深遠影響。因此當乾隆六十年（西元一七九五年）退位時，留給兒子嘉慶的是幾乎空空如也的國庫與無盡的煩惱。

一歷代文武官員貪污排行榜第一名——和珅

清高宗乾隆晚期，史上最大貪官和珅登場。

和珅為侍衛出身的滿洲公子哥兒，青年時期憑藉機靈的辦事能力與夢想抱負，因緣巧合得到乾隆賞識進而重用，由於和珅儀表秀偉，貌似恭謹且擅長諂媚拍馬哄皇帝，於乾隆後期擢升其為大學士、軍機大臣和九門提督，可算是備極榮寵。和珅做官多年，將所有的才華都對準「貪」與「權」兩樣，貪污的程度已足以達動搖大清國本，乾隆駕崩後嘉慶皇帝查抄和珅家產，換算成白銀竟高達九億兩，等於大清帝國十二年的財政收入總和，令人咋舌。若是連和珅被查抄的與已花掉的，加上其黨羽、親族所貪的，估計應該相當於大清帝國二十年財政收入，巧的是和珅在乾隆期間也恰好當權二十年，真是巧啊！

話說這位和珅，他原名善寶，字致齋，鈕祜祿氏，為滿洲正紅旗人。根據《清史稿》等書記載，說和珅是「少貧無籍」，翻譯過來就是他貧窮低微。不過這恐怕不是事實。和珅之先祖居於英額峪，同為鈕祜祿氏的清開國元勳私毅公額也住在此地。英額峪距離清太祖努爾哈赤住的赫圖阿拉並不遠，當努爾哈赤起兵後，和珅之九世祖噶哈察鸞與其子達古山巴顏等弟兄子侄，都投在清聖祖麾下，得天下後不少親朋得任清廷之文官武將。舉例而言，和珅的五世祖即高祖父尼雅哈納，從軍隨皇太極出征，尼雅哈納非常勇猛，攻打河間府時首先登城，攻下城池後獲賜巴圖魯稱號，還授予三等輕車都尉。所謂「輕車都尉」乃是公、侯、伯、子、男此五等封爵之下的世職，官階相當於正三品。尼雅哈納之孫阿哈碩色襲祖世職後又兼任佐領，但於戰爭中不幸陣亡，還被追贈一雲騎尉（官階正五品）。尼雅哈納之曾孫亦即噶哈察鸞的九世孫常保（和珅之父），襲曾祖父的三等輕車都尉，以及阿哈碩色之一雲騎尉世職，於八旗軍內任職副都統。副都統相當於正二品官階，乃軍界之高級將領，每年俸銀就有一百五十五兩、米一百五十五石，以及養廉銀五百兩。所以從和珅之高祖父尼雅哈納算起，到其父常保更是二品大員副都統，皆為有世職之官宦人家，出身一點都不低微，怎麼會「家貧無籍」！

清高宗乾隆十五年（西元一七五〇年）和珅出生，這男孩相貌生得秀氣，聲音也宏亮清澈，相當討喜；十餘歲後和珅入皇宮西華門內之咸安宮官學讀書，基本上算是個聞詩答禮的讀書人，只是當時家境不好；十八歲時與官階正二品的內務府總管大臣英廉孫女成親；二十歲襲高祖父尼雅哈納的三等輕車都尉世職，這時家境才漸漸好轉。也因為襲了世職之故，和珅開始有機會親近乾隆。

和珅發跡第一站——黏杆處

清高宗乾隆三十七年（西元一七七二年），二十二歲的和珅當上官階正五品的三等侍衛，並立刻充任尚虞備用處侍衛。尚虞備用處即黏杆處，依清朝制度「選八旗大員子弟之猥捷者為執事人」，專門在皇帝巡狩之時負責扶輿、擎蓋、罟雀等事，因此黏杆處三等侍衛經常隨侍皇帝出巡，於是常有向皇帝回奏、應答的機會。與同僚相較之下，和珅有進過官學且頗曉詩書，很快機會就來了。

據史籍記載：清高宗乾隆四十年（西元一七七五年）某日乾隆出宮，和珅隨駕。乾隆在轎中看邊報，看到有奏報說要犯脫逃，乾隆頗不高興隨口說了句《論語》——「虎兕出於柙」。扈從校尉當然不知道這句話是啥意思，和珅抓住機會對答道：「爺，您是不是認為典守者難辭其咎！」乾隆一聽這侍衛不簡單，就問他是否讀過《論語》，和珅說有，接著乾隆又細細問過他的家世、年紀等，和珅的應答都十分得體，而且和珅相貌生得秀偉體面，音色清澈響亮，身手敏捷俐落，乾隆對他十分讚賞，日益親近。和珅憑藉著聰明與機變靈活的反應，深得乾隆歡心，一路青雲直上，是年閏十月即遷乾清門侍衛，十一月升任御前侍衛並授正藍旗滿洲都統。

從此之後，和珅有如坐上直昇機般一路升遷，還身兼多職，甚至封為一等忠襄公，擔任首席大學士、領班軍機大臣，並兼管吏部、戶部、刑部、理藩院、戶部三庫，還兼任翰林院掌院學士、《四庫全書》總裁官、領侍衛內大臣、步軍統領等職務，通通都是要職！可見乾隆對他何其寵信，不僅官階飆高，管事範圍也超廣，所兼職務特多，掌握之權勢特大，乾隆還把最疼愛的十公主許配給和珅之子豐紳殷德，與和珅結成親家，有清一代如此盛寵堪稱是絕無僅有。

身上掛了這麼多要職，到底和珅會不會治國統軍？不會。但是他會揣摩上意，會專權聚斂，還幫皇上搞錢弄私房金庫，你說皇上能不寵著他嘛！

貪官和珅檔案一：揣測上意

清高宗乾隆四十六年（西元一七八一年），乾隆以國庫充盈，有意廢除武將「名糧」，改為給武職養廉銀，增補綠營兵額。此一舉措軍費每年會增加三百萬兩白銀，當時乾隆問阿桂有何高見，阿桂據實以答：「耗銀太多，不應增補。」但乾隆認為大清帝國富得很，且戶部庫銀尚存七千餘萬兩足以支付，就命大學士會同九卿科道下去詳細規劃。和珅當然知道乾隆就是想這樣做才這樣問，自然順應上意呈上規劃案，乾隆開開心心地批准，從此大清帝國每年軍費增價三百萬兩遂成定案。

貪官和珅檔案二：賺錢有道

和珅利用皇帝對他寵信，讓他位極人臣又身兼多職、要職的機會，將用人、理財、施刑、「撫夷」等大權一把抓，開始他的賣官索賄大業。和珅賣官索賄的操作手法：

1. 朝廷內的九卿，外放的督撫司道，都要向和珅納銀獻寶，才能穩住冠戴。
2. 藉任用官員的權限大剌剌地索取賄銀。
3. 安插親友擔任官職，非親非故非友就別想當官。

經過和珅的銀飾鐵耙，朝廷內外已是「和相專權，補者皆以貲進」，咸信「政以賄成」。其中就連乾隆最重是的河工，都難逃和珅剝皮索賄。據稱：「其任河帥者，皆出其私門，先以巨萬納其帑庫，然後許之任視事，故皆利水患充斥，藉以侵蝕國帑」，這樣偷天換日搬空國庫，結果當然落得「庚午、辛未高家堰、李家樓諸決口，其患尤倍於昔，良可嗟歎」的慘況。

和珅家產知多少？

堪稱中國歷代文武官員貪污排行榜第一名的和珅，平均一年可以貪掉大清帝國一年的財政收入，至於他個人的財產到底有多少？老實說，確切數目沒人知道。不過嘉慶四年（西元一七九九年）正月初三乾隆駕崩後，嘉慶皇帝初八即革除和珅官職，下獄問罪並抄沒家產；正月十一日，嘉慶皇帝下旨定和珅二十條大罪，其中有一條詳述和珅財產：夾牆私庫有金三萬兩千餘兩、地窖內埋藏銀三百餘萬兩。此外，另有檔案記載：和珅取租之地有一千兩百六十餘頃、取租之房一千餘間，還有數量驚人的珠寶、玉器、衣服、書籍等。

民間私人筆記與野史寫得就更誇張，有的寫道抄沒清單之一〇六號中的二十五號，折算成銀即二億二千萬兩！有的則記載，赤金元寶有一百個，每個重達一千兩，估銀一百五十萬兩；赤金五百八十萬兩，估銀八千七百萬兩；玉器庫兩間，估銀七千萬兩；地畝八千餘頃，估銀八百萬兩；當鋪七十五座，本銀三千萬兩；元寶銀九百四十萬兩，白銀五百八十萬兩，蘇元銀三百一十五萬兩。這些帳目光是擇一略窺已如此驚人，可見和珅確實是中國古代天字第一號大貪官。

一 清朝的文化篩選計畫——四庫全書

清高宗乾隆年間官修的《四庫全書》，擔任總撰官的是紀曉嵐。為什麼乾隆會想要編《四庫全書》？清高宗乾隆三十七年（西元一七七二年）十一月，安徽學政朱筠提出《永樂大典》之輯佚問題，乾隆認為此事至關緊要，隨即詔令將所輯佚書與「各省所采及武英殿所有官刻諸書」彙編在一起，名曰《四庫全書》。

西元一七七三年，乾隆三十八年朝廷開設四庫館，館員先後總計多達四千一百八十六人。集結數千位博學菁英歷經十年光陰，將所輯之書籍依經、史、子、集四部排列，總計收書三千四百五十七種七萬九千〇七十卷（文津閣本共收書三千五百〇三種七萬九千三百三十七卷三萬六千三百〇四冊；亦有收書三七四百六十一種七萬九千三百〇九卷之說法記載）；另有存目書六千七百六十六種九萬三千五百五十六卷。

乾隆四十七年（西元一七八二年）正月二十九日，第一部《四庫全書》繕寫告成，隨即抄寫六部，分別收藏在紫禁城之文淵閣、圓明園之文源閣、盛京之文溯閣、避暑山莊之文津閣、鎮江之文宗閣、揚州之文匯閣與杭州之文瀾閣，另外尚有副本一部收藏於北京翰林院。南北七閣建築，乾隆還是仿知名藏書樓「天一閣」而建的喔！

包羅宏大的《四庫全書》為中國古代政治、思想與文化遺產之總匯集成。不過編書過程中，朝廷免不了對相關書籍內容有所刪改，以符合清廷的政治正確；收集的書籍中有三千多種約六、七萬卷以上（與完成後的《四庫全書》所收書籍數量幾乎相等）因涉及被逆、違礙，遭到查禁甚至銷毀的命運。

當第一部《四庫全書》抄寫完成並裝裱進呈後，又花了近三年時間，將第二、三、四部抄寫完畢，分別收藏於「北四閣」——文淵閣、文溯閣、文源閣、文津閣。從乾隆四十七年（西元一七八二年）七月到乾隆五十二年（西元一七八七年）期間，又抄寫三部，放到「南三閣」——江南文宗閣、文匯閣和文瀾閣分別珍藏。每部《四庫全書》裝訂為三萬六千三百冊六千七百五十二函。藏諸七閣者皆鈐有璽印，像文淵閣藏本冊首鈐「文淵閣寶」朱文方印，卷尾鈐「乾隆御覽之寶」朱文方印。《四庫全書》內容豐富，量體龐大，依內容分類包括四部四十四類六十六屬。四部者，經、史、子、集四部也，故約「四庫」。

經部

包括易類、書類、詩類、禮類、春秋類、孝經類、五經總義類、四書類、樂類、小學類等十個大類。禮類分周禮、儀禮、禮記、三禮總義、通禮、雜禮書六屬；小學類分訓詁、字書、韻書三屬。

史部

包括正史類、編年類、紀事本末類、雜史類、別史類、詔令奏議類、傳記類、史鈔類、載記類、時令類、地理類、職官類、政書類、目錄類、史評類等十五個大類。

詔令奏議類分詔令、奏議二屬；傳記類又分聖賢、名人、總錄、雜錄、別錄五屬；地理類又分宮殿疏、總志、都會郡縣、河渠、邊防、山川、古跡、雜記、遊記、外記十屬；職官類又分官制、官箴二屬；政書類又分通制、典禮、邦計、軍政、法令、考工六屬；目錄類又分經籍、金石二屬。

子部

包括儒家類、兵家類、法家類、農家類、醫家類、天文演算法類、術數類、藝術類、譜錄類、雜家類、類書類、小說家類、釋家類、道家類等十四大類。

天文演算法類又分推步、算書二屬；術數類又分數學、占侯、相宅相墓、占卜、命書相書、陰陽五行、雜技術七屬；藝術類又分書畫、琴譜、篆刻、雜技四屬；譜錄類又分器物、食譜、草木鳥獸蟲魚三屬；雜家類又分雜學、雜考、雜說、雜品、雜纂、雜編六屬；小說家類又分雜事、異聞、瑣語三屬。

集部

包括楚辭、別集、總集、詩文評、詞曲等五個大類。

詞曲類又分詞集、詞選、詞話、詞譜詞韻、南北曲五屬。

除了章回小說、戲劇著作之外，以上門類基本上包括了社會上流布的各種圖書。就著者而言，包括婦女、僧人、道家、宦官、軍人、帝王、外國人等在內的各類人物的著作。

但是無論怎麼費心蒐羅，已然汗牛充棟的《四庫全書》仍有其不足之處：

第一、重視儒家著作，儒家經典放在四部之首，卻把一般儒家著作放於子部之首。

第二、輕視科技著作。除農家、醫家與天文演算法類等收錄少數科技著作外，不收錄一般科技著作，就連宋應星的科技巨作《天工開物》也因為有愚民之嫌遭到禁毀，簡直是大規模的文化文字獄。這是因為清廷以為西方現代科學技術為「異端之尤」，可「節取其技能」但是「禁傳其學術」。

第三、戲劇著作和章回小說不收錄。唉，遺珠多到令人嘆息。

第四、圖書正文依清廷意向或有刪節或有篡改。

纂修《四庫全書》乃全國圖書皆要進獻，經過清廷檢查將不利清朝的文獻禁毀，就連前人涉及契丹、女真、蒙古、遼金元的文字也都要加以篡改。因此總計查繳禁書竟達三千餘種，十五萬餘部，焚毀圖書超過七十萬部，禁毀的與四庫所收的書籍數量幾乎一樣多。明末清初，黃道周、張煌言、袁繼咸、錢肅樂、顧炎武、黃宗羲、孫奇逢等人著作通通例禁。後來標準稍有放寬，有些人之著作僅需「改易違礙字句，無庸銷毀」。但是對錢謙益、呂留良、屈大均、金堡與戴名世、王錫侯、尹嘉銓等人之作，有夷狄之別思想者特別嚴厲查禁，更別說吳三桂「反滿檄文」、《揚州十日記》、《嘉定屠城記略》等重要史料，竟在中國銷聲匿跡兩百餘年，直到在日本才找到古本！

《四庫全書》說穿了是清廷的文化過篩工程，所收之古籍不少都被篡改，明代之文學與歷史著作品更是全力剿滅的對象，就連北宋、南宋也不能倖免於難。

例一、岳飛《滿江紅》：「壯士饑餐胡虜肉，笑談渴飲匈奴血」，其中「胡虜」、「匈奴」就犯了清廷的忌諱，於是四庫館臣大筆一揮就改成「壯士饑餐飛食肉，笑談欲灑盈腔血」。

例二、張孝祥名作《六州歌頭．長淮望斷》寫得是北方的孔子家鄉被金人占領之事：「洙泗上，弦歌地，亦膻腥。」這「膻腥」犯了清廷大忌，就改成「凋零」。

例三、陳亮的《水調歌頭．不見南師久》詞云：「堯之都，舜之壤，禹之封。於中應有，一個半個恥臣戎。」「恥臣戎」犯了清廷忌諱，遂改成「挽雕弓」。

例四、最荒謬的是辛棄疾的《永遇樂．千古江山》中的「斜陽草樹，尋常巷陌，人道寄奴曾住」，被館員改作「人道宋主曾住」。「寄奴」乃南朝宋開國皇帝劉裕之小名，但「寄奴」二字與清廷忌諱的「胡」、「戎」、「夷」、「虜」應該沒啥關連吧？為什麼要改呢？估計可能是詞中用小名稱呼君主，館臣感到不妥，因此雖無「違礙」也忍不住手癢地改了一改。至於更替「寄奴」的「宋主」乃尊稱，雖然音律平仄沒差，但意思與詩詞的張力就差很大了。

若將《四庫全書》與明代纂修的《永樂大典》相比，後者所輯錄書籍均依照原著整部、整篇或整段分別編入，一個字都沒動，原汁原味地保留了中華民族最最寶貴的文化遺產，所以其文獻價值較《四庫全書》更高。

《永樂大典》收錄古代重要典籍至少七、八千種之多，從先秦到明初，無所不包，堪稱「包括宇宙之廣大，統會古今之異同」。因為《永樂大典》的編纂，使得宋元之前的佚文秘典得以保存流傳迄今。《永樂大典》內容包括：經、史、子、集、釋莊、道經、戲劇、平話、工技、農藝、醫卜、文學等。全書體例採「用韻以統字，用字以系事」，檢索相當方便。

左右腦都很厲害的女數學家王貞儀

清朝有出過女數學家？這是學校歷史課本不曾教過的喔！這位女科學家還寫過一句華人都愛講的一句：「行萬里讀萬卷書」。沒錯，這句話脫胎自「足行萬里書萬卷，嘗擬雄心勝丈夫」，而這首詩出自清朝乾嘉年間女科學家王貞儀之手。

王貞儀（西元一七六八至一七九七年），字德卿，江寧人，是清代學者王錫琛之女，宣化太守王者輔孫女。王貞儀自幼愛讀書，女紅一竅不通，但是詩、畫、琴、棋、騎、射、醫理、星象、曆算都會。

她的詩文走真感情路線，質樸無華，真摯動人。至於學騎射，則是因為十六、七歲時曾隨父仕宦天涯，到過楚粵與塞外，所以有機會跟蒙古人學騎射。後來她還隨祖母與父親遊歷北京、陝西、湖北、廣東與安徽等地遍覽古跡名勝，開拓眼界，增廣見聞，難怪她能夠寫出「足行萬里書萬卷，嘗擬雄心勝丈夫」這樣雄心開闊的詩句。不過更妙的是這位小姐對天文、地理、數學、氣象學等科學超有興趣，經常沉迷於科學書籍裡，甚至關在房裡做實驗，著作有《西洋籌算增刪》一卷、《重訂策算證訛》一卷、《象數窺餘》四卷、《術算簡存》五卷與《籌算易知》一卷。

十七、八世紀時，中國已出現安徽數學學派，以梅文鼎、梅玨成為代表。祖籍安徽的王貞儀亦屬於此一學派。王貞儀在數學研究領域中，著重在吸取中西演算法之長並改進概括，化繁為簡，靈活運用，完全不受既有思維之束縛。《勾股三角解》書中王貞儀有段精闢的論述：「中西固有所異，而亦有所合。然其法理之密，心思之微，而未可以忽視。夫益知理求是，何擇乎中西？唯各極其兼收之義。」

此外，王貞儀對天文也相當有興趣，博覽中外天文著作並長年觀測天家，累積了可觀的天文資料與理論、知識。清代傳入中國的西洋天文學在王貞儀眼中：「西曆雖至密，亦未能言概準。」，且「有所行，即有所不行；有所是，即有所不是。」同時，她還是哥白尼的粉絲，不遺餘力地宣傳「日心說」。

話說某年某月某個農曆十五之夜，王貞儀正在閨房中研究學者梅文鼎的《籌算原本》。突然街上傳來喧鬧的鑼鼓聲，不一會兒妹妹跑來說：「姊姊，天狗吃月了，快來看！」拉起王貞儀就衝到屋外。驀抬頭，天空中圓圓的月亮竟出現缺口，而且愈變愈大。「姊姊，真的是天狗把月亮吃掉了嗎？」敲鑼打鼓與叫喊聲一波急似一波，百姓們咸信這樣可以嚇跑天狗，把月亮還給大家。王貞儀本來也這麼以為。可是近來讀書時看到大自然有所謂「月蝕」現象，原因是地球運行到太陽與月亮之間，把陽光擋住了，月亮沒有陽光照射就黯淡無光。只是這個觀念有點玄，連自己都好像懂又好像不懂，該怎麼跟妹妹分享呢？

忽然王貞儀腦海靈光一現，決定要實際做個實驗，於是從屋裡弄來一盞水晶燈，再牽妹妹去花園裡的亭子，把燈懸掛在亭子正中央的梁代表太陽，把亭子中間、水晶燈正下方的圓桌代表地球，然後取來一面圓鏡放在「地球」旁代表月亮。實驗開始，王貞儀將圓鏡東轉西轉、上看下看，始終摸不著頭緒，大約搞了半個時辰，她忽然茅塞頓開。於是她把實驗重新表演一遍給妹妹看，之後還把實驗所得寫成《月蝕解》一文，深入論述月蝕的發生、月蝕、月望與食分深淺等種種現象的科學道理。

在算學上，她將梅氏《籌算原本》改編得更為淺顯易懂，並更名為《籌算易知》，讓學習者更易入門。

結婚成家後的王貞儀依然快樂悠遊於科學和研究領域，樂此不疲。

第29章

嘉慶道光
從平庸到昏庸的衰世之路……

西元一七六九至一八六一年是中國史上最悲痛的轉捩點。長期鎖國的清朝，扛不住西方帝國主義的侵略，讓中國淪入半殖民地的水深火熱之中。

嘉慶皇帝在位時期，康乾盛世早已走到盡頭，儘管他力圖振作，但衰敗之勢已成定局，徒呼奈何。繼位的道光皇帝昏庸無能，在位後期鴉片戰爭被英國打個大敗，簽下萬死莫贖的「南京條約」，揭開中國近代最悲慘的封印；接棒的咸豐皇帝，只落得聯軍入京、帝后倉皇出逃的下場。皇帝不行，官僚體系也腐敗，當年剽悍的八旗軍如今享樂廢弛，漢人組的綠營兵也好不到哪兒去，保家衛國全然靠不住。簡單一句話，當時清朝面對船堅砲利的西方強權只有挨打的份兒。

亟思振興但帝國已傾的平庸皇帝——清仁宗嘉慶

嘉慶皇帝愛新覺羅．顒琰，為乾隆皇帝皇十五子，生於乾隆二十五年（西元一七六〇年）十月初六，於西元一七九六年正月初一乾隆禪位為太上皇，由三十六歲的愛新覺羅．顒琰繼位。嘉慶皇帝在位二十五年，享年六十一歲。

與父、祖、曾祖相較，嘉慶皇帝在政治膽略、理政才能、革新精神與勇於任事等面向上都欠缺天分與才華，是位平淡無奇的天子。若說他「平庸」算是相當貼切，而且平庸可說是他的性格特質。嘉慶所處的時空是清朝由盛轉衰的關鍵時代「康乾盛世」已過，西方帝國主義虎視眈眈欺到門前，隨著鴉片戰爭、南京簽約、聯軍入京、帝后出逃等一連串不幸登場，「道咸衰世」已然成形。

嘉慶即位後，乾隆的風光盛世只剩空殼，政局潛藏危機，因此清仁宗顒琰期許以「咸與維新」口號，振興朝廷內外，重整廢弛的綱紀。在內政上，嘉慶四管齊下：

1. 誅殺和珅並將其黨羽親眾或罷黜或囚禁，以肅清朝野與官場風氣。
2. 詔求直言，廣開言路，祛邪扶正，並將清高宗乾隆時朝因諫言獲罪的官員起復並加以褒獎，希望藉此導正風氣。
3. 下詔讓地方不要再向皇帝貢獻珍寶，一掃奢侈風氣轉而崇尚儉樸。
4. 地方官員對民隱民情必須「纖悉無隱」，據實呈報，不可有欺隱、粉飾、怠惰等情事。

儘管嘉慶是認真在做，但此時此刻能發揮的效果十分有限，大清頹局已難扭轉。嘉慶年間民變如麻，尤其川、楚、陝民變雖嘉慶傾力以圍剿、鎮壓與招撫交叉運用，凡圍剿不力的將吏立即嚴懲並馬上更換，落實實行寨堡團練的堅壁清野政策，切斷亂軍與百姓間的聯繫，終於在嘉慶十年（西元一八〇五年）鎮壓下來，但大清統治中國的權威已然動搖；嘉慶十五年（西元一八一〇年），出兵鎮壓東南海疆海盜蔡牽之亂；嘉慶十八年（西元一八一三年）北方爆發天理教之亂，甚至有天理教徒經由太監接應衝入皇宮，「釀成漢唐、宋明未有之事」，嘉慶甚至下詔罪己，並對衝入進皇宮的天理教徒下格殺令，至於城外的頭目林清等亦被捕殺，至此天理教之亂終於鎮壓下來。

嘉慶在對外交涉方面，嘉慶立場堅定，始終嚴正主張必須嚴禁鴉片，並對英國騷擾沿海的舉措保持警覺，當英國說要幫助清朝鎮壓民變亂事、幫澳門葡萄牙人抵禦法國等別有鬼胎的要求，通通加以拒絕。嘉慶二十一年（西元一八一六年），嘉慶嚴詞拒絕英國提出的建外交關係、開通商口岸、割讓浙江沿海島嶼的無理要求。但是嘉慶的拒絕不是權衡局勢所下的決策，而是出自保守而傳統的鎖國觀念，以至於對外來事物一概排斥的唯一答案。儘管嘉慶努力鎮壓內亂、與外國強權周旋，企圖保住大清帝國的尊嚴與穩定，但終究無法扭轉歷史大潮流，大清的衰亡只是時間問題。

雖然嘉慶沒有治國的卓越才華，但他始終生活節儉，即使遇喜事與年節也一應清儉，對官吏的要求也以清廉為要，為體恤百姓刻意減少出巡次數。所以總體而言，嘉慶是位勤政的領袖，在位二十五年間始終律己甚嚴，毫不鬆懈怠惰，殊為難得。

開高走低的昏庸皇帝——清宣宗道光

道光皇帝愛新覺羅・旻寧，生於清高宗乾隆四十七年（西元一七八二年）八月初十，嘉慶二十五年（西元一八二〇年）七月二十五日嘉慶皇帝駕崩後，旻寧於同日繼位，為清朝唯一以嫡長子身分繼位的皇帝，第二年改年號為「道光」。道光皇帝在位長達三十年，於道光三十年正月十四（西元一八五〇年二月二十五日）駕崩，得年六十八歲。

嘉慶皇帝很早就屬意嫡長子旻寧繼位，而嘉慶十八年（西元一八一三年）出了一件大事，讓旻寧準皇帝的地位益加穩固。鏡頭來到嘉慶十八年，反清組織天理教活躍於京畿一帶，其中有部分激進的團員打算趁嘉慶皇帝前往避暑山莊時，一舉奪下北京與紫禁城，甚至發動銀彈攻勢與宮中太監搭上線，屆時好充作內應。

行動當日，嘉慶不在紫禁城，宮內最大的就是皇太子旻寧。天理教行動成員依計畫偽裝混入北京城，行動路線預計從東華門、西華門直直衝入紫禁城。但東華門的成員太早露餡，情況緊急乾脆馬上發動總攻，由於有太監內應帶路，大隊人馬很快衝進宮中，情況十分危急。當時皇太子旻寧正在乾清宮上書房讀書，一收到消息立刻帶兩位親王衝出去，此刻內宮大門已關閉，有亂軍正爬上宮牆頭準備侵入！旻寧見勢毫不慌亂，迅即將入侵者擊殺。說時遲那時快，援兵一抵達現場就將紫禁城內的亂軍全部誅殺。

如果第一時間皇太子旻寧陷入慌亂，沒有立刻行動，內宮女眷可能難逃劫難。對於旻寧的機警英勇，嘉慶大為欣慰，事後封旻寧為智親王，其皇嗣子地位已無人能撼動了。

嘉慶驟逝由太子旻寧繼位，年號「道光」。道光皇帝在位期間做了不少事：道光二年（西元一八二二年），道光頒詔，要求各地嚴格捐納制度，不得濫開捐例；道光八年（西元一八二八年），道光操盤，清軍平定張格爾叛亂；道光十八年（西元一八三八年）道光警覺鴉片之害大矣，頒布《欽定嚴禁鴉片煙條例》，下令全國遵照施行；道光十九年（西元一八三九年）以林則徐為欽差大臣前往廣東查禁鴉片，一時雷厲風行，當年便在虎門銷毀大批煙土；道光二十年（西元一八四〇年）因大舉查禁鴉片的舉措引起英國不滿，爆發鴉片戰爭；道光二十二年（西元一八四二年）與英國簽訂喪權辱國的《南京條約》，中國從此淪入半殖民地慘境；道光三十年（西元一八五〇年），清宣宗旻寧駕崩。

綜覽道光皇帝在位的三十年，初期頗思作為，可惜資質平庸，用人不如先祖且無定見，無法體察國際情勢丕變，以致中期之後急轉直下，為國為民的禁煙運動演變成鴉片戰爭，最終以南京條約收場，讓大清帝國一步步走向萬劫不復的深淵。

一　打開中國半殖民地厄運的《南京條約》

很多事情愈是禁就愈禁不住，毒品就是一例。

道光皇帝在位期間，清廷知道鴉片不是好東西，曾多次頒布諭旨以制止鴉片流毒。儘管禁令森嚴，但流入中國販售的鴉片數量未見減少反而逐年增加。道光十八年（西元一八三八年）六月，朝中有識之士紛紛上書請求禁煙，並以大家耳熟能詳的禁煙健將林則徐為代表，他在呈給道光的奏摺中痛陳鴉片氾濫的惡劣影響——「中原幾無可以禦敵之兵，且無可以充納之銀」。林則徐等大臣的痛切陳詞，讓道光皇帝下定決心——禁煙。這一年的十一月十五日，授命林則徐為欽差大臣，不僅發起禁煙運動更收繳鴉片於廣州虎門銷毀。

當清廷大舉禁煙的消息傳到倫敦後，一場以通商為名行侵略之實的醜陋戰爭隨即登場！西元一八四〇年，道光二十年六月，廣州首當其衝遭到英軍進犯，但清軍也不是省油的燈拚命強力抵抗，英軍見討不到便宜遂轉去打廈門，結果守將鄧廷楨也不含糊，硬是將英軍打退。西元一八四一年，道光二十一年正月初七，英軍改弦更張攻打沙角、大角炮臺，清軍倉促應戰，扛不住英軍猛攻，炮臺失陷，英軍得以進一步向虎門迫近，情況著實不妙。此時直隸總督琦善妥協求和，英國遂逕自單方面公布《穿鼻草約》。

原來琦善求和之舉並非皇帝授命，這種形同賣國的窩囊行徑不僅清廷上下憤慨不滿，就連道光皇帝也不買單，感到自己天朝尊嚴丟光光，氣得當即決定對英國宣戰。沒想到英軍看苗頭有變，立刻先發制人再度起兵進攻虎門。清軍守將關天培深知此役之重大，親自率軍誓死堅守炮臺，最後扛不住英軍猛攻，壯烈殉國。

西元一八四一年，道光二十一年五月，英軍趁勢挺進強攻廣州，致使廣州城外之泥城、四方炮臺陸續失守，靖逆將軍奕山等人竟然不思死守就投降了；五月二十七日，中英雙方簽訂《廣州和約》；八月二十六日，英軍繼續用兵，廈門陷落；十月一日，定海被英軍攻陷；十月十日，英軍再陷鎮海；十月十三日，寧波陷落。

眼看兵敗如山，道光皇帝力圖挽回頹勢遂決定二次出兵。此番出兵由皇侄奕經率軍直衝前線，未深思布局便貿然出兵，以致潰不成軍。西元一八四二年，道光二十二年六月，江南提督陳化成力戰成仁，吳淞口失守；七月，鎮江亦復陷落；八月，英艦抵達南京下關江面，等於直接打到正門口，情勢對清廷極為不利。清宣宗道光二十二年（西元一八四二年）七月二十四日，在英國炮艦的威嚇逼迫下，清廷簽訂了中國近代史上第一個喪權辱國的不平等條約——中英《南京條約》。

《南京條約》內容共列十三款，主要重點：

1.中國割讓香港給英國。

2.中國開放廣州、廈門、福州、寧波、上海五處為通商口岸。在這些通商口岸，英人可自由居住，英國可派駐領事等官。

3.中國賠償鴉片煙費六百萬銀元，軍費一千二百萬銀元，償還商人欠款三百萬銀元，共二千一百萬銀元。

4.要求英國進出口貨物納稅，「均宜秉公認定則例」。

5.廢除「公行」制度，英國商人在各口岸可與中國商人自由交易，不加任何限制。

西元一八四四年，清宣宗道光二十四年七月、十月，美、法等國群起效仿英國，先後威逼清廷簽訂中美《望廈條約》、中法《黃埔條約》，不僅強逼清廷割地、賠款，更要求給予英國同等特權。從道光二十五年（西元一八四五年）起，比利時、瑞典等國也都紛紛脅迫清廷簽訂類似條約，列強毫不客氣地蠶食鯨吞中國主權。

鴉片戰爭打敗與《南京條約》等一連串不平等條約的簽訂，使得中國遭逢數千年來最大的變化，由一個完整的帝國逐步淪為西方強權的俎上肉——不僅領土主權被破壞，長久以來的自然經濟一夕解體，成為西方強權強取原料與強迫銷售的半殖民地地獄。

一 列強亂戰下的逃難天子——清文宗咸豐

清文宗咸豐皇帝愛新覺羅．奕詝，生於道光十一年（西元一八三一年）六月初九，崩殂於咸豐十一年（西元一八六一年）七月十七日，在位十一年。

咸豐在中國內憂外患之際登基繼位，當時內有太平天國之亂，已到了建都南京，與清廷對著幹的浩大聲勢；外有西方列強假「修約」之名，準備發動新一波侵略戰爭，從中國攫取更大利益，而北方強鄰沙皇俄國早已鴨子划水，在東北興兵悄悄占據黑龍江以北的大片中國領土。

為了挽救統治危機，咸豐頗思除弊求治。任賢去邪，企圖重振綱紀。

1. 重用漢族官員曾國藩，依靠其訓練指揮的湘軍剿平太平天國和撚匪之亂。

2. 提拔敢於任事的肅順，並支持肅順等大力革除弊政。

3. 罷斥道光朝擔任軍機大臣二十餘年、卻只知貪戀官位、保住榮寵、阻礙賢才晉用、陷國家於險境的穆彰阿，並處決在第一次鴉片戰爭主持和局之投降派官員耆英。

咸豐六年（西元一八五六年），英法發動第二次鴉片戰爭，一舉攻占廣州；咸豐八年（西元一八五八年），大沽炮臺被英法艦隊攻陷，大軍直逼天津，清廷派桂良、花沙納前往天津議和，並與英、美、法、俄分別簽訂《中英天津條約》、《中美天津條約》、《中法天津條約》，以及《中俄天津條約》。但是列強利欲薰心，對於《天津條約》規定的權利猶嫌不足，進而蓄意重起戰爭想再從清廷這頭肥羊身上搜刮更多。咸豐皇帝在和談吃緊之際，也只能下令清軍加強大沽口防務，以防不測。

清文宗咸豐九年（西元一八五九年），英國故意在大沽口挑起衝突，英法聯軍藉此興兵入侵，結果戰敗；咸豐十年（西元一八六〇年），英法兩國心有不甘，再組聯軍大舉侵華。這次可謂來者不善，英法聯軍進攻北塘發生激戰，咸豐皇帝竟然在關鍵時刻下令清軍統帥撤退，導致大沽再次淪陷，英法聯軍趁勢攻占天津，下一步就直指北京了。此時咸豐皇帝派怡親王載垣、兵部尚書穆蔭為欽差大臣，前往通州代表清廷與英、法議和。沒想到英、法兩國玩陰的，以和談為煙幕彈，一邊假裝談判一邊暗地裡大軍繼續往北京前進，於通州八里橋打敗清軍後直往北京進攻，還囂張地劫掠、焚毀圓明園、清漪園等皇家園林，珍貴的文化與寶藏就此流落異國。眼看大勢已去，咸豐皇帝倉皇逃出圓明園直奔熱河（今河北承德），並命令恭親王奕訢留在北京與英法議和。奕訢遂代表清廷與英、法、俄等國簽訂《北京條約》，其在的中俄《北京條約》裡，清廷承認咸豐八年（西元一八五八年）黑龍江將軍奕山被沙俄逼迫簽訂的《璦琿條約》。此外，奕訢亦批准中英、中法《天津條約》。恭親王奕訢迫於形勢不得不讓步，不過這一步讓的太大，之後的清朝歷史令人慘不忍睹。

咸豐十年（西元一八六〇年）英法聯軍一步步進逼北京，咸豐皇帝率后妃皇子與親貴大臣逃往承德，未幾便傳出皇帝患病的消息。清文宗咸豐十一年（西元一八六一年）七月十六日，咸豐皇帝自知來日無多便口授遺詔，立六歲的兒子愛新覺羅・載淳為皇太子，由其繼承皇位。咸豐深知幼帝登基必然難以招架當前局勢，於是任命怡親王載垣、鄭親王端華、協辦大學士戶部尚書肅順、額駙景泰，還有軍機大臣穆蔭、匡源、杜翰、焦佑瀛等八人為「贊襄政務王大臣」，期許他們輔弼幼主，掌管朝政。清文宗咸豐十一年（西元一八六一年）七月十七日，咸豐帝於承德避暑山莊駕崩，得年三十一歲。同年十一月，定諡號為「顯皇帝」，廟號「文宗」。

曾國藩也擋不住的太平天國之亂

鴉片戰爭之後，中國發生了近代史上規模巨大的一次民變——太平天國，前後作亂達十四年，範圍廣達十八個省。

太平天國的發展歷程大致如下：開始↓稍具規模↓全盛↓分裂衰敗↓後期短暫重興↓全域失敗；若從發展過程分析，太平天國主要包括五個階段：爆發↓北上↓定都↓鞏固政權↓軍事上的東征、西征、北伐。

太平天國頭號人物洪秀全在三十八歲生日這天，也就是清文宗咸豐元年（西元一八五一年）一月十一日，於金田率眾揭竿而起，建號太平天國，太平天國之亂由此開打。洪秀全自稱「天王」，率領太平軍北上，秋天便攻占永安並在此頒布天曆；同年十月十七日洪秀全頒布詔令，封楊秀清為東王，蕭朝貴為西王，馮雲山為南王，韋昌輝為北王，石達開為翼王，架構起太平天國的權力核心，並規定天王以下各王均受東王楊秀清節制。所以太平天國的軍政實權是握在楊秀清手裡。

權力架構既定，太平軍奮力衝破清軍包圍往桂林進擊，但歷經一個月的圍攻一直拿不下桂林，乾脆放棄轉攻全州，之後再往長沙、武昌、鎮江等重鎮出擊。一路上，太平軍與清軍對戰，不只焚燒衙門、糧冊、田契等，還破壞神像佛像與孔子牌位，總之就是對既有傳統大破壞。由於百姓對清朝政府內外失據的統治下日子過得太苦，對清廷太過失望，因此太平軍抓住機會爭取民心，將打仗搜刮來的衣物分發給貧民，還祭出將來概免租賦三年的支票，使得太平天國支持度暴增。這就難怪太平軍所到之處，百姓爭相迎接，連官兵都公休，農民幫著太平均打清兵。

清文宗咸豐三年（西元一八五三年）三月十九日，太平軍攻破南京外城，兩江總督陸建瀛被斬殺；三月二十日，太平軍攻打南京內城，江寧將軍祥厚等被殺，太平軍占領南京並定都南京，且改南京為天京，成為與北方清廷對峙的南方政權。太平天國定都後頒布《天朝田畝制度》，廢除舊有的土地所有制，以「凡天下田，天下人同耕」、「無處不均勻」等原則，以戶為單位，不論男女一律按人口、年齡平均分配土地。關於產出的分配，以「凡天下人人不受私，物物歸上主」原則，每戶留下足夠的口糧，其餘全部上繳聖庫。只是太平軍進駐南京不到半月，板凳都還沒坐熱，清軍就展開回擊——在天京周邊建江南大營、江北大營，作圍困天京之勢。

清文宗咸豐三年（西元一八五三年），太平軍兵分二路：

1. 北伐：往清廷心臟北京進擊，但民兵終究不是正規軍對手，北伐遂告失敗，將領林鳳祥戰死，李開芳被俘。

2. 西征：奪取安徽、湖北重鎮，大軍開入湖南。咸豐五年（西元一八五五年）石達開指揮的西軍於鄱陽湖口大敗湘軍，順利進入江西，一路勢如破竹，占領大片土地，天京大本營得以鞏固。

咸豐六年（西元一八五六年），太平天國東征軍奪揚州，攻破江北大營之後與石達開的西軍會合，聯袂摧毀江南大營，天京之圍解除，並將清政府東南財路齊根截斷。經過北伐、東征、西征，太平軍的聲勢達到全盛時期。

但是達到鼎盛之時也預告下坡在即。此時太平軍的權力核心開始分裂。定都天京後，東王楊秀清因掌握大部分軍政實權，其「東府集團」勢力不可一世，但其他王嚥不下這口氣。據《李秀成自述》影印本記載，楊秀清日益專權驕縱，不知收斂，咸豐六年八、九月間，當江南大營被打垮，天京之圍暫時解除，楊秀清乘勢擴大勢力，甚至逼天王洪秀全到東王府來封他為萬歲。洪秀全也不是呆子，命韋昌輝率部隊於九月一日趕往天京，幹嘛？包圍東王府。翌日東王楊秀清一家全部跟閻王爺報到。可想而知，天京城內肯定會來場大混戰，自己人打自己人死了兩萬多人。最後由韋昌輝出頭控制天京，一把獨攬軍政大權，洪秀全真的是引狼入室。但薑是老的辣，當初洪秀全找韋昌輝料理楊秀清，十一月重施故技，找來石達開料理韋昌輝及其心腹共二百餘人，都跟在楊秀清之後去跟閻王爺報到了。吃過楊秀清、韋昌輝的排頭，這會兒洪秀全學聰明了，事成之後設法逼走石達開，結果石達開遭到清軍圍困被殲滅。這場棒打老虎雞吃米的奪權大戲看來是洪秀全勝利，但付出代價的卻是太平天國由盛轉衰，這就是歷史上有名的「天京變亂」。

另據《太平天國》記載：太平天國諸位領袖之間的關係隨著權勢的擴張，早已由當初情同骨肉的弟兄，變成互相猜忌的對手顯。天王洪秀全難道不出面為大家緩頰？天王此時深居宮中，全力投入神學著述工作，不僅疏離了伙伴也遠離了百姓民心。

陷入奪權混戰後的太平天國也曾短暫振興，洪秀全提拔新一輩的青年將領，如陳玉成、李秀成等領導太平軍繼續與清軍周旋，企圖扭轉危局。據《中國近代史》第二章記載：咸豐八年（西元一八五八年）八月，陳玉成、李秀成與各路將領於安徽樅陽鎮召開軍事會議，大家決定聯合作戰，齊心解除天京之圍。九月，陳、李兩軍於滁州會師東進，破浦口並再次擊潰江北大營，打通天京與江北的交通，解除江北清軍對天京之封鎖，之後再進佔江浦。

值此同時，湘軍主力李續賓的部隊攻陷九江，乘勝打進安徽，逼近廬州咽喉三河鎮。戰報傳來，陳玉成立刻自江浦掉頭西援，直接切入三河鎮東南的白石山與金牛嶺，由湘軍後路進行包抄。洪秀全命李秀成趕緊率部前往支援。乘著大霧掩護，太平軍突襲李續賓部隊，湘軍營壘近乎全毀，曾國藩之弟曾國華等文武官員共四百餘人與湘軍數千將士盡遭擊斃，李續賓也自殺了。此役對曾國藩與湘軍都是一大挫敗。

反觀太平軍，因三河鎮大捷士氣為之一振，陳玉成、李秀成率部乘勝追擊，解安慶之圍，重新拿回皖北。鏡頭來到皖南，咸豐八年（西元一八五八年）十二月，李世賢大破清軍於寧國灣鎮，順利扭轉劣勢；再來看江西，咸豐八年十二月楊輔清攻占景德鎮，湘軍張運蘭部屢戰屢敗，湘軍兵力遭到牽制。至此，天京上游的情勢大致穩定，太平天國得以重振聲勢，但征戰頻頻也鬧得元氣大傷，之後的下坡竟是更陡更急更險。

時間來到清穆宗同治元年（西元一八六二年）春天，由曾國藩坐鎮安慶統籌，清軍展開回擊，採分路進攻太平軍戰術進而圍攻天京，李秀成、陳玉成兵敗被俘。結果李秀成投降並在獄中寫下《李秀成自述》，陳玉成被殺。主將沒了，天京又遭到重兵包圍，城內糧缺嚴重，兵將虛弱，再加上西方列強放棄中立，站到清廷這邊，祭出洋槍大炮威力剿伐，太平軍已然撐不住。同治三年（西元一八六四年），天京失守，太平天國下台一鞠躬。

屢敗屢戰，愈挫愈勇的曾國藩

清朝末年，面對列強侵逼挑釁，腐敗的朝廷無力抵抗，節節敗退，尤其鴉片戰爭後不僅要應付自家大筆的軍費開支，還要支付列強強索的巨額賠償，這海樣的白銀花銷都要從百姓身上壓榨，搞得百姓怨聲載道，根本活不下去，紛紛自力救濟起身抵抗，終於爆發太平天國之亂。列強已經夠讓清廷頭疼，此時內亂再起，清廷實在難以招架，更糟的是太平軍一路勢如破竹，聲勢愈來愈大。

咸豐二年（西元一八五二年）曾國藩奉旨到長沙，協助湖南巡撫辦理團練，眼看太平軍愈鬧愈大，光是辦團練很難發揮作用，便上奏皇帝按戚繼光模式組建新軍，獲准後就以家鄉湘鄉的練勇為基本盤，有計畫地招訓農民為兵，並以當地儒生擔任軍官，這支以儒帶兵的部隊就是歷史上有名的「湘勇」或

「湘軍」。

湘軍成軍後，曾國藩針對太平軍發布《討粵匪檄》，接著就對太平軍開打。湘軍與太平軍於嶽州、靖港初次交鋒，湘軍出師不利，連戰接敗，曾國藩為此深受打擊，甚至為此輕生——這是他第一次投水自盡，結果被部下救活。輕生被救的曾國藩決心重新振作，隨即攻下武昌重鎮並奉詔擔任湖北巡撫。正當曾國藩打太平天國打的手風正順時，清廷開始擔心他手握兵權，不受控管，便拿掉他的巡撫官職，給個「侍郎」的虛銜帶兵，此舉頗有掣肘大將之嫌。

後來曾國藩率領水師進攻九江、湖口，太平軍翼王石達開率軍馳援，並用「請君入甕」之計誘引湘軍水師輕便快船入鄱陽湖，然後將湖口封鎖，讓湘軍水師在長江上的主力戰艦，成為「無翼之鳥，無足之蟲」，趁機發動火攻，造成湘軍水師數十艘大船焚毀的重大損失，曾國藩率湘軍殘部退兵到九江以西，連他自己的座船都遭到太平軍包圍，值此九死一生之際，曾國藩第二次投水自盡，隨即又被部下救起。

從此以後，曾國藩鎮日失魂落魄，吃不好也睡不好，不到五十歲就兩眼視茫茫，一寸大的字都看得模糊，一副風中殘燭的衰敗模樣。這時曾國藩拿湖南家鄉的俗話「好漢打脫牙齒和血吞」激勵自己，期許自己愈是在軟弱的時候愈不能顯示軟弱，不冀求他人憐憫寬恤，不論再苦一切都由自己承擔。當他準備像朝廷彙報戰況時如實寫道「屢戰屢敗」，一旁的部屬李鴻章就建議道，把「屢戰屢敗」四字改為「屢敗屢戰」，境界就大不相同了，展現的是長官不屈不撓、跌倒爬起來再戰的堅強意志！曾國藩一聽很有道理，就改成「屢敗屢戰」。

本來朝廷對於曾國藩連敗的戰績很有意見，想要罷免他。但是當皇帝與重臣看到曾國藩送到北京的奏章，不禁被曾國藩及湘軍「屢敗屢戰」的精神大大感動，反而不再追究連敗責任，繼續讓曾國藩帶兵追剿太平軍。

一　晚清的經營之神——紅頂商人胡雪巖

清代最有名的大商人胡雪巖（西元一八二三至一八八五），本名胡光墉，字雪巖，徽州績溪縣人。胡雪巖熟諳官商人脈運作，更懂和氣生財之道，事業由錢莊做到生絲、茶葉、中藥店，更為封疆大吏籌供糧餉、採購軍火，生意之大、過手銀錢之多，完全將江浙商業撥弄於股掌之間。他因為協助左宗棠籌供糧餉，屢建大功，皇帝特頒二品頂戴還賜黃馬褂，博得「紅頂商人」美譽！但是發財也戰爭，破產也戰爭，中法戰爭檯面下的官場惡鬥，讓胡雪巖周轉不靈，終於破產。一代紅頂商人遂以客死杭州收場，令人不勝唏噓。

官商的互利共生

胡雪巖天生做大賣賣的好眼力，很會看人也很敢投資！當他還是錢莊學徒時，一筆呆帳幸運收回，他自作主張將這五百兩銀子借貸給落迫公子王有齡，助他進京求官。這樁看似賠錢又未經掌櫃同意的借貸，害胡雪巖被炒魷魚。可是胡雪巖押對了寶，王有齡如有天助，官運亨通，衣錦還鄉時不忘拉拔恩人胡雪巖，大家有錢一起賺。後來王有齡因戰殉職，胡雪巖技巧地與如日中天的左宗棠搭上線，很快地成為左宗棠的心腹，專門為他籌供糧餉，讓左公打起仗來得心應手，屢建戰功。左公也不忘回報胡雪巖，向皇上表揚其功，獲頒二品頂戴與御賜黃馬褂，就是左公投桃報李的回禮。

細數胡雪巖在官場上資助過的官員，從地方官到封疆大吏——王有齡、黃宗漢、湖佳、何桂清、左宗棠等，因為有胡雪巖為他們出錢出力、籌謀規劃，所謂「魚幫水，水幫魚」，大家的利益都綁在一起，難怪這些官員會說：「此人須臾不可離」、「天下一日不可無胡雪巖」，心甘情願幫胡雪巖，讓他生意愈做愈大，商業據點遍及大江南北，沒有人不知道「紅頂商人」胡雪巖這號響噹噹的大人物。

王有齡全靠胡雪巖五百兩白銀借貸，從此青雲直上；何桂清等人也靠胡雪巖把握升官契機，從此大家一起吃香喝辣；封疆大吏左宗棠能夠平定回亂，屢建武功，也全賴胡雪巖費心籌糧籌餉。總之胡雪巖靈敏的生意眼雷達，雙眼一掃就知道這些官員迫求需求什麼、心裡打的是什麼小算盤，然後不露聲色地把一切搞定，讓大家感激在心。

胡雪巖牢牢抓住這些官員作靠山，「官勢」讓人不能忽視，自然要糧有糧、要軍火有軍火，生意場上無往不利，而生意獲得的利潤當然會回饋這些靠山口袋囉！

有錢大家賺才是王道

官勢再威，若是胡雪巖在商界裡關係糟糕也是一籌莫展，因此胡雪巖特別用心維繫同行間的良好關係。胡雪巖認為「同行非冤家，有錢大家賺」才是王道。

話說清廷為鎮壓太平軍到處籌集錢糧，要求各地徵收所謂「協餉」，亦即清廷規定稅收充裕的省份撥款協助貧瘠、收支不均的省份。浙江協餉依官方規定必須解送現銀前往江南大營，可是當時江南大營正兵圍金陵，而江北大營正兵圍揚村，打仗期間槍砲無眼，水陸運輸都不安全，於是浙江藩司和江南大營糧台商議，協餉或匯解上海或匯解蘇州，離軍營不遠又可避開風險。可想而知這場商議正是胡雪巖操盤，所以他經營的「阜康錢莊」順理成章地成為代理協餉匯解任務的首選。但當時阜康資本有限，吃不動這麼大的案子，必須找實力雄厚的同業作為合作伙伴。於是胡雪巖去了一趟湖州，選定大源錢莊而非老東家信和錢莊做為伙伴，此舉跌破一堆人的眼鏡。

阜康檔手（專業經理人）劉慶生就問胡雪巖，信和錢莊論實力論交情都足以擔當重任，而且當年王有齡海運局漕米解運之事，信和也幫了大忙，堪稱「阜康」鐵打的夥伴，為何這回將其獨漏？原來啊胡雪巖認為阜康與信和的已是實質伙伴，應該拿協餉大籌碼去開發新伙伴。說穿了，就是胡雪巖借好生意拉新伙伴的手法，以互惠互利為原則，把自己在商場的人脈網絡與影響力再升一級，一舉把「勢」做大炒熱，大家有錢一起賺！

結果這次找大源錢莊一起承辦協餉生意，果然大源老闆孫德慶不但從此死心塌地支持阜康，甚至將自己存放阜康的一筆一、兩千萬兩銀子鉅款，自動轉成同業長期放款，展現與阜康錢莊合作的誠意。

各路朋友都有價值

有了官場靠山、商場勢力，胡雪巖猶嫌不足，他還與「江湖勢力」搭上線。有好買賣主動找「兄弟」合作，讓他們賺到應得的利潤，而他則進一步得到「兄弟」的支持。

第一次跟江湖兄弟打交道，是胡雪巖為幫忙王有齡籌運浙江漕米，因而結交漕幫尤五。處理解漕米問題上，胡雪巖誠心實意照顧漕幫利益，待人處事又寬和厚道，而且盡力讓信和錢莊放款給漕幫，幫漕幫渡過資金調度的難關，漕幫感佩之餘特尊稱胡雪巖為「爺叔」（漕幫外的好朋友），以示敬意。

後來胡雪巖運用自己官場上的影響力，讓漕幫擔下運送官糧物資固定業務、組織船隊等，與漕幫培養了良好的合作默契，大家開開心心一起賺錢。而胡雪巖因為江湖上得到漕幫力挺，使得為浙江巡撫王有齡做的數批軍火生意，還有後來負責上海采運局時為左宗棠西征大軍運送新式槍枝彈藥等生意，都靠著漕幫兄弟的保護，其他黑幫、流匪不敢輕易染指胡雪巖的貨，得以在兵馬倥傯之際將貨物順利運到目的地。

自己要賺也讓別人獲益

胡雪巖還有兩句常用來勉勵員工的名言：生意人應該學著「前半夜想想自己，後半夜想想別人」。生意人時時想著如何賺錢，刻刻都在精打細算、籌謀計畫，此乃正常也。如果能夠在為己盤算時，也能為別人想想，體念別人的利益與難處，往往事情就會處理的更為周到圓滿，減少與人結怨的機會，賺到手的銀兩才不會變成燙手的錢！正所謂替別人著想就是為自己著想。

商場如戰場，一般人總把同行當作對手、敵人，卻忽略了戰場上其實也有合縱連橫的機會，所以商場上的同行並非總是對手，也可能是聯手一起打市場的伙伴呢！畢竟天下的飯哪是一個人吃得下的？市場那麼大也不可能你一家通吃，只有跟同行聯手，讓他們跟著我們走，有飯大家吃，有錢大家賺才是王道。

人和，燙手的錢別拿

任何人要成大事，不僅要天時、地利，最重要的是還要有人和。胡雪巖深諳這個道理，在生意場上他總是廣結善緣。

曾經有一筆軍火生意已經談到差不多了，半路卻殺出成咬金——龔氏父子，仗著官府撐腰硬搶胡雪巖快到手的買賣。龔家有官府撐腰，胡雪巖的靠山也不是擺好看的，遂讓官家好友直接施壓，於是這筆生意又回到胡雪巖手上。生意雖然做成了，但胡雪巖事後卻主動從獲利中撥出部分給龔氏父子，寧可自己純出力不賺錢。

知道內情的人都覺得龔氏父子半路搶生意太不上道，胡雪巖根本不必分錢給他們。不過胡雪巖認為，既然做生意賺錢，每一分銀子都要拿得舒舒服服，如果有半點疙瘩在心，寧可一分銀也不要拿。他為什麼會覺得這筆生意賺來的銀子，拿了會心裡有疙瘩？所謂「疙瘩」就是心結，也就是說這筆生意的獲利全進了自己口袋，只怕他日會後患無窮。試想龔氏父子半路搶走生意，在他們心裡這筆生意的獲利已是實打實地全捏在手裡，現在又被胡雪巖找大官施壓搶了回去，自己落得竹藍打水一場空，心中必定忿恨不平，日後肯定會找機會報復，想也知道會後患無窮。所以胡雪巖與其結怨於龔氏父子，不如從生意獲利中讓出五萬兩給他們，這筆帳就當是扯平了，算是為自己拆除同行裡的未爆彈，值得。

不為錢與同行結怨，大家和氣生財，所謂「人和為貴」正是胡雪巖生意興隆通南北的祕密。

第30章

大清帝國讓皇帝這一行走入歷史……

西元一八六一至一九一二年，中國最後一個王朝——清朝滅亡。

西元一八六二年咸豐皇帝駕崩，皇太子載淳繼位，年號同治，是為同治皇帝。同治之母為赫赫有名的慈禧太后，在大臣奕訢的幫忙下將輔政大臣肅順等剷除，著名的「垂簾聽政」就此展開，即使光緒皇帝繼位後依然照「聽」不誤，前後竟「聽」了近半個世紀的「政」。慈禧太后手握大權，但列強可不會因為她是太后就禮讓客氣，照樣武力撬開中國大門，慈禧也花天價的銀子賠償，尤其《辛丑合約》本息合計一賠就是九億八千萬兩白銀。在列強面前清廷無力保護中國，面對國內民變——太平天國等，清廷也鎮壓得異常辛苦，不斷增加的軍費也讓清廷的財政雪上加霜。

西元一九一二年，孫中山革命成功，於南京宣告中華民國誕生，二月十二日末代皇帝溥儀退位。清朝入關後，歷十二帝，國祚二百六十八年。清的滅亡，象徵中國兩千年的帝制正式走入歷史。

一　大清國的非典型國母——迷戀垂簾聽政的慈禧太后

華人世界無人不知、誰人不曉的慈禧太后，也就是大家耳熟能詳的「西太后」、「老佛爺」，生於清宣宗道光十五年（西元一八三五年），逝世於清德宗光緒三十四年十月二十二日（西元一九〇八年十一月十五日），諡號為「孝欽慈禧端佑康頤昭豫莊誠壽恭欽獻崇熙配天興聖顯皇后」，長達二十五字，堪稱史上哀榮至極的皇后。權傾朝野的慈禧太后，從清文宗咸豐十一年（西元一八六一年）至清德宗光緒三十四年（西元一九〇八年）呼風喚雨近半世紀，但是在她執政下的大清帝國，卻被後世評價為腐敗、軟弱、無能、殘暴。這個評價公平嗎？慈禧執政真的有那麼差嗎？讓我們繼續看下去。

乳名杏兒姑（有部分作品稱慈禧的乳名為玉蘭、蘭兒，其實是入宮後，被冊封為蘭貴人，才有的訛傳）的慈禧太后葉赫那拉氏，是安徽徽寧池太廣道道員（官居四品）惠徵之女，咸豐二年（西元一八五二年）以秀女被選入宮中，號懿貴人，因頗得咸豐皇帝寵愛，遂於咸豐四年（西元一八五四年）晉為懿嬪；咸豐六年（西元一八五六年）誕下皇子載淳，翌年晉為「儲秀宮懿貴妃」；咸豐十一年（西元一八六一年）八月，咸豐皇帝於熱河駕崩，留下遺詔立載淳為皇太子並由其繼承大統，年號祺祥，生母葉赫那拉氏被尊為「聖母葉赫皇太后」。同時，咸豐還任命怡親王載垣、鄭親王端華、戶部尚書肅順等八人為「贊襄政務王、大臣」輔政。慈禧太后於是年十一月，與恭親王奕訢聯手發動政變，將欽命的八名輔政大臣或革職或處死，隨即改元同治，由慈禧太后第一次垂簾聽政，將大權牢牢握在手中。

清穆宗同治十一年（西元一八七三年），小皇帝載淳成年了，慈禧太后明面上宣布撤簾歸政，但實際上朝政仍被她把持在手，同治皇帝心裡好悶啊！翌年同治皇帝因病駕崩，慈禧太后從宗室中精心挑選了年幼的載湉繼承大統，年號光緒，然後她便順理成章地第二次垂簾聽政。葉赫那拉氏掌握大清朝政四十餘年，從聖母皇太后一直無限上升到萬民頂禮膜拜的「老佛爺」，但大清國的國運卻一路崩盤，更因為她昧於世界局勢的瞬息萬變，在西方列強的強取豪奪間簽下大量喪權辱國的條約，將中國推向萬劫不復的半殖民地深淵。

一　小李子跟你想得有點不一樣——清末大太監李蓮英

一提到太監就會想到清朝宮廷劇裡，晚清跟在慈禧太后身邊的總管太監李蓮英，是同治與光緒兩朝的內務大總管，人稱「九千歲」，堪稱中國歷史上最有名、晚清最有權勢的大太監之一。

李蓮英生於直隸省（今河北省河間府），據其墓誌銘所載，他是九歲入宮後起名李進喜，直到同治十年（西元一八七一年）前後、進宮第十四年時，慈禧太后給他起了個文雅的好名字「蓮英」。主僕二人幾十年相處下來，感情深厚自不在話下，再加上忠心耿耿的李蓮英能投太后所好，常被召進寢宮陪太后徹夜長談長生術，交情與默契似乎更像老友、閨密。

晚清的政治實權是握在慈禧太后手裡，光緒皇帝雖然形同太后的懸絲木偶，但年輕人總會有自己的想法與政治抱負，因此兩造政治理念不合，不必揭開鍋蓋也知道鍋裡早已沸沸揚揚。光緒皇帝有病身體不好，慈禧太后年邁體衰，照理講老太后八成會比年輕皇帝早一班仙鶴前往極樂西方，可是偏偏光緒硬是比慈禧早一天駕崩，這個謎團到現在還困擾著廣大的人民。

鏡頭照過來李蓮英這邊，他的主子是慈禧，但光緒是天子，小李子夾在兩位大咖之間，這位全世界最有名、最厲害的大太監會怎麼應對呢？

李蓮英的主子是慈禧，所以慈禧與光緒針鋒相對時，小李子絕對是慈禧的頭號打手。但是小李子按捺光緒也很有一套，檯面上的表現往往讓人相信他是同情光緒的。當光緒被慈禧囚禁在瀛台時，送去的食物都是餿的，不用想也知道必定是慈禧授意的。李蓮英當然知道內情，但是他沒有落井下石，反而會趁向光緒請安時，悄悄夾帶些糕點給光緒填肚子。小李子這齣雪中送炭，果然讓光緒大為感念。

庚子年八國聯軍打北京，紫禁城情況緊急，慈禧作主帶領一幫王公貴族往西安逃命。逃亡路上大家都很狼狽，但最狼狽的卻是衣衫單薄的光緒皇帝，李蓮英見狀立刻當著大家的面，把自己的外套脫下來給光緒披，沿途更是噓寒問暖，悉心關懷，連僕從們都被李蓮英感動。翌年大隊人馬從西安回北京正是隆冬時節，途經保定便在此過夜，慈禧的客房盡可能比照宮中的高規格，李蓮英的客房也非常溫暖舒適，光緒的客房就慘不忍睹，不僅無人侍奉就連棉被褥子都沒有。伺候慈禧就寢後，李蓮英去探視光緒發現皇帝呆坐燈前，茫然不知漫漫寒夜該如何熬過去。李蓮英立刻抱著光緒大腿痛哭自責，還把自己的鋪蓋抱來給光緒睡。回到紫禁城，光緒一想起西安之行的苦難時光，就會說：「若無李諳達，我活不到今天。」（諳達是老夥伴、師傅之意）

李蓮英靈活善巧的應對進退，面子裡子都處理得極為體貼，贏得兩位大咖的歡心與感心。李蓮英的本事當然不只如此，他細密體貼的心思每每成為籠絡人心的利器。話說慈禧六十大壽，重建頤和園是重頭戲，可是專責官員不論怎麼趕工都趕不及在壽誕之日前完工，這天慈禧要來巡視，大家都提著腦袋準備等死。結果，李蓮英聰明地規畫出一條彎彎繞繞的遊園動線，陪著老佛爺往整修好的地區遊玩，沒修好的通通避開，甚至碰到有地磚沒鋪好的地方，他會快走幾步站在缺磚的位置上用長袍遮掩過去。由於李蓮英的幫忙，負責整修頤和園的官員才保住人頭，大家對他莫不感激得五體投地。

一 維新變法百日散攤的罪魁禍首——袁世凱

西元一八九八年，老態龍鍾的大清帝國出現震動朝野的維新變法運動。這次變法由維新派的康有為、梁啟超帶頭，雖然得到光緒支持，但他是慈禧的傀儡，所以純粹是精神支持。其實光緒也有自己的小算盤，打算藉維新變法打擊慈禧一夥，讓自己少得可憐的權力有所擴大，皇帝的位子坐得更紮實點。不過慈禧也不是省油的燈，知道變法是衝著自己來的，所以絕對不能讓他們稱心如意。

這一老一少就這樣鬥起來，因為用人、用兵的實權都在慈禧手裡，光緒的勝面不但不大，連帝位都岌岌可危，甚至還私信維新派楊銳，叮嚀萬一自己有難，一定要他幫忙想方搭救。情勢對維新變法如此不利，維新派深感事不宜遲，政變宜早不宜晚，以免夜長夢多。

政變不是靠一幫熱血文人小吵小鬧，需要的是有刀槍實力的靠山。這時隸屬榮祿的新建陸軍首領袁世凱來京，他是明確表態支持維新變法的實力派軍方人士，曾幫忙打點布局一些事情，頗有維新派自己人的味道。當時康有為還向光緒帝推薦袁世凱，讚許他是個熟悉洋務又支持變法的新派軍人，若能把他拉到我們這邊，等於削弱了慈禧、榮祿（慈禧的左膀右臂）一夥的力量。袁大頭真的這麼夠力？確實，這時的袁世凱已經有架空榮祿、必要時殺掉榮祿的實力，在維新派眼中做掉榮祿就等於變法成功，所以極力拉攏袁世凱，連光緒帝都親自召見袁世凱，還祕密封了侍郎官銜，希望藉此拉攏他。後來譚嗣同又於深夜再度密訪袁世凱。

譚嗣同開門見山地對袁世凱說，榮祿一夥想廢掉皇帝，你出兵殺掉榮祿再包圍頤和園，大事就成功了。屆時大權回到皇上手中，一旦把守舊勢力清除乾淨，你就是一等大功臣。袁世凱熱血的宣示，為了皇帝一定拚命去幹。譚嗣同憂心地說，榮祿是你的頂頭上司且不是等閒之輩，要殺他談何容易。袁世凱驚詫地瞪著譚嗣同說，這有很難嗎？殺他不就像殺條狗一樣簡單嘛！譚嗣同聽到這句立刻表示，既然這樣我們趕緊敲定如何行動，我這兒馬上稟報皇上。登時袁世凱踩下剎車，認為這樣太倉促，目前麾下軍隊的彈藥都還在長官榮祿的手裡，而且他也安插了眼線在隊上，還是讓我先回天津把軍官都換成我的人之後，將槍械彈藥備齊再行動也不遲。譚嗣同看眼下不能立即成事，也只能同意了。

看到這裡大家都心知肚明，譚嗣同是滿腔熱血，袁世凱則是在套話套交情套情報，他當然知道大清實權是握在慈禧與榮祿手中，拖住譚嗣同的時間，是為了看局勢如何演變再做打算。看來袁世凱真的把康有為與譚嗣同唬得團團轉。摸清楚光緒與維新派的想法與打算要幹什麼之後，袁世凱轉向慈禧這邊搭線，因為光緒要跟慈禧鬥還早得很，這回肯定是慈禧獲勝，於是他把心一黑就背著譚嗣同回天津找榮祿。榮祿聽到維新派要搞政變，還頭一個就要殺他，嚇得立刻衝回北京頤和園向慈禧報告。翌日天剛亮，慈禧就衝進皇宮一把將光緒帝送到瀛台幽禁起來，緊接著變法法令通通被廢除，維新變法人士和官員遭到逮捕。

歷經一百零三天的戊戌變法（維新變法）宣告失敗，維新派康有為、梁啟超逃去日本，「戊戌六君子」譚嗣同、林旭、劉光第、楊銳、康廣仁、楊深秀則在北京菜市口砍頭示眾。其中譚嗣同於臨刑前寫下傳誦後世的悲壯詩句：「我自橫刀向天笑，去留肝膽兩崑崙」。如果維新是中國轉骨圖強的救急處方，遺憾的是大清王朝不但拒絕服藥，還把開方的大夫殺了。有識之士也只能搖頭嘆息，節哀順變。

一 李鴻章簽《馬關條約》

日本明治維新後，不斷積極開疆拓土，第一目標就是西進大陸，瞄準朝鮮與大清帝國領土。光緒二年（西元一八七六年），日本逼迫朝鮮簽下第一個不平等條約《江華條約》，從此日本勢力大剌剌地進入朝鮮。當時朝鮮與大清有宗藩關係，日本自然卯起來破壞，在朝鮮多次製造與大清衝突。光緒十一年（西元一八八五年）三月，中日簽訂《天津會議專條》，確立中日兩國在朝鮮是對等地位。日本完成西進大陸第一階段目標——搞定朝鮮，接下來就要準備對中國擴軍備戰了。

光緒二十年（西元一八九四年）春，朝鮮境內爆發東學黨之亂，朝鮮政府趕緊請清朝出兵協助鎮壓亂事。日本政府為此特別表示，對於清朝出兵朝鮮決無他意，然而當清軍進入朝鮮時，日本卻以保護使館、僑民等為由，也派出大批軍隊進入朝鮮，還在七月二十五日對清朝的北洋艦隊發動突襲，蓄意挑起中日甲午戰爭。兩國開打，雙方海軍在黃海展開大戰；日方陸軍則從朝鮮一路打到奉天（今遼寧），一下子就強占東北大片土地。

光緒二十一年（西元一八九五年）初，日本又悄悄侵占山東省的威海。此刻的清政府根本無心作戰，更別提捍衛主權云云，慈禧一心只想速速求和。最後慈禧讓直隸總督李鴻章擔任頭等全權大臣，前往日本馬關議和。日本這邊可是派出大陣仗——全權代表、總理大臣伊藤博文，以及外務大臣陸奧宗光商談議和。

光緒二十一年（西元一八九五年）三月二十日，在馬關春帆樓中日雙方會面，李鴻章要求日方在議和之前請先停戰，日方趁機提出非常過分的四項條件，其中包括占領天津等地，企圖讓李鴻章知難而退，撤回停戰要求。沒想到李鴻章竟在返回使館的途中遭到日本浪人刺傷，因為這起意外讓日方心生顧忌，為避免節外生枝引來他國干預，遂主動宣布承諾休戰，然後雙方簽訂休戰條約，休戰期為二十一天，休戰範圍僅限奉天、直隸、山東等地。但是此時日軍已派軍占領澎湖，對臺灣形成威迫之勢，而且日方刻意把台澎劃在停戰地區之外，讓日軍在這個點上持續以軍事施壓。談判桌上日方更是得寸進尺，提出的議和條款益發苛刻，李鴻章不得不壓低姿態乞請把條件放寬一點。最後日方提出終極版修正案，意思就是不管你接不接受就這樣了，你中方只管給個明確答覆，要再磋商？門兒都沒有。於是在日本強勢威逼之下，清政府也只能無奈接受，於是三月二十三日由李鴻章代表簽訂喪權辱國的《馬關條約》。

《馬關條約》堪稱自咸豐十年（西元一八六〇年），中英、中法等《北京條約》以來最不平等的條約，讓侵犯中國的日本得到誘人的天大利益。沒想到條約簽訂後，俄、德、法三國覺得事有蹊蹺而出面干涉，迫於形勢日本只得將遼東半島「退還」給中國，但是中國必須付日本銀三千萬兩做為「酬報」。真是豈有此理。

超級不平等的《馬關條約》簽訂後，對中外歷史均產生了極為重大影響：

先看中國這邊，割地賠款，主權淪喪，列強瓜分狂潮愈演愈烈，中國半殖民地化愈陷愈深，國際地位愈來愈低。中國百姓要求救亡圖存的呼聲愈來愈高，維新變法運動、革命運動，甚至義和團等陸續出台。

再看日本這邊，天上掉下來的兩億兩白銀巨額賠款，又搶到臺灣這等戰略位置重要的島嶼，大大鼓舞了日本對遠東地區的侵略野心。

接著就是遠東局勢方面，《馬關條約》加劇了列強在遠東搶奪資源的緊張情勢，這一點從俄、德、法三國出面干涉日本退還遼東半島這件事上，暴露了列強間既勾結又勾心鬥角、暗中角力的情結。

若把《馬關條約》與《南京條約》兩相比較，前者賠款金額更是天價，其他條件也更殘酷苛刻。

第一、《南京條約》規定香港島割給英國，而《馬關條約》將遼東半島、臺灣、澎湖列島等大片國土割給日本。其中北洋門戶遼東半島尤其重要，不僅與山東半島環抱渤海，南端更有旅順軍港，以致割讓遼東半島等於直接卸除京津地區的海上第一道防線，對國家安全影響極為惡劣。此外，臺灣為沿海第一大島，包含本島、澎湖列島與其他大小島嶼共七十餘座，隔臺灣海峽與福建省遙遙相對，戰略地位與經濟價值極為重要。所以日本占領臺灣，表面上是為了掠奪豐富的天然資源，實際上是要以此作為侵略東南沿海地區做橋頭堡。

第二、《南京條約》賠款是兩千一百萬銀元，《馬關條約》賠款數額劇增為二億兩白銀。當時清政府一年的財政收入不足九千萬兩，如此天價的賠款逼得清朝必須加重稅賦，不足的還要去借條件苛刻的「洋債」。這筆相當於日本全年財政收入三倍有多的兩億兩巨款，百分之八十五拿去作軍費，將日本推向軍國主義的不歸路，一路往侵略中國的目標挺進。

第三、《南京條約》開放東南沿海地區的五處通商口岸，而《馬關條約》開放的多為內地商埠，如沙市、重慶、蘇州、杭州等，成為日後列強掠奪長江流域與富庶的江南地區的快速通道。

第四、《馬關條約》規定日本可在通商口岸開設工廠，列強從此可以在中國直接投資開辦工廠，盤剝中國的廉價勞力、藉勢掠奪原材料，大大扼殺中國才剛起步的民族工業。

總之，《馬關條約》打開中國大門讓列強爭奪中國的資源與利益，更為腐敗的大清王朝拉響警報，讓百姓徹底看清朝廷是如此無可救藥。甲午戰爭敗戰讓百姓覺醒，有識之士開始鼓吹「民主」、「共和」、「立憲」等思想，為即將到來的天翻地覆改變揭開序幕。

中國第一所國立大學——京師大學堂

京師大學堂是中國第一所大學，正是有名的北京大學「北大」的前身。而京師大學堂的部分前身則是從京師同文館基礎上建構的。

西元一八六二年八月，同治皇帝批准「京師同文館」成立。同文館學員不僅要習漢文，更要習外文，就是主修外語。之後又增設與自然科學相關科目，聘請外籍教師授課，相當於今日的中等專科學校。外籍教師丁韙良自西元一八六三年起任教，於西元一八六九年擔任總教習，總管教務長達三十年。同文館學員鼎盛時達一百二十人，畢業後多擔任清政府翻譯員，或是任職外交官員，以及其他洋務機構官員。西元一八七三年同文館附設印刷所，開辦編輯出版業務並鼓勵譯書，翻譯印刷出版《萬國公法》，以及數理化與文史類書籍。

西元一八九八年，光緒皇帝下詔變法，特別要求開辦京師大學堂，交給梁啟超草擬大學堂章程，並於七月由光緒帝正式下令批准設立，是年十二月正式開學，學生招收近百人。西元一九〇二年京師同文館正式併入京師大學堂。最初京師大學堂以「廣育人材，講求實務」為宗旨，但不幸的是西元一九〇〇年八國聯軍攻入北京，京師大學堂遭到嚴重破壞遂停辦。

西元一九〇七年京師大學堂復校，由張百熙擔任管學大臣，開設預備、速成兩科，其中預備科又分為政、藝兩科；速成科則分為仕學與師範兩館；西元一九〇八年又增設進士館、譯學館與醫學館，同時開辦分科大學；西元一九一〇年改設經、法、文、格致、農、工、商、醫等八科四十六門。京師大學堂已具近代大學雛形，是中國近代最早的國立大學。

辛亥革命推翻滿清後，京師大學堂於西元一九一二年正式改名為北京大學，首任校長由嚴復擔任。西元一九一七年，著名學者、教育家蔡元培出任校長，以「思想自由、相容並包」為方針，進行整頓與革新，一舉設立文、理、法三科十四系，並成立文、理、法三個研究所，先後聘請錢玄同、胡適、劉半農等充滿新時代精神的知名學者任教，北大的學術氣氛為之一新。

一　義和團引爆八國聯軍打北京

西元一九〇〇年，直隸和京津地區義和團迅速崛起，打著「扶清滅洋」的大旗，直接對列強叫陣，搞得英、法、德、奧、意、日、俄、美等八國列強公使聯合要求清廷「剿除義和團」。可是，清政府端王載漪帶頭的排外勢力佔上風，總理衙門也表示無力說服朝廷嚴厲鎮壓，看來指望清廷料理義和團是沒指望了，八國公使便開始策劃直接出兵自力救濟。

起初是由英國海軍將領西摩爾率領，出兵人數不多，但隨後慢慢增加。六月六日前後，八國聯合出兵的計畫各自獲得政府批准，聯軍數量增加到兩千餘人。聯軍兵分兩路，由英國海軍將領西摩爾率聯軍兩千人，於六月十日由天津攻向北京，沿途不斷有義和團民眾奮力抵抗；六月十一日，兩造終於在落垡車站一帶正面對戰；六月十八日，聯軍攻打廊坊車站，義和團將其團團圍住，造成聯軍數十人傷亡；六月十九日，英將西摩爾戰敗逃回天津，途中遭憤慨的民眾圍堵又死傷近四百人；六月二十二日，西摩爾逃到天津西站。另一支聯軍於六月十七日，自大沽登陸進攻天津，但一路都處於挨打狀態；

六月二十三日，聯軍竊占老龍頭車站與西站聯軍會合後抵達天津租界，對天津城發動猛攻；七月六日起，一萬八千多名聯軍自大沽口登陸加入戰事，天津戰況轉為激烈，由張德成領導義和團在紫竹林與聯軍血戰三天，天津終於還是失陷。

天津失陷後，清廷這邊是積極加緊投降準備，八國聯軍這邊則是加快攻打北京的進度。八月四日，兩萬名聯軍兵分兩路沿運河兩岸往北進犯；八月十二日攻占通州；八月十三日，聯軍來到北京城下。慈禧接獲消息便知大事不妙，看來北京城保不住了，連忙帶著皇室與親貴大臣逃往西安，北京城就這樣讓八國聯軍輕鬆得手。聯軍一進北京便燒殺擄掠，將皇宮裡的寶器、頤和園珍藏的寶物洗劫一空。看到八國聯軍大撈一票，八國之外的列強也趁機參一腳，準備分一杯羹。而一直視東北為囊中物的沙俄派出十萬大軍，在東北製造「海蘭泡慘案」與「江東六十四屯慘案」，屠殺萬餘中國百姓，還強占東北全境！

慈禧在逃往西安途中頒布「剿匪」上諭，命李鴻章為全權大臣，正式代表大清國與列強議和。繼而慈禧又頒布「剿匪」上諭「痛剿」義和團。

西元一九〇一年九月七日，列強與清廷在北京簽訂《辛丑合約》，清朝付出白銀四億五千萬兩，才把八國與搭順風車的比、荷、西等投機惡煞恭送回國。

三次登基三次退位的末代皇帝——溥儀

清朝最後一位皇帝愛新覺羅・溥儀，也為中華帝制從西元前二二一年秦始皇稱帝到宣統三年（西元一九一一年）的兩千三百一十二年歷史劃下最後句點。

在風雨飄搖中溥儀登基，年號宣統，通稱「宣統皇帝」（西元一九〇八至一九一二年），另稱清遜帝或末代皇帝；偽「滿洲國」在位時，年號康得，又稱「康得皇帝」（西元一九三四至一九四五年）。

溥儀既非光緒之子也非慈禧之孫，他的祖父為道光皇帝的皇七子、咸豐皇帝的皇弟醇親王奕譞，父親愛新覺羅・載灃繼承醇親王爵位，因為輔政而為攝政王，母親瓜爾佳・幼蘭為榮祿之女，而光緒皇帝則是其伯父。溥儀於光緒三十二年（西元一九〇六年）在北京什　海北岸攝政王府誕生，西元一九六七年十月十七日於北京病逝，終年六十二歲。

在清朝十二位皇帝裡，宣統皇帝有五大特點：他是最後一位皇帝、登基時年齡最小、在位時間最短、沒有廟號諡號也沒有皇陵的皇帝。細數末代皇帝溥儀一生中前後三次登基，但都是別人的傀儡，從來沒有享受過大權在握的威風與樂趣，甚至連自身的權利與自由都不曾擁有。皇帝的身分，從來不曾帶給他快樂。

清德宗光緒三十四年（西元一九〇六年）十月二十日，光緒皇帝病重之際，慈禧太后傳下懿旨預做安排——讓醇親王載灃的兒子溥儀入繼同治皇帝載淳，兼祧光緒皇帝。光緒三十四年（西元一九〇八年），在光緒駕崩前一日，慈禧決定讓三歲的愛新覺羅・溥儀繼承大清皇位。

西元一九一一年爆發辛亥革命，清朝大勢已去，翌年二月十二日，隆裕太后不得已代溥儀頒布《退位詔書》。內容有五大要點：

1. 清帝退位後尊號不變。
2. 民國政府每年撥銀四百萬兩。
3. 溥儀暫居宮城內，日後再移居頤和園。

4.宮內執事人員照常留用，但不再招太監。

5.原有的私產由民國政府給予特別保護。

就這樣小皇帝成了紫禁城裡的末代皇帝，但是周邊不死心的親貴遺老，不停灌輸小皇帝「復辟」的執念。西元一九一七年七月，軍閥張勳率辮子軍入京，十一歲的溥儀糊里糊塗地就復辟了。結果這次龍椅只坐了十一天就又被趕下來。看來溥儀這張王牌已經開始引起有心人士覬覦。

西元一九二四年直系軍閥馮玉祥已將部隊改成國民軍，並自任總司令兼第一軍軍長。馮玉祥一進北京，就限定溥儀兩個小時內搬出紫禁城。不住皇宮溥儀又能住哪兒？這時日本特務悄悄接手，將他護送到天津的日租界。這張皇帝牌到了日本手上。

西元一九三二年三月九日，日本建立偽「滿洲國」傀儡政權，由溥儀任執政，年號大同。國務總理由鄭孝胥擔任。西元一九三四年三月，日本覺得這樣還不過癮，又把改「滿洲國」改為「滿洲帝國」，溥儀由執政變成皇帝，年號也由大同改為康得。

西元一九三五年四月七日，二十九歲的滿洲國皇帝溥儀首度出訪日本，日方特別派多艘戰艦迎接護航，皇帝還特地登上日艦比睿號，檢閱日本海軍編隊後，風光航向日本。溥儀感到皇帝夢就快實現了。

西元一九四五年八月十四日日本無條件投降，十八日滿洲帝國皇帝溥儀頒布《退位詔書》，這次是他親自頒布，不用旁人代勞；二十日滿洲國解散，溥儀皇帝夢碎。滿洲國沒了，但溥儀這些年在偽滿政權批的每一份奏摺，都成了幫助日本侵華的罪證，如今他只能逃。

溥儀準備逃亡日本，取道瀋陽時被蘇聯軍隊俘獲，蘇聯政府立刻向世界宣布俘虜滿洲國皇帝溥儀及其侍從，當即將一干人等押回蘇聯關押收容，此舉讓世界輿論為之譁然。溥儀被押往蘇聯後，先關在赤塔某療養院兩個月，之後與其他偽滿戰犯一併轉移至靠近中國的伯力收容所，一關就是五年，直到西元一九五〇年八月才與其他偽滿洲國戰犯移交給中國政府，又在哈爾濱、撫順兩處戰犯管理所先後關押近十年，以叛國和協助侵略者發動戰爭罪接受勞改。

西元一九五九年，中共國家主席劉少奇發布特赦令，十二月四日，中共最高人民法院根據特赦令將溥儀特赦釋放。西元一九六〇年三月，溥儀被分配去北京植物園賣門票等工作，文化大革命期間受周恩來保護未被批鬥。西元一九六七年因腎臟癌過世，火化後葬八寶山革命公墓，西元一九九五年遷葬鄰近清西陵內崇陵（即光緒皇帝陵寢）的華龍皇家陵園（私營墓園），與伯父光緒皇帝永生相伴。

中國大事紀

年代	事件
一六四四年	吳三桂投降清朝，清兵入關
一六四五年	清兵南下，史可法死守揚州
一六五二年	李定國於桂林擊敗清軍
一六六二年	鄭成功擊退荷蘭人，收復臺灣
一六八一年	康熙皇帝平定三藩之亂
一六八四年	清朝於臺灣設置臺灣府
一六八九年	清廷與沙俄簽訂《尼布楚條約》
一六九〇、一六九六、一六九七年	康熙皇帝三征葛爾丹
一七二七年	清朝設置駐藏大臣
一七六四年	文學巨著《紅樓夢》作者曹雪芹去世
一七七一年	土爾扈特部重返大清
一七八二年	《四庫全書》修成
一七九六～一八〇五年	白蓮教之亂
一八一一年	清廷下令禁止西人進入內地
一八三九年	親差大臣林則徐於虎門銷毀大批鴉片煙土

一八四〇~一八四二年	中英鴉片戰爭，英國稱為「通商戰爭」
一八四二年	《中英南京條約》簽訂，鴉片戰爭結束
一八四四年	《中美望廈條約》、《中法黃埔條約》簽訂
一八五一年	洪秀全於金田揭竿而起，太平天國建立
一八五六~一八六〇年	第二次鴉片戰爭
一八五八年	清政府分別與英、法、美、俄簽訂《天津條約》
一八六〇年	清政府分別與英、法、俄簽訂《北京條約》
一八六一年	北京政變，總理衙門成立
一八六二年	京師同文館成立
一八八三~一八八五年	中法戰爭
一八九四~一八九五年	中日甲午戰爭，中國戰敗
一八九五年	中日簽訂《馬關條約》，割讓臺灣
一八九〇年代	帝國主義將中國視為俎上肉欲分而食之
一八九八年	中國戊戌變法
一九〇〇年	義和團之亂進入高潮，引爆八國聯軍攻打北京。是年一月，孫中山授命陳少白於香港創辦《中國日報》
一九〇一年	《辛丑合約》簽訂
一九一二年	大清末代皇帝愛新覺羅・溥儀宣布退位

國家圖書館出版品預行編目(CIP)資料

中國歷史一本通 / 雅瑟著．——初版——新北市：晶冠
，2017.10
面；公分．——（新觀點：8）

ISBN 978-986-5852-91-7（平裝）
1. 中國史

610　　106016136

新觀點 08

中國歷史一本通

作　　者　雅瑟
行政總編　方柏霖
副總編輯　林美玲
特約編輯　韓小蒂
校　　對　謝函芳
封面設計　fusionlab｜斐類設計工作室
出版發行　晶冠出版有限公司
電　　話　02-7731-5558
傳　　真　02-2245-1479
E-mail　ace.reading@gmail.com
Facebook　https://www.facebook.com/ace.reading
總 代 理　旭昇圖書有限公司
電　　話　02-2245-1480（代表號）
傳　　真　02-2245-1479
郵政劃撥　12935041 旭昇圖書有限公司
地　　址　新北市中和區中山路二段352號2樓
E-mail　s1686688@ms31.hinet.net
旭昇悅讀網　http://ubooks.tw/
印　　製　福霖印刷有限公司
定　　價　新台幣380元
出版日期　2017年10月 初版一刷
　　　　　2023年4月 初版三刷
ISBN-13　978-986-5852-91-7